Melba Pattillo Beals

Niemand soll mich weinen sehen

Aus dem Amerikanischen von
Tatjana Kruse

BASTEI
LÜBBE

BASTEI-LÜBBE-TASCHENBUCH
BAND 61353

Die amerikanische Originalausgabe erschien unter dem Titel
Warriors Don't Cry bei Simon & Schuster, New York

Printed in Great Britain, Januar 1996
Einbandgestaltung: Manfred Peters
Titelbild: Norman Rockwell Family
Satz: b+k GmbH, Krefeld
Druck und Bindung: Cox & Wyman Ltd.
ISBN 3-404-61353-8

Widmung

Ich widme dieses Buch den acht tapferen und geduldigen
Kämpferinnen und Kämpfern, mit denen ich 1957
die Central High School besuchte:

Elizabeth Eckford
Ernest Green
Gloria Ray Karlmark
Carlotta Walls Lanier
Minnijean Brown Rickey
Terrence Roberts
Jefferson Thomas
Thelma Mothershed Weir

und unseren Müttern, Vätern und Familienangehörigen, die
uns bei dieser unglaublichen Erfahrung unterstützten.

Dank

Ich bin folgenden Personen dankbar:

- Thurgood Marshall, dem verstorbenen Richter am Obersten Bundesgerichtshof – unserem Leitstern, unserem Beschützer – einem tapferen Krieger, dessen Hartnäckigkeit und Mut der Menschheit bis in alle Ewigkeit eine Inspiration sein wird.

- dem Bundesrichter Robert Carter, der ebenso wie Richter Marshall ein unermüdlicher Bauherr am Urteil *Brown gegen das Erziehungsministerium von Topeka, Kansas* war. Auch er war ein Krieger, der mit seinem eigenen Leben einen Weg gebahnt hat.

- L. C. Bates, Daisy Bates, Wiley Branton Senior und den Pfarrern, die uns neben unseren Eltern zur Seite standen.

- Bundesrichter Ronald Davies – einem Mann mit dem Mut seiner Überzeugung.

- den tapferen Männern der 101. Luftlandeeinheit, die uns bewachten.

- der Erinnerung an den verstorbenen Eugene Smith und allen Polizisten aus Little Rock, die ihr eigenes Leben riskierten, um uns vor dem Mob zu schützen.

- Grace Lorch und Benjamin Fine, die Elizabeth angesichts des Pöbels Trost spendeten.

- Mrs. Pickwick, meiner Stenographielehrerin an der Central High, die Fairness bewies.

- Elizabeth Huckaby, die stellvertretende Direktorin für Mädchen an der Central High, die ihr Bestes zu geben versuchte.

- den ganz wenigen namenlosen Schülern und Schülerinnen der Central High School, die es wagten, uns anzulächeln oder uns einen freundlichen Blick zuzuwerfen oder die sich einfach weigerten, uns zu quälen.

- Link, der es wagte, mein Freund zu sein.

- George und Carol McCabe, den weißen Ersatzeltern, die mich in ihrem Heim aufnahmen, mir ihre bedingungslose Liebe schenkten und mit mir die Brücke zum Erwachsensein überschritten.

- Judy, Joan, Dory und Rick McCabe, die mich als Schwester willkommen hießen.

- meiner spirituellen Familie, die mir immer zu Seite stand, wenn ich sie brauchte: Aliaster und Consi Smith, Maria und Jean Picard, Sanford und Catherine Rosen und Familie, Dr. Mimi Silbert, Babette Wurtz und Dr. David Geisinger.

- meinen lieben Schwestern und Brüdern: Dorothy Divack, Leslie Divack, Jim Harris, Dana Durst Lawrence, Richard Lawrence, Martha Jane McNally, Patricia O'Neil, Saemi Ladue und Claudette Jeminez.

– meinen Kollegen und Kolleginnen, die mir Mut machten, das Ziel zu erreichen: Jim Frey, Mollie Giles, Jay Schaefer, Sandra Dijkstra und »Danno«.

– Julie Rubenstein und Molly Allen – verwandte Seelen, die meine Vision dieses Buches verstanden und teilten.

Mein ganz besonderer Dank gilt

meiner Mutter Dr. Lois Marie Pattillo M.A.
meiner Großmutter India Anette Peyton
meinem Bruder Conrad Pattillo
meiner Tochter Kellie Beals
meinen Neffen Barry und Conrad Pattillo

Geleitwort der Autorin

Einige halten mich für eine Heldin, weil ich eine der neun schwarzen Teenager war, die 1957 an der Central High School in Little Rock, Arkansas, integriert wurden. Im Alter von fünfzehn Jahren sah ich mich einem aufgebrachten Pöbel gegenüber, der gewalttätig genug war, um Präsident Eisenhower dazu zu veranlassen, kampfbereite Soldaten der 101. Luftlandeeinheit zu entsenden, um der Gewalt Einhalt zu gebieten. Ich durchlitt ein Schuljahr voller Ereignisse, wie es sie in der Geschichte dieses Landes noch nicht gegeben hatte.

Obwohl dies vor über 35 Jahren geschah, erinnere ich mich an meinen Besuch der Central High School, als ob es gestern gewesen wäre. Die Erinnerungen tauchen in Sekundenschnelle auf – hervorgerufen durch den Klang eines Hubschraubers, der Wut in einer brüllenden Stimme oder dem Ausdruck auf einem finster blickenden Gesicht.

Von Anfang an führte ich ein Tagebuch, und meine Mutter, Dr. Lois Pattillo, Englischlehrerin an einer High School, machte sich umfangreiche Notizen und sammelte unzählige Zeitschriftenartikel. Den ersten Entwurf für dieses Buches begann ich mit achtzehn, aber in den folgenden Jahren konnte ich mich den Geistern, die diese Seiten hervorriefen, noch nicht stellen. In Phasen frischer Stärke und aus einem Gefühl der Verpflichtung heraus sah ich mich gezwungen, zu dem Manuskript zurückzukehren, aber jedesmal, wenn ich meine Vergangenheit erneut durchlebte, kehrte der Schmerz zurück und zerschmetterte meine guten Vorsätze. Mittlerweile ist genug Zeit verstrichen, und es fand eine Heilung statt, die es mir ermöglichte, meine Geschichte ohne Bitterkeit zu erzählen.

In manchen Fällen habe ich die Namen der Betroffenen geändert, um ihre Identität zu schützen. Aber alle Vorfälle, von denen ich hier berichte, stammen aus dem Tagebuch, das ich geführt habe, aus Zeitschriftenartikeln, aus eigenen Erinnerungen und aus den Erinnerungen meiner Familie. Einige der Gespräche wurden nachgestellt, aber alles entspricht den Tatsachen und spiegelt meine Wahrheit davon wieder, wie es war, mitten in einem Bürgerrechtsfeuersturm zu leben.

Einführung

Die Kämpfer von Little Rock 30 Jahre später

ERSTES TREFFEN
DER NEUN AUS LITTLE ROCK SEIT '57
Schlagzeile, *Arkansas Gazette*, Freitag 23. Oktober 1987

Der Morgenregen hat die Steinstufen glitschig werden lassen. Wir machen uns an den anstrengenden Aufstieg hinauf zum Haupteingang der Central High School. Zum ersten Mal seit dreißig Jahren betreten wir neun schwarzen Ehemaligen zusammen diese Schule.

1957 versuchten wir als Teenager, den Haupteingang zu erreichen und sahen uns plötzlich gefangen zwischen dem aufgebrachten Pöbel, der uns eher töten wollte als uns den Zutritt zu gestatten, und bewaffneten Soldaten der Nationalgarde von Arkansas, die vom Gouverneur entsandt worden waren, um uns den Zutritt zu verwehren.

Heute nun begrüßt uns der Gouverneur von Arkansas, Billy Clinton, der in weniger als sechs Jahren Präsident der Vereinigten Staaten werden wird, herzlich mit einem Lächeln und streckt uns seine Hand entgegen. Wir sind die Ehrengäste und feiern sowohl unser erneutes Zusammentreffen als auch dreißig Jahre Fortschritt in der Beziehung der Rassen in Little Rock. Blitzlichter flammen auf, Reporter rufen uns Fragen zu, Würdenträger preisen uns voller Begeisterung und Fans bitten um unsere Autogramme.

Und doch können all dieser Pomp, die Umstände und die Anwesenheit meiner acht Schulkameraden den Schmerz nicht betäuben, den ich spüre, als ich die Central High School betrete, ein Gebäude, an das ich mich als höllische Folterkammer erinnere. Ich halte kurz inne und schaue an dem massiven Schulgebäude hoch – zwei Block breit und sieben Stockwerke hoch, ein Ort, der uns bilden und uns auf das Erwachsensein vorbereiten sollte. Aber weil wir es wagten, die Tradition der Rassentrennung des Südens herauszufordern, wurde diese Schule statt dessen ein Brennofen, der unsere Jugend verzehrte und uns zu Kämpfern wider Willen schmiedete.

Bei dieser Gelegenheit steigen wir neun die Treppen mitten in einer Gruppe von Reportern und Würdenträgern hoch, die hier zum Kongreß der *National Association for the Advancement of Colored People* (der Nationalen Vereinigung zur Förderung von Farbigen, kurz NAACP) zusammengekommen sind. Ich habe leichte Spannungskopfschmerzen und wie einige andere gähne ich. Obwohl alle von uns die vierzig bereits hinter uns gelassen haben, sind wir in der vergangen Nacht sehr lange aufgeblieben, haben uns an der gegenseitigen Gesellschaft erfreut und gekichert, genauso wie damals, als wir noch Teenager waren.

Lange nach der üblichen Schlafenszeit trafen wir uns in Ernies Zimmer, um all die Jahre aufzuholen, die wir voneinander getrennt waren. Ernie, der älteste von uns und jetzt Vizepräsident von Shearson Lehman Hutton, spendierte uns allen soviele Getränke, wie wir vertragen konnten. Trotzdem machte der Spaß, den wir in der vergangenen Nacht hatten, es uns nicht leichter, bei dieser Gelegenheit nonchalant zu wirken. Einige von uns griffen nach den Armen der anderen, um sich zu wappnen und sich darauf vorzubereiten, den Geistern in diesem Gebäude gegenüberzutreten. Sogar als wir davon sprechen, wie sehr es uns davor graut, durch diese Schule zu gehen, halten einige von uns die Tränen zurück, um für die Medien zu lächeln, Hände zu schütteln und Autogramme zu geben.

»Wie fühlt man sich wieder in Little Rock?« ruft ein Reporter.

»Seltsam«, antworte ich.

Wir neun sind hierhin aus verschiedenen Teilen der Welt gekommen. Gloria, Herausgeberin einer Zeitung, ist Bürgerin der Niederlande. Minnijean, lebt in Kanada, ist Schriftstellerin und zieht ihre sechs Kinder auf einer Farm groß. Shearsons Vizepräsident Ernie kommt aus New York, Thelma unterrichtet in Illinois und Dr. Terry Roberts ist Professor an der University of California in Los Angeles. Carlotta ist Immobilienmaklerin in Denver und Jeff ist Buchhalter in einem Außenbüro des Verteidigungsministeriums in Kalifornien. Nur Elizabeth ist in Little Rock geblieben und ist dort als Sozialarbeiterin tätig. Es ist bedeutsam, daß fast alle von uns sich dafür entschieden, nicht in Little Rock zu bleiben, sondern sich ein Leben an einem anderen Ort aufzubauen.

Alle von uns haben ihre Kinder mitgebracht – einige sind bereits erwachsen, wie meine Tochter Kellie. Andere sind noch Kleinkinder oder in dem Alter, in dem wir waren, als wir die Central High besuchten. Wir sind grau geworden, haben eine Glatze bekommen und mußten erleben, wie unsere Bäuche sich mit den Jahren immer weiter wölbten. Die Zeit war dennoch gnädig zu uns.

Unsere Beziehung zueinander und die Freude an unserer Kameradschaft hatte sich nicht verändert. Für mich war unsere Wiedervereinigung gleichzeitig die Wiederentdeckung eines verlorenen Teils meiner Selbst – eines Teils, mit dem ich wieder in Berührung kommen wollte. Ich hatte diese acht Menschen vermißt, die mir durch die Hand des Schicksals am nächsten stehen. Seit unserer Ankunft in Little Rock haben wir zusammen gelacht, geweint und ununterbrochen geredet. Wir haben diesen Augenblick, in dem wir diese Treppen wieder erklimmen würden, sowohl herbei gewünscht als auch gefürchtet.

Wenn ich heute diese Erinnerungen zulasse und ihnen zuhöre, kann ich auf denselben Steinstufen das Klick-Klack der Lederstiefel hören – Stiefel an den Füßen von Soldaten der 101. Luftlandeeinheit, die entsendet worden waren, um uns sicher durch den aufgebrachten Pöbel zu führen. Ich höre, wie ihre Anführer mit gereizter Stimme kommandieren »Vorwärts Marsch«, als wir am 25. September 1957 zum ersten Mal durch diese Haupttür schreiten.

»Wie war es denn so an der Central High?« fragt einer der Journalisten.

»Ich stand jeden Morgen auf, putzte meine Schuhe und ging in den Krieg«, antworte ich. »Ich war wie ein Soldat am dem Schlachtfeld.«

»Es war der schlimmste Alptraum jedes Teenagers«, ruft jemand anderes. »Was könnte schlimmer sein, als von allen Klassenkameraden und Lehrern abgelehnt zu werden?«

»Wie ist es, wieder hier zu sein?« fragt der nächste Reporter.

»Es macht Angst«, erwidert eine Stimme. Die meisten von uns sind als Erwachsene nur selten in Arkansas gewesen. Obwohl meine Mutter und mein Bruder immer noch hier leben, hatte ich in dreißig Jahren nur fünf Mal die Stärke gefunden, sie hier zu besuchen – das Unbehagen, das mir diese Stadt vermittelte, war einfach zu groß. Drei dieser Besuche sind erfolgt, seit Bill und Hillary Clinton im Haus des Gouverneurs wohnen. Erst sie schlugen einen Ton an, der mir ein größeres Gefühl der Sicherheit gab.

»Wie kommt Ihnen die Stadt heute vor?«

Ich beantworte mir diese Frage selbst. Sie ist ganz anders als zu der Zeit, als ich hier lebte. Heute könnte ich mich nicht mehr zurechtfinden – in den neugebauten Durchgangsstraßen, den blühenden Industriekomplexen, den gehobeneren Vororten, in denen alle Rassen zu finden sind. Mein Bruder Conrad ist der erste und einzige schwarze Kommandant der berittenen Polizei von Arkansas, den State Troopers – dieselben Troopers, die mich als Teenager zurückhielten, als ich versuchte, die Central High zu betreten.

Wir erreichen den ersten Treppenabsatz und steigen den zweiten Absatz hoch. Wir hören weitere Rufe der Reporter: »Halt. Schauen Sie bitte hierher. Könnten Sie einmal winken?«

Ich bin verärgert. Eigentlich sollte ich ja etwas mehr Geduld mit ihren Fragen haben, da ich selbst einmal Reporterin beim Fernsehsender NBC war und zwanzig Jahre lang als Journalistin gearbeitet habe. Aber es ist eben anders, wenn man selbst diejenige ist, die mit Fragen überschüttet wird. Ich nehme diese ständige Beobachtung von uns neun während einer so persönlichen Zeit übel. Dennoch versuche ich, freundlich zu lächeln, denn diese Reporter aus aller Welt haben einen weiten Weg auf sich genommen, um heute hier zu sein.

Wo ist wohl Gouverneur Faubus, frage ich mich. Wo ist der Mann, der bewaffnete Soldaten schickte, um neun Kindern den Zugang zur Schule zu verwehren, der sein Leben und seine Karriere aufs Spiel setzte, um die Integration aufzuhalten?

»Faubus wurde heute im Radio zitiert. Er sagte, wenn er alles noch einmal tun müßte, würde er es wieder genauso machen. Was denken Sie darüber?« fragt eine Reporterin.

»Wenn wir es noch einmal tun müßten, würden wir es wieder genauso machen«, spöttelt Terry.

»Warum ist Faubus denn nicht hier?« will jemand wissen.

»Weil er nicht eingeladen wurde«, erwidert ein Reporter. »Das sagt er zumindest. Er hat sich in einer Kleinstadt in Arkansas in den Ruhestand begeben.«

Wir nähern uns dem Ende des zweiten Treppenabsatzes. Ich spüre, daß etwas fehlt. Ich sehe hinunter und bemerke, daß der Teich verschwunden ist. Er lag einmal direkt vor dem 30 Meter breiten neogotischen Aufgang, mit Treppen zu beiden Seiten. Ein mir unbekannter Mann, der meinen Ausruf der Überraschung hört, erklärt es mir: Jemand hat Gelatine in den Teich geworfen, und danach wurde er zubetoniert. Ich bleibe kurz stehen und denke daran, was für ein tückischer Ort dieser Teich 1957 war, als einige Schüler wiederholt versuchten, uns die 18 Meter hinunter ins Wasser zu stoßen. Damals dachte niemand daran, den Teich zu zubetonieren.

Plötzlich fällt mir auf, daß keine Fragen mehr gestellt werden. Ich bin von einer beklemmenden Stille umgeben – wie das Schweigen des Theaterpublikums, kurz bevor der Vorhang aufgeht. Der Haupteingang der Schule ist nun in Sicht. Ich spüre ein vertrautes Zucken; eine eiskalte Faust krampft sich in meinem Magen zusammen und verursacht einen schmerzhaften Knoten. In diesem Augenblick ist wieder Oktober 1957, ich bin eine hilflose, verängstigte Fünfzehnjährige, die schreckliche Angst vor dem hat, was hinter diesen Türen auf sie lauert. Was werden sie mir heute antun? Werde ich es bis ins Klassenzimmer schaffen? Wer wird mich heute als erstes schlagen, mir gegen das Schienbein treten oder mich Nigger schimpfen?

Plötzlich schwingen die riesigen Türen des Haupteingangs auf. Ein schwarzer Teenager, tadellos gekleidet in Cut und Fliege, tritt heraus. Er ist relativ klein, vielleicht einen Meter sechzig, mit kurzgeschnittenem Haar und einer Brille mit einem Drahtgestell. Als wir näherkommen, deutet er eine Verbeugung an.

»Guten Morgen. Ich bin Derrick Noble, Präsident der Schülerschaft. Willkommen in der Central High School.«

Kapitel 1

1957 hörten die meisten Teenager »Peggy Sue« von Buddy Holly, schwärmten für den Hüftschwung von Elvis oder sammelten Petticoats. Ich dagegen floh vor dem Seil eines Lynchkommandos, wich brennenden Dynamitstäben aus und wusch die Säure weg, die man mir in die Augen gespritzt hatte ...

Während meines ersten Jahres auf der High School lebte ich im Zentrum einer gewalttätigen Auseinandersetzung um die Bürgerrechte. 1954 hatte der Oberste Gerichtshof das Ende der Rassentrennung in den Schulen verkündet. Orval Faubus, der Gouverneur von Arkansas, und Anhänger der Rassentrennung setzten sich über dieses Gesetz hinweg. Präsident Eisenhower war gezwungen, sich Faubus entgegenzustellen – und Soldaten der U.S. Armee einzusetzen, um ihn zu zwingen, den Gesetzen des Landes Folge zu leisten. Es war eine historische Konfrontation, die weltweit für Aufmerksamkeit sorgte. Mitten in dieser Kontroverse standen neun schwarze Kinder, die nichts weiter als die Chance zu einer besseren Ausbildung haben wollten.

An unserem ersten Tag an der Central High schickte Gouverneur Faubus die bewaffnete Nationalgarde von Arkansas, um uns am Betreten der Schule zu hindern. Mutter und ich wurden von den anderen getrennt. Wir beide entkamen knapp dem mit Seilen ausgestatteten Lynchmob aus Männer und Frauen, die schrien, sie würden uns eher töten als zuzulassen, daß ich mit ihren Kindern auf dieselbe Schule ging.

Drei Wochen später hatten wir vor einem Bundesgericht einen Erlaß bewirkt, und wir neun Kinder manövrierten uns durch eine aufgebrachte Menge, um die Central High durch einen Seiteneingang zu betreten. Um elf Uhr an diesem Morgen spielten Hunderte von Menschen verrückt und durchbrachen die Polizeisperren, um uns aus der Schule zu jagen. Einige der Polizisten, die den Pöbel eigentlich unter Kontrolle halten sollten, rissen sich ihre Abzeichen herunter und schlossen sich der wütenden Menge an. Doch einige andere tapfere Mitglieder der Polizeikräfte von Little Rock retteten unser Leben, indem sie uns vor dem Pöbel in Sicherheit brachten.

Um das Gesetz durchzusetzen und Leben zu schützen, entsandte Präsident Eisenhower Soldaten der 101. Luftlandeeinheit, die Eliteeinheit »Screaming Eagles« – Helden des Koreakrieges.

Als ich mich das dritte Mal zur Central High aufmachte, saß ich in einem Armeewagen der 101. Luftlandeeinheit, bewacht von Jeeps mit Turmgeschützen auf der Kühlerhaube und Hubschraubern über uns. Unter dem Schutz unserer Leibwächter aus der 101. Division gingen wir schwarzen Schüler und Schülerinnen durch den Haupteingang der Schule und waren bei einem ganzen Unterrichtstag dabei.

Aber ich lernte schnell von jenen, die sich der Integration*) widersetzten, daß die Anwesenheit der Soldaten einer Kriegserklärung gleichkam. Die Anhänger der Rassentrennung führten eine brutale Kampagne gegen uns, sowohl in der Schule als auch außerhalb.

Meine acht Freunde und Freundinnen und ich bezahlten die Integration an der Central High mit unserer Unschuld. Während jener Jahre, als wir so verzweifelt die Bestätigung von Gleichaltrigen gebraucht hätten, wurden wir zu Opfern der schroffsten Ablehnung, die man sich nur vorstellen kann. Die körperliche und seelische Qual, die wir erlitten, beein-

---

*) Die Gleichberechtigung der Rassen in den USA, hier speziell im Schulwesen. (Anm. d. Ü.)

flußte unser aller Leben zutiefst. Es machte uns zu Kämpferinnen und Kämpfern, die trotz unerträglichem Schmerz nicht zu weinen wagten.

Ich wurde augenblicklich zu einer Erwachsenen und war gezwungen, eine Bestandsaufnahme dessen zu machen, was ich glaubte und was ich für meine Überzeugungen opfern wollte. Durch diese Erfahrung gewann ich einen unzerstörbaren Glauben an Gott.

Ich darf mit Stolz sagen, daß die Erfahrungen aus Little Rock uns auch Mut, Stärke und Hoffnung gaben. Wir neun wuchsen zu produktiven Bürgern und Bürgerinnen auf, die wußten, wie wichtig es ist, den Wert jedes menschlichen Lebens zu respektieren.

Ich werde angesichts der heutigen Beziehungen zwischen den Rassen oft gefragt, ob unsere Bemühungen sinnlos waren. Würde ich wieder an die Central High integriert werden wollen, wenn ich es noch einmal zu tun hätte? Meine Antwort lautet ja, eindeutig ja. Ich bin stolz auf die Tatsache, daß unsere Bemühungen aus dem Jahre 1957 die Bürgerrechtsbewegung einen großen Schritt nach vorn gebracht und den Kampf auf ein würdigeres Schlachtfeld verlegt haben, obwohl der Kampf um Gleichberechtigung immer noch weitergehen muß. Zum ersten Mal in der Geschichte wagte ein Präsident einen sehr mutigen Schritt, um die Bürgerrechte – unsere Bürgerrechte – zu verteidigen.

Damals war ich noch naiv genug, zu glauben, wenn wir die Rassentrennung an den Schulen beenden könnten, würden alle Barrieren der Ungleichheit fallen. Wenn Sie mich 1957 gefragt hätten, was ich erwartete, würde ich Ihnen gesagt haben, daß unser Kampf um die Menschenrechte bis heute gewonnen sein würde. Dem ist nicht so. Aber die Worte meiner Großmutter trösten mich: »Selbst wenn der Kampf lang ist und der Weg steil, ein richtiger Kämpfer gibt niemals auf. Wenn keiner von uns seine Rechte beansprucht, sind wir dazu verdammt, in alle Ewigkeit zu warten und zu hoffen, daß jene, die sie uns verweigern, eines Tages ein Einsehen haben. Die Bibel sagt PASS AUF, KÄMPFE UND BETE.«

Obwohl mich die heutigen Beziehungen zwischen den Rassen in unserem Land immer noch bestürzen, bin ich gleichzeitig voller Hoffnung, weil ich reichlich Beweise dafür habe, daß das, was Großmutter mir versprach, wirklich wahr ist. Mit Zeit und Liebe löst Gott alle unsere Probleme. Als wir 1987 zu unserer ersten Wiedervereinigung an die Central High School zurückkehrten, wurden wir neun von vielen Bewohnern aus Little Rock, Schwarzen und Weißen, wie Helden und Heldinnen begrüßt. Die weißen Einwohner im Einkaufszentrum lächelten uns zu, begrüßten uns und zeigten uns den Weg, selbst wenn sie uns nicht durch unsere Fotos in der Zeitung erkannten.

Während all dieser feierlichen Zeremonien kamen von nach und fern einige der höchsten Beamten und wichtigsten Geschäftsleute aus Arkansas, um uns zu begrüßen. Der vielleicht erstaunlichste Hinweis, daß sich die Dinge tatsächlich zum Besseren verändert haben, war die Einstellung von Gouverneur Bill Clinton.

»Nennen Sie mich Bill«, sagte er und streckte seine Hand aus. Er sah mir in die Augen. »Kommen Sie doch alle ins Haus hoch, dann können wir uns eine Weile unterhalten.« Sein charmantes Lächeln leuchtete auf. Nach einigen Minuten unserer Unterhaltung war ich überzeugt davon, daß seine warme Einladung von Herzen kam. Schließlich ist er ein Mann, den mein Bruder zu den »guten Menschen« zählt – aufgrund der Erfahrungen ihrer langjährigen Zusammenarbeit.

So fanden sich meine acht Freundinnen und Freunde und ich im Haus des Gouverneurs wieder, dem einstigen Wohnsitz von Faubus. Gouverneur Clinton schlenderte hin und her und sorgte für alkoholfreie Getränke und Erdnüsse. Er und seine Frau Hillary waren überaus freundliche Gastgeber, die mir das Gefühl gaben, zu Hause zu sein – sogar an einem Ort, an dem einst Faubus seine teuflischen Strategien ausgebrütet hatte, um uns neun mit allen nur möglichen Mitteln aus der Central High School zu vertreiben.

»Sie sollen alle das Gefühl haben, heute nach Hause gekommen zu sein. Die Dinge haben sich geändert«, sagte Gouverneur Clinton. Er war elf Jahre alt gewesen, als Faubus seinen Rassenkampf gegen uns geführt hatte, und zeigte ehrlichen Respekt vor unserem Beitrag zum Bürgerrechtskampf. Dieser Besuch wurde zu einem Abend, an den ich stets gern zurückdenken werde. Tochter Chelsea spielte am Klavier und Bill und Hillary unterhielten sich mit mir, als ob wir einander schon immer gekannt hätten. Ich dachte so für mich: »O Mr. Faubus, wenn Sie und Ihre Freunde uns jetzt nur sehen könnten.«

Meine Großmutter India sagte immer, Gott würde mit dem Finger auf unsere Familie zeigen und um etwas mehr Disziplin, um mehr Gebete und um härtere Arbeit bitten, weil Er uns mit guter Gesundheit und einem hervorragenden Verstand gesegnet hat. Meine Mutter war eine der wenigen ersten Schwarzen, die an der Universität von Arkansas integriert worden waren. Sie machte 1954 ihren Abschluß. Drei Jahre später, als Großmutter entdeckte, daß ich eine der ersten Schwarzen an der Central High School sein würde, sagte sie, der Alptraum, der meine Geburt umgeben hatte, sei Beweis genug, daß das Schicksal mir eine besondere Aufgabe zugedacht hätte.

Ich wurde am 7. Dezember 1941 geboren, dem Pearl Harbor Day. Mutter sagt, während sie mich entband, gab es einen gewaltigen Aufruhr und die Nachricht, daß die Japaner Pearl Harbor angegriffen hätten. Sie erinnert sich, wie erstaunt sie war und doch sei ihre Konzentration notwendigerweise auf die ihr bevorstehende Aufgabe gerichtet gewesen. Es gab Probleme bei meiner Geburt, weil Mutter sehr zierlich war und ich neun Pfund wog. Der Arzt brachte mich mit Zangen zur Welt und verletzte dabei meine Kopfhaut. Einige Tage später bekam ich eine schlimme Infektion. Mutter brachte mich ins weiße Krankenhaus, das widerstrebend die Familien jener schwarzen Männer behandelte, die für die Eisenbahn arbeiteten. Ein Arzt operierte mich und führte, um mein Leben zu retten, eine Drainage unter meine Kopfhaut ein. Vierundzwanzig Stunden später ging es mir immer noch nicht besser. Wann immer Mutter Hilfe suchte, nahmen sie weder die Krankenschwestern noch die Ärzte ernst. Niemand untersuchte mich. Stattdessen sagten sie: »Das dauert eben seine Zeit.«

Zwei Tage nach meiner Operation stieg meine Temperatur auf 41° und ich bekam Krämpfe. Mutter ließ den Pfarrer holen, damit er mir die Sterbesakramente gab, und meine Verwandten kamen alle, um sich von mir zu verabschieden.

An diesem Abend saß Großmutter in meinem Zimmer im Krankenhaus, schaukelte mich in ihren Armen und summte ihre Lieblingshymne »On the Battlefield for My Lord«. Meine Mutter ging auf und ab und weinte laut vor Verzweiflung. Ein schwarzer Hausmeister, der die Halle fegte, fragte sie, warum sie denn weine. Sie erklärte, ich würde sterben, weil sich die Infektion in meinem Kopf verschlimmert hätte.

Der Mann drückte sein Mitgefühl aus. Er drehte sich um und zog im Weitergehen seinen Besen hinter sich her. Er murmelte, das Epsomer Bittersalz hätte nun wohl doch nicht gewirkt. Mutter rannte hinter ihm her und fragte, was er damit meine. Er erklärte, einige Tage zuvor habe er nach dem Eingriff an mir den Operationssaal gereinigt. Er habe gehört, wie der Arzt zu der weißen Krankenschwester gesagt habe, meinen Kopf alle zwei bis drei Stunden mit Epsomer Bittersalz und warmen Wasser zu spülen, sonst würde ich es nicht schaffen.

Mutter rief »Epsomer Bittersalz und Wasser« und rannte den Flur hinunter, verzweifelt auf der Suche nach einer Krankenschwester. Die Frau war entrüstet, sagte ja, wenn sie so darüber nachdenke, hätte der Arzt wohl Epsomer Bittersalz erwähnt. »Aber wir verhätscheln keine Nigger«, brummte sie.

Mutter stritt sich nicht mit der Krankenschwester herum. Sie wußte, Daddys Job stand auf dem Spiel. Vielmehr ließ sie Epsomer Bittersalz kommen und begann sofort mit der Behandlung. Innerhalb von zwei Tagen ging es mir schon erheblich besser. Der Pfarrer ging nach Hause. Die Gemeindeschwestern gaben ihre Totenwache auf und erklärten, sie seien Zeuginnen eines Wunders geworden.

Darum sagte Großmutter fünfzehn Jahre später, als man mich für die Integration an der Central High auswählte: »Siehst du, aus diesem Grund hat Gott dich am Leben erhalten. Du sollst Sein Banner für unser Volk tragen.«

Kapitel 2

Schwarze kommen nicht in Erwartung der Rassentrennung auf die Welt. Sie sind nicht vom ersten Tag an darauf vorbereitet, sich den Regeln der Rassentrennung zu unterwerfen. Niemand reicht dir ein Handbuch, wenn du zahnst und sagt: »So, auf diese Weise mußt du dich als Bürgerin zweiter Klasse verhalten.« Vielmehr schleichen sich die demütigenden Erwartungen und Traditionen der Rassentrennung langsam heran und stehlen dir jeden Tag einen Löffel voll Selbstachtung.

Als ich drei Jahre alt war fürchtete ich mich bereits derart vor den Weißen, daß ich mich unter Mutters Bett versteckte, als meine rothaarige, hellhäutige Cousine Brenda kam und auf mich aufpassen sollte. Wie so viele nichtweiße Familien aus dem Süden bestanden wir aus einer Vielzahl von Hautschattierungen und körperlichen Erscheinungsformen. Obwohl Daddys Haut so braun war wie die meine, sahen einige seiner Verwandten fast weiß aus.

Meine Mutter war ebenfalls hellhäutig, aber Brendas Hautfarbe wurde durch ihr flammend rotes Haar noch verstärkt. Als Kleinkind, das 1945 in Little Rock, Arkansas, aufwuchs, fühlte ich mich nur in meiner sepiabraunen Welt wohl, einem Kokon aus vertrauten Menschen und Orten. Ich wußte, daß weit weg weiße Menschen wohnten und wir nichts zusammen taten. Von meiner Familie bekam ich nie zu hören, ich solle mich vor jenen weißen Menschen fürchten. Meine Furcht entwickelte sich, als ich Erwachsene beobachtete und ihren Unterhaltungen zuhörte. Mit einem Ausdruck der Besorgnis flüsterten sie oft: »Die Weißen würden nicht wollen, daß wir das tun.« Oder: »Wir wollen keinen Ärger mit den Weißen.«

Wann immer wir ins Stadtzentrum gingen, hielt meine Mutter in Gegenwart von Weißen meine Hand besonders fest. Ich konnte die Furcht in ihren Augen sehen, konnte spüren, wie sich ihr Körper versteifte, wenn Weiße an uns vorübergingen. Wenn wir ihnen zufällig im Weg waren, schob sie mich schnell zur Seite – Weiße hatten immer Vortritt.

Wenn die weißen Erwachsenen von Kindern begleitet wurden, sahen diese uns finster an oder streckten uns die Zunge heraus. Schlimmer noch, manchmal sagten sie: »Mama, schau mal, ein Nigger.«

Diese Stadtbummel wurden zu einem Lehrgang für meine Beziehung zu den Weißen. Während wir einmal an einem heißen Sommertag in einem Billigwarenhaus einkauften, drängte ich meine Mutter, die Bedienung hinter der Theke um ein Glas Wasser für mich zu bitten. Sie umklammerte meinen Arm und flüsterte, wir müßten unseren eigenen Trinkbrunnen benutzen. Ich fing laut zu weinen an. Ich sah hinüber zu dem glänzenden Chrombrunnen, den die Weißen benutzten, und weigerte mich, zu unserem Brunnen mit der Aufschrift »Farbige« zu gehen. Es war ein alter, staubiger Brunnen in einem abgelegenen Teil des Ladens, in den ich mich selbst mit meiner Mutter nicht hintraute.

Mutter sagt, als sie mich dazu bringen wollte, aus unserem Trinkbrunnen zu trinken, hätte ich einen solchen Aufstand verursacht, daß der Geschäftsführer sie tadelte und fragte, ob wir zu diesen hochnäsigen Niggern aus dem Norden gehörten und gekommen seien, um hier Ärger zu machen.

Als ich vier Jahre alt war, stellte ich Fragen, die weder meine Mutter noch meine Großmutter beantworten wollten. »Warum schreiben die Weißen ›Farbige‹ auf all die häßlichen Trinkbrunnen, die schmuddeligen Warteräume und den hinteren Teil der Busse? Wann sind wir an der Reihe und haben das Sagen?« Großmutter India meinte dann immer nur: »In Gottes Zeit. Sei geduldig, Kind und erzähle alles Gott.«

Ich erinnere mich, wie ich auf dem Fußboden im Eßzimmer saß und mit meinem Buchstabenspiel Briefe an Gott schrieb. Ich formte gewissenhaft das Alphabet, genauso wie Großmama es mir beigebracht hatte, um mich von meinem asthmatischen Husten abzulenken. Als Folge der langen Nachtsitzungen mit meiner Großmutter konnte ich im Alter von vier Jahren auf der Multiplikationstafel bis zehn rechnen und einfache Sätze lesen und schreiben.

Ich schrieb auch an Gott und bat ihn um einen Park, in dem ich schwimmen und auf dem Karussell fahren konnte. Wann immer wir den Fair Park besuchten, warnten mich die Erwachsenen, nicht zu nahe an das Schwimmbecken zu gehen. Wir mußten in einem abgetrennten Bereich bleiben. Wenn ich darum bat, auf dem Karussell fahren zu dürfen, wurden Mutter Lois und Großmutter India immer sehr nervös. Sie erzählten mir, es sei kein Platz mehr für mich und zogen mich fort.

Als der Postbote mir das Antwortschreiben Gottes schuldig blieb und sich die Verhältnisse im Park auch nach einem Jahr nicht veränderten, war es mit meiner Geduld vorbei. Mit jedem Tag, der verstrich, wurde mir immer klarer, wie unterschiedlich alles für mich in Wirklichkeit war.

Als ich fünf Jahre alt war hatte ich meine erste richtige Begegnung mit der harten Wirklichkeit der Rassentrennung. Meine Familie – Großmutter, Mutter, Daddy und Conrad sowie die meisten meiner Tanten und Onkel – hatten sich im Fair Park zu einem Picknick anläßlich des Unabhängigkeitstags versammelt. Wie gewöhnlich saßen wir von den Weißen getrennt in einem bewaldeten Abschnitt, weit weg von Schwimmbecken und Karussell. Während die Erwachsenen damit beschäftigt waren, das Essen herzurichten, flüchtete ich und schlich mich zu einer Fahrt auf dem Karussell davon.

Ich hatte ein ganz bestimmtes Pferd im Auge: Prancer, das Pferd, von dem ich all die Monate, in denen ich die für die Fahrt notwendigen fünf Pennies sammelte, geträumt hatte.

Ich reichte dem Konzessionsinhaber das Geld hoch. »Für dich ist kein Platz mehr«, sagte der Mann. Ich zeigte auf Prancers leeren Sattel. In diesem Augenblick brüllte er mich an und schlug so hart auf die Theke, das meine Münzen in hohem Bogen auf die Erde flogen. »Du gehörst hier nicht her, Schokobirne.« Ich wußte nicht, was das Wort bedeutete, aber sein Brüllen tat meinen Ohren weh und ließ meine Knie zittern. Wütende Gesichter starrten mich an, als ob ich etwas furchtbar Falsches getan hätte. Ich hastete an der Warteschlange vorbei und war so geschockt, daß ich mir nicht einmal die Zeit nahm, meine wertvollen Pennies wieder einzusammeln. Mit fünf lernte ich, daß es auf dem Karussell keinen Platz für mich gab, gleichgültig wie viele Sättel leer waren.

•

Als Kleinkind drehte sich mein Leben um das große, alte, weiße Holzhaus Nr. 1121 an der Cross Street. Es war mein Zuhause. Ich lebte dort mit meiner Mutter Lois, ihrer Mutter, meiner Großmutter India, meinem Vater Howell und meinem Bruder Conrad. Sieben rote Zementstufen führten zur Eingangstür. Eine riesige Gummipflanze stand gleich neben der Eingangstür und daneben befanden sich hohe Bücherschränke aus Mahagoni, die die hochgeschätzten Bände von Shakespeare, Chaucer und Emily Dickinson enthielten sowie Bücher von James Welden Johnson und Langston Hughes, die Großmama und Mutter so sehr liebten. Auf einigen der Regale standen die Lehrbücher, die Mutter für den Englischunterricht bei den Schülern der siebten Klasse benutzte und für die Abendkurse, die sie nahm, um ihren Magister zu machen.

Daran schloß sich das Wohnzimmer mit dem durchgesessenen grünen Samtsessel und der dazu passenden Couch an. Das halbmondförmige Radio mit den Messingknöpfen stand auf einem runden Mahagonitisch, daneben zu beiden Seiten weinfarbene Lederstühle. Urgroßmutter Ripleys Uhr und ein Kupferpferd, das meinem Urgroßvater gehört hatte, befanden sich auf dem Sims über dem Kamin.

In der Küche stand ein riesiger altmodischer Herd und ein roter, verchromter Frühstückstisch mit Stühlen. Die Wände waren hellgelb, und der Linoleumboden zeigte sichtbare Spuren der Abnutzung. Großmama fand man für gewöhnlich dabei, wie sie den Küchenboden leuchtend sauber schrubbte oder Maisbrot backte, wie sie Bohnen kochte oder ihr ganz spezielles Gourmet-Lachssoufflé zubereitete. Sie hatte ihre ausgefallenen Gerichte gelernt, als sie als Hausmädchen in den Küchen weißer Damen auf Park Hill gearbeitet hatte. Die meiste Zeit verdiente sie einen Dollar am Tag, davon lebten sie und ihre drei Kinder, nachdem Großpapa gestorben war. Da sie nur sehr wenig Geld hatten, arbeiteten mein Onkel und meine Tante ebenfalls, um Großmama zu helfen, meine Mutter durchs College zu bringen.

Mein Lieblingsplatz in unserem Haus war Großmama Indias Schlafzimmer, voller »Dibbies« – den Namen gab sie persönlichen Dingen, »die der Mensch schätzt und die seinem Herzen nahe stehen.« Ihr Zimmer duftete immer nach frischen Blumen. Uralte Samttücher mit Satinspitzen waren um die Rückenlehne ihres Schaukelstuhls gewickelt sowie um die Rückenlehne des Samtstuhls in der Ecke beim Fenster. Es gab Fotografien ihrer Reise zu dem Indianerreservat, in dem ihr Ehemann, Großpapa Charles Peyton, mit seinem Volk in Kanada gelebt hatte. Es gab auch alte Aufnahmen von ihrer Reise als junge Frau nach Italien mit ihrem Vater, Urgroßpapa Ripley, als er seinen Chef geschäftlich nach Rom begleitete.

Ich konnte mich nie entscheiden, welchen ihrer Schätze ich am meisten liebte – ihren über zwei Meter hohen Schrank mit seinen orientalischen Schnitzereien, ihre schillernde grüne Spieldose, die »Stardust« spielte, oder die besonderen

Steppdecken, die aus unzähligen Quadraten verschiedener bunter Stoffe bestanden.

Ich kann mich nicht an ein Leben ohne Großmutter India erinnern. Mutter und Daddy hatten schon mit ihr zusammen in North Little Rock gelebt, als ich noch gar nicht auf der Welt war. Als sie unser Haus in Little Rock kauften, zog Großmama zu ihnen. Anders als meine zierliche und hellhäutige Mutter war Großmama sehr groß und kupferfarben. Sie hatte markante Wangenknochen und riesige, tiefliegende mandelförmige Augen, die mich durch Brillengläser in einem Drahtgestell anblickten. Ihre Haltung war königlich und ihre Einstellung furchtlos. Meine glücklichsten Abende verbrachte ich damit, ihr zuzuhören, wenn sie laut aus der Bibel las, aus Archie-Comicbüchern oder aus den Werken Shakespeares. Manchmal verzichtete ich auf meine Lieblingsradioprogramme wie *The Edgar Bergen and Charlie McCarthy Show, Our Miss Brooks* und *The Aldrich Family*, nur um ihr beim Vorlesen zuzuhören.

Solange ich mich erinnern kann verbrachte ich die Spätnachmittage mit Großmama India in ihrem Garten, wo wir uns um ihre Blumen kümmerten. Ich stand neben ihr und hielt mich an ihrem Rock fest, während sie das Unkraut jätete oder den Gartenschlauch hielt. Zu dieser Zeit führten wir unsere Privatgespräche. Einmal, als ich etwa sechs Jahre alt war, erklärte ich ihr, daß meiner Ansicht nach jeder Mensch in Wirklichkeit nur ein Geist war – von Gott gemacht – und daß unsere Körper wie Kleider in einem Schrank hingen. Ich sagte, ich würde eines Tages ganz sicher in der Lage sein, meinen Körper gegen eine weißen Körper einzutauschen, und dann hätte ich das Sagen.

»Einige deiner Gedanken sind richtig, Kind. Wir sind nicht unser Körper, wir sind Geist, Gottes Vorstellungen. Aber du mußt danach streben, aus dem, was Gott dir gegeben hat, das Beste zu machen. Du willst gar nicht weiß sein, du willst in Wirklichkeit frei sein, und Freiheit ist ein Geisteszustand.«

»Ja, Oma, aber ...«

»Ich hoffe, du hast niemand anderem von Geistern und Körpern erzählt.« Sie drückte meine Hand. »Nun, hast du das?«

»Nein, Oma.«

»Gut. Es ist an der Zeit, daß du ein Tagebuch führst, damit du diese Gedanken aufschreiben und sie hin und wieder mit mir teilen kannst, aber behalte sie im allgemeinen für dich und erzähle nur Gott davon.«

Als sie das nächste Mal in die Stadt ging, brachte sie mir ein rosafarbenes Tagebuch mit, das ich mit einem kleinen Schlüssel verschließen konnte. An den meisten Abenden freute ich mich vor dem Schlafengehen darauf, in mein Zimmer zu gehen, um Gott zu schreiben. In Wirklichkeit stellte ich Gott auf die Probe, denn Er hatte bislang Sein Versprechen nicht wahrgemacht. Ich fragte Großmama, ob ich Ihm immer noch vertrauen könne und sie antwortete: »Immer, Kind, aber denk' daran: Er folgt Seinem Plan, nicht deinem. Sein guter Wille kommt, wenn du es am wenigsten erwartest.«

Mein Zimmer war ein Hort für meine Plüschtiere und ein Heim für meine riesige braune Raggedy-Ann-Puppe*), die mir Großmama India selbst gemacht hatte. Es war ein magischer Ort, an dem ich stundenlang meinen Tagträumen nachhängen konnte, während ich Musik hörte oder Radioshows lauschte. Dort konnte ich sein, wer immer ich sein wollte: Ich konnte weiß sein – ich konnte frei sein.

Das Zimmer meines Bruders Conrad war voller seltsamer Spielautos, Glasbehältern mit krabbelnden Insekten und einem hölzernen Zug, den Daddy für ihn geschnitzt hatte. Conrad verbrachte viel Zeit damit, seine Murmeln zu zählen, Puzzles zusammenzusetzen oder Monopoly zu spielen. Sein

---

*) Raggedy Ann (eigentlich eine Kinderbuchfigur) ist eine Puppe mit zerschlissener Kleidung. (Anm. d. Ü.)

Zimmer schien immer gerammelt voll mit Kleinteilen und diversen Spielsachen, und Daddy kam oft in Conrads Zimmer marschiert und forderte ihn auf, alle seine Spielzeuge und Autos in den roten Holzkasten zu legen, den sie zusammen gebaut hatten.

Daddy arbeitete als Gleisarbeiter für die Eisenbahngesellschaft *Missouri Pacific Railroad*. Wenn er nach Hause kam, war sein riesiger muskulöser Körper von der körperlichen Anstrengung seiner Arbeit gezeichnet. Mutter erinnerte ihn ständig daran, wenn er nur einen weiteren Kurs abschließen würde, könnte er seinen Abschluß am College nachholen und einen Job als Lehrer annehmen, bei dem er mehr verdiente. Aber er weigerte sich und sagte, er zöge die Arbeit an der frischen Luft vor. Dort sei er frei. Er liebte es, zu jagen und zu fischen und sich in der Wildnis aufzuhalten, wo ihn keiner stören konnte. Es machte Mutter sehr wütend, daß er ihrem Rat nicht folgen wollte. Ich hatte Angst, sie könnten das tun, was die Eltern meiner Freundin Carolyn taten – sich scheiden lassen. Zu der Zeit kannte ich die Bedeutung jenes Wortes noch nicht, aber ich wußte, als dies geschah, war ihr Vater für immer fortgegangen.

Das Eßzimmer mit seinem großen ovalen Tisch war der Ort, an dem wir uns jeden Abend zum Abendessen und zum Spielen zusammenfanden. Daddy saß in dem braunen Lederstuhl, las seine Zeitung und löste Kreuzworträtsel. Großmama unterhielt uns, indem sie uns vorlas oder Schach und Dame mit uns spielte, damit wir Mutter nicht störten, die für ihre Prüfungen an der Abendschule lernte. Sie war entschlossen, ihren Magister zu machen.

Als sie mit der höheren Schule begann, konnten unsere Leute an der Universität von Arkansas nicht dieselben Klassen besuchen wie die Weißen. Nach viel Murren und Feilschen gaben die Weißen langsam kleine Bereiche zur Integration frei, Klasse für Klasse. Mutter erzählte uns die Geschichte des einsamen schwarzen Mannes, der versuchte, in die juristische Fakultät aufgenommen zu werden. Im Hörsaal wurde er gezwungen, hinter einem kleinen Lattenzaun zu sitzen, den die Weißen um seinen Schreibtisch und seinen Stuhl errichtet hatten. Wenn er kommen oder gehen wollte, stolperte er manchmal über diesen Zaun. Auch die Weißen um ihn herum stolperten bisweilen über diesen Zaun. Und dennoch war der Zaun jeden Tag, wenn er zur Vorlesung kam, da und sperrte ihn ein, trennte ihn von den anderen.

Mutter traf sich mit einigen anderen aus unserer Gemeinde, die ebenfalls entschlossen waren, zum Abschluß an der Universität zugelassen zu werden. Zu der Zeit nahmen sie am Unterricht und an den Vorlesungen teil, allerdings in abgetrennten Bereichen, die unseren Leuten vorbehalten waren. Manchmal erhielten wir anonyme Telefonanrufe, die uns davor warnten, die Integration an der Universität weiter voranzutreiben. Dennoch ging Mutter Lois weiter zu ihren Treffen und zum Unterricht.

Ich werde mich immer an die Nacht erinnern, in der sie beiläufig von ihren Papieren aufsah und uns mitteilte, sie würde eine der ersten unseres Volkes sein, die an der University of Arkansas studieren würden. In ihrer Stimme lag ein nervöses Zittern. Der Blick, den sie mit Großmama austauschte, machte mir klar, daß beide Angst vor dem hatten, was vor ihnen lag. »Ich kann jetzt nicht mehr zurück«, sagte Mutter. »Unsere Leute können nur noch vorwärts gehen.«

Im Laufe dieses Winters lächelte sie, wenn sie am Abendbrottisch von den Integrationsklassen sprach. An manchen Nächten kam sie erschöpft nach Hause, ihr Gesicht war bleich und abgespannt. Ihre tränennassen Augen spiegelten ihren Schmerz wider. Als ich sie fragte, was geschehen sei, sagte sie nur, die Weißen seien dickköpfig, wenn es darum ging, unsere Leute als Geschöpfe Gottes zusehen.

Trotzdem hat sie überlebt. Einige Jahre später, 1954, zog sie mich an der Hand zu ihrer Abschlußfeier – Conrad und Großmama gingen hinter uns. Das alles war eine Seltenheit, und ich sah sogar einige Weiße, die Mutter mit einem wohlwollenden Gesichtsausdruck betrachteten. Diesmal schien sie in der Gegenwart der Weißen nicht nervös, vielleicht weil sie dieselbe schwarze Kappe und dieselbe schwarze Robe wie diese trug und ihr Diplom in der Hand hielt. »Das ist das erste Magisterdiplom, von dem ich in dieser Familie weiß«, sagte Großmama India und streichelte das Dokument, als ob es die wertvolle Steintafel wäre, die Moses in der Bibel überreicht bekam.

In der schwarzen Bevölkerung wurden wir der Mittelklasse zugerechnet. Das Etikett Mittelklasse war hauptsächlich auf die Tatsache zurückzuführen, daß Mutter unterrichtete. Es bedeutete keineswegs, daß wir viel Geld gehabt hätten oder leben konnten, ohne um die Bezahlung unserer Hypothek oder der Rechnungen kämpfen zu müssen. Pfarrer, Lehrer und Ärzte waren normalerweise die einzigen Menschen mit Berufsausbildung in der schwarzen Bevölkerung, und daher wurde ihnen besonderer Respekt entgegengebracht. Mit Sicherheit wurden wir nicht für Anhänger der Rassenintegration oder für Menschen, die Wellen des Aufruhrs verursachen, gehalten. Wir waren ruhige Leute, die regelmäßig zur Kirche gingen. Daddys Onkel Benjamin Pattillo war ein Prediger, der von Stadt zu Stadt reiste und Erweckungsveranstaltungen durchführte. Ich erinnere mich noch, wie oft ich in der Kirche saß und mir Kühlung zufächelte, während Tanten und Cousinen im Chor sangen.

Wir lebten im Herzen der schwarzen Gemeinde, in der Nähe der Kirche und der Schule, auf die ich ging. Als ich älter wurde, ging ich auch alleine fort – beispielsweise zum Ballett oder zum Klavierunterricht und zu den Treffen der Pfadfinderinnen. Dennoch blieben meine unmittelbare Nachbarschaft und dessen Bewohner die wichtigsten Fäden des Teppichs, der mein Leben war.

Die Zeit verging und mir wurde immer mehr bewußt, daß sich alle Erwachsenen um mich herum auf dieselbe Art und Weise verhielten. Sie lebten ständig in Angst und Furcht. Es schien, als ob uns stets ein weißer Fuß auf dem Nacken stünde. Ich fühlte mich zunehmend verletzlicher, als ich beobachtete, wie die Erwachsenen ständig darum bemüht waren, hinter das Geheimnis zu kommen, welche Erwartungen die Weißen an sie hatten. Sie verhielten sich, als ob es eine schreckliche Sünde wäre, auch nur eine dieser unausgesprochenen Regeln zu übertreten, »ihren Platz« zu verlassen und eine unsichtbare Linie zu überschreiten. Und doch drehten sich viele Diskussionen in meinem Elternhaus darum, wie und wann man diese Linie überschreiten könnte und wer diese unsichtbare Linie überschreiten könnte, ohne verletzt zu werden.

Bei den seltenen Gelegenheiten, wenn ein Weißer unser Haus betrat, standen Kinder wie Erwachsene »Gewehr bei Fuß«, starrten ihn an und warteten darauf, daß er Anordnungen gab. Da war der Milchmann, blond und grinsend, der Mutter Lois jedesmal, wenn er die Milch auslieferte, anzüglich angriente. Für gewöhnlich bestand er darauf, daß sie ihm ein Glas Wasser brachte, selbst wenn sie flehentlich darauf verwies, keine Zeit zu haben. Er setzte den Metallkasten mit den noch nicht zugestellten Milchflaschen aus Glas auf den Boden und zwinkerte ihr zu, während er in großen Schlucken das Wasser trank.

Sie preßte ihre zitternden Hände zusammen und wartete nervös darauf, daß er austrank und weiterging. Schließlich reichte er ihr die Milchflasche, aber wenn sie ihm die Flasche aus der Hand nehmen wollte, ließ er nicht los und hielt sie fest umklammert. Er zwang sie, darum zu betteln. Und dann bot er ihr Gratismilch und -eiskreme an, wenn sie mit ihm »kooperieren« würde.

Mutter Lois wurde rot, und sie preßte ihren Mund zusammen, wie sie das auch auch tat, wenn der Versicherungsagent ihr Freiprämien anbot, sobald sie seine ganz besondere farbige Dame werden würde. Wie immer, wenn einer dieser Männer sich unangemessen verhielt, forderte sie mich auf, zurück ins Haus zu gehen. Aber irgendwie wußte ich, daß ich ihr nicht gehorchen durfte – ich mußte bei ihr bleiben.

Obwohl sie alle Erwachsene waren, schien der Milchmann eine seltsame Macht über sie zu haben, ebenso wie der Versicherungsagent und andere Weiße. Ich beobachtete sie, wie sie sich bemühte, angesichts der Belästigung durch den Milchmann ruhig zu bleiben.

Manchmal stand mein Vater still im Raum nebenan, lugte durch eine Ritze in der Tür und hörte mit an, wie diese Männer Mutter beleidigten. Er ballte seine Faust und räusperte sich laut, aber er zeigte niemals sein Gesicht und sagte auch nie etwas. Hinterher stürmte er hinaus, murmelte leise vor sich hin oder setzte sich an den Eßzimmertisch und vergrub sein Gesicht in den Händen. Manchmal sprach er laut, als ob er wirklich etwas Schreckliches tun würde, aber erst wenn die weißen Männer unser Haus verlassen hatten, sah ich, daß er Mutter wirklich liebte und sie beschützen wollte, aber eine schreckliche Angst ihn zurückhielt.

Ich saß neben ihm, wenn er seine Schrotflinte herausnahm, ölte und reinigte. In seinen Augen lag ein trauriger, schmerzerfüllter Ausdruck, wenn er sich mir zuwandte und sagte: »Du verstehst doch, daß dieser Mann kein Recht hatte, so mit deiner Mama zu sprechen.« Er stand auf, ging dann im Zimmer auf und ab, preßte die Hände aneinander und flüsterte: »Gott, gib mir die Stärke und die Geduld, Deinen Willen zu tun.« Er streichelte meine Wange, lächelte und schien alle Fragen, die durch meinen Kopf schwirrten, beantworten zu können. »Eines Tages werden die Dinge anders liegen, eines Tages wird man unsere Männer respektieren und sie nicht länger ›Boy‹ nennen und wie Kinder behandeln.« Dann beruhigte er sich, lächelte und beschrieb seine Besuche in Bundesstaaten wie North Dakota und Pennsylvania, in denen

Schwarze wie gleichwertige Menschen behandelt wurden, in denen sie weißen Männern furchtlos ins Auge sahen, in denen sie ihre Frauen beschützen konnten. Das waren die Orte, an die wir eines Tages alle ziehen würden.

Allzu häufig fühlte ich Scham und spürte alle Hoffnung aus meiner Seele schwinden, wenn ich beobachtete, wie die Erwachsenen in meiner Familie vor den Weißen krochen. Wann immer wir im Lebensmittelgeschäft einkaufen gingen, verhielten sie sich, als hätten sie vor etwas Angst.

Der Lebensmittelhändler, der große, knochige Mr. Waylan mit der fischbauchfarbigen weißblauen Haut und den überlangen Fingernägeln, dessen Adamsapfel über seinem Kragen hervorlugte, war der Weiße, den ich am häufigsten sah. Mindestens zweimal die Woche begleitete ich einen oder mehrere Erwachsene meiner Familie in seinen Laden. Mr. Waylan sah uns durch die Gläser seiner Hornbrille mit – wie Großmama India es nannte – »kriminellen Augen« an und begrüßte uns bisweilen herzlich. Es gab sogar Momente, in denen er mit seinem beschwichtigenden Geplauder ein nervöses Lachen bei Mutter und Daddy hervorrief.

Sein Laden war einer meiner Lieblingsorte, denn dorthin zu gehen glich manchmal dem Besuch einer riesigen Nachbarschaftsparty. Hauptsächlich Schwarze kauften dort ein, obwohl auch einige Weiße aus dem angrenzenden Wohngebiet kamen. Auf dem Boden lagen Sägespäne und die Luft war voll vom Duft von Gewürzen, Früchten, Zwiebeln, Nüssen und Kartoffeln. Vielleicht lag es an den festlichen Farben und Klängen, daß ich mich an eine Party erinnert fühlte.

Eines Freitags am frühen Abend, als der Laden voller Menschen war, ging unsere ganze Familie zum Einkaufsbummel. Wir hatten den Scheck von Mamas Lehrtätigkeit dabei, den Scheck von Daddys Eisenbahngesellschaft und das Geld, das Großmama India als Hausmädchen verdient hatte. Es war einer jener Tage, an denen wir alle voller Freude und Frieden und voller Hoffnung waren. Ich freute mich auf das Bezahlen der Rechnung, denn der Lebensmittelhändler belohnte Conrad und mich mit Süßigkeiten, wenn die Erwachsenen ihm das Geld gegeben hatten.

Großmama war die erste, die Mr. Waylans Rechnung prüfte. Ihre Stirn legte sich in Falten; sie murmelte etwas und reichte Daddy die Rechnung. Er sah sie sich an, und seine Augen suchten die ihren. Als auch Mutter die Rechnung geprüft hatte, waren ihre Gesichter alle ernst. Sie gingen mit Conrad und mir schnell in eine Ecke des Ladens.

Sie waren sich sicher, daß die Rechnung um 22 Dollar zu hoch ausgestellt war. Das sei mehr als ein ganzer Tageslohn, sagte Daddy. Dennoch schienen sie Angst zu haben, das laut zu sagen. Nachdem sie lange Zeit ärgerlich geflüstert hatten, beschlossen sie, sich zu beschweren. Obwohl Großmama auf den Lebensmittelhändler ruhig und respektvoll zuging, brüllte er sie mit wütender Stimme an, laut genug, daß jeder im ganzen Häuserblock ihn hören konnte. Er sagte, er habe uns Kredit gegeben, als wir kein Geld für Lebensmittel hatten, und erwarte jetzt, daß wir das Geld ohne zu jammern zurückzahlten.

Ich sah, wie Daddys Kiefer sich zusammenkrampften und seine Augen ganz schmal wurden. Großmama berührte seine Hand, um ihn zu beruhigen. Über dem Laden lag eine unheilvolle Stille. Alle starrten uns an. Die anderen Kunden im Laden, einige davon unsere Freunde, standen völlig bewegungslos, Angst in den Augen.

Zuerst waren Mutter, Großmama und Daddy wie gelähmt. Dann holte Mutter tief Luft, trat einen Schritt vor und sagte mit achtungsgebietender Stimme: »Auch wenn man uns zuviel berechnet?«

»Passen Sie auf, was Sie sagen, oder Sie essen nächsten Monat alle nichts als Bohnen.« Der Lebensmittelhändler streckte Mutter Lois die geballte Faust entgegen. Feuer loderte in Daddys Augen, aber wieder einmal sah Großmama ihn nur an, und er hielt sich zurück; die drei duckten sich wie

Kinder vor einem tadelnden Elternteil. Lange Zeit blieb es völlig still. Plötzlich zog Großmama Dollarscheine aus ihrem Geldbeutel, und Daddy tat dasselbe. Zusammen zahlten sie den vollen Betrag.

Mama schob Conrad und mich rasch aus der Tür. Wir würden in den nächsten Tagen von dem leben müssen, was wir noch in den Schränken hatten, sagte Daddy. In diesem Laden würden wir nie wieder einkaufen.

Auf dem Heimweg kochte Großmama vor Wut. Sie sagte, es reiche ihr, immer Brot zu kaufen, das schon einen Tag alt sei, und leicht verfaultes Fleisch zum doppelten Preis, für den Weiße frische Lebensmittel bekamen. Ich fragte mich dauernd, warum Mama, Großmama und Daddy sich dem weißen Mann gegenüber nicht wehren konnten.

Daddy war ein großer Mann, über ein Meter und neunzig groß, mit breiten Schultern und muskulösen Oberarmen. Er konnte mich in die Luft werfen und wieder auffangen oder mich mit Leichtigkeit über den Zaun heben. Bis zu diesem Augenblick war ich davon überzeugt, er könne es mit der ganzen Welt aufnehmen, wenn er mich schützen müßte. Aber als ich sah, wie er vor dem Lebensmittelhändler kuschte, wurde mir klar, daß es nicht so war. Das machte mir Angst und ließ mich nachdenken: Wenn ich jemals Schwierigkeiten mit den Weißen bekäme, würden mir die Menschen, auf die ich mich in meinem Leben am meisten verließ, überhaupt nicht helfen können. Ich fügte mich in den Umstand, daß die Weißen ganz eindeutig das Sagen hatten, und es nichts gab, was wir daran ändern konnten.

Am nächsten Tag rief Großmama alle ihre Freundinnen und Freunde an und versuchte, sie dazu zu bewegen, geschlossen an einem anderen Ort einzukaufen. Alle außer einer warnten sie davor, keine Scherereien zu machen. Nachdem sie mindestens zehn Nummern angerufen hatte, sank sie mit einem traurigen Ausdruck im Gesicht in ihrem Sessel zusammen und legte den Hörer wieder auf die Gabel. Lange saß sie einfach stumm da. Dann nahm sie ihre Bibel und las laut den Vers, der die Tränen in ihren Augen versiegen ließ: »Und die Cherubim sollen ihre Flügel ausbreiten.« Mit einem Lächeln und Feuer in den Augen sagte sie: »Hab' Geduld, eines Tage werden die Schwarzen an die Reihe kommen. Du wirst schon sehen. Dein Leben wird anders sein als das meine. Vielleicht werde ich diese Veränderungen nicht mehr miterleben, aber du wirst es ... o ja, mein Kind, du wirst es.«

Aber die Zeit verstrich, und es traten keine großartigen Veränderungen in meinem Leben auf. Ich erwartete immer ungeduldiger, daß die Cherubim ihre Flügel ausstreckten. In mein Tagebuch schrieb ich:

> *Was, wenn Großmama sich irrt? – Was, wenn Gott die Dinge nicht ändern kann? Was, wenn die Weißen immer das Sagen haben werden? Gott, bitte gib mir jetzt ein Zeichen, daß Du da bist und daß Du etwas tun wirst, um mein Leben zu ändern. Bitte beeile Dich!*
> *Melba Pattillo – acht Jahre – Schülerin der Sonntagsschule*

Ich legte beim Warten auf eine Veränderung ebensowenig Geduld an den Tag wie bei den Toiletten mit der Aufschrift »Für Farbige«. Als Kind schien es mir, als ob diese Toiletten immer meilenweit von den Orten entfernt wären, an denen ich mich befand, wenn mich ein bestimmtes Bedürfnis überkam. Wenn wir in den Läden der Innenstadt einkauften, lagen die Toiletten für gewöhnlich am Ende eines dunklen Korridors oder am Fußende einer schäbigen Wendeltreppe. Auf jeden Fall trat stets eines von zwei Ereignissen ein: entweder machte ich mir die Hosen naß in dem Versuch, rechtzeitig dorthin zu gelangen oder – noch schlimmer – ich bekam furchtbares Seitenstechen bei dem Versuch, mich so lange zu beherrschen, bis ich nach Hause kam.

Eine Erfahrung, die ich an einem Dezembermorgen machte, prägte für alle Zeit meine Entscheidungsfindung, an einem öffentlichen Ort »auf den Topf« zu gehen. Wir machten gerade Weihnachtseinkäufe, als ich plötzlich den Notstand kommen fühlte. Ich überzeugte Mutter und Großmutter davon, daß ich den Weg zur Toilette allein finden würde. Ich lief so schnell ich konnte, als mir plötzlich klar wurde, daß ich es die Treppen hinunter und durch den Verbindungsgang des Kaufhauses zu den Toiletten für »Farbige Damen« nicht schaffen würde.

Also stieß ich die Tür mit der Aufschrift »Weiße Damen« auf, holte tief Luft und überquerte die Schwelle. Es war genauso hell und schön, wie ich es mir vorgestellt hatte. Zuerst konnte ich nur Stimmen in der Nähe hören, aber als ich durch eine zweite Tür ging, sah ich mehrere weiße Damen, die plauderten und ihr Makeup erneuerten. Auf der anderen Seite des Raumes saßen noch mehr weiße Damen auf einer Couch und lasen Zeitung. Plötzlich bemerkten sie mich, und zwei von ihnen sahen mich erstaunt an. Wenn ich nicht die Klofrau sei, meinten sie, würde ich mich am falschen Ort befinden. Aber es war klar, daß ich zu jung war, um die Klofrau zu sein. Sie schrien mich an, »zu verschwinden«, doch meine pochende Blase nahm meine ganze Aufmerksamkeit in Anspruch, und ich versuchte hektisch, eine unbesetzte Kabine zu finden.

Sie kreischten »Grundgütiger, tut etwas.« Ich tat sehr wohl etwas – ich saß bequem auf der Toilette und hörte, wie vor der verschlossenen Tür meiner Kabine die Hysterie anwuchs. Eine Frau kniete sich sogar auf den Boden, um unter der Tür durchzusehen und sich zu versichern, daß ich den Toilettensitz nicht mit dem Hintern berührte. Sie befahl mir, nur ja nicht zu pinkeln.

Anfangs war vor der Tür meiner Kabine so viel los, daß ich Angst hatte herauszukommen. Aber ich wollte mir zu gern all die besonderen Dinge im Toilettenraum der weißen

Damen ansehen, darum hatte ich keine Wahl. In einem Stimmengewirr, in dem ich »Nigger« und andere Schimpfwörter hörte, wusch ich mir die Hände. Eine Frau wedelte mir mit ihrem Finger vor dem Gesicht herum und warnte mich, daß ihre Freundin gerade die Polizei holte, die würden mir schon ein oder zwei Dinge beibringen. Das Wort »Polizei« ängstigte mich. Daddy und Mutter Lois hatten Angst vor der Polizei. Die Damen eilten aus der Tür und drohten, sie würden den Manager anweisen, uns nie wieder in diesem Laden einkaufen zu lassen.

In diesem Augenblick hörte ich eine vertraute Stimme. »Melba Joy Pattillo, was um alles in der Welt tust du da drin?« rief Großmama India mir zu. Sie kam herein. Ich war so glücklich, sie zu sehen, daß ich auf sie zurannte und die Arme um sie schlang. Ihre Umarmung gab mir ein Gefühl der Sicherheit, aber die Angst in ihrer Stimme brachte meine Furcht zurück. Meine Neugier habe uns in wirkliche Schwierigkeiten gebracht, sagte sie. Die Polizei und eine ganze Horde Weißer warteten draußen auf mich. Großmama drückte mich von sich und wischte mir die Tränen ab. Noch während sie die Haarbänder an meinen Zöpfen straffzog, konnten wir vor der Tür die brüllenden Stimmen hören.

»Ich fordere Sie auf, sofort alle herauszukommen. Hier spricht die Polizei von Little Rock. Zwingen Sie uns nicht, hineinzukommen.«

Großmama straffte die Schultern und nahm die Haltung einer Königin ein. Sie nahm meine Hand in die ihre und wies mich an, mich gerade zu halten. Als wir durch die Tür schritten, reckte ich mein Kinn in die Höhe, um es Großmama gleichzutun, während sie den beiden Polizisten in die Augen sah. Sie sprach mit ihnen ruhig und freundlich und erklärte ihnen, daß ich noch nicht gut lesen könne. Dann entschuldigte sie sich für die Umstände, die ich verursacht hatte. Ihre Stimme klang keineswegs ängstlich, aber ich konnte spüren, wie ihre Hand zitterte und ihre Handflächen schwitzten.

Plötzlich kam einer der Polizisten näher und versperrte uns den Weg. Er sagte, wir sollten mit nach oben kommen, sie müßten einmal ernsthaft mit uns sprechen. Großmama zuckte nicht mit der Wimper, als er sich direkt vor ihr aufbaute. Stattdessen lächelte sie auf mich herunter und drückte meine Hand. Aber als er sie aufforderte, mitzukommen, wußte ich, daß wir in größeren Schwierigkeiten steckten als jemals zuvor. Als sie ihn fragte, wohin er uns bringen würde, meinte er, sie solle den Mund halten und tun, was man ihr sage. Einige aus der Menge folgten uns. Als wir an Mutter Lois vorbeikamen, warfen sie und Großmama sich einen Blick zu. Ich wollte etwas sagen, aber Großmama kniff mich in den Arm.

Sobald wir oben angekommen waren, in einem Raum mit hochlehnigen Holzstühlen, einem langen Tisch und Pappkartons, zündeten beide Polizisten Zigaretten an. Einer von ihnen meinte, wir müßten einer kommunistischen Gruppe aus dem Norden angehören, die versuchte, die Gleichberechtigung der Rassen in Little Rocks Toiletten durchzusetzen. Großmamas Stimme überschlug sich nur einmal, als sie immer und immer wieder erklärte, daß ich nur einen Fehler gemacht habe. Sie nannte die Polizisten »Sir« und »Mister«, während sie darauf pochte, daß wir gute Bürger von Little Rock seien und dankbar dafür, unsere eigenen Toiletten benutzen zu dürfen. Sie sagte, sie erinnere sich noch an die Zeit, als sie nicht einmal durch den Haupteingang eines Ladens gehen durfte und sie sei in aller Demut äußerst dankbar für dieses Privileg.

Nach einer Stunde sagte schließlich der ältere Polizist, sie würden uns gehen lassen. Er nannte uns harmlose, irregeleitete Nigger und warnte uns, wenn man uns jemals wieder dabei erwischte, wie wir an Orten herumschnüffelten, die den Weißen vorbehalten seien, würden wir in Streifenkleidung hinter Gittern landen oder – schlimmer noch – uns mit einem Seil um den Hals wiederfinden.

Als wir ins Auto stiegen, warnte mich Großmutter India davor, daß neugierige Kinder eins auf die Hand bekommen und das mein Ende sein könne. Als Strafe für meine böse Tat würde sie mir einen Monat lang jeden Tag den 23. Psalm vorlesen. Ich mußte auch das Wort »Geduld« im Wörterbuch nachschlagen und die Definition herausschreiben.

Auf gewisse Weise hatte sie recht – Geduld brachte langsam Veränderungen. Ich feierte weitere Geburtstage und mein Alter erreichte zweistellige Zahlen; im Laufe dieser Zeit sah ich eine größere Veränderung: Mutter Lois besuchte noch mehr Vorlesungen an der Universität der Weißen. Ich war so fasziniert von dieser Vorstellung, daß ich diese Schule einfach sehen mußte; also fuhr auf unserem Sonntagsausflug die ganze Familie an der Außenstelle der Universität vorbei. Das Gebäude lag in einer ausschließlich weißen Gegend, die wir nur am Tage zu durchqueren wagten. Ich reckte den Hals, um die schönen Häuser und die gepflegten Rasenflächen zu sehen.

Manchmal kamen wir auf unserem Weg dorthin an dem Gebäude der Central High School vorbei – so groß, so majestätisch, wie ein europäisches Schloß, das ich einmal in den Geschichtsbüchern gesehen hatte. »Die Schule ist viel größer als unsere High School«, sagte ich einmal sonntags. »Die würde ich gern besuchen.«

»May Brown kocht dort«, sagte Großmama. »Sie hat mir erzählt, daß die reichsten weißen Familien ihre Kinder auf diese Schule schicken. Die Leute im Norden kennen die Central High School. Sie wissen, daß es eine gute Schule ist.«

»Ich wünschte, ich könnte einmal hineinsehen«, meinte ich.

»Wage nicht einmal, das zu sagen, Mädchen. Neugier bringt einen immer in große Schwierigkeiten. Hab' Geduld«, befahl Großmama wieder einmal und lächelte mich dabei an. »Hab' Geduld, und eines Tages, so Gott will, wirst du in diese Schule hineinsehen dürfen, das verspreche ich dir.«

Kapitel 3

Wie könnte ich jemals den 17. Mai 1954 vergessen – den Tag, an dem der Oberste Gerichtshof das Urteil im Fall *Brown gegen das Erziehungsministerium von Topeka, Kansas* fällte und getrennte Schulen für Weiße und Schwarze für illegal erklärte? Das Verhalten der Erwachsenen um mich herum war derart seltsam, daß es wie eingefroren, auf ewig in meiner Erinnerung verankert ist. Ich lernte an diesem Tag Lektionen, an die ich mich für den Rest meines Lebens erinnern werde.

Ich war zwölf Jahre alt. An diesem Nachmittag saß ich an meinem Tisch in der siebten Klasse der Dunbar Junior High School und schrieb etwas von der Tafel ab. Meine Lehrerin wurde nach draußen gerufen. Als sie zurückkehrte, schien sie ängstlich und nervös. Sie wischte die Tafel sauber, noch bevor wir alles abgeschrieben hatten, und erzählte uns atemlos von dem Urteil *Brown gegen das Erziehungsministerium.*

»Heißt das, daß wir mit Weißen in die Schule gehen müssen?« fragte mein Freund Carl, und ein Chor von Stimmen fiel in diese Frage ein.

»Ja, vielleicht. Aber du mußt dir deswegen keine Sorgen machen. Packt jetzt eure Sachen. Ihr dürft heute alle früher nach Hause.« Obwohl sie meinte, der Fall Brown sei etwas, auf das wir stolz sein und das wir feiern sollten, sah ihr Gesicht keineswegs glücklich aus. Ich verstand nicht, warum sie es so eilig hatte, uns nach Hause zu schicken, aber ich stellte keine Fragen. Ich freute mich jeden Tag darauf, mit Großmutter India nach Hause zu gehen. Sie lugte über den Rand des Buches oder der Zeitung, die sie gerade las, und begrüßte mich immer auf dieselbe Weise: »Und was hast du heute gelernt?« Sie hatte die High School nie beenden können, aber sie las ungeheuer viele Bücher und bildete sich stets weiter. Nach der Schule sprachen und lachten wir beide bei einem Imbiß aus warmen Lebkuchen und Milch, bis es Zeit war für meine Haushaltspflichten und die Hausaufgaben.

Als wir an diesem Tag die Schule verließen, hörte ich noch die zitternde Stimme meiner Lehrerin: »Achtet darauf, wo ihr lauft. Bleibt immer beisammen, geht nicht allein.« Sie stand am Kopf der Treppe und mahnte uns zur Eile.

Sobald ich draußen war, fiel mir auf, daß ich ein Mathematikbuch vergessen hatte, aber als ich es holen wollte, versperrte sie mir den Weg und forderte mich auf, mit den anderen zu gehen. Ich konnte mir nicht vorstellen, warum sie so darauf bestand, daß ich nach Hause eilte. Sie sagte sogar, sie würde meine fehlende Hausaufgabe am folgenden Tag entschuldigen. Sie hatte noch nie fehlende Hausaufgaben entschuldigt, gleichgültig aus welchem Grund.

Ich zog hinter den anderen her und grübelte über ihr seltsames Verhalten nach. Ich schenkte den Vorgängen um mich herum wenig Aufmerksamkeit. Schließlich war es ein vertrauter Weg, einer, den ich seit meinem sechsten Lebensjahr kannte. Für gewöhnlich nahm ich eine Abkürzung durch einen verlassenen Häuserblock und über eine Wiese voller Dattelbäume. Im Frühling war der Boden voller reifer Früchte und machte den Durchgang zu einem gewagten, glitschigen Abenteuer.

Manchmal war diese Abkürzung nicht sicher – das lag an Marissa. Sie war ein älteres Mädchen, das uns Angst machte. Völlig grundlos wurde sie bisweilen furchtbar gemein und bösartig. So etwa, wenn ich den Weg entlang ging, und ganz plötzlich mit einen Hagel aus überreifen Datteln attackiert wurde. Es gab keine Möglichkeit, mich zu schützen oder zurückzuschlagen, weil Marissa so groß und so übermächtig war. Mit zwölf Jahren galt ich als groß für mein Alter; die meisten hielten mich für fünfzehn. Aber Marissa war noch größer. Keiner wußte, wie alt sie war – wir hielten sie für ungefähr sechzehn – viel zu alt, um in unserer Klasse zu sein.

Marissa war anders; die Lehrer nannten sie »zurückgeblieben«. Obwohl sie oft ungezogen war, unternahmen die Erwachsenen niemals etwas, vielleicht weil ihr Vater ein reicher Pfarrer unserer Gemeinde war. Als ich das Feld durchquerte, riskierte ich ganz bewußt, daß Marissa jeden Augenblick aus den Büschen gerannt kommen konnte. Aber ich wußte auch, ich konnte sie besänftigen, wenn ich ihr meinen Apfel oder mein Taschengeld gab. Ansonsten hielt ich das Feld für ziemlich sicher, sicher genug, um in meine Tagträume zu verfallen. Das war meine ganz besondere Tageszeit: Ich konnte so laut singen, wie ich wollte und neue Tagträume schmieden, wie es wäre, ein Filmstar zu sein oder wenn in den Norden, nach New York oder in den Westen nach Kalifornien ziehen würde.

Ich stimmte mit den Radiosprechern nicht überein, die Little Rock als nette, saubere Südstaatenstadt bezeichneten, als einen Ort, an dem meine Leute und die Weißen friedlich miteinander lebten. Die städtischen Beamten prahlten, es habe in über zehn Jahren keinen Lynchmord an einem Schwarzen durch den Ku-Klux-Klan*) mehr gegeben. Sie nannten unsere Bürger vorwärtsdenkend, weil sie eine Militärbasis des Strategischen Luftwaffenkommandos in der Nähe bauen ließen; durch diese Basis würde eine ganze Reihe Menschen verschiedener Rassen zu uns kommen. Aber ich hielt uns keineswegs für progressiv, denn ich durfte immer noch nicht am Essensschalter im Billigwarenhaus essen, durfte im Kino nur auf den Balkonplätzen sitzen und

---

*) Amerikanischer Geheimbund, dessen Mitglieder in weißer Robe und Kapuze gegen die Gleichberechtigung der Schwarzen mit terroristischen Methoden kämpfen. (Anm. d. Ü.)

durfte weder auf dem Karussell im Fair Park fahren noch die Toilette der weißen Frauen aufsuchen.

Die Stadtväter prahlten gern, daß unsere Leute und die Weißen »Seite an Seite« arbeiteten. Von den 107.300 Einwohnern in Little Rock waren etwa 30.000 schwarz. Sie sagten, die Schwarzen würden gute Löhne erhalten, aber das stimmte nicht. Die meisten meiner Leute, die ein angemessenes Gehalt verdienten, waren entweder Lehrer, Prediger oder Ärzte. Für uns gab es nur sehr wenige Stellen als Sachbearbeiter, Polizisten, Busfahrer oder Versicherungsagenten.

Meine Mutter war es schon lange müde geworden, Daddy dazu zu bewegen, seine Universitätsausbildung abzuschließen. Tatsächlich hatte sie ihn aufgegeben, als ich sieben Jahre alt war. Damals ließen sie sich scheiden. Obwohl er seit nunmehr fünf Jahren aus dem Haus war, vermißte ich ihn noch immer, meistens beim Abendessen und an jenen Abenden, wenn wir zusammen Familienspiele im Eßzimmer spielten. Es machte Conrad und mich traurig, ihn nicht bei uns zu haben. Anfangs, wenn Großmutter mich bat, den Eßzimmertisch zu decken, deckte ich immer auch einen Teller für Vater auf. Dann fiel mir ein, daß er nicht nach Hause kommen und nicht mit uns essen würde – vielleicht niemals wieder. Häufig träumte ich auf dem Heimweg von der Schule, daß wir wieder eine Familie sein würden, daß Daddy die Schule beenden würde, um Mutter glücklich zu machen, und daß sie die Scheidung aufheben und ihn nach Hause kommen lassen würde.

Als ich das Dattelfeld betrat, war ich tief in Gedanken versunken. Einige Schritte hinter dem großen Baum am Anfang des Weges hörte ich ein Rascheln. Ich stand vollkommen still und sah mich um. Ich konnte keine Menschenseele sehen. Als ich mich dem Ende des Feldes näherte, riß mich plötzlich die tiefe Stimme eines Mannes aus meiner inneren Versenkung.

»Soll ich dich mitnehmen, Kleines?« Er klang nicht nach jemanden, den ich kannte. Da war sie wieder. Die Stimme eines Fremden, die mich rief. »Soll ich dich mitnehmen?«

»Wer ist denn da?« fragte ich, kaum in der Lage, die Worte herauszubekommen.

»Ich hab auch was Süßes im Auto. Ganz viele Süßigkeiten.« Ich schlich langsam vorwärts und dann sah ich ihn – einen großen weißen Mann, sogar noch größer als mein Vater, breit und riesig wie ein Ringer. Er kam rasch auf mich zu. Ich drehte mich um und floh in die andere Richtung, auf dem Weg zurück, den ich gekommen war.

»Du kommt besser mit mir und läßt dich von mir nach Hause bringen. Hörst du mich, Kleine?«

»Nein, Sir«, rief ich, »danke nein.« Aber er blieb hinter mir. Mein Herz raste fast so schnell wie meine Füße. Ich konnte nichts hören, außer dem Geräusch meiner Schuhe auf dem Boden und dem Donnern seiner Füße dicht hinter mir. In diesem Augenblick fing er an, über »Nigger« zu reden, die mit seinen Kindern zur Schule gehen wollten, und daß er das nicht dulden werde. Meine Hilferufe gingen in dem Gebrüll seiner Worte unter, aber er lachte nur und sagte, es sei zwecklos, weil mich niemand hören könne.

Ich rannte so schnell ich konnte. Meine Schnürsenkel gingen auf. Meine Füße verhakten sich. Als ich zu Boden fiel, biß ich mir in die Zunge. Ich fühlte, wie seine riesigen Pranken nach meinem Rücken griffen. Ich richtete mich auf und versuchte verzweifelt loszukommen. Er drückte mich zu Boden und drehte mich auf den Rücken. Ich sah sein Gesicht dicht über mir, lauernd wie ein Monster auf der Kinoleinwand. Ich wehrte mich gegen ihn, aber er war einfach zu stark.

Er schlug mir brutal ins Gesicht. Ich schützte meine Augen mit meinen Händen und wartete darauf, daß er mich erneut schlagen würde. Stattdessen fühlte ich, wie er sich gegen mich drückte, und dann sah ich, wie er seine Hosen herunterzog. Bei mir zu Hause wurden die Geschlechtsteile immer bedeckt gehalten. Ich konnte mir nicht denken, was er da tat, aber ich wußte, es mußte etwas Schlechtes sein. Ich kratzte ihn und trat ihn und schlug ihn mit jedem Gramm Stärke, das ich aufbringen konnte. Er rammte mir seine riesige Faust ins Gesicht. Ich kämpfte, um ihn zurückzudrängen und zu verhindern, daß mich der dunkle Vorhang der Bewußtlosigkeit einhüllte.

»Euch Niggern werd' ich schon zeigen, daß der Oberste Gerichtshof in meinem Leben nichts zu sagen hat«, sagte er, und seine Hand zerriß meine Unterwäsche. Eine Stimme in meinem Kopf flüsterte mir zu, daß ich sterben müsse, daß es nichts gebe, was ich dagegen tun könne. Weiße Männer hatten das Sagen. Aber dann hörte ich immer wieder Großmama India: »Gott ist stets in deiner Nähe.« Ich kämpfte um meine Unterwäsche und um den Mann von mir herunterzurollen.

Plötzlich zog er seine Stirn in Falten, gab ein schreckliches Ächzen von sich und langte sich an den Hinterkopf. Es war Marissa! Sie schlug ihm mit ihrer ledernen Schultasche auf den Kopf. »Melba ... Melba ... lauf«, schrie sie. Als er von mir herunterrollte, rappelte ich mich hoch. Er versuchte, nach Marissa zu greifen, aber sie trat ihm in die Schulter. In diesem Augenblick stand ich wieder auf den Füße und entfernte mich von ihm. Er kniete immer noch und versuchte, sich zu befreien, denn seine Beine hatten sich in seinen heruntergelassen Hosen verheddert.

Marissa rief mir zu, schneller zu rennen. Sie ließ ihre Schultasche zurück und zog mich am Arm. Wenn wir uns nicht beeilen, werden wir vergewaltigt, sagte sie immer wieder. Vergewaltigt? »Was ist vergewaltigt?« fragte ich mich, während wir über das Feld und zurück auf die Straße rannten. Wir liefen mitten auf der Straße und hielten nicht an, um mit jemandem zu sprechen, nicht einmal mit den Leuten, die wir kannten und die hallo sagen wollten. Atemlos und ziemlich mitgenommen gelangten wir schließlich in den Hinterhof meines Elternhauses.

Mein Bruder Conrad radelte herbei, um mich auszufragen. Was denn mit meinem Gesicht sei? Warum meine Kleider zerrissen seien? Ich schämte mich und fragte mich gleichzeitig, ob er und sein Spielkamerad Clark wohl erraten konnten, daß ein fremder Mann mich berührt hatte. In diesem Augenblick öffnete Großmama India die Hintertür. Sobald sie mich sah, runzelte sie die Stirn und schickte Conrad und Clark weg.

Marissa erklärte, was uns geschehen war, und sie wiederholte das Wort »Vergewaltigung«. »Aber er hat es nicht ganz getan«, sagte sie. Mittlerweile war mir klar, daß es etwas Schreckliches und Schmutziges sein mußte. Bevor ich Großmama danach fragen konnte, wickelte sie mir ein kaltes Tuch um mein Gesicht und führte mich zur Badewanne.

»Weich' dich eine Weile ein, Kind. Wenn das Wasser durch den Abfluß läuft, wird es all das Böse des weißen Mannes mit sich nehmen«. Sie hatte einen seltsamen Ausdruck im Gesicht, einen, den ich noch nie zuvor gesehen hatte. Dann sagte sie etwas, das mir bewußt werden ließ, wie schrecklich alles in Wirklichkeit war. »Wir werden die Kleider, die du ausgezogen hast, verbrennen. Ich lege dir frische Sachen auf den Hocker vor der Tür.«

Ich konnte meinen Ohren nicht glauben! »Wer nichts verschwendet, der hat auch keine Wünsche« war stets ihr Motto gewesen. Was geschehen war, mußte wirklich ekelerregend gewesen sein, wenn sie deswegen meine guten Sachen verbrannte. Ich saß schweigend in der Wanne und fragte mich, ob ich mich in den Augen des Herrn jemals wieder reinwaschen konnte.

Später hörte ich, wie Großmama mit meinem Vater am Telefon sprach und wie Mutter Lois fröhlich wie immer durch die Hintertür kam. Ich kletterte nicht aus der Wanne. Stattdessen schrubbte ich mich in der heißen Seifenlauge, um meine Scham wegzuwaschen. Als Großmama kam, um nach mir zu sehen, muß sie den Kummer in meinen Augen entdeckt haben, denn sie versprach, der Herr würde mich immer noch zu seinen guten Mädchen zählen, weil ich ja nichts Falsches getan hatte.

Ich hörte so lange zu, wie die Erwachsenen laut flüsternd darüber stritten, ob sie die Polizei rufen sollten, daß mein Badewasser darüber kalt wurde. Als ich aus der Wanne kletterte und mich anzog, hörte ich Daddys Stimme. Ich ging in die Küche und sah zum ersten Mal Tränen in den Augen meines Vaters. Er umarmte mich und sagte: »Wir werden die Polizei nicht rufen. Diese weißen Polizisten werden ihr wahrscheinlich etwas viel Schlimmeres antun, als das, was bereits geschehen ist.«

Großmama mahnte mich, mit niemanden darüber zu sprechen, was geschehen war, ganz besonders nicht mit Conrad. Sie sagte, ich müsse für diesen bösen weißen Mann jeden Tag vierundzwanzig Stunden beten und Gott bitten, ihm zu vergeben und ihn das Gute zu lehren. Auf diese Weise, so versprach sie mir, könne ich mich meiner Gefühle der Scham entledigen.

Nacht für Nacht rieb ich mir beim Beten die Knie wund, ich stand sogar früher auf, um ein paar Extragebete zu sprechen. Großmama hatte Recht. Als meine blauen Flecke verschwunden waren, fühlte ich auch keine Scham mehr.

Ich schrieb in mein Tagebuch:

> *Es ist wichtig, daß ich die Zeitung lese, jeden Tag, den Gott werden läßt – auch wenn ich die Zeitung von meinem eigenen Geld kaufen muß. Ich muß mich auf dem Laufenden halten, was die Männer des Obersten Gerichtshofs tun. Auf diese Weise kann ich an den Tagen, an denen die Richter Urteile fällen, die weiße Männer dazu veranlassen, mich vergewaltigen zu wollen, zu Hause bleiben.*

Die Tageszeitungen waren voll mit Berichten über den Fall *Brown gegen das Erziehungsministerium.* Die weißen Einwohner von Little Rock sagten dieselben Dinge, die der »Vergewaltiger« gesagt hatte. Ich konnte mir nicht vorstellen, daß sie ihre Ansicht jemals ändern und ihre Kinder mit mir zusammen zur Schule gehen lassen würden, gleichgültig, welche Gesetze die Männer des Obersten Gerichtshofes erließen. Aber am 24. Mai 1955 schrieben die Zeitungen, daß die Schulbehörde von Little Rock einen Plan erstellt hätte, um die Integration an der Central High School zu begrenzen. Sie würden die Integration zwei Jahre zurückstellen, erst im September 1957 würde sie in Kraft treten.

Meine Lehrerin fragte, ob jemand, der im Einzugsgebiet der Central High School lebte, mit den Weißen auf dieselbe Schule gehen wollte. Ich hob meine Hand. Als ich meinen Namen auf das Blatt Papier schrieb, das sie herumgehen ließ, dachte ich an all die Male, an denen ich an der Central High vorübergegangen war und hineinsehen wollte. Ich war sicher, es würde ein Wunder benötigen, um die Integration an Little Rocks Schulen durchzusetzen. Aber ich dachte mir, wenn die Schulen für meine Leute offen wären, würde ich auch Zugang zu Möglichkeiten haben, die mir bislang verwehrt waren, wie Shows im Robinson Auditorium zu besuchen oder im Parkett des Kinos zu sitzen.

Am 1. Dezember 1955 wurde mir klar, daß Großmama recht hatte. Unsere Leute streckten die Hand aus und rissen die Zäune der Rassentrennung nieder. Ich las in der Zeitung, daß eine Schwarze, eine Frau namens Rosa Parks, sich in Alabama geweigert hatte, ihren Sitz im Bus für einen weißen Mann zu räumen. Ihre Bereitschaft, eher verhaftet zu werden, als noch einmal nachzugeben, führte zu dem Busboykott in Montgomery, Alabama. Stolz stieg in mir auf, wenn ich darüber nachdachte, wie meine Leute sich zusammengeschlossen hatten, um eine Veränderung herbeizuzwingen. Das gab mir Hoffnung, daß sich die Dinge vielleicht auch in Little Rock ändern könnten.

Im Januar 1956 wurden meine Hoffnungen jäh zerschlagen, als NAACP-Vertreter versuchten, einige unserer Kinder an mehreren weißen High Schools in Little Rock anzumelden, und abgewiesen wurden. Großmama India und Mutter Lois verfolgten diese Sache intensiv; aber wenn wir beim Abendessen darüber sprachen, dann hielt mich das Gespräch über die Weißen, die uns schlechte Dinge antaten, davon ab, ihnen zu erzählen, daß ich mich in die Liste für Central High eingetragen hatte.

Am 8. Februar 1956 strengte die NAACP einen Prozeß am Bezirksgerichtshof an, um die Schulen zu veranlassen, die Integration umgehend einzuführen. Mit Bezug auf eine Umfrage, gemäß der 85 Prozent der Bewohner von Arkansas eine Integration ablehnten, verkündete Gouverneur Orval Faubus, daß er sich einer Integration an den Schulen des Bundesstaates widersetzen würde.

Im Frühjahr 1956 las ich, daß Elvis Presley ins Robinson Auditorium nach Little Rock kommen würde. Ich saß auf meinem Bett, umgeben von meinen Plüschtieren und betrachtete sein Foto in der Anzeige. Es brach mir das Herz, daß ich nicht zum Konzert gehen konnte. Unsere Leute durften während solcher Ereignisse nicht einmal auf dem Balkon sitzen. Wie oft hatte ich meine Eltern gefragt: »Warum? Warum darf ich nicht dahin gehen, wo die Weißen hingehen können?«

Und ich war aufrichtig enttäuscht, als ich las, daß einige der prominentesten weißen Bürger der Stadt Prozesse androhten, um die Integrationspläne der Schulbehörde in Little Rock bis ins Jahr 1970 aufzuschieben. Ich war sicher, daß sie gewinnen würden. Sie regelten immer alles, wie sie es wollten.

Am 27. August 1956 wies Bundesrichter John Miller die Klage des NAACP auf umgehende Integration an den Schulen mit der Begründung ab, die Schulbehörde sei im Recht, wenn sie die Integration nur ganz allmählich durchführe. Ich wußte, das bedeutete sehr, sehr langsam oder überhaupt nicht. Später gab es eine Berufung, die vom NAACP-Anwalt Thurgood Marshall eingelegt wurde, aber die Berufung wurde abschlägig beschieden, und der dürftige Plan des Schulministeriums, die Integration nur Stück für Stück durchzuführen, wurde als »umsichtig und rasch« bezeichnet. Im Sommer 1957 schien die Central High School nur einer von vielen Orten, dessen Inneres ich nie sehen würde.

Anfang August 1957 hatte Johnny Mathis mit »Chances Are« seinen ersten großen Hit in der Hitparade. In diesem Monat reichte eine Mrs. Clyde Thomason, Schriftführerin einer neuen Vereinigung namens League of Central High Mothers (die Liga der Central-High-School-Mütter), eine Klage ein, um die Schulbehörde von Little Rock an der langsamen Einführung der Integration zu hindern.

Ungefähr zu dieser Zeit beschloß ich, mir nicht länger Sorgen zu machen, ob ich meinen Eltern erzählen sollte, daß ich für Central High unterschrieben hatte. Wenn schon die weißen Mütter gegen die Integration kämpften, hatte ich wenig Aussicht auf Erfolg. Ich kannte schließlich die Kraft meiner eigenen Mutter und Großmutter. Außerdem mußte ich mich darauf konzentrieren, meine Tagträume zu leben, da Conrad, Mutter, Großmama und ich in den Norden reisen wollten. Wir fuhren nach Cincinnati im Bundesstaat Ohio, um meinen Großonkel Clancey mütterlicherseits zu besuchen. Er war Pfarrer der Episkopalkirche, und seine Frau Julie war Musiklehrerin.

Als wir in die runde Auffahrt einbogen, erinnerte mich ihr geräumiges, ausgefallenes Haus an die Orte, die ich in Filmen gesehen hatte. Seine Größe entsprach der Bank von Little Rock, und es war umgeben von speziell geschnittenen Hecken, die aussahen, als ob ein Künstler sie geformt hätte.

Für mich war Cincinnati das gelobte Land. Nachdem ich einige Tage dort war, verlor ich das Gefühl, erstickt zu werden, das ich in Little Rock immer hatte, wenn mich Weiße auf dem »mir zustehenden Platz« festhalten wollten. Ich fühlte mich so frei, als ob ich über den Wolken schweben könnte. Ich war sowohl ängstlich als auch aufgeregt, als mich die weißen Nachbarn von gegenüber zum Abendessen einluden. Es war das erste Mal, daß Weiße mit mir essen oder sich mit mir über gewöhnliche Dinge unterhalten wollten. Am Eßtisch fand ich heraus, daß sie Menschen wie ich waren. Sie benutzten dieselben blauen Leinenservietten, die auch Großmama India bevorzugte. Sie behandelten mich wie jemand Gleichwertiges, als ob ich zu ihnen gehörte.

Hinterher fuhren wir zu einem Drive-in-Kino. Die Tochter der Nachbarn, Cindy, war genau in meinem Alter. Sie stand neben mir, als ich an der Imbißbude Popcorn kaufte. Niemand sah mich böse an oder beschimpfte mich! Dennoch pochte mein Herz, und meine Handflächen waren schweißnaß, als ich mich durch die große weiße Menschenmenge drückte und zum Wagen zurückging.

Mitten in der Innenstadt von Cincinnati gingen wir mit hocherhobenen Köpfen und verhielten uns so stolz, wie wir nur konnten. Weder Mutter noch Großmutter traten auch nur einmal zur Seite, um einen Weißen vorbeizulassen. Manchmal standen wir einfach wie festgeklebt, und Weiße gingen um uns herum und lächelten uns dabei sogar freundlich an. Wir schlenderten durch alle großen Kaufhäuser und berührten teure Dinge, ohne daß die weißen Verkäuferinnen uns auch nur ansahen. Ich benutzte sogar dieselbe Toilette, und die weißen Damen lächelten und sagten hallo. Später saß ich an der Theke im Kaufhaus und trank ein Malzbier. Ich konnte kaum essen, denn ich beobachtete alles um mich herum. Aber kein Weißer runzelte auch nur die Stirn. An diesem Abend führte uns Onkel Clancey in ein teures Restaurant, in dem die weißen Kellner lächelten und sich verbeugten und mich fragten, ob ich einen Wunsch hätte.

»Mit Melba wird es schwer auszukommen sein, nach all dieser Vorzugsbehandlung«, sagte Mama, als wir aßen, lachten und uns unterhielten. Ich hatte noch nie zuvor Hummer oder Artischocken gegessen, und nie zuvor hatte ein Weißer Klavier gespielt, nur damit mein Essen besser rutschte.

Es war Mitte August, und wir verbrachten über eine Woche im Paradies. Ich fragte mich, wie ich Mama beibringen konnte, daß ich niemals nach Little Rock zurückgehen würde. Ich wollte betteln und Onkel Clancey anflehen, mich bei ihnen leben und die High School in Cincinnati abschließen zu lassen. Meiner Meinung nach standen die Chancen gut, daß alles nach meinem Kopf gehen würde, bis wir eines Abends die Nachrichten im Fernsehen sahen.

»Das war gerade dein Vater am Telefon.« Mutter schien sehr verärgert. »Er sagte, wir sollten uns unbedingt die Nachrichten ansehen, weil er heute telefonisch davon unterrichtet worden ist, daß Melba zusammen mit den Weißen die Central High School besuchen wird.«

Alle sperrten die Ohren auf, als der Nachrichtensprecher auf Little Rock zu sprechen kam. Er sagte, siebzehn Kinder aus meinem Bezirk seien ausgewählt worden, im Herbst 1957 auf die ausschließlich weiße Central High School zu gehen.

Großmama stand auf und ging zum Fernsehgerät. Sie gab uns durch Zeichen zu verstehen, ruhig zu sein. Der Sprecher erwähnte Thurgood Marshall und die NAACP, die das Bezirksgericht aufgefordert hatten, eine umgehende Integration anzuordnen. Ein Richter hatte dem zugestimmt und per Verordnung Mrs. Thomason und ihrer Mütterliga untersagt, sich einzumischen.

Wir standen alle wie Statuen, als der Nachrichtensprecher die Anhänger der Rassentrennung in Little Rock anführte, die entschlossen waren, unsere Kinder um keinen Preis an die weißen Schulen zu lassen. Ich konnte nicht stillstehen – eine schreckliche Angst durchströmte meinen Körper.

Conrad fragte, ob er denn auch gehen dürfe. Großmama India stieß ein ganz entschiedenes »Nein« aus. Mutter war bleich, ihre Lippen nur ein schmaler Strich – sie starrte mich an. Alle drängten sich um mich herum, wie die Planwagen, die ich in Western gesehen hatte, wenn die Siedler auf diese Weise versuchten, sich vor dem Angriff der Indianer zu schützen. Mit entsetztem Gesichtsausdruck starrten sie mich an, als ob ich gelogen oder Großmama eine freche Antwort gegeben hätte oder als ob mir eine zweite Nase gewachsen wäre. Ich stand mitten im Raum und hoffte, der Boden unter meinen Füßen würde sich auftun und mich verschlingen, während sie mich in die Mangel nahmen.

Wann ich ihnen das denn hätte mitteilen wollen? Warum ich meinen Namen auf die Liste gesetzt hätte? Warum ich geschrieben hätte, ich würde in der Nähe der Central High School leben und auf diese Schule gehen wollen, ohne sie um Erlaubnis zu bitten? Ob ich mir auch nur einmal überlegt hätte, daß meine Entscheidung unsere ganze Familie in Gefahr bringen konnte? Die ganze Zeit versuchte ich, der gnadenlosen Inquisition zu entgehen. Little Rock kümmerte mich mittlerweile überhaupt nicht mehr; ich wollte nur noch hier in Cincinnati leben.

Es war wie ein Alptraum – plötzlich waren meine Freude und meine Freiheit zu Ende. Die ganze Nacht brüllten sie und gingen auf und ab und diskutierten heftig. Am nächsten Morgen sprach Mama nicht mit mir. Sie frühstückte mit einem Stirnrunzeln. Großmamas Mund war nicht verschlossen, sie sprach sehr wohl mit mir und sagte mir immer wieder, daß ich für meinen Verstand zu klug sei.

Das war das Ende meines Urlaubs. Wir eilten nach Haus und begannen ein Leben, das ich mir in meinen wildesten Träumen nicht hätte ausmalen können. Großmama nannte es »wildgewordener Hades«.

Kapitel 4

Als wir von Cincinnati nach Hause kamen, stand mein Leben bereits auf dem Kopf. Ich lebte mit einem einzigen Ziel, mich auf meine Teilnahme an der Integration an die Central High School vorzubereiten. Das verschlang den Großteil der Zeit und der Energie meiner ganzen Familie. Ich sah auch, wie es die Energie der ganzen Stadt verschlang. Niemand, mit dem ich mich unterhielt, den ich im Lokalsender sah oder im Radio hörte, sprach von etwas anderem.

Ich ertrank in ungewohnten Aktivitäten und Geräuschen, dem Schrillen des ständig läutenden Telefons, den Stimmen der Menschen, die mir ins Ohr schrien und ihre Ansicht über die Integration mitteilten, die drängenden Stimmen der Reporter, die beschrieben, was die Integration für die Stadt und den gesamten Süden bedeuten könnte und von offiziell aussehenden Erwachsenen, die mich in stundenlangen Sitzungen hinter verschlossenen Türen über die Integration belehrten.

Sitzungen – mein Leben war voller Sitzungen, langweilige Sitzungen mit dem weißen Direktor der Schule, mit der Schulbehörde, mit Vertretern der Central High School, mit Vertretern der NAACP. Zum ersten Mal traf ich Mrs. Daisy Bates, eine zierliche und gut gekleidete Frau mit Augen aus Stahl, die Präsidentin der NAACP in Arkansas. Sie schien sehr ruhig und tapfer angesichts der endlosen Karawanen von Anhängern der Rassentrennung, die an ihrem Haus vorbeifuhren und Brandsätze und Steine durch ihre Fenster warfen. Diese Leute betrachteten sie als ihre Feindin – nicht nur aufgrund ihrer Stellung, sondern auch weil sie und ihr Ehemann die Zeitung *Arkansas State Press* besaßen, die einzige öffentliche Stimme der schwarzen Bevölkerung.

Ich beobachtete sie in Aktion, als sie während einer der ersten Sitzungen dieser Art in unserem Namen mit Vertretern der Schulverwaltung sprach. Die machten überdeutlich, daß sie nicht unsere Freunde seien und daß es besser wäre, wenn wir unsere Meinung änderten und an unsere eigenen Schulen zurückkehrten. Sie warnten uns von Anfang an, daß es uns nicht gestattet sein würde, an den außerschulischen Aktivitäten teilzunehmen. Absolut nicht, meinten sie einstimmig und schüttelten ihre Köpfe wie ein Mann. Ob wir uns aufgrund dieses Umstands lieber zurückziehen wollten? Obwohl wir von ihrer Erklärung und ihrer Frage allesamt verblüfft waren, brauchten wir nur einen Augenblick für unsere Antwort. Wir würden weitermachen, komme was wolle.

Das einzig Gute an diesen Sitzungen war die Tatsache, daß ich dadurch meine Freunde und Freundinnen besuchen konnte, die anderen Schüler und Schülerinnen, die an der Central High integriert werden würden. Ich kannte die meisten mein ganzes Leben lang. Zu Anfang waren wir sechzehn, aber einige von uns entschieden sich, aufgrund der Gewaltandrohungen doch nicht mitzumachen. Ich bekam Angst, wenn ich sah, wie schnell unsere Gruppe schrumpfte. Umso mehr freute ich mich über die, von denen ich wußte, daß sie ganz bestimmt gehen würden.

Am Ende waren wir neun. Ernest Green, der Älteste und Schüler der Abschlußklasse, war Mitglied meiner Kirchengemeinde. Seine warmen Augen und sein herzliches Lächeln begrüßten mich jede Woche zur Sonntagsschule. Seine Tante, Mrs. Gravely, war in der Junior High School meine Geschichtslehrerin gewesen.

Der große, dünne Terrence Roberts war, wie ich, in den unteren Klassen und mein Freund seit der ersten Grundschulklasse. Er war ein sehr verbaler Mensch, der stets unfehlbar jede Situation lustig und intelligent analysieren konnte. Ich verehrte seine Art, immer eine fröhliche Melodie zu summen, wenn er gerade mal nicht redete.

Jefferson Thomas war ein ruhiger, freundlicher Athlet – einer der Besten seiner Klasse. Sein Sinn für Humor war subtil, die Art, die einen laut kichern läßt, wenn man es gar nicht sollte.

Elizabeth Eckford war ein zierliches, sehr stilles und in sich gekehrtes Mädchen, das mich anlächelte und mir im Flur unserer alten Schule zuwinkte. Sie hatte eine königliche Haltung und nahm – wie alle von uns – ihre Studien sehr ernst.

Thelma Mothershed und ich waren Freundinnen. Wir sahen einander regelmäßig. Sie war klein wie Elizabeth, aber mit einer sehr hellen Hautfarbe. Ihre klugen Augen blickten durch die dicken Gläser einer Hornbrille. Sie hatte ein Herzproblem, das ihrer Hautfarbe bisweilen eine purpurfarbene Tönung verlieh und sie zwang, in die Hocke zu gehen, um wieder zu Atem zu kommen.

Über meine ganz spezielle Freundin Minnijean Brown freute ich mich besonders. Da sie nur einen Häuserblock von mir entfernt wohnte, sahen wir einander fast jeden Tag. Wir hatten viel gemeinsam; beide waren wir groß für unser Alter, und wir teilten unsere Tagträume – wir schwärmten für Johnny Mathis und Nat Cole, und wir wollten Sängerinnen werden.

Carlotta Walls war Athletin, sehr schlank und herrlich energiegeladen. Alles, was sie sagte oder tat, wurde umgehend ausgeführt. Sie war der Typ des Mädchens von nebenan: immer guter Laune, immer bereit, etwas Neues auszuprobieren.

Gloria Ray gehörte ebenfalls zu meiner Sonntagsschulklasse. Sie war von graziler Statur und in ihrer Kleidung ebenso peinlich genau wie in ihren Studien. Ihre allwissenden Augen wurden noch intensiver, wenn sie mit leiser Stimme und in wohlbedachten Worten sprach.

Wir Schüler und Schülerinnen der Integrationsphase hatten viele Dinge gemeinsam. Unsere Eltern waren allesamt streng und duldeten keinen Unsinn. Mehrere von ihnen waren Lehrer und Prediger oder nahmen eine angesehene Stellung in anderen Berufen ein. Unsere Familien bestanden aus hart arbeitenden Menschen, die für ihr eigenes Haus kämpfen mußten und darum, ihren Angehörigen ein solides Leben bieten zu können. Wir teilten viele derselben traditionellen Werte, wie alle Kleinstadtamerikaner.

Unsere Eltern verlangten von uns, daß wir uns zu Hause und in der Öffentlichkeit ordentlich benahmen. Ich konnte mir nicht vorstellen, daß einer von uns jemals seinen Eltern oder anderen Erwachsenen Widerworte gab. Wir gingen alle in die Kirche, und unsere Eltern forderten gute Noten in der Schule. Obwohl keiner von uns viel Geld hatte, legten wir großen Wert auf unser Erscheinungsbild. Darüber hinaus waren wir vor allem Individualisten mit ausgeprägten Ansichten. Jeder von uns wollte auch auf das College gehen.

Ich fühlte mich in ihrer Gesellschaft wohl, denn sie waren die Art von Menschen, mit denen mich meine Mutter Umgang pflegen ließ. Und nachdem wir eine Zeitlang so viel zusammen gewesen waren, hatte ich langsam das Gefühl, als ob wir eine ganz besondere Gruppe seien – eine merkwürdige Familie aus Menschen mit einem gemeinsamen Ziel: auf die Central High zu gehen und dort ein Schuljahr zu verbringen.

Alle meine Freunde und Freundinnen, Erwachsene und Kinder gleichermaßen, entwickelten das seltsame Bedürfnis, ihre Gefühle in Bezug auf die Integration zu diskutieren. Sogar Fremde hielten mich auf der Straße an. Die Meinungen waren nicht immer positiv, auch nicht unter meinen eigenen Leuten, wie ich an einem Sonntag in meiner Kirche herausfand.

Ich war bestürzt, als eine Frau, die ich zwar oft genug gesehen hatte, aber nicht wirklich kannte, mir eine Standpauke hielt. Einen Augenblick lang fürchtete ich, sie würde mich beiseite zerren und mich schlagen. Sie war außer sich vor Wut. Ich konnte kaum »Guten Morgen« sagen, denn sie sprach sehr laut und zog die Aufmerksamkeit aller auf sich, als sie mir mitteilte, daß ich altklug sei und andere in unserer Gemeinde für mein hochnäsiges Bedürfnis, mich mit den Weißen abgeben zu wollen, bezahlen müßten.

Ihre Wut machte mich sprachlos. Ich stand regungslos, verblüfft. Ich wußte sehr wohl, daß ich Erwachsenen keine Widerworte geben durfte, daher hielt ich meinen Mund, obwohl ich ihr gern ein oder zwei Dinge gesagt hätte. Gerade als ich das Gefühl hatte, auch nicht eine Sekunde länger schweigen zu können, kam ein Freund meiner Familie vorbei und griff sie am Arm. Er ließ sie kaum noch zu Wort kommen, als er erklärte, seiner Meinung nach seien die Weißen in Little Rock bereit für eine Veränderung, und wir würden sie daran erinnern, daß es höchste Zeit dafür sei, indem wir uns in der Central High hatten einschreiben lassen.

Ich hoffte, daß er recht behielt und die Weißen wirklich bereit für eine Veränderung waren. Anfangs schien es so, als ob sie den begrenzten Integrationsplan akzeptiert hätten. Ich hatte nur einige wenige meiner Leute sagen hören, daß sie große Schwierigkeiten erwarteten. Natürlich sagte keiner, daß es einfach sein würde, aber die meisten dachten, es würde wie die Integration in den Bussen ablaufen; es würde viel Geschrei und viele Klagen und ein paar Drohungen von den Weißen geben, und dann würde sich die Lage wieder beruhigen. Aber kurz vor Beginn der Schule bemerkten wir in der Zeitung halbseitige Aufrufe zu großen »Staatsrecht«-Kundgebungen, bei denen wichtige Weiße alle Anwesenden drängten, gegen die Integration anzukämpfen.

Bei einer solchen landesweiten Kundgebung in Verbindung mit einem Dinner sprach der Gouverneur von Georgia, Marvin Griffin, zu über vierhundert Menschen. Er griff das Urteil des Obersten Gerichtshof zugunsten der Integration an und sagte, es würde in das Recht der Bundesstaaten auf Selbstverwaltung eingreifen. Die Zeitung berichtete, der Gouverneur von Arkansas, Orval Faubus, würde am folgenden Morgen mit Griffin frühstücken. Ich sorgte mich wegen dieses Treffens, weil ich fürchtete, Griffin würde Faubus auf seine Richtung einschwenken. Das könnte unsere Pläne erneut ändern. Noch eine Änderung und ich wäre soweit gewesen, meine Koffer zu packen und wegzugehen, irgendwohin.

Seit meiner Rückkehr aus dem Urlaub wußte ich von einer Minute zur nächsten, von einem Tag zum anderen nicht, wo ich das neue Schuljahr beginnen würde. Die es-klappt-es-klappt-nicht-Anrufe der NAACP machten mich allmählich nervös, obwohl ich wußte, daß sie ihr Bestes taten, um uns zu helfen.

Am Donnerstag, den 29. August 1957, gerade fünf Tage vor Schulbeginn, stand die folgende Überschrift in der *Arkansas Gazette:*

BEZIRKSGERICHT ENTSCHEIDET SICH
GEGEN DIE INTEGRATION

Großmama lugte über den Rand der Zeitung und seufzte. Sie meinte, ich solle mich lieber darauf vorbereiten, wieder an meine alte Schule zu gehen, denn anscheinend konnten die Rassenfanatiker aus Mrs. Thomasons Gruppe Richter Reed davon überzeugen, daß Jugendliche aus unserer Gemeinde und weiße Schüler sich Waffen besorgt hätten. Gouverneur Faubus untermauerte die Zeugenaussage von Mrs. Thomason. Er sagte, er wisse aus eigener Erfahrung, daß sie die Wahrheit sage. Daher schenkte Richter Reed ihr Glauben und entschied sich gegen die Integration mit der Begründung, sie würde Gewalttätigkeiten hervorrufen.

Ich war traurig und wütend. Es gab keine Hoffnung, daß sich die Dinge jemals zum Besseren verändern würden. Ich rief meine Freunde und Freundinnen an und bereitete mich auf ein Jahr vor, von dem ich dachte, es würde schon ganz in

Ordnung sein, wegen der gewonnenen Privilegien und dem Respekt, der einem Erstklässler an der High School entgegengebracht wird. Ich dachte mir, daß die Integration für dieses Schuljahr aufgehoben sei – und vielleicht für immer. In der Zwischenzeit dachte ich erneut über meinen Plan nach, die Familie zu einem Umzug nach Cincinnati zu bewegen. Aber am Sonntagabend, dem 1. September, zwei Tage vor Schulbeginn, teilte uns die NAACP mit, wir sollten uns nicht an unserer alten High School einschreiben. Anwälte der NAACP waren bereits vor das Bundesgericht gegangen, um uns den Zugang zur Central High zu verschaffen. Sie erwarteten einen positiven Entscheid.

Am Montag, den 2. September, dem Tag der Arbeit, versammelte sich unsere Familie zum letzten Picknick dieses Sommers im Haus von Tante Mae. Sie war die Schwester meiner Mutter, eine wunderbare, kugelrunde und liebevolle Frau mit welligem Haar und einem warmen Lächeln. Sie war ein wahres Energiebündel, liebte es, Streiche zu spielen und die Art gewagter Witze zu erzählen, die Mutter erröten und meine Ohren zuhalten ließ.

Ihr Lachen und ihre optimistische Einstellung stimmten mich immer fröhlich. Es hieß, ich hätte etwas von ihrer lebhaften Art in mir. Ich war sicher, meine Tante Mae könne so ungefähr alles tun. »Regeln sind dazu da, um gebrochen zu werden«, sagte sie. »Wenn es jemandem gibt, der die Integration an dieser Schule durchsetzen kann, dann bist das du. Du bist einfach forsch genug, um es durchzuziehen.«

»Obwohl ich mir nicht denken kann, warum du irgendwohin gehen möchtest, wo du unerwünscht bist«, sagte Onkel Charlie, Mutters Bruder, zog an seiner Zigarre und hängte seinen Filzhut auf den Hutständer bei der Eingangstür.

»Zum Teufel mit ihnen«, sagte Tante Mae. »Außerdem habe ich läuten hören, daß Gouverneur Faubus die Nationalgarde zur Schule schicken wird.«

»Woher weißt du das?«

»Mamie Johnsons Cousine kocht in dieser Schule. Sie haben sie angerufen und ihr gesagt, wo sie sich morgen früh melden muß, damit die Soldaten sie hereinlassen.« Das löste eine allgemeine Diskussion über die Integration aus. Genau das wollte ich mir nicht anhören. Also driftete ich in meine Tagträume von Vince, dem süßen Jungen, auf den ich ein Auge geworfen hatte. Ich stellte mir vor, wie es gewesen wäre, wenn er mich in seinem neuen Auto vor unserer alten Schule abgeholt hätte, wo es jeder sehen konnte.

Später an diesem Abend meinte Großmama, wir sollten uns die Fernsehrede des Gouverneurs anhören. Zu unserer Überraschung verkündete er, daß er Truppen an die Central High abkommandiert hatte. Und dann sagte er: »Diese Männer sind weder Anhänger der Rassentrennung noch Anhänger der Integration. Sie sind Soldaten, die aktiviert wurden, um die ihnen zugewiesene Aufgabe durchzuführen.« Dann sprach er die Worte, die mir eine Gänsehaut verursachten: »... aber ich muß hier in aller Offenheit feststellen, daß es meiner Ansicht, ja sogar meiner Überzeugung nach nicht möglich sein wird, die Ordnung wiederherzustellen oder aufrecht zu erhalten und das Leben und den Besitz der Bürger zu schützen, wenn morgen den Schulen dieser Gemeinde die Integration aufgezwungen wird.«

»Der Gouverneur zeigt endlich Flagge«, sagte Mutter Lois und starrte das Mondgesicht auf den Fernsehbildschirm an.

»Da er über Ärger spricht, wird er auch Ärger hervorrufen«, fügte Großmama hinzu. Sie hatte wie gewöhnlich recht. Nach dieser Rede trieben uns anonyme Telefonanrufe fast in den Wahnsinn. Mehrere Male am Tag und in der Nacht vor dem ersten Schultag knurrten diese Stimmen mich an. »Nigger gehören nicht an unsere Schulen. Ihr seid nur zum Hängen gut«, brüllte eine grobe Stimme als ich das erste Mal den Hörer abnahm.

In der Nacht, in der der Gouverneur seine Rede hielt, hörte das Telefon nicht auf zu läuten. Ein Anrufer sagte, er kenne unsere Adresse und würde gleich herüberkommen und eine Bombe werfen. Großmama ging geradewegs in ihr Zimmer und holte die Schrotflinte, die sie »Mr. Higgenbottom« nannte, aus dem Lederkoffer im hinteren Teil ihres Schrankes. In dieser Nacht setzte sie sich auf ihren Wachposten neben dem Fenster zum Hof, wo wir ihrer Meinung nach am verletzlichsten waren. Sie saß in ihrem Schaukelstuhl neben dem uralten Beistelltisch aus Mahagoni, den sie von ihrer Mutter bekommen hatte.

Nach einem Augenblick der Versenkung und des Gebets breitete sie entschlossen ihre Stickarbeit aus. Mit ihren Nadeln und Fäden und Mr. Higgenbottom auf ihrem Schoß war sie bereit für eine lange Nacht. Sie saß so aufrecht wie die heldenhaften Soldaten, die ich auf Zeitungsfotos gesehen hatte.

Als Mutter ihr anbot, sie abzulösen, antwortete Großmama ihr, sie solle lieber die Nacht durchschlafen, damit sie am nächsten Morgen ausgeruht unterrichten könne. Beim Einschlafen hörte ich, wie Großmama in ihrem Schaukelstuhl vor und zurück schaukelte und Kirchenlieder sang, die ihr die Kraft gegeben haben müssen, die ganze Nacht wach zu bleiben.

In dieser Nacht schrieb ich in mein Tagebuch an Gott:

> *Vielleicht war es doch keine so gute Idee, an die Central High zu gehen. Es bereitet meiner Familie viel Schmerz und kostet sie viel Energie – und ich bin noch nicht einmal einen Tag dort gewesen. Wird Großmama immer wachbleiben und auf uns aufpassen müssen? Sie kann da nicht ewig sitzen. Was wird aus uns werden? Vielleicht sollte ich doch nach Cincinnati ziehen. Bitte gib mir ein Zeichen, was ich tun soll.*

Am späten Montagabend weckte mich das schrille Läuten des Telefons. Mutter nahm einen Anruf der NAACP entgegen. Man teilte uns mit, daß wir am kommenden Tag, dem Dienstag, doch nicht zur Schule zu gehen sollten. Wir sollten warten, bis man uns benachrichtigt, bevor wir zur Central High gingen. Früh am nächsten Morgen ertappte ich Großmutter schlummernd auf ihrem Wachposten. Ich ging hinaus, um die Zeitung hereinzuholen. Die Schlagzeile lautete:

FAUBUS RUFT NATIONALGARDE, UM RASSENTRENNUNG
AN DEN SCHULEN BEIZUBEHALTEN
TRUPPEN ÜBERNEHMEN CENTRAL HIGH
DIE SCHWARZEN MÜSSEN NOCH WARTEN
Arkansas Gazette, Dienstag, 3. September 1957

Ich fragte mich, warum es in einigen Artikeln hieß, Faubus hätte die Truppen gerufen, um uns von der Schule fernzuhalten. In seiner Rede hatte er doch gesagt, sie seien nicht dazu da, um die Rassentrennung zu erzwingen. Trotzdem warnte man uns noch einmal, wir dürften unter keinen Umständen in die Nähe der Central High. Der Gouverneur hatte uns offiziell verboten, die Central High School aufzusuchen, und den Weißen war es verboten, auf unsere Schule, die Horace Mann High School, zu gehen. An beiden Orten war der Zutritt offiziell untersagt.

Beim Frühstück meinte Großmama India, sie könne sich beim besten Willen nicht vorstellen, warum er unsere Schule für die Weißen verbot, aber es sei ein faszinierender Gedanke. Ich konnte die Erleichterung in ihrem Gesicht sehen, als klar wurde, daß wir nicht zur Schule gehen würden. Sie sagte, es sei eine hervorragende Idee, eine Pause zu machen und alles noch einmal zu überdenken. Wir hätten keine Eile, in diese Schule zu kommen.

Den ganzen Dienstag über taten wir genau das – wir überdachten noch einmal alles. Viele Angehörige der schwarzen

Bevölkerung waren der Ansicht, sie müßten ihre Meinung dazu sagen, und genau das taten sie, am Telefon und persönlich. Einige hatten sogar den Nerv, ohne Voranmeldung vorbeizukommen.

Mein Vater kam ebenfalls vorbei und verursachte einen ziemlichen Wirbel. Er stürmte ins Haus und verlangte, daß ich der Central High fernbliebe. Sein Chef drohe ihm nämlich mit der Kündigung. Großmama India beruhigte ihn: »Vielleicht ist es viel wichtiger, daß unsere Kinder eine gute Ausbildung bekommen, als daß du deinen Job behälst.« Er funkelte sie erst böse an, aber dann ging er. Auf dem Weg hinaus brüllte er, er würde zurückkommen und mich Mutter Lois wegnehmen, wenn es Schwierigkeiten gäbe.

Ich vermute, Großmama sah, daß meine Gefühle verletzt waren, denn sie legte ihren Arm um meine Schultern und sagte: »Ich vermute, die Wetten stehen fünfzig zu fünfzig. aber du hast Glück – Gott setzt auf dich – also marschiere vorwärts, Mädel, und schau nicht zurück.«

Am Dienstag nachmittag berief der Schulinspektor Virgil Blossom für uns neun und unsere Familien eine Sitzung ein. Während dieser Sitzung wies der große, stämmige, grimmig aussehende Blossom unsere Eltern kurzatmig an, am nächsten Tag nicht mit uns zur Schule zu kommen. »Die Kinder werden leichter zu schützen sein, wenn keine Erwachsenen dabei sind«, sagte er.

Der Ausdruck auf den Gesichtern der Erwachsenen sagte mir, daß sie alle Angst hatten. Nicht einer unter ihnen schien sich sicher, was wir da eigentlich taten.

Als wir zu Hause ankamen, verkündete der Radiosprecher den Erlaß von Bundesrichter Ronald Davies, daß die Integration von Mittwoch an durchgeführt werden würde. Das Telefon klingelte wie verrückt. Unser Pfarrer sagte, einige der Kirchenmitglieder hätten eine Gruppe aus Mitgliedern verschiedener Konfessionen gebildet. Sie würden für den Frieden in der Stadt beten und arbeiten. Gleichzeitig, sagte er, wären sie bereit, uns wo immer nötig zu helfen.

Der NAACP-Anruf kurz nach Mitternacht störte uns nicht wirklich, weil wir bereits eine Reihe später Anrufe von Anhängern der Rassentrennung erhalten hatten, die uns ihre Ansichten lautstark und ordinär wissen ließen. Mrs. Bates sagte, wir würden uns an der Zwölften Straße, Ecke Parkstraße treffen. Die Schule lag zwischen der Vierzehnten und der Sechzehnten Straße, Ecke Parkstraße. Möglicherweise würden uns einige Pfarrer begleiten, einige davon Weiße. Sie nannte die Namen von Reverend Dunbar Odgen Jr., dem weißen Präsidenten des gemischtrassigen Pfarrerverbandes, und zwei unserer Pfarrer, Reverend Z. Z. Driver von der bischöflichen Kirche der afrikanischen Methodisten und Reverend Harry Bass von der bischöflichen Kirche der Methodisten.

Am Mittwoch morgen, dem 4. September, konnte ich kaum glauben, daß es wirklich geschah – ich würde auf die Central High School gehen. Ich bereitete das Frühstück vor, bevor ich an diesem ersten Morgen ging. Großmutter India schaute mir über die Schulter, während ich die Frühstückseier pellte.

Alle Radiogeräte im Haus waren auf die Stationen eingestellt, die ständig die neuesten Nachrichten brachten. Die eindringlichen Stimmen lenkten unsere Aufmerksamkeit auf sich, ob wir es wollten oder nicht. Ich hatte nie zuvor erlebt, daß Neuigkeiten so oft wiederholt wurden, außer bei einem Tornado.

> *Hunderte von Bürgern aus Little Rock haben sich vor der Central High School versammelt und warten auf die Ankunft der schwarzen Kinder. Wie wir erfahren haben, sind die Leute sogar aus Mississippi, Louisiana und Georgia angereist, um gemeinsam der Integration Einhalt zu gebieten.*

Gouverneur Faubus sagt auch weiterhin Blutvergießen in den Straßen voraus, wenn die Schwarzen in dieser friedlichen Stadt mit über einhunderttausend Einwohnern die Integration erzwingen.

Großmama India sagte, angesichts der Urteils von Bundesrichter Davies, in dem er sich für die Integration ausgesprochen hatte, sei der Gouverneur gezwungen, zu gehorchen. Sie sei sich sicher, Gouverneur Faubus wäre ein gottesfürchtiger Mann, der sich nicht gegen das Bundesgesetz stellen würde. Ich lächelte zustimmend und nickte mit dem Kopf, aber ich war nicht so sicher wie sie, daß Gouverneur Faubus sich an die Regeln halten würde. Sie sah immer das Gute in jedem Menschen. Es machte mich sehr stolz, wenn man mir sagte, ich würde mich wie sie verhalten und ihr auch ähnlich sehen. Die Lachfalten um ihren Mund ließen ihr Gesicht immer aussehen, als ob sie gleich in Lachen ausbrechen würde, auch wenn ihre Worte mir sagten, daß ihr mein Verhalten nicht gefiel. »Du läßt dich doch von diesen Weißen nicht nervös machen, oder? Sie sind dasselbe wie wir, Kinder Gottes.«

»Es sind nicht nur die Weißen. Weißt du, Großmama, Central High ist nicht einfach irgendeine Schule.« Ich fragte mich, wie es wohl wäre, auf die Schule in diesem gigantischen Ziegelbau zu gehen, der so sehr an eine Universität des Ostens erinnerte. Es ging das Gerücht, die Schülerinnen und Schüler der Central High hätten mehrere gut ausgestattete Küchen allein für den Hauswirtschaftsunterricht und außerdem die neuesten Projektoren zur Filmvorführung und alle Arten von Laborausstattungen. In der Zeitung hieß es, die North Central Association of Colleges and Secondary Schools (Nordamerikanische Vereinigung weiterführender Schulen) habe ihr die höchsten Auszeichnungen verliehen. Ich hatte gelesen, daß zwei ihrer Abschlußschüler sogar Rhodes-Stipendiaten geworden waren.

Das Gebäude war sieben Stockwerke hoch und erstreckte sich über zwei lange Häuserblocks. Es muß acht mal so groß wie die Horace-Mann-Schule, meine alte High School, gewesen sein und war umgeben von einem gepflegten Rasen und gepflegten Bäumen mit einem Teich davor. Es sah so aus, wie Schulen in Filmen aussehen. Man konnte dem Gebäude ansehen, daß viel Geld hineingesteckt worden war.

Großmama versicherte mir, obwohl Central High ein ganz besonderer Ort sei, würde ich es ebenso verdienen, dort zu sein, wie irgend sonst jemand. Sie sagte, man hätte mich nicht ausgewählt, wenn die Verantwortlichen nicht der Ansicht gewesen wären, daß ich beim Lernen mithalten könnte. Aber es gab viele von meinen eigenen Leuten, deren Ratschläge mir das Gefühl vermittelten, sie hätten kein Vertrauen in mich. Sie dachten wohl, weder mein Verstand, noch meine Manieren seien gut genug, um mit Weißen zusammen zu sein.

Zum Beispiel meine Freundin Marsha. Sie hatte mir einen Vortrag über die Übel des Schwitzens gehalten. Sie sagte, Weiße würden nicht schwitzen, daher müsse ich sicherstellen, daß sie mich niemals schwitzen sahen. Ich war an diesem ersten Morgen, als ich zur Schule gehen sollte, wie versteinert, denn wie ich so am Herd stand und Großmama beim Frühstück half, geriet ich ins Schwitzen. Ich hatte auch Angst, die Bluse zu ruinieren, die mir Mutter Lois extra genäht hatte. Aber Großmama tröstete mich und sagte, es wäre nichts falsch daran, wenn man schwitze. Gleichgültig, was auch geschehe, ich müsse immer ich selbst sein, tadelte sie mich. Ich sollte mich niemals ändern in dem Versuch, wie die Weißen zu werden.

Das Klingeln des Telefons ließ uns beide aufschrecken. Die Furche auf Großmamas Stirn zeigte ihre Verärgerung. Trotzdem ging sie in die Halle, um noch einmal abzuheben. Ich dachte, die anonymen Anrufer müßten doch langsam genug haben. Schließlich waren sie die ganze Nacht aufgewesen, um bei mir anzurufen.

»Gott hört Sie, wenn Sie so etwas sagen«, schrie Großmama in den Hörer, bevor sie den Hörer auf die Gabel knallte. Sie kam zurück in die Küche und gab vor zu lächeln, damit ich nicht merkte, wie beunruhigt sie war. Ich beschäftigte mich damit, Eier zu braten, und hoffte, Großmama würde nicht sehen, daß ich sie hatte anbrennen lassen. Lange herrschte Stille, bevor eine von uns beiden das Wort ergriff.

Ich meinte, wir sollten vielleicht unsere Telefonnummer ändern lassen. Aber Großmama sagte, diese Genugtuung würde sie ihnen nicht geben. Sie zog die ganz besondere Taschenuhr hervor, die ihr Großvater geschenkt hatte. Die Uhr ging bis auf eine Zehntelsekunde genau. Sie mahnte mich, darauf zu achten, was ich tat, und erinnerte mich daran, daß ich die anderen um acht Uhr treffen sollte. Das Letzte, was ich wollte, sei ja wohl, den 1950 Schülern und Schülerinnen an der Central High ganz allein gegenüberzutreten. Das waren dreimal so viele Schüler wie auf der Horace-Mann-Schule.

»Schau' ihnen nicht in die Augen, Schwesterherz«, sagte mein jüngerer Bruder Conrad. »Erinnerst du dich, was mit Emmitt Till geschehen ist?« Sein Gesichtsausdruck veränderte sich, und seine Augen leuchteten. Ich dachte an Mr. Till, den man gehängt und in den Mississippi geworfen hatte, weil er den Weißen in die Augen gesehen hatte. Großmama muß gesehen haben, wie verstört ich war, denn sie sagte, das sei in Mississippi gewesen und die Weißen in Little Rock seien zivilisierter. Sie griff sich Conrad und schimpfte ihn aus, weil er mir gegenüber nicht liebevoller gewesen war, als ich es am meisten brauchte. Als Mutter Lois in den Raum trat und lächelnd einen Guten Morgen wünschte, fiel mir auf, daß sie ganz in Gedanken verloren schien. Ich mußte ständig denken, wenn ich so schön wäre wie sie, wäre ich ein richtiger Hit an der Central High.

Großmama nahm meine Hand und sprach den Segen. Sie bat den Herrn, mich zu schützen. Ich schloß meine Augen, aber nicht einmal der Frühstückssegen konnte die Gedanken aufhalten, die durch meinen Kopf rasten. Während wir frühstückten, hoffte ich, daß niemand auffallen würde, wie ich das Essen auf meinem Teller hin und her schob, weil mein Magen kein Frühstück wollte. Mutter rief mich leise beim Namen, und ich sah zu ihr auf. »Du mußt nicht auf diese Schule gehen. Deine Großmutter und ich werden dich immer liebhaben, egal wie du dich entscheidest.«

»Aber ich habe keine Wahl, wenn wir in Little Rock bleiben wollen«, entgegnete ich. Ich hoffte schlicht und einfach, die Integration an die Central High School sei der erste Schritt, um das Leben in Little Rock ebenso angenehm zu machen wie in Cincinnati in Ohio. Außerdem hatte man uns gesagt, daß die Kinder aus Little Rocks reichsten und einflußreichsten weißen Familien dort zur Schule gingen. Sie waren wahrscheinlich auch sehr klug. Sobald diese Schüler und Schülerinnen uns kennenlernten, davon war ich völlig überzeugt, würden sie erkennen, wie falsch ihre Ansichten über unsere Leute gewesen waren.

»Es hat sich in den zwei Jahren, seit du für Central High unterschrieben hast, viel verändert. Damals warst du jünger«, sagte Mutter stirnrunzelnd. »Vielleicht war es eine übereilte Entscheidung, eine Entscheidung, die wir alle bedauern werden.«

»Ich muß gehen«, antwortete ich. »Ich habe den anderen mein Wort gegeben. Sie warten auf mich.«

»Du hast meine Erlaubnis, deine Meinung jederzeit zu ändern. Das muß deine ureigenste Entscheidung sein. Niemand kann für dich Tag für Tag auf diese Schule gehen. Du bist auf dich allein gestellt.«

Bevor Mama Lois ein weiteres Wort sagen konnte, klingelte das Telefon. Conrad stand auf und wollte abheben, aber Mutter war schneller. »Du bleibst sitzen, junger Mann.« Sie hielt den Hörer ans Ohr, stand bewegungslos und schweigend. Ihr Gesicht wurde aschgrau und verspannt. Dann legte sie den Hörer langsam auf die Gabel und sagte: »Es ist Zeit zu gehen!«

Kapitel 5

RICHTER ORDNET INTEGRATION AN
Arkansas Gazette, Dienstag, 3. September 1957

Liebes Tagebuch,
Heute wird es geschehen. Am meisten fürchte ich mich davor, daß sie mich nicht mögen, daß die Integration nicht funktioniert und daß Little Rock nicht wie Cincinnati in Ohio wird.

Wir stiegen die Treppen vor dem Haus hinunter. Mutter hielt inne und drehte sich zu Großmama um, die auf der Veranda stand. In ihrem Blick sah ich die Angst, die sie vor mir nie auszusprechen wagte. Großmama zögerte einen Moment, dann eilte sie zu mir und umarmte mich nochmals. »Gott ist immer bei dir«, flüsterte sie und hielt die Tränen zurück.

Ich folgte Mutter auf dem Betonweg. Sie kletterte auf den Fahrersitz hinter das Steuer unseres grünen Pontiac. Ich weiß nicht, warum ich vom Weg herunterging und die Abkürzung durch das feuchte Gras nahm, das feuchte Flecken auf meinen Schuhen hinterließ. Vielleicht suchte ich irgendeinen Grund, um nicht integriert werden zu müssen. Ich wußte, wenn Großmama die Flecken bemerkte, würde sie mich zwingen, zurückzugehen und meine Schuhe noch einmal zu putzen. Aber sie war derart geistesabwesend, daß sie kein Wort sagte. Als ich auf den Beifahrersitz glitt, sah ich mich um. Sie lehnte sich gegen die Säule auf der Veranda, ihr Gesicht war angespannt, ihre Augen voller Tränen.

Mutter trat auf das Gaspedal und wir fuhren los. Ich beobachtete sie immer sehr genau, denn ich wollte an meinem sechzehnten Geburtstag – in nur drei Monaten – meinen Führerschein machen. Ich kannte mittlerweile die Vorgehensweise sehr gut. Sie hatte mich auf dem Parkplatz neben dem Lebensmittelladen oft genug üben lassen.

Wir fuhren schweigend durch die Straßen und hörten uns an, wie der Radiosprecher die immer größer werdende Menge vor der Central High beschrieb. Mir fiel auf, wie viele unserer Nachbarn auf dem Bürgersteig standen, viel mehr als üblicherweise um diese Tageszeit.

»Seltsam«, murmelte Mama und winkte den Leuten zu, die sich jedoch nicht die Mühe machten, zurückzuwinken. »Egal, vielleicht haben sie mich einfach nicht gesehen.« Unsere Nachbarn waren immer sehr freundlich gewesen, aber jetzt starrten sie uns ohne ihr übliches Lächeln an. Da sah ich Kathy und Ronda, zwei meiner Schulkameradinnen, die bei ihren Müttern standen. Ich wollte ihre Aufmerksamkeit auf mich lenken und winkte mit einem lauten »Hi« aus dem Fenster. Ihre ablehnenden Blicke glichen denen der Erwachsenen.

»Ich habe ihnen nichts getan«, sagte ich. Ich konnte ihre Beweggründe nicht verstehen.

»Dann mußt du dir ja auch um nichts Sorgen machen.« Mutter Lois lenkte den Wagen durch den ungewöhnlich starken Verkehr. »Ich weiß gar nicht, wo all diese Autos herkommen«, meinte sie. Wir reckten beide unseren Hals, neugierig auf all die unbekannten Autos und Menschen. Sicherlich waren noch nie zuvor so viele Weiße durch die stillen Alleen unserer Nachbarschaft gefahren.

Die Stimme im Radio wurde immer eindringlicher. Der Sprecher beschrieb die einzelnen Ränge der Angehörigen der Nationalgarde von Arkansas, die die Central High School umringten. Wir hörten die Nachrichten, als wir uns unserem Ziel näherten. Mutter sagte: »Ich glaube, ich werde hier parken. Der Treffpunkt ist zwar noch ziemlich weit entfernt, aber so wie es aussieht, kommen wir sowieso nicht viel näher heran.«

Der Sprecher sagte, es sei genau 7 Uhr 55, als Mama sich in eine Parklücke zwängte. Wir saßen einen Augenblick still und versuchten, das summende Geräusch zu identifizieren, das uns von allen Seiten zu umgeben schien. Es ähnelte dem Geräusch der Menge bei den Footballspielen meiner High School. Aber wie konnte das sein? Der Sprecher hatte zwar von einer Menschenmenge gesprochen, aber sicher konnte sie nicht so groß sein.

»Tja, ich glaube, wir sollten jetzt besser gehen.« Mutter blinzelte und legte die Hände über ihre Augen, um sie vor dem gleißenden Sonnenlicht zu schützen. Ein Strom von Weißen eilte an uns vorbei in Richtung Central High, soviele, daß einige von ihnen auf dem Rasen und auf der Straße gehen mußten. Wir stiegen aus dem Auto aus und reihten uns in diese seltsame Parade ein, gingen schweigend inmitten ihres Geflüsters und ihrer starrenden Blicke.

Es drängte mich, die vertrauten Gesichter unserer Freunde oder einiger unserer eigenen Leute zu sehen. Wir gingen an dem Häuserblock mit den Holzhäusern und den überdachten Veranden entlang. Ich war gespannt auf das, was vor uns lag. In der Ferne hatte sich direkt gegenüber der Vorderseite von Central High eine riesige Menge Weißer am Straßenrand aufgebaut. Als wir hinter ihnen näherkamen, konnten wir nur die Gruppen von Weißen sehen, die sich in der gesamten Umgebung des Schulgebäudes über zwei Häuserblocks weit erstreckten. Ich konnte den Anblick und die Geräusche nur schrittweise aufnehmen: blitzende Kameras, Stimmen, die in meine Ohren brüllten, drängelnde Männer und Frauen, alte Leute, junge Leute, rennende Leute, uniformierte Polizisten, bewegungslose Männer, Männer und Frauen, die mit den Fäusten zeigten – und dann die lange Reihe uniformierter und bewaffneter Soldaten, wie in den Kriegsfilmen, die ich gesehen hatte.

Die Aufmerksamkeit aller richtete sich auf das Zentrum der Soldaten, wo ein großer Aufruhr stattfand. Zuerst konnten wir nicht sehen, wo sie alle hinschauten. Die Menschen schrien und deuteten mit den Fingern, und der Lärm schmerzte meine Ohren und ließ die Worte undeutlich werden. Wir konnten nicht verstehen, was sie sagten. Als wir näherkamen, wurden die Zornesausbrüche noch stärker, und wir hörten die Worte deutlicher. »Nigger, geht heim! Nigger geht dahin, wohin ihr gehört!«

Ich stand bewegungslos. Die verletzenden Worte bestürzten mich. Ich suchte nach etwas, an das ich mich halten konnte, etwas Vertrautes, das mich trösten oder Sinn machen würde, aber da gab es nichts.

»Wir werden niemals integrieren!« »Wir werden niemals integrieren!« Immer wieder erklangen diese Worte. Die erschreckende Wut der Menge baute sich auf wie der Lavastrom in einem ausbrechenden Vulkan.

»Wir müssen die anderen finden«, schrie Mama in mein Ohr. »In der Gruppe sind wir sicherer.« Sie zog mich am Arm vorwärts, aus meiner Trance heraus. Der Ausdruck auf ihrem Gesicht zeigte denselben Schrecken, den ich empfand. Einige der weißen Männer und Frauen, die um uns herumstanden, schienen ängstliche Beobachter. Andere hatten wütende Gesichter mit weit offenen Mündern, aus denen sie ihren Zorn herausschrien. Ihre Worte wurden zunehmend scheußlicher, angefeuert von den Geschehnissen direkt vor der Schule.

Die Sonne brannte auf uns auf den Kopf. Wir bahnten unseren Weg durch die Menge auf der Suche nach unseren Freunden. Die meisten Menschen ignorierten uns, rempelten sich gegenseitig an und reckten ihren Hals, um zu sehen, was im Zentrum der Raserei geschah. Schließlich näherten wir uns dem Mittelpunkt der Aktivitäten. Wir standen auf unseren Zehen, machten uns so groß wir nur möglich, damit wir sehen konnten, was alle beobachteten.

»O mein Gott«, sagte Mutter.

Sie beobachteten meine Freundin Elizabeth. Der Zorn dieser riesigen Menge konzentrierte sich auf Elizabeth Eckford, die ganz allein vor der Central High stand, ihr Gesicht der langen Reihe von Soldaten zugewandt. Ein gewaltiger Haufen Weißer kreischte ihren Rücken an. Elizabeth war gerade mal 150 cm groß; sie hielt ihren Ordner in den Armen und suchte verzweifelt eine Lücke. Soldaten in Uniformen und Helmen, ihre Gewehre in der Hand, überragten sie haushoch. Langsam ging sie erst zu der ersten, dann zu der anderen Öffnung in ihren Reihen. Jedesmal, wenn sie näherkam, schlossen die Soldaten die Reihe wieder und grenzten sie aus. Als sie sich zu uns umdrehte, ihre Augen hinter dunklen Gläsern versteckt, konnten wir erkennen, wie sie trotz der Angst, die sie empfand, aufrecht und stolz dastand.

Während Elizabeth an der Garde entlangging, rührten die Soldaten keinen Finger, um sie vor ihren Verfolgern zu schützen. Als eine Gruppe von fünfzig oder mehr Menschen sich wie die Geier auf sie stürzten, starrten die Soldaten einfach geradeaus, als ob sie für ein Foto posierten. Und wieder stand Elizabeth bewegungslos, ganz überwältigt. Sie wußte nicht, was sie tun sollte. Die Weißen um uns herum schrien, stampften mit den Füßen auf und pfiffen Elizabeth aus, als ob ihre schreckliche Zwangslage ihnen einen Triumph bereiten würde.

Ich wollte ihr zu Hilfe eilen, aber die menschliche Mauer direkt vor uns war undurchdringbar. Wir konnten uns nur schrittweise hindurchzwängen. Schließlich wurde uns klar, daß unsere Versuche zwecklos waren; wir konnten nur beten, während wir ihren Überlebenskampf beobachteten. Die Menge begann zu applaudieren und zu brüllen »Schafft die Niggerin hier weg. Hängt ihren schwarzen Hintern!« Die schwerfälligen Soldaten beobachteten ihre gefährliche Lage weiterhin so wie Zuschauer bei einem sportlichen Wettkampf.

Unter der Belagerung bahnte sich Elizabeth langsam ihre Weg zu der Bank an der Bushaltestelle. Sie sah beim Gehen geradeaus und schenkte den Weißen, die wie tollwütige Hunde an ihren Hacken klebten, nicht die geringste Beachtung. Mutter und ich sahen einander an. Plötzlich wurde uns bewußt, daß auch wir von dem gewalttätigen Pöbel eingeschlossen waren.

So langsam wir nur möglich zogen wir uns durch die Menge zurück. Wir achteten sehr darauf, die Aufmerksamkeit nicht auf uns zu lenken. Aber ein Weißer packte mich am Ärmel und brüllte: »Hier haben wir doch eine Niggerin!« In diesem Augenblick griff ein anderer Mann nach seinem Arm und lenkte ihn ab. Irgendwie gelang es mir, mich loszureißen. Als der Tumult um uns herum zunahm, zerrte mich Mutter am Arm mit sich. Wir beeilten uns und liefen sogar manchmal gebückt, um keine Aufmerksamkeit zu erregen.

Wir entfernten uns vom Zentrum der Menge und bahnten unseren Weg den Häuserblock entlang. Aber als ich mich umsah, entdeckte ich, daß uns ein Mann folgte und brüllte. »Sie machen sich aus dem Staub! Diese Nigger machen sich aus dem Staub!« Er zeigte auf uns und brachte andere dazu, sich ihm anzuschließen. Nun wurden wir von vier Männern gejagt, und ihre Zahl nahm zu.

Wir hasteten den Gehweg entlang, stießen Leute an. Ein Großteil der Menge war immer noch damit beschäftigt, Elizabeth zu beobachten. Voller Panik wollte ich um Hilfe rufen. Aber ich wußte, das hätte keinen Zweck. Die Polizisten standen daneben und beobachteten, wie Elizabeth angepöbelt wurde. Warum sollten sie uns helfen?

»Melba ... nimm die Schlüssel«, befahl Mutter und warf mir den Schlüsselbund zu. »Geh' zum Auto. Fahr' ohne mich los, falls das nötig sein sollte.«

Ich fing die Autoschlüssel auf. »Nein, Mama, ich gehe nicht ohne dich.« Plötzlich spürte ich ihre Hand auf meiner Wange. Sie hatte mich noch nie zuvor geohrfeigt. »Tu, was ich dir sage!« rief sie. Dennoch wußte ich, daß ich sie nicht im Stich lassen konnte. Ich griff nach ihrem Arm. Sie wurde langsamer, und ich versuchte, sie vorwärts zu ziehen. Die Männer kamen immer näher. Wenn wir um Hilfe gerufen oder sonstwie Krach geschlagen hätten, würden sich andere unseren Angreifern angeschlossen haben. Ich rannte schneller und fühlte, wie mir die Kräfte schwanden. Ich hatte nicht mehr genügend Luft, um so schnell zu laufen. Meine Knie schmerzten, meine Waden taten weh, aber unser Auto stand ja schon um die nächste Ecke.

Den Männern, die uns jagten, schloß sich ein weiterer Mann mit einem Seil an. Manchmal waren unsere Verfolger so nahe, daß ich die Wut in ihren Augen sehen konnte, wenn ich einen Blick über meine Schulter warf. Mama wurde zunehmend langsamer, und ein Mann kam nahe genug heran, um sie zu berühren. Er griff nach ihrem Arm, bekam aber nur ihre Bluse zu fassen. Der Stoff riß, und er fiel wieder zurück. Mama zog ihre hochhackigen Schuhe aus und ließ sie zurück. In Strümpfen gewann sie wieder an Tempo.

Einer der Männer, der mir an nächsten war, schlug mit einen großen Ast nach mir, verfehlte mich jedoch. Ich spürte, wie ich noch mehr in Panik geriet. Wenn er mich hart genug traf, um mich zu Fall zu bringen, wäre ich ihm vollkommen ausgeliefert. Ich konnte Großmama Indias Stimme sagen hören: Gott ist immer bei dir, auch wenn die Lage ganz schrecklich scheint. Ich fühlte eine Welle der Kraft in mir aufsteigen und wurde wieder schneller. Als ich um die Ecke bog, konnte ich unser Auto sehen. Ich rannte schnell, schneller als jemals zuvor, schloß die Tür auf und sprang hinein.

Mutter kämpfte, war aber kaum in der Lage, ihren Angreifern zu entgehen. Ich konnte sehen, wie sie dicht hinter ihr um die Ecke bogen und schnell auf uns zu kamen. Ich öffnete die Beifahrertür für Mutter und ließ den Motor an. Ich wartete nicht erst, bis sie die Tür geschlossen hatte, legte den Gang ein und fuhr schneller die Straße hinunter, als ich jemals zuvor gefahren war. In der Kurve wurde ich etwas langsamer. Einer der Männer holte den Wagen ein und schlug mit der Faust auf unsere Kühlerhaube, ein anderer warf einen Ziegelstein gegen die Windschutzscheibe.

Wir bogen links ab und gewannen an Geschwindigkeit, während wir durch einen Hagel von Schreien und Steinen und starrenden Gesichtern fuhren. Aber ich wußte, ich würde es schaffen, weil das Auto schnell fuhr und Mama bei mir war.

Kapitel 6

Rasch entfernten wir uns aus der Nachbarschaft der Central High und fuhren auf vertrauteren Straßen, wo wir uns eigentlich sicherer fühlen sollten. Mutter wies mich an, nicht direkt nach Hause zu fahren, sondern solange herumzufahren, bis wir ganz sicher wußten, daß die Männer aus dem Pöbel uns nicht verfolgten. Obwohl ich keinen Führerschein besaß und nur auf einem Parkplatz geübt hatte, ließ sie mich nicht anhalten, um die Plätze zu tauschen. Ihr Gesicht war angespannt, und in ihren Augen lag eine Furcht, die ich an ihr noch nie zuvor gesehen hatte.

Immer wieder drängte sie mich, in Bewegung zu bleiben, während sie im Radio hektisch einen Sender suchte, um etwas über Elizabeths Verbleib zu erfahren. Wir fragen uns verzweifelt, wen wir rufen könnten, um sie zu retten. Die Polizei konnten wir nicht rufen. Ihre Eltern konnten wir auch nicht anrufen; sie hatten kein Telefon. Und Mrs. Bates und die Leute von der NAACP warteten an der Central High auf meine Freunde.

Ich fuhr durch die Straßen und mir fiel auf, wie viele Autos und Menschen dort waren, die nicht in unsere Nachbarschaft gehörten. Da standen staubige Lastwagen voller tabakkauender Weißer mit nackten Armen und tätowierten Schultern. Als wir in unseren Hof einbogen, wartete Großmutter India mit angstvollem Gesicht auf uns. »Gott sei Dank habt ihr es nach Hause geschafft«, stieß sie hervor.

»Was ist mit Elizabeth und den anderen? Hast du etwas gehört?«

»Ja, ja, aber laßt uns erstmal hineingehen.«

»Wir müssen die Pfarrer in der Kirche anrufen«, sagte Mutter und stolperte die hintere Treppe hoch.

»Guten Morgen«, dröhnte unsere Nachbarin aus dem Nebenhaus, Mrs. Convers, über den Hinterhofzaun. »Guten Morgen, Kind. Ich habe von dir im Radio gehört. Ich glaube, ihr solltet euch alle lieber von den Weißen fernhalten und zu Hause bleiben, bevor es uns allen an den Kragen geht.«

»Los, Kind, beeile dich«, Großmama India drängte uns durch die Hintertür. Ihr Gesichtsausdruck ließ mich noch ängstlicher werden. Es gab kein Lächeln, nur eine gefurchte Stirn und furchtsame Augen. Als wir ins Haus kamen, sahen wir, daß sie alle Türen und Fenster verschlossen und die Jalousien heruntergelassen hatte. Sobald wir sicher im Haus waren, barrikadierte sie die verriegelte Hintertür mit Stühlen.

»Was ist jetzt mit Elizabeth?« wollte ich wissen.

»Ich glaube, sie befindet sich in Sicherheit. Eine weiße Frau und ein Mann setzten sich zu ihr auf die Bank an der Bushaltestelle und schützten sie vor diesen schrecklichen Menschen, die auf ihr herumhackten. Dann stiegen sie mit ihr in den Bus und fuhren fort, also ist sie wohl in Ordnung.«

»Das ist wirklich ein Wunder«, meinte Mutter.

»Und die anderen – Terry und Ernie und die Mädchen?«

»Die Soldaten ließen sie nicht in die Schule, ebenso wie sie es Elizabeth verwehrt hatten. Sie sind in Sicherheit. Sie hatten nicht so viele Schwierigkeiten, weil sie mit Mrs. Bates und einigen dieser Pfarrer in einer großen Gruppe waren. Aber auch für sie war es kein Zuckerschlecken, sie mußten sich Hals über Kopf zurückziehen.«

Obwohl Mutter erschöpft war, half es nichts – sie mußte sich anziehen und zur Arbeit gehen. »Wir müssen soweit wie möglich ein normales Leben führen«, argumentierte sie, als wir Großmama beschrieben, was wir erlebt hatten.

»In einem Bericht hieß es, die Truppen seien mit Gewehren, Schlagstöcken und Bajonetten bewaffnet gewesen. Hast du das gesehen, Melba?«

»Hm, ja, ich glaube, ich habe Gewehre gesehen.«

»Vielleicht ist da etwas verkehrt gelaufen. Vielleicht hat sie der Gouverneur ausgeschickt, um für Frieden und Ordnung zu sorgen, und sie haben ihre Befehle verwechselt«, sinnierte Großmama.

»Mir scheint, sie hätten reichlich Gelegenheit gehabt, den Frieden zu bewahren, wenn sie Elizabeth beschützt hätten.« Mutter Lois klang sehr ärgerlich. »Ich glaube, diese Situation ist anders, als wir erwartet hatten. Wir lassen die Dinge am besten etwas abkühlen. Du kannst solange auf die Horace-Mann-Schule gehen.«

Großmama drückte ihre Schultern zurück und meinte: »Ich kann nicht sehen, wie das eine Lösung sein soll. Bald werden die Weißen denken, es sei ebenso in Ordnung, uns zu versklaven, wie es in Ordnung sei, Soldaten einzusetzen, um unsere Kinder nicht an ihre Schule zu lassen.«

Mutter stand lange schweigend da und überdachte Großmamas Worte. In ihrem Gesicht spiegelte sich die schmerzhafte Erkenntnis wider, daß Großmama möglicherweise recht hatte. Und dann sagte sie plötzlich: »Das hätte ich ja beinahe vergessen. Ich muß mit dir reden, Melba, und ich möchte, daß du mir genau zuhörst und mir auf's Wort gehorchst. Unter keinen Umständen darfst du jemals jemandem sagen, was uns heute morgen geschehen ist. Selbst wenn du eine Notlüge erzählen mußt und sagst, wir seien gar nicht zur Central High gegangen. Wir müssen unser Geheimnis bewahren.«

Noch nie zuvor hatte sie mir die Erlaubnis gegeben, eine Notlüge zu erzählen. Ich mußte ihr absolutes Stillschweigen schwören. Sie sagte, vor allem dürften uns diese Männer nicht mit ihrer schmutzigen Tat in Verbindung bringen. Wenn wir die Geschichte erzählten und sie herausfanden, wen sie da gejagt hatten, würden sie zu uns kommen und ihre Absicht ausführen. Während sie sprach, überschlug sich ihre Stimme und ihre Hände zitterten. Ich hatte sie noch nie so unkontrolliert gesehen. Sie sah so aus, wie ich mich fühlte: erschlagen und ausgelaugt. Schließlich gab sie mir die Anweisung: »Melba. Wage dich ja nicht nach draußen, Mädchen. Ich will jeden Augenblick wissen, wo du dich befindest.« Sie zog ihr Jackett an und lugte durch die Glasscheibe der Vordertür, dann eilte sie auf die Veranda und rannte fast aus dem Haus und zum Wagen.

Ich fügte mich in die Tatsache, daß Großmama mir nicht erlauben würde, Thelma oder Minnijean oder andere Freunde, die in der Nähe wohnten, zu besuchen. Ich wollte sie anrufen, um zu erfahren, was mit ihnen geschehen war, aber noch bevor ich den Hörer aufnehmen konnte, klingelte das Telefon.

»Wage es ja nicht, an den Apparat zu gehen«, rief Großmama aus der Küche.

Ich ließ mich am Eßzimmertisch nieder und beobachtete, wie sie bestimmt tausend Mal zum Telefon eilte. Es hörte den ganzen Morgen nicht auf zu klingeln. Zuerst rief die NAACP an, dann die Pfarrer. Dann waren es unsere besorgten Nachbarn und Freunde, die sagten, sie hätten sich wirklich um mich gesorgt, aber trotzdem darauf bestanden, daß ihre neugierigen Fragen beantwortet wurden. Und dann waren da die anonymen Anrufer, die uns mit dem Tod drohten. Unser Familienpfarrer rief an und versprach, Männer vorbeizuschicken, die uns beschützen sollten. Großmama sagte, einer der Möchtegernbeschützer hätte bereits angerufen und uns wissen lassen, er sei sich nicht sicher, ob er in der Umgebung unseres Hauses gesehen werden wollte. Das könnte seine eigene Familie und seinen Job gefährden.

Bis zum Mittag war ich gesättigt von all den Neuigkeiten und wollte unbedingt von den anderen hören. Ich fühlte mich ruhelos, gefangen. Ich hatte Großmama bei allen Haushaltspflichten geholfen, bei denen sie mich helfen ließ, und ich hatte ihr angeboten, ihr auch bei denen zur Hand zu gehen, die sie unbedingt allein tun wollte. Ich hatte alle meine Nat King Cole und Johnny Mathis Platten abgespielt und war meinen romantischen Tagträumen nachgehangen. Ich hatte die neueste Ausgabe der Zeitschrift *Seventeen* gelesen und die Seiten meines geheimen Exemplars von *True Romance* durchgeblättert. Mir war so langweilig, daß ich das Gefühl hatte, zu vergehen.

»Ich glaube, ich will wieder zurück an die Horace-Mann-Schule«, erzählte ich meiner Großmutter. »Zumindest werde ich dort Aufgaben zugewiesen bekommen, Freunde haben und all die wunderbaren Sachen, die man am ersten Schultag eben so hat.«

»Ein kleiner Rückschlag und schon gibst du auf?« meinte Großmama. »Nein, du bist keine Drückebergerin.«

In mein Tagebuch schrieb ich:

> *Ich war enttäuscht, weil ich das Innere der Central High Schule nicht sehen konnte. Ich verstehe nicht, warum der Gouverneur erwachsene Soldaten ausschickt, um uns von der Schule fernzuhalten.*
>
> *Ich weiß nicht, ob ich dorthin zurück soll.*
>
> *Aber Großmama hat recht, wenn ich nicht zurückgehe, werden sie denken, sie hätten gewonnen. Sie werden denken, weil sie uns mit Soldaten erschrecken können, würden wir ihnen auf ewig gehorchen. Wenn ich nicht zur Central High gehe und die Integration wahr werden lasse, werden sie immer das Sagen haben.*

Bis in den späten Nachmittag hinein klingelte das Telefon. Das heiße Wetter und mein Stubenarrest machten mich verrückt. Als das Telefon erneut klingelte, griff ich nach dem Hörer.

»Wo warst du denn?« Ich konnte die Verärgerung in Minnijeans Stimme hören.

»Ich war dort«, sagte ich. »Auf der anderen Straßenseite. Ich konnte sehen, wie diese schrecklichen Leute Elizabeth gejagt haben. Warum war sie denn allein?«

»Du weißt doch, sie hat kein Telefon, daher hat sie auch diesen späten Anruf nicht bekommen. Sie wußte nicht, wann oder wo sie uns treffen sollte.«

»Mama und ich haben es kaum nach Hause geschafft!« Ich achtete darauf, nicht alles zu erzählen.

»Wir haben uns so schnell davongemacht, wie wir nur konnten. Zuerst sind wir in das Büro des Direktors. Dort haben wir eine Stunde lang auf harten Holzbänken gesessen und gewartet. Dann schleppte uns Mrs. Bates in das Büro des Staatsanwalts. Dort haben wir einen Mr. Cobb getroffen.«

»Warum?«

»Sie sagte, da Richter Davis eine Bundesverordnung erlassen hätte, sollten wir dorthin gehen, aber Cobb schickte uns in das Büro des FBI. Das war irgendwie geheimnisvoll und witzig. Die Männer sahen genauso aus wie im Fernsehen, als ob sie etwas wüßten, was sie nicht sagen wollten.«

»Ist ja gut, aber was haben sie getan?«

»Eine Menge Fragen gestellt und die Antworten aufgeschrieben.«

»Fragen?«

»Ja. Alles. Wo wir standen und wer uns was getan hat. Das hat Stunden gedauert, und ich habe so furchtbar geschwitzt, daß ich dachte, ich müsse sterben.«

»Und jetzt? Was werden sie jetzt unternehmen?«

»Die Sache untersuchen. Sie sagten, sie würden die Angelegenheit untersuchen.«

»Na klar, bis dahin sind wir wahrscheinlich schon tot.«

»Mach' keine Witze. Dieser Pöbel war richtig gemein. Ich muß jetzt gehen. Kannst du mich in fünfzehn Minuten treffen? Wir gehen ins Gemeindezentrum.«

»Ins Gemeindezentrum«, flüsterte ich. Es schien schon ewig her zu sein, seit ich einen ganz gewöhnlichen Nachmittag verbracht hatte, Platten gehört und mit Freunden gesprochen hatte, die nicht ständig das Wort ›Integration‹ im Mund führten. Ich dachte an die wunderbaren Zeiten, die Minnijean und ich miteinander verbracht hatten – Zeiten, als unsere größte Sorge darin bestand, genug Taschengeld zu sparen, um eine neue Platte zu kaufen, oder zu beten, daß der richtige Junge uns ins Café einlud. Vielleicht könnte unser Leben wieder so werden wie damals. Ich schlich an Großmama vorbei, die friedlich in ihrem Schaukelstuhl schnarchte. Plötzlich war sie hellwach. »Wohin glaubst du denn, daß du jetzt gehst, Missy?«

»Ähm, ins Gemeindezentrum. Ich wollte dich nicht stören. Ich dachte, du schläfst.«

»Natürlich. Setz' dich. Du darfst höchstens das Fenster öffnen. Aber ins Gemeindezentrum gehst du mit Sicherheit nicht.«

Ich konnte meine Tränen nicht zurückhalten. Ich rannte in mein Zimmer, fiel auf das Bett und vergrub mein Gesicht im Kissen, um das Schluchzen zu unterdrücken, das aus meinem Inneren herausbrach. Meine ganze Enttäuschung darüber, daß ich die Central High nicht hatte betreten dürfen, die Hetzjagd des Pöbels und auch die großen plötzlichen Veränderungen der letzten Wochen stürmten auf mich ein.

Dann hörte ich, wie Großmama India durch den Raum schritt, und spürte wie das Gewicht ihres Körpers die Matratze niederdrückte, als sie sich hinsetzte.

»Hast du dich ausgeweint, Mädchen?« Ihre Stimme war voller Mitgefühl, trug aber auch einen Hauch Ärger in sich.

»Ja, Großmama.«

»Du hast heute das letzte Mal geweint. Du bist eine Kämpferin auf dem Schlachtfeld deines Herrn. Gottes Kämpfer weinen nicht, denn sie vertrauen darauf, daß Er immer an ihrer Seite ist. Die Frauen dieser Familie brechen angesichts von Schwierigkeiten nicht zusammen. Wir handeln mutig, und mit Gottes Hilfe vertreiben wir die Schwierigkeiten.«

»Aber ich ...«, versuchte ich zu erklären.

»Nichts aber. Jetzt reißt du dich zusammen und liest den 23. Psalm. Ich will dich nie wieder so sehen.«

»Ja, Großmama.« Die Wut in ihrer Stimme verletzte meine Gefühle, aber ihre warme Hand tätschelte meinen Arm und versicherte mich ihrer Liebe. Von da an wußte ich, daß ich nur noch dann weinen durfte, wenn mich niemand hören konnte.

Ich bekam große Angst, als die Dämmerung die Sonne verhüllte. Obwohl ich den schützenden Schleier der Nacht begrüßte, fürchtete ich mich vor den Männern, die uns am Morgen gejagt hatten. Ich hatte Angst, sie würden sich im Schutz der Nacht anschleichen und uns etwas antun. Einen Großteil des frühen Abends saß meine Familie im Wohnzimmer, las Zeitung, hörte Radio und sah sich die Nachrichten im Fernsehen an. Die ständigen, uns ängstigenden Anrufe gingen natürlich weiter. Manchmal waren sie auch ganz unterhaltsam, als wir beispielsweise hörten, wie Großmama sie aufforderte, Buße zu tun, die Bibel zu lesen und sie fragte, ob sie den Herrn gefunden hatten.

»Puh, das war harte Arbeit«, sagte sie und fächelte sich mit einer gefalteten Zeitung Luft zu. Sie setzte sich in ihren Lieblingssessel. »Die weißen Pfarrer haben jetzt nur noch halb so viel zu tun.«

Mutter wendete sich vom Fernseher ab und sagte: »Ja, aber ich bin nicht sicher, ob diese Pfarrer ihr Werk vollbringen können, bevor uns diese Anrufe in den Wahnsinn getrieben haben. Ich glaube, wir sollten uns eine andere Telefonnummer zulegen. Wir können so nicht weitermachen.«

»Warte noch ein paar Tage«, meinte Großmama. »Sicher ... ganz sicher wird ihnen das langweilig und sie hören auf.«

»Du weißt doch, wie schmählich der Versuch der Integration in North Little Rock trotz aller Anstrengungen gescheitert ist«, sagte Mutter Lois. Sie erklärte uns daraufhin, wie der Versuch der Integration an North Little Rocks weißen Schulen ebenfalls von einer gewalttätigen und wütenden Menge verhindert worden war.

Und dann erzählte sie uns von dem beängstigenden Gespräch, das sie mit einem der Verwaltungsbeamten der Schule, an der sie die Siebtklässler in Englisch unterrichtete, geführt hatte.

»Er fing die Unterhaltung ganz harmlos an, aber dann fragte er mich, warum ich meine Tochter als erste integrieren lassen wollte. Ich sagte ihm, wenn niemand die Verantwortung dafür übernimmt, der erste zu sein, wird auch niemals etwas erreicht werden. Er machte immer weiter, stellte Fragen und malte mir die Folgen in den düstersten Farben aus. Dann warnte er mich, daß einige Schulbeamte aus den Schulen von North Little Rock es persönlich nehmen könnten, wenn ich Melba an die Central High gehen lasse. Ich glaube, dies ist eine Zeit, in der wir uns zugeknöpft geben sollten«, warnte Mutter.

»Ich habe ihm von unseren Erlebnissen von heute morgen natürlich keine Einzelheiten erzählt. Er fragte mich rundheraus, ob ich dich aus der Schule nehmen würde, und ich sagte, wir müßten erst einmal sehen, wie die Dinge sich entwickeln.«

»Klingt, als ob sie dich ein wenig unter Druck setzen.« Großmamas Gesicht zeigte deutlich die Qual hinter ihren Worten.

Der Gedanke, daß Mutter nicht mehr unterrichten könnte, beunruhigte mich. Bevor sie eine Anstellung gefunden hatte, mußte Großmama die meisten meiner Kleider aus gebleichten Mehlsäcken nähen und wir hatten auch nur wenig zu Essen. Mutter hatte so schwer dafür gearbeitet. Außerdem war sie die Einzige, die für unseren Lebensunterhalt sorgte. Daddy gab uns nur hin und wieder etwas Geld. Ich beschloß, an etwas anderes zu denken. Solche Gedanken machten mir einfach zuviel Angst. Ich mußte unbedingt etwas anderes im Fernsehen sehen als die Nachrichten über die Integration, also schaltete ich von einem Kanal zum anderen und suchte *Lucy, Sid Caesar* oder *The Hit Parade*.

In diesem Augenblick hob Großmama India die Zeitung und zeigte mir die Schlagzeilen: TRUPPENRING BLOCKIERT INTEGRATION. KEINE VORFÄLLE. DIE VERANTWORTLICHEN HALTEN ZUSAMMEN. In dem Artikel hieß es, die Nationalgarde von Arkansas sei tatsächlich mit Gewehren, Bajonetten und Schlagstöcken bewaffnet gewesen. Sie hatte den Auftrag, uns von der Schule fernzuhalten, und Polizisten der Staatspolizei von Arkansas hätte sich ihr angeschlossen. Offiziell sprach man von insgesamt 270 Soldaten, um uns fernzuhalten, aber die Leute, die um die Schule herumgefahren waren, sagten, es wären wohl eher an die fünfhundert gewesen.

Ich faßte neuen Mut aus einer anderen Schlagzeile: IKE WEIST BROWNELL AN, SICH UM FAUBUS-GESETZ ZU KÜMMERN. Dann entdeckte ich unten auf der Seite einen anderen Artikel, in dem es hieß, Wiley Branton, der Rechtsberater der örtlichen NAACP habe offiziell verkündet, unsere Eltern würden uns nicht wieder an diese Schule lassen. Wir atmeten vor Erleichterung auf. Die Frage, was wir am folgenden Morgen tun sollten, war nun eindeutig beantwortet.

Unsere übliche Haushaltsroutine wurde jedoch durch die Drohungen der anonymen Anrufer unterbrochen. Gleichgültig wie oft wir uns schworen, einen ganz normalen Abend zu verbringen, irgendwie endete es immer damit, daß wir uns wieder den neuesten Ereignissen zuwandten. Im Radio hieß es, die Menge, die sich am Morgen vor der Central High versammelt hatte, hätte sich mittlerweile in Kleingruppen aufgesplittet, die jetzt durch die Stadt streiften und unsere Leute terrorisierten, wo immer sie sie trafen.

Die Nachrichtenberichte lauteten immer gleich:

> *Ganze Gruppen Bewaffneter sind Berichten gemäß aus den umliegenden Bundesstaaten angereist, um sich den hiesigen Anhängern der Rassentrennung anzuschließen und gegen die Integration anzukämpfen.*

In der Zwischenzeit sagt Gouverneur Faubus weiterhin Blutvergießen in den Straßen voraus, wenn die Bundesverordnung über die Durchführung der Integration an den Schulen erzwungen wird.

»Ich sehe nicht ein, warum wir diesen dummen Weißen erlauben sollten, uns Angst zu machen und unsere Lebensweise aufzugeben. Ich werde jetzt das Abendessen machen und erwarte von euch allen, daß ihr mir helft.« Großmama faltete die Zeitung zusammen und ging in die Küche.

Das schrille Läuten des Telefons erschreckte mich jetzt, da ich meine Feinde gesehen hatte, sogar noch mehr. Ich stellte mir vor, daß es sich bei den Anrufern um jene Männer handelte, die mich gejagt hatten. Ich hatte das Gefühl, als ob sie jedesmal, wenn sie anriefen, in unser Heim eindrangen, und ich konnte sehen, daß es Mutter ebenso ging. Mit jedem Klingeln wurde ihr Gesichtsausdruck grimmiger.

»Ich geh' ran.« Conrads Stimme klang weniger begeistert als gewöhnlich, aber er stürzte dennoch auf das Telefon zu, bis er ermahnt wurde, die Finger davon zu lassen. Großmama unterbrach ihre Vorbereitungen in der Küche und eilte zum Telefon.

Sie rief mich in die Halle. »Klingt wie dieser Junge, Vince. Du weißt schon, der Höfliche aus der Kirche, den wir immer bei den Ringkämpfen sehen.« Großmama nickte mir zu, und ich griff nach dem Hörer.

Vince, dachte ich, und mein Herz machte vor Freude einen Sprung. Natürlich wußte ich, wer Vince war. Er ging zwar auf die High School in der Nachbarstadt, aber er war in meiner Sonntagsschulklasse. Großmama wußte nicht, daß Vince mein geheimer Schwarm war, der Junge meiner Träume. Dabei war ich mir keineswegs sicher, ob er das wußte. Er war mindestens zwei Jahre älter als ich, fuhr einen neuen Chevy und sah aus wie ein karamelfarbener James Darin.

»Sprich' nicht so lange, Liebes«, sagte Großmama und reichte mir den Hörer.

»Hallo...«, sagte ich und versuchte, so sexy zu flüstern, wie das die Frauenzeitschriften vorschrieben.

»Melba?« Das war nicht die Stimme von Vince, die da meinen Namen sagte.

»Ja«, sagte ich höflich und gab meine Verstellung auf. Die Stimme klang ganz und gar nicht vertraut.

»Melba, du Niggerin, ich weiß, wo du wohnst ... Ecke Zwölfte und Cross. Wir kriegen dich heute nacht ... kannst dich schon auf Mitternacht freuen.« Er hängte ein, und die Leitung war tot. Wußte er, wo sich mein Zimmer befand? Würde er heute nacht vorbeikommen? Hatte er eine Bombe? Ich konnte Mama und den anderen nicht erzählen, daß er soviel über uns wußte, also hielt ich meine Tränen zurück.

Als ich das Wohnzimmer betrat, sahen mich alle erwartungsvoll an. Ich täuschte ein Lächeln vor und meinte, es sei jemand anderes gewesen, ein anderer Freund, nicht Vince.

Ich hielt es für ein Zeichen zunehmenden Selbstvertrauens, als wir das Fernsehgerät mitten in all den Tumulten um Central High abschalteten und uns zum Abendessen hinsetzten. Nach dem Segen kamen wir auf das zu sprechen, was uns wirklich bewegte.

»Ich werde heute nacht wieder Wache halten. Wenn ich dich brauche, werde ich dich rufen«, sagte Großmama.

Ich sah, daß Mutter tief in Gedanken war; sie starrte lange auf ihren Teller, dann sah sie zu Großmama auf und sagte: »Vielleicht solltest du heute nacht etwas Schlaf bekommen, und ich sollte Wache halten?«

»Das wäre ja eine wirklich gute Idee, bis auf den Umstand, daß du nicht weißt, wie man mit einer Waffe umgeht. Jetzt ist nicht die Zeit, um es erst noch zu lernen.« Großmama war eine hervorragende Schützin. Als Eisenbahner kam Großpapa oft lange Zeit nicht nach Hause. Er hatte darauf bestanden, daß Großmama zu ihrem eigenen Schutz lernte, mit einer Waffe umzugehen. In den ersten Jahren ihrer Ehe wohnten sie nämlich in einer sehr abgelegenen Gegend.

»Vielleicht könnte ich es ja lernen?« fragte Conrad.

»Nicht heute nacht, junger Mann. Gott vergibt niemand, der einen anderen tötet«, sagte Großmama. »Man muß ein wirklich guter Schütze sein, denn man muß immer auf die Finger oder die Zehen zielen, und das sind sehr kleine Ziele.«

Wir schienen uns alle zu entspannen, als die NAACP anrief und meinte, vielleicht würden wir mehrere Tage lang nicht in die Schule gehen, weil wir vor Gericht müßten. Aber unser Friede dauerte nur einen Moment. Im Laufe des Abends teilte man uns telefonisch mit, daß mehrere Häuser unserer Leute, die in Verbindung mit der Integration standen, angegriffen worden waren. Die Nachrichtensender hatten unsere Namen und Adressen genannt. Mutter Lois untersagte Conrad, draußen zu spielen, und sie verlangte, daß er von nun an nur noch zusammen mit mehreren anderen Kinder zu Schule ging.

Ich stand an der Spüle und wollte das Geschirr spülen. Großmama tat das, was sie in den letzten Nächten immer getan hatte – sie nannte es ihren Sicherheitsrundgang. Sie legte eine Taschenlampe in die Nähe der Stühle, die die Hintertür blockierten. Dann nahm sie Conrad mit sich und prüfte noch einmal jedes einzelne Schloß an jeder Tür und jedem Fenster unseres Hauses.

Ich lugte aus dem Fenster über der Spüle. Erstaunt bemerkte ich, wie still, leer und unheimlich unsere Nachbarschaft war. Normalerweise standen zu dieser Jahreszeit alle Fenster und Türen offen, unsere und die unserer Nachbarn. Wir gingen von einem Haus zum anderen, brachten Limonade vorbei und unterhielten uns angeregt. Ich konnte immer jemanden lachen hören, wenn die Leute auf ihren Veranden beisammen saßen. Manchmal übte eine Gospelgruppe oder ein Bluessänger und jeder erfreute sich daran. Aber in dieser

Nacht war es totenstill. Es schien, als ob alle ihre Fenster und Türen verschlossen hätten.

»Melba.« Muter Lois trat auf mich zu und unterbrach meine Gedanken.

»Ja, Mutter?«

»Ich glaube, ich sage es dir besser, solange wir allein sind und ich daran denke. Ich werde einige Kleider vor die Tür deines Kleiderschrankes hängen. Wenn jemand mitten in der Nacht in unser Haus eindringen sollte, schnappst du dir diese Sachen, gehst zur Hintertür und rennst so schnell du nur kannst nur Neunten Straße.«

»Aber Mama, warum zur Neunten Straße? Du hast mir verboten, jemals zur Neunten Straße zu gehen.« Es war der rauheste Bezirk von ganz Little Rock. Dort gab es eine Spelunke neben der anderen, in der sich die sündigen Menschen herumtrieben.

»Das ist richtig, aber kein Weißer würde dich dort erkennen. Diese Kneipen bleiben lange auf und sind voll von unseren Leuten. Sie werden dich beschützen.«

»Aber was ist mit dir und Großmama und Conrad? Ich will euch nicht im Stich lassen.«

»Mach' dir keine Sorgen um uns. Du kannst uns die Männer dort zu Hilfe schicken. Verstehst du, was ich dir sage?«

»Ja, Mutter.«

»Ich will dir keine Angst machen, aber wir müssen jetzt einige Vorsichtsmaßnahmen ergreifen.« Mamas Augen bekamen einen traurigen Ausdruck, obwohl sie ein Lächeln vortäuschte, als sie mich küßte.

Ich stand einen Augenblick lang still und horchte auf das Pochen in meinen Schläfen. Mamas Worte beunruhigten mich wirklich. Sie muß erwartet haben, daß mich tatsächlich jemand überfallen wollte, wenn sie mir befahl, zur Neunten Straße zu gehen. Mir wurde klar, ich könnte mich entweder selbst zu Tode ängstigen, indem ich mir vorstellte, was mir alles geschehen könnte – oder ich könnte an Vince denken. Ich begann, mir einen glücklichen Tagtraum auszumalen.

»Bist du taub, Kind?« rief mir Großmama India aus der Halle zu und winkte mich zum Telefon.

»Hallo.«

»Ja, hi. Ich bin's.« Diesmal war es wirklich Vince. »Hab' in den Nachrichten von dir gehört. Geht es dir gut?«

»Ja, prima.« Ich wollte lässig klingen.

»Der Typ im Radio meinte, du würdest an einem besonderen Ort versteckt, um dich vor den Morddrohungen zu schützen.«

»Ich doch nicht. Ich bin hier.«

Großmama India stand neben mir und zeigte auf ihre Uhr.

»Hast du Angst? Ist jemand bei dir, der dich beschützt?«

»Eigentlich nicht, aber wir sind schon in Ordnung.«

»Jeder spricht nur von euch. Wir sind so stolz auf das, was ihr tut.«

»Naja, nicht jeder ist stolz.«

»Klar, sicher, einige haben auch Angst, sie könnten ihren Job verlieren. Meine Mama sagt, einige ihrer Gläubiger hätten ihr angedroht, ihr Restaurant schließen zu lassen, wenn sie sie jemals dabei erwischten, wie sie die Integrationsbemühungen unterstützt.«

»Das tut mir leid.« Ich hoffte, er wäre jetzt nicht böse auf mich und würde mich nie mehr anrufen.

»Viele weiße Ladenbesitzer drohen damit, unsere Leute zu entlassen und uns auf jede nur mögliche Weise zu schikanieren. So scheint es zumindest.«

»Was sollen wir deiner Meinung nach tun?« Ich wußte nicht, auf welcher Seite er stand.

»Du kannst da gar nichts tun. Mamas Kirche veranstaltet ein Geheimtreffen, auf dem sie den Leuten Mut zusprechen und denen helfen wollen, die es wirklich brauchen.«

»Wir wollen niemanden verletzen, das weißt du doch.«

»Ignoriere doch einfach diejenigen von unseren Leuten, die über dich herziehen. Sie denken nicht an die Zukunft. Sie warten darauf, daß die Weißen alles für sie erledigen.«

»Ich muß jetzt auflegen.«

»Ich sehe schon – Miss India steht direkt neben dir, nicht wahr? Ich seh' dich dann beim Ringen.«

Ich ignorierte Großmama Indias fragenden Blick, als wir ins Wohnzimmer zu Mama und Conrad gingen, die vor dem Fernsehgerät saßen. Ich tat so, als wäre ich nicht völlig aus dem Häuschen vor Freude, daß Vince sich darum sorgte, ob ich mit Großmama Samstagnacht zum Ringen ging. Es war das Einzige in meinem Leben, das mir das Gefühl gab, normal und glücklich zu sein, so wie ich war, bevor mich die Integration vereinnahmte.

Ich setzte mich in meinen Sessel und vergrub mein Gesicht in einer Zeitschrift. Ich weigerte mich, mich dem Fernseher auszuliefern. Ich wollte mich ganz darauf konzentrieren, von Vince und mir zu träumen, und wie wir eines Tages ein richtiges Paar wären. Ich wollte, daß alle wußten, daß ich einen eigenen Freund hatte. Plötzlich hörte ich ein lautes Knacken, wie das der Feuerwerkskörper am vierten Juli. Dann zerbrach das Glas.

»Auf den Boden, sofort!« brüllte Großmama.

Ich fiel auf die Knie und sah auf das zerbrochene Glas. Die grüne Vase auf dem Fernsehgerät war in tausend Teile zersprungen und hatte Splitter auf allen Wänden, dem Boden und auf uns hinterlassen. Einen Augenblick lang waren wir gelähmt, bewegungslos, wie die Menschen auf einem Schnappschuß. Nach diesem einen Augenblick schien alles wie in Zeitlupe abzulaufen, Einstellung für Einstellung. Bevor wir uns rühren konnten, knallte es wieder wie bei einem Feuerwerkskörper und noch mehr Glas splitterte zu Boden.

»Wir müssen das Licht ausmachen«, befahl Mama. Jeder von uns beeilte sich, die Lampen zu löschen, die ihm am nächsten lagen. Meine Hände zitterten, als ich zum Fernsehgerät kroch. Ich hörte raschelnde Geräusche, als ob jemand direkt vor dem Fenster durch die Büsche schlich. O Gott, dachte ich, sie werden hereinkommen und uns alle erschießen, Großmama und Mama und Conrad und mich. Was, wenn das die Männer waren, die uns am Morgen gejagt hatten? Ich konnte nicht anders, ich hatte so viel Angst, daß ich mir in die Hosen machte.

Großmama tastete sich durch das zerbrochene Glas und lugte aus dem Fenster, dann sah sie zurück über ihre Schulter und gab uns zu verstehen, daß wir uns flach auf den Bauch legen sollten. Völlig lautlos nahm sie die Schrotflinte, öffnete das Fenster und legte den Lauf auf das Fensterbrett. Sie plazierte einen Schuß. Der Lärm, den der Schuß machte, glich einer Explosion.

»Bingo! Ich habe es getroffen!«

»Was getroffen?« flüsterte ich.

»Die alte Metalltonne – du weißt schon: in der wir den Müll verbrennen«, sagte Großmama glücklich. »Darüber werden sie jetzt ganz schön nachdenken.«

Als sie erneut feuerte, konnten wir hören, wie einige Menschen an der Seite unseres Hauses etwas flüsterten, wegrannten und schließlich Autotüren zuschlugen.

Einige Minuten später rief unsere Nachbarin von nebenan, Mrs. Convers, an: »Ihr hattet wohl ein Problem in eurem Hinterhof?« Sie erzählte uns: »Nach all dem Lärm, den ihr gemacht habt, sind drei weiße Männer so schnell wie Kugeln aus eurem Hof herausgeschossen. Mr. Convers sagt, mehr als die drei konnte er nicht sehen, aber dennoch hat er seinen doppelläufigen Geschäftspartner geladen und ist bereit, euch Rückendeckung zu geben. Ein paar unserer Nachbarn suchen die Gegend ab und schauen, ob sie noch mehr finden können.«

Sie fügte aber auch hinzu, daß ihr Ehemann uns den guten Rat geben würde, nicht die Polizei zu rufen. »Weiße Polizisten sind in diesen Situationen keine Hilfe. Außerdem wissen sie dann genau, wo ihr lebt, und hängen euch mit Sicherheit.«

Als ich in dieser Nacht im Bett lag, hatte ich so große Angst, daß ich nicht einmal weinen konnte. Stattdessen lag ich stundenlang still und lauschte auf die Geräusche von draußen. Ich fragte mich, ob die Männer wirklich verschwunden waren und wann sie wohl zurückkommen würden.

Kapitel 7

»Du gehörst doch zu denen, die an der Central High integriert werden sollen«, sagte der Mann mit dem verfilzten Bart. Peng, peng, peng machte sein Gewehr. Ich griff mir an die Brust. Ich bin tot. Schweißgebadet schnellte ich im Bett hoch. Da war es wieder – peng, peng. Schoß jemand durch unser Fenster? Ich sprang aus dem Bett und rannte in den Flur. Großartig! Ich renne! Vielleicht bin ich ja doch noch nicht tot. Ich wollte jemandem erzählen, daß ich nicht tot bin.

»Großmama, Großmama India!« rief ich und schaute in jedes Zimmer des Hauses.

»Ich bin hier, im Wohnzimmer«, antwortete sie. »Was ist los?« Ich hielt abrupt an und versuchte, wieder zu Atem zu kommen. Da war sie. Sie stand auf einem Stuhl, ihre Arme ragten hoch über das Fernsehgerät hinaus, und sie nagelte ein Bild an die Wand.

»Es macht sich nicht gut, wenn man Einschußlöcher in der Wand hat«, meinte sie. »Sobald uns jemand besucht, werden sie von uns eine Erklärung verlangen. Wir dürfen keine große Sache aus dem machen, was letzte Nacht passiert ist, weißt du.«

Ich griff nach der Lehne des Stuhles, auf dem sie stand, und hielt sie fest.

»So, fertig. Ich mochte die Schafe in diesem Bild schon immer. Ihre Gesichter lächeln uns von einer himmlischen Weide an.«

Ich hielt ihre Hand, während sie vom Stuhl kletterte.

»Gar nicht so einfach für ein Mädchen, wenn Männer es auf diese Weise auf es abgesehen haben, nicht?« Sie berührte meine Wange mit ihrem Zeigefinger und zwinkerte mir zu. »Aber es scheint dir nicht geschadet zu haben. Du scheinst heute morgen voller Schwung und Energie.«

»Ich habe Angst«, flüsterte ich. Ich streckte meine Arme aus, um sie zu umarmen und in ihren Armen Sicherheit zu finden. Sie trug ein frisch gestärktes Kleid und eine Schürze und roch nach Vanilleextrakt. »Etwas Vanille hinter den Ohren unterstreicht die Weiblichkeit der Frau«, sagte sie oft. Ich liebte sie so sehr. Nur einen kurzen Augenblick lang dachte ich, wie schrecklich es gewesen wäre, wenn die Revolverhelden sie getroffen hätten.

»Missy, du hast verschlafen, während deine Mama und dein Bruder zur Schule gegangen sind.« Sie trug den Stuhl zurück ins Eßzimmer und stellte ihn dort ab. Dann hielt sie inne und drehte sich zu mir um. »Nun gut, zieh' dich an. Ich mache dir heiße Haferflocken mit Rosinen. Und danach gehe ich zum Laden und hole Glaserkitt. Dann setzen wir uns hin und vertreiben uns die Zeit mit Reden, bis Mr. Claxton kommt und das Fenster repariert.«

»Darf ich mit dir zum Laden gehen?«

»Vollkommen ausgeschlossen«, sagte sie. »Du gehst heute unter keinen Umständen aus dem Haus.«

Als ich mich anzog, schmollte ich, weil Großmama mir nicht erlaubte, an diesem Tag auszugehen. Vielleicht ließ sie mich auch nicht zu den Ringkämpfen. Das wäre das Schlimmste, was mir je geschehen könnte! Ich dachte schnell an etwas anderes.

Da waren wir also, Großmama und ich, kicherten und plauderten am Frühstückstisch, genauso wie immer. Es schien ein ganz normaler Morgen. Kurze Zeit vergaß ich die Schüsse und die Integration, aber als wir das Frühstücksgeschirr wegräumten, sah ich ihre grüne Lieblingsvase in tausend Teile zersplittert im Mülleimer liegen. Es erinnerte mich an die Kugeln und daran, was bei einbrechender Dunkelheit wieder geschehen könnte.

Dann fingen die niederträchtigen Telefonanrufe an. Jedesmal, wenn das Telefon schellte, zitterte meine Hand und mein Puls raste, so sehr ich auch versuchte, es zu ignorieren. Das schrille Klingeln ging ewig weiter; Großmama hatte beschlossen, daß sie mit den anonymen Anrufern nicht mitspielen würde.

Als es an der Haustür klingelte, schreckte ich hoch, aber es war nur Mr. Claxton, Großmamas Freund. Als ich sie damit neckte, daß er wohl ihr Verehrer sei, meinte sie , ich solle mich nicht in die Privatangelegenheiten der Erwachsenen einmischen. Aber mir fiel auf, daß sie vor seinem Eintreffen einen Hauch Lippenstift auftrug und ihre Haare mit einem schwarzen Band zusammenfaßte.

Plötzlich hörte ich laute Stimmen im Flur. Großmama und Mr. Claxton wechselten harte Worte. Ich wollte sehen, was da los war und schlich auf Zehenspitzen vorbei unter dem Vorwand, ich wolle die Zeitung hereinholen. Ich hörte, wie er sagte, die Schüsse durch unser Fenster seien ein deutliches Zeichen, daß ich nicht zur Central High gehen sollte, weil ich sonst den Zorn der Weißen über unsere Gemeinde bringen würde. Mit lauter und kräftiger Stimme sagte Großmama, er solle sich um seine eigenen Angelegenheiten kümmern.

An diesem Morgen war in der Zeitung ein Foto von Minnijean und Jeff im FBI-Gebäude abgedruckt, als sie berichteten, wie sie vor der Central High School abgewiesen worden waren. Die meisten Überschriften in der *Gazette* handelten von uns und der Integration.

Auf der ersten Seite lautete die Überschrift ENTSCHEIDUNGEN VON RICHTER AUS NORTH DAKOTA ERSCHÜTTERN DIE SÜDSTAATEN. Gekrönt war das Ganze von einem Foto von Richter Ronald Davies. Da war er, der Mann, der dem Gouverneur befohlen hatte, die Integration einzuführen, war auf der ersten Seite abgebildet. Er hatte dieselben großen, freundlichen, allwissenden Augen wie Großmama.

›Davies, aus Fargo in North Dakota, der seine Karriere als unauffällig beschrieb, ist mitten in einem Rassenkampf gelandet, der Auswirkungen auf den gesamten Süden haben könnte‹, hieß es in dem Artikel. ›Dieser 152 cm große Mann, der an der Universität von North Dakota 100 Meter in 10 Sekunden lief, war vor zwei Wochen nach Little Rock gekommen, um den Rückstand an Fällen im östlichen Distrikt von Arkansas aufzuarbeiten.‹

Zweimal hat er bereits seine regulären Pflichten unterbrochen, um entscheidende Urteile in Bezug auf die Integration zu fällen. Vor zwei Tagen hatte der Anwalt der Schulbehörde Davies gefragt, was er angesichts der Tatsache, daß Faubus die Central High School von Truppen umstellen ließ, denn tun solle. »Fahren Sie mit der Integration fort«, hatte Davies gesagt.

›Obwohl von freundlichem Wesen‹, hieß es weiter in der Zeitung, ›kann der 52 Jahre alte Richter bisweilen gereizt und sogar ausgesprochen brüsk sein.‹ Je mehr ich über Richter Davies las, desto weniger hatte ich das Gefühl, daß er »unauffällig« sei.

Der nächste Artikel ließ mich laut auflachen. Unter der Überschrift SITUATION AN DER SCHULE STINKT stand zu lesen, daß die Blockade der Central High School durch die Nationalgarde in den Häusern der Umgebung einen üblen Gestank verursachte, weil die Soldaten nichtweiße Müllmänner nicht durch die Barrikade ließen.

»Du kannst nicht dein ganzes Leben mit dieser Zeitung verbringen, Mädchen. Mach' dich an deine Arbeit!« Mit den Armen bis zu den Ellbogen in Seifenlauge fühlte ich mich ganz normal und vergaß die Zeitung und die Schlagzeilen und die Integration. Zusammen mit Großmama wusch ich die Wäsche und hängte sie auf die Leine. Das sei wie eine Meditation, pflegte Großmama stets zu sagen.

Etwas später, unfähig, das Läuten des Telefons länger zu ertragen, nahm ich den Hörer ab. Es war die NAACP, die mich bat, an diesem Nachmittag an einer Pressekonferenz im Haus von Mrs. Daisy Bates teilzunehmen.

Ich fragte mich, was Großmama wohl von meiner Teilnahme halten würde. Mehr als einmal hatte ich sie sagen hören, Interviews zu geben, hieße, Schwierigkeiten heraufzubeschwören. »Du willst doch nicht, daß man dich zur Schau stellt.« Dennoch wollte ich unbedingt teilnehmen, weil ich dadurch die anderen sehen konnte. Ich wurde hier langsam verrückt. Allerdings beschloß ich, erst dann um Genehmigung zu bitten, wenn Großmama in bester Stimmung war.

Als Mr. Claxton die Reparatur des Fensters beendet hatte, fiel mir auf, daß Großmamas Ärger auf ihn beträchtlich abgekühlt war. Er säuselte sie an, während er zur Eingangstür ging, und sie lächelte wie ein errötendes Schulmädchen im Beisein ihres Schwarms. Nachdem sie die Tür hinter ihm geschlossen hatte, drehte sie sich um, sah, daß ich sie beobachtete und nahm wieder eine »geschäftsmäßige« Haltung ein.

»Habe ich dir erzählt, daß jemand von deinem Kirchenbüro angerufen hat? Die *Negro Interfaith Ministers' Organization* (Überkonfessionelle Vereinigung schwarzer Pfarrer) tritt für dich ein und sagt, Faubus würde seiner Verantwortung gegenüber all den Menschen, die er vertritt, nicht gerecht.«

»Vielleicht hört er ja zu«, meinte ich.

»Sie sagen, etwa ein Dutzend weiße Pfarrer aus Little Rock werden dasselbe tun.« Großartig, dachte ich. Vielleicht sieht Gouverneur Faubus jetzt, daß er sich unfair verhalten hat und ändert sein Verhalten.

Kurz nachdem Mr. Claxton uns verlassen hatte, kamen die Damen von der Kirche mit Körben voller Lebensmittel vorbei. »Auf diese Weise können euch die Weißen nicht beim Einkaufen erwischen und euch die Köpfe abschlagen«, sagte Mrs. Floyd mit einem säuerlichen Lächeln, als sie an mir vorbeirauschte. Sie war eine sehr gute Freundin von Großmama, aber sie war strikt gegen die Integration. »Wir haben unseren Platz, und wir tun gut daran, an diesem Platz auch zu bleiben«, bemerkte sie. Ich verkrampfte mich bei ihren Worten, aber ich wußte, sie meinte es nur gut. Sie konnte nichts von den Schüssen der letzten Nacht wissen und wie das, was sie sagte, meine Gefühle verletzte.

Die Damen packten Taschen voller Sachen aus, die sie im Laden gekauft hatten, aber auch viele selbstgemachte Leckereien. Sie holten ihre Schüsseln und die schweren Metalltöpfe hervor, aus denen verlockende Düfte aufstiegen, die mir das Wasser im Mund zusammenlaufen ließen.

Ich spürte sofort, wie ungeduldig Großmama angesichts all des Geschwätzes wurde, ob wir nun weiter aktiv für die Integration eintreten sollten oder nicht. »Wir werden einfach nur vorn im Bus sitzen«, sagte eine von ihnen.

»Warum sollen wir nicht eine Weile warten, bis die Weißen sich daran gewöhnt haben, daß es uns auch noch gibt – fünf Jahre oder so«, fügte eine andere hinzu.

»Unsinn.« Ich wußte, ich konnte auf Großmamas lebhafte Freundin, Mrs. Crae zählen, die ihnen vor dem Gesicht herumfuchtelte. »Die Weißen haben uns noch nie was gegeben. Von denen was zu bekommen, da könnte man auch gleich einem Dinosaurier die Zähne ziehen. Wir müssen uns nehmen, was wir können, und bezahlen meistens mit unserem Blut dafür. Mach' du nur so weiter, Mädchen, hörst du? Du ziehst diese Integration durch, und zwar jetzt!«

Und so ging es, während sie herumwirtschafteten. Großmama war meistens still mit einem Ausdruck im Gesicht, der mir sagte, daß sie fast platzte, weil sie nicht sagen konnte, was sie wirklich dachte. Höflich, aber entschieden erklärte sie, daß wir viel im Haus zu tun hätten und nicht bummeln durften. Sie gingen zur Vordertür.

»Tja«, meinte Mrs. Floyd indigniert, »nichts von dem wäre nötig, wenn ihr euch von dieser weißen Schule ferngehalten hättet, wo ihr nicht erwünscht seid.« Ich wollte etwas erwidern, dachte aber dann daran, was für eine furchtbare Sünde es laut Großmama ist, es einer Erwachsenen gegenüber an Respekt mangeln zu lassen. Ich wußte mit Sicherheit, daß ich einer der Damen von unserer Kirche, die ich für den Rest meines Lebens jeden Sonntag sehen würde, nicht frech kommen durfte. Ich ging ohne ein Wort ins Haus zurück und hatte das Gefühl, mitten in meiner eigenen Nachbarschaft von Feinden umgeben zu sein.

»Hier geht's zu wie beim Eröffnungstag eines Rodeos«, sagte Großmama eine Stunde später, als sie atemlos durch das Wohnzimmer eilte, um wieder einmal die Vordertür zu öffnen. Ich hatte die strikte Anweisung, niemals selbst an die Tür zu gehen. Wenn es klingelte, sollte ich die Mitte des Hauses aufsuchen. Wenn der Besuch freundlich gesonnen war, konnte ich mich entspannen. Wenn es jemand war, der nichts Gutes im Schilde führte, sollte ich mich im Schrank verstecken oder – besser noch – zur Hintertür rennen und fliehen.

»Es ist dein Vater. Mach' dich auf was gefaßt. Er ist nicht gerader bester Stimmung«, flüsterte Großmama und eilte zurück in die Küche.

Daddy kam wutschnaubend hereingestürmt. »Ich gehöre nicht zu den Männern, die sich mit einem Ich-hab's-dir-ja-gesagt aufspielen, aber Tatsache ist, daß ich dir gesagt habe, daß es so kommen würde!« Er brüllte laut genug, um noch in Texas gehört zu werden. Großmama kam aus der Küche geeilt und stellte sich in die Tür. Er sah sie wütend an, wies mit dem Finger auf sie und brüllte so heftig, daß meine Knie zitterten.

»Das Leben dieses Kindes zu opfern und das Leben und die Arbeit seiner Blutsverwandten zu gefährden, hat nichts mit Freiheit zu tun! Wir sind nicht frei, wenn wir hungern oder – schlimmer noch – an einem Ast baumeln.«

»Halt den Mund, Will Pattillo! Laß das Kind nicht an seiner guten Tat zweifeln«, brüllte Großmama zurück. Das war erst der Anfang eines heftigen Wortwechsels, den Papa und

Großmama über mich und die Integration führten. Das einzig Gute an seinem Besuch war, daß er mich zum Abschied umarmte.

»Du weißt doch, daß ich nur daran denke, was für dich am besten ist? Du bist zu jung, um in solchen Schwierigkeiten zu stecken.« Er drückte mich fest an sich und preßte mit seiner riesigen warmen Hand meinen Kopf gegen seinen Brustkasten. Ich konnte mich nicht erinnern, vor wie vielen Jahren er mich das letzte Mal so umarmt hatte. Ich blieb für eine halbe Ewigkeit in seinen Armen und kostete seine Stärke aus. Ich wollte, daß er wieder nach Hause käme – um bei uns zu bleiben wie vor der Scheidung. Ich brauchte ihm, um die Heckenschützen zu verjagen.

»Ich liebe dich, Baby«, sagte er auf dem Weg zur Tür. Als ich ihn fragte, ob er später am Abend zurückkommen würde, um uns zu helfen, erwiderte er: »Vielleicht wenn ihr alle Angst genug habt, um mit diesem Unsinn Schluß zu machen.« Er drehte sich um und ging weg. Ich schlug die Tür mit aller Kraft zu, starrte ihm aber lange, lange Zeit durch das Fenster nach.

Das Haus der NAACP-Präsidentin Mrs. Bates stand mitten in einer ansehnlichen Reihe eleganter Wohnhäuser in einer der schöneren Gegenden unserer Gemeinde. Bei diesem Treffen kamen zum ersten Mal alle neun von uns zusammen, seit uns die Soldaten und der Mob von der Central High verjagt hatten. Auf dem Weg zum Haus erzählte ich Mutter, wie neugierig ich sei, zu erfahren, ob man auch auf die anderen geschossen hatte, aber sie meinte: »Du wirst es schön unterlassen, auch nur ein Wort darüber zu verlieren, wie dich die Männer gejagt haben oder wie man durch das Fenster auf uns schoß. Hast du verstanden, Kleines?«

»Ja Ma'am«, sagte ich und schloß die Autotür.

»Ganz schön mühsam, was?« sagte Minnijean als sie sich uns auf dem Weg zur Tür anschloß. Ich mochte ihre muntere

Art, die Dinge beim Namen zu nennen. Sie sagte immer genau das, was sie dachte, als ob sie vor nichts und niemand Angst hätte.

»Haben sie dich ebenso hinter Schloß und Riegel gesperrt wie mich?«

»Jede Minute, jeden Tag. Ich fühle mich schon wie eine Gefangene im meinem eigenen Haus«, sagte ich. Mutter ging vor uns und ignorierte unsere Nörgeleien.

Das Haus von Mrs. Bates – ein langgestrecktes Gebäude im Stil einer weitläufigen Ranch – stand auf einem Hügel. Es schien nur ein Stockwerk zu besitzen, aber auf der anderen Seite des Hügels verliefen einige Räume, die eine zweite Ebene schufen. Es war besonders herrlich, weil es so geräumig war – und aufgrund des modernen Dekors, wie ich es zuvor nur in Zeitschriften oder Filmen gesehen hatte. Das riesige Erkerfenster im Wohnzimmer war zwar großartig, ließ mich aber um ihre Sicherheit in der Nacht fürchten.

Im Wohnzimmer waren alle möglichen Menschen versammelt, die meisten davon Fremde. Sie lachten und plauderten, als ob sie mitten auf einem großen Fest wären. Zum ersten Mal sah ich Menschen verschiedener Hautfarbe und Herkunft im selben Raum.

Als ich die Treppe in den Trubel hinunterstieg, konnte ich hören, wie Ernest Green und Terrence Roberts den voreingenommenen Reporter imitierten, dem statt ›Negro‹ (Neger) nur ›Negra‹ in breitem Südstaatendialekt über die Lippen kam.

»Also, so wie ich das sehe, geht ihr Leute auf eine neue Schule«, spöttelte Ernest.

»Wie ich höre, war das Begrüßungskommitee recht seltsam gekleidet. Ihr sagt, sie hätten Helme getragen? Alle trugen Uniformen und führten Waffen bei sich? Ich frage mich nur, warum. Haben sie euch eine kühle Limonade angeboten und gesagt, sie würden eure Bücher tragen?«

Ich mußte laut lachen und fühlte mich dabei richtiggehend erleichtert. Es war ein wirklich tiefes Lachen aus dem Bauch heraus. Ich spürte, wie sich meine innere Verspannung auflöste, während die beiden Jungs weiter unser Dilemma parodierten.

Jefferson und die anderen Jungen machten sich über unsere Lage lustig. Wir Mädchen konnten mit dem Humor der Jungen nicht mithalten. Sie waren wie drei erfahrene Komiker in Bestform, die auf einer Nachtclubbühne auftraten.

Während wir uns über unsere Situation und über uns selbst lustig machten, trafen Elizabeth Eckford, still und offenbar immer noch erschüttert von ihrer Tortur, und Thelma Mothershed ein. Gloria Ray kam die Treppen herunter, gefolgt von der stets gutmütigen Carlotta. Unser Kichern wurde lauter und länger. Wir freuten uns über unser Wiedersehen und in kürzester Zeit sprachen wir alle gleichzeitig durcheinander. In diesem einen Augenblick schnitten wir uns eine winzige Scheibe der Normalität für uns ab, obwohl wir uns offensichtlich alle die Frage stellten, was wohl als Nächstes kommen würde.

Zum ersten Mal seit vielen Tagen spürte ich, wie ich mich zutiefst entspannte. Ich setzte mich und nippte an meiner Grapette-Cola. Jemand drehte die Musik auf, und für mich klang es so, als ob wir eine Party feierten. Die Geräusche von den Erwachsenen einen Stock höher waren ebenso festlich. Ich fühlte mich normal, sicher und geborgen, bis ich bemerkte, daß ein Mann mit einer Schrotflinte auf der Schulter vor dem Fenster auf und ab ging. Der Knoten der Angst in meinem Magen zog sich zusammen. Für mich war die Party vorüber.

Kurz darauf rief uns Mrs. Bates nach oben. »Wir fangen jetzt an. Bitte, Kinder, seid einen Moment still und setzt euch«, sagte die schlanke, elegant gekleidete Präsidentin der NAACP. Zwei sehr würdig und wichtig aussehende Männer saßen mitten im Raum. Ich erkannte den einen: es war Wiley Branton, der NAACP-Anwalt aus Arkansas, ein Mann von durchschnittlicher Größe mit einer milchigen Hautfarbe, haselnußbraunen Augen und kastanienbraunem Haar. Man hätte ihn leicht für einen der Weißen halten können, die gegen uns waren.

Er erklärte uns, daß wir uns mitten in einer Situation befanden, die mit rasanter Geschwindigkeit zu einem bedeutenden historischen Kampf zwischen dem Gouverneur von Arkansas, den amerikanischen Bundesgerichten und Präsident Eisenhower wurde. »Wir befinden uns jetzt in einer Warteschleife«, meinte er. »Wir warten darauf, daß alle Farbe bekennen und sich für eine der beiden Seiten entscheiden. Wir unterstützen Richter Davies und den Sieg des Bundesgesetzes.«

Branton fuhr fort, daß die Central High im Moment für uns verboten sei, aber nicht für lange. Er riet uns, in der Nähe unserer Elternhäuser zu bleiben und immer jemanden wissen zu lassen, wo wir uns gerade aufhielten. Zwei Frauen aus unserer Gemeinde waren in der Nacht zuvor aus ihren Autos gezerrt und verprügelt worden. Mehrere unserer Leute hatte man am hellichten Tag angegriffen. Er warnte uns, daß dies keine Zeit für Geselligkeiten sei und insbesondere nicht, um nachts draußen zu sein.

Wir erfuhren auch, daß einer von uns möglicherweise bei einer Anhörung vor einem Bundesgericht eine Zeugenaussage zu den Ereignissen an jenem Tag, als wir zur Central High wollten, leisten mußte.

»Das bedeutet nichts weiter, als die Wahrheit zu sagen«, erklärte Branton.

»Die Wahrheit?« flüsterte ich. Ich hatte doch Großmama und Mama geschworen, nicht die ganze Wahrheit zu sagen. Ich würde meine Hand auf die Bibel legen müssen. Ich hoffte inständig, nicht für die Zeugenaussage ausgewählt zu werden. Ich fragte mich auch, ob ich ihm von der Jagd auf Mama und mich an jenem Tag an der Central erzählen sollte und von den Schüssen durch unsere Fenster. Vielleicht würde er mich nicht zur Zeugenaussage auswählen, wenn er davon wußte. Aber ich hörte Großmama Indias Stimme, die mir sagte, wenn wir daraus eine große Sache machten und unser Name in der Zeitung erschien, würden die Anhänger der Rassentrennung sich gezwungen sehen, zurückzukommen und ihre Arbeit zu Ende zu bringen. Ich hielt den Mund.

»Es scheint, daß die Anhänger der Rassentrennung bereit sind, sich stärker gegen unsere Integration an weißen Schulen zu wehren, als wir das vorausgesehen haben«, meinte Branton. »Aber wir tun alles, was wir können, um euch an diese Schule zu bringen. Wir brauchen allerdings eure Unterstützung. Es wird Zeit und Energie erfordern.« Er bat uns, uns nicht für eine andere Schule anzumelden und darauf zu achten, für uns selbst zu Hause weiterzulernen, bis die Angelegenheit vor Gericht geregelt würde.

»Für wie lange?« fragte ich. Wir waren alle neun gute Schüler. Ich sorgte mich, ob wir mit den weißen Kinder an Central High mithalten könnten, die während ihrer gesamten Schulzeit über bessere Schulbücher und bessere Unterrichtsmaterialien verfügt hatten. Central war angeblich eine der besten High Schools in den USA. »Wie lange können wir es uns leisten, nicht zur Schule zu gehen?« fiel eine Reihe von Stimmen ein.

»Solange wie es dauert«, erwiderte Branton.

Kapitel 8

Liebes Tagebuch,
seit ich vor zwei Tagen zur Central High gegangen bin, habe ich das Gefühl, das Leben einer Fremden zu führen. Heute will ich nicht an die Integration denken, ich will nicht an die Central High denken, und ich will nicht an die Weißen denken. Ich werde den ganzen Tag damit verbringen, die perfekte Verkleidung zu suchen, die ich zu den Ringkämpfen tragen kann.
Egal, was auch geschieht, ich werde ein ganz normaler Mensch sein. Ich werde meinen normalen Termin mit Großmama haben und meine geheime Verabredung mit Vince bei den Wettkämpfen.

So sehr ich auch versuchte, mich nicht darum zu kümmern, konnte ich meinen Tag doch nicht beginnen, ohne zu wissen, was der Gouverneur, seine Nationalgarde und die Schulverwaltung planten. Ich mußte mich der schrecklichen Wahrheit stellen. Großmama hatte recht: Ich ließ diese Menschen bestimmen, wie ich mich fühlte und wie ich einen Großteil meines Tages verbrachte. Ich kämmte mir das Haar zu einem Pferdeschwanz und ging zur Veranda. Als ich die Zeitung hochhob, sprang mir die Überschrift ins Auge.

AUFSCHUB DER INTEGRATION:
SCHULVERWALTUNG STREBT AUSSETZUNG DES GESETZES AN

Die Schulverwaltung von Little Rock bat Richter Davies, die Integrationspläne für die Central High vorübergehend auszusetzen. Er würde aufgrund ihrer Petition am Freitag, den 6. September – heute – eine Anhörung abhalten.

Ich holte tief Luft und bereitete mich darauf vor, die Wörter zu verdauen, die ich eigentlich gar nicht lesen wollte. Schulinspektor Blossom kniff. Jahrelang hatte er seine Integrationspläne der Öffentlichkeit verkauft, und jetzt bat er die Gerichte, seine Integrationspläne auszusetzen. Für wie lange erwähnte er nicht. Aber selbst wenn es nur für einen Monat war, würden die Anhänger der Rassentrennung aufgrund seiner Bitte zu der Überzeugung gelangen, daß ihnen der Sieg sicher sei. Ihnen wäre klar, daß der nächste Schritt darin bestand, die Integrationspläne ganz zu streichen. Ich fühlte mich hintergangen.

In dem Artikel hieß es, daß die Schulleitung die Petition mit der Bitte um Aufschub nach einem Treffen am Donnerstagmorgen eingereicht hatte, bei dem 400 Menschen eine Petition unterschrieben hatten, in der sie den Rücktritt von Blossom und anderen Vertretern der Schulbehörde forderten.

Ich las weiter und fragte ich mich dabei, ob meine acht Freunde und Freundinnen wohl denselben Artikel gelesen hatten und nun ebenso entmutigt waren wie ich. Würden sie das Schiff verlassen und an unsere alte High School zurückkehren, wo das Leben zumindest erträglich war? Ich versank immer tiefer in eine düstere Stimmung, bis ich die gute Nachricht entdeckte.

IKE SAGT, ER WIRD DAS GESETZ DURCHSETZEN.
ER FORDERTE FAUBUS AUF: KOOPERIERE MIT UNS.

»Die Bundesverfassung wird mit allen rechtlichen Mitteln, die mir zur Verfügung stehen, aufrechterhalten«, hatte Präsident Eisenhower Gouverneur Faubus mitgeteilt. Der Präsident hatte Gouverneur Faubus ein Telegramm geschickt, in dem er ihn wissen ließ, er hege keinen Zweifel daran, daß der Gouverneur, die Nationalgarde und andere Staatsbeamte das Oberste

Gericht der Vereinigten Staaten mit ganzer Kraft unterstützen würden. Der Präsident versicherte dem Gouverneur außerdem, daß die Gerüchte, die Bundesbehörden würden nur darauf warten, ihn zu verhaften, nicht der Wahrheit entsprächen.

»Ich glaube, die Schulbehörde kneift jetzt vor der Integration«, erzählte ich meiner Mutter, während sie sich für die Schule fertigmachte. »Außerdem wird der Kampf zwischen dem Präsidenten und dem Gouverneur schlimmer.«

»Dein Glaube läßt nach. Wir leben in einem Land, in dem das Gesetz und die Verfassung das Sagen haben.« Sie lächelte mir zu und warf ihre Papiere in ihre Aktentasche.

»Wenn das nur irgend jemand Mr. Faubus sagen würde.«

»Hab' Geduld«, meinte Mutter und ging zum Auto. »Übrigens zähle ich auf dich, daß du deiner Großmutter heute ganz besonders hilfst. Sie ist etwas erschöpft.«

O nein, ich wollte nicht, daß Großmutter India erschöpft war. Ich rechnete fest damit, daß sie mich zu den Ringkämpfen begleitete. Den Rest des Tages widmete ich mich der Aufgabe, mehr als nur meinen Anteil an den Haushaltspflichten zu erledigen. Ich hätte alles getan, um sie fit und munter zu halten.

Als der Freitagabend näherrückte, bemerkte ich, daß das Telefon nicht klingelte. Ich hatte keine Einladungen von Schulfreundinnen erhalten, keine Gespräche darüber geführt, was die Jungs machten oder über das Treffen im Gemeindezentrum. Ich fühlte mich traurig und einsam. Das muß Mutter aufgefallen sein, denn sie sagte: »Warum rufst du nicht einige deiner anderen Freundinnen an und verabredest dich? Ihr solltet euch ein wenig amüsieren. Ich fahre dich auch hin.«

»Darf ich mich auch amüsieren?« wollte Conrad wissen. »Diese Integrationssache ermüdet mich. Integration macht keinen Spaß.«

»Ich weiß, daß es so scheint, mein Sohn, aber du wirst schon sehen: bald geht alles wieder seinen gewohnten Gang«, ließ Großmama ihn wissen.

Als ich die Nummer meiner Freundin Marsha am Telefon wählte, versuchte ich mich daran zu erinnern, wie es war, normal zu sein. Wenn ich zu dieser Zeit des Jahres auf meine eigene Schule gegangen wäre, würden meine Freundinnen angefangen haben, Cliquen zu bilden. Ich zählte mich selbst zur Gruppe der guten Mädchen. Wir hatten gute Noten, benahmen uns wie Damen und trafen uns nicht allein mit Jungs. Wir verbrachten endlose Stunden damit, die Zeit zu planen, wenn wir Verabredungen hätten, oder damit, Details von jenen zu hören, die bereits Verabredungen gehabt hatten. Hin und wieder schlichen wir uns zu einer »rein zufälligen« Gruppenverabredung. Das hieß, wir gingen zufällig zur selben Zeit an denselben Ort wie eine Gruppe von Jungs, die wir kannten.

Die Musik und das Gelächter im Hintergrund übertönte fast völlig Marshas Stimme, als sie den Hörer abnahm. Ihre Stimme klang etwas merkwürdig, als sie mir erklärte, daß mehrere ihrer alten Freundinnen zum Abendessen da seien und eine Pyjamaparty feiern wollten. Ich wartete darauf, daß sie mich einladen würde, daß sie sagen würde, sie hätte mich vergessen und ich solle doch einfach gleich vorbeikommen. Stattdessen erklärte sie mir, daß sie mich nicht dabeihaben wollte, weil sie fürchtete, Anhänger der Rassentrennung könnten sie angreifen oder ihr Haus bombardieren, nur um mich zu fassen zu kriegen.

Ich stand einen Moment mit dem Hörer an meinem Ohr, lauschte auf das Freizeichen und versuchte, die Tränen zurückzuhalten. Mutter kam herüber, um mich zu trösten, aber ich hatte das Gefühl, als ob dies das Ende der Welt wäre – zumindest das Ende meiner eigenen gesellschaftlichen Welt. Ich war nicht länger jemand, mit dem die Menschen gern zusammen waren. Ich konnte nicht anders: Ich sprach aus, wie ich mich fühlte. Ich war bereit, gemeinen Menschen mit Seilen gegenüberzutreten, mein erstes Jahr an der High School ohne Freunde und ohne Parties und ohne Spaß zu verbringen, um die Integration zu ermöglichen, um unser aller Leben zu verbessern. Aber Marsha und die Clique sahen es nicht so. Was ich tat, war für sie überhaupt nicht wichtig. Vielmehr war ich jemand, den man meiden mußte.

»Einige Menschen sind kurzsichtig, Liebes. Sie können die Zukunft nicht sehen, sie leben nur für das Heute. Auf lange Sicht mußt du das tun, denn du bist überzeugt davon, daß es für dich richtig ist. Du tust es nicht wegen dem, was andere denken.«

»Aber ich will nicht alle meine Freundinnen verlieren.«

»Wir sollten nicht zu lange darüber nachdenken. Marsha ist nicht deine einzige Freundin. Ruf einige andere an.«

»Das kann ich nicht. Die meisten sind auf Marshas Party.«

»Dann werden wir eben eine Verabredung in der Familie haben, hier zu Hause. Wir machen uns Popcorn, sehen fern und vergnügen uns mit Brettspielen.«

Na toll, dachte ich und wählte die Nummer von Minnijean, die ebenso fühlte wie ich. Wir wußten nicht mehr, wo wir hingehörten. Im Laufe dieses langweiligen Abends brachte nur ein einziger Gedanke ein Lächeln in mein Herz, der Gedanke an die Ringkämpfe – und wie Großmama und ich in weniger als 24 Stunden mitten in all dem Spaß sitzen würden.

REGIERUNG STREBT EVENTUELL
EINSTWEILIGE VERFÜGUNG GEGEN FAUBUS AN

Arkansas Gazette, Samstag, 7. September 1957

Gouverneur Faubus hatte ein langes Telegramm an Präsident Eisenhower geschrieben und um Verständnis und Unterstützung gebeten. Er beschwerte sich auch, daß er nicht vor Gericht erklären konnte, warum er gezwungen war, die Nationalgarde zu rufen und die Integration zu verhindern, weil nämlich die Bedrohung durch die Gewalt so groß war.

Ich verbrachte den Samstagmorgen damit, mich zu sorgen, ob Eisenhower auf die Seite von Faubus wechseln und die Integration an den Schulen unter den Teppich gekehrt würde, wo sie dann meine Enkel wieder hervorholen könnten. Zwischen dem Spülen, dem Lesen der Hausaufgaben, die Mutter mir gegeben hatte und dem Entgegennehmen bösartiger Anrufe, brachte ich es fertig, mein Haar neu zu ordnen und jedes einzelne Stück in meinem Kleiderschrank auf der Suche nach einer angemessen Verkleidung anzuprobieren. Ich kostümierte mich nur mit einem einzigen Gedanken: Großmama, die Ringkämpfe und mein heimliches Treffen mit Vince. Ich war besorgt, Mutter Lois und Conrad nachts allein zu Hause zu lassen, vielleicht würde ja der Heckenschütze wiederkommen. Aber diese Sorge wurde ich los, als Mutters Schwester, Tante Mae, und ihr Ehemann, Onkel Morris, sagten, sie würden zum Abendessen kommen und lange bleiben.

Der Morgen wurde zum Nachmittag, und ich war damit beschäftigt, mir in aller Stille das Make-up einer Erwachsenen aufzulegen. Das war eine Kunst, die ich noch nicht beherrschte, weil es mir eigentlich nicht erlaubt war, mich zu schminken. Selbst beim dritten Versuch ähnelte ich immer noch einem Zirkusclown. Aber als ich zu einer letzten Prüfung in den Spiegel sah, war ich stolz auf meine Leistung. Ich war ein neuer Mensch.

Punkt fünf stürmte Großmama in den Flur. Sie war für den Kirchgang angezogen und trug ihre Kleidung für Feiertage: ein blaues Kostüm mit einem passenden Hut, der sich schelmisch vornüberbeugte.

»Steh nicht nur einfach so da, Kind, hilf mir, meinen Sonnenschirm zu finden.« Ich mußte einfach lächeln. Die hektische Suche nach dem Schirm war mir vertraut. Dadurch bekam ich das Gefühl, daß zumindest ein Teil meines Lebens intakt geblieben war.

»Wir gehen besser ohne ihn«, meinte ich. Wir waren spät dran, und wenn wir uns nicht beeilten, würde der Bus ohne uns losfahren. Ich hatte geduldig gewartet in der Hoffnung, daß meine Großmutter jede Sekunde ihr Einverständnis mit meiner erwachsenen Aufmachung signalisieren würde: dem toupierten Haar und den hochhackigen schwarzen Lederschuhen. Schichten verbotenen Makeups und eine dunkle Sonnenbrille vervollständigten meine perfekte Verkleidung. Die Weißen würden mich niemals von irgendeinem Foto, das sie vielleicht gesehen hatten, wiedererkennen. Natürlich war meine große Sorge, daß Großmama der Ansicht sein könnte, es sei zu erwachsen, aber sie beäugte mich nur mit einem seltsamen und nachdenklichen Ausdruck im Gesicht.

»Laß uns gehen, Großmama, wir sind zu spät dran«, sagte ich und versuchte, sie zur Vordertür zu dirigieren. Ich betete, daß Vince beim Warten nicht ungeduldig würde und ging oder – schlimmer noch – sich dazu überreden ließ, den Abend mit einem der anderen Mädchen zu verbringen.

»Warum setzt du dich nicht hin? Ich bin gleich zurück«, meinte Großmama und klang recht seltsam. Sie wies mich an, im Flur bei der Tür zu bleiben. Ich hörte sie und Mama im anderen Zimmer flüstern. Und als ich mich auf den Stuhl setzte, dachte ich an die vielen Male, die wir zusammen zu den Ringkämpfen gegangen waren.

Die Kämpfe waren Großereignisse in meinem Leben, denn wir reisten in die Innenstadt, ins Robinson Auditorium, einem Ort, der normalerweise den Weißen vorbehalten war. Zu diesen Gelegenheiten kam ich aus meiner Nachbarschaft heraus, aus der Welt, in der ich einen Großteil meines Lebens verbrachte. Wir saßen in demselben Raum wie Weiße und konnten sie aus der Nähe beobachten. Ich wollte sie besser kennenlernen und so erfahren, aus welchem Grund sie das Sagen hatten.

Außerdem waren Ringkämpfe immer das reinste Vergnügen. Natürlich vermuteten wir, daß nur 30 Prozent bei den Kämpfen richtiges Ringen war und 70 Prozent nur Show. Wir hätten es nicht genießen können, wenn wir der Ansicht gewesen wären, die Ringer würden wirklich verletzt, daß echtes Blut floß und sie sich tatsächlich die Arme brachen.

Großmama India würde ihren Hut zurechtrücken, und dann würden wir beide den Gang zu unseren Sitzen hinuntergehen, die Mr. Claxton für uns reserviert hatte. Er würde wie immer auf den besten Plätzen, die unsere Leute belegen durften, auf uns warten – im zweiten Rang.

Wenn wir uns gesetzt hätten, würde ich über meinen Durst jammern, und Großmama würde mir die Erlaubnis geben, zum Limonadenstand zu gehen. Dort würde ich wie geplant Vince treffen, ihn zu Großmama und Mr. Claxton mitnehmen und erklären, unser Treffen sei rein zufällig. Ich hatte schon acht Abende mit Großmama und Vince verbracht, und sie hatte es nicht einmal bemerkt. Ich wußte sehr wohl, daß meine Familie es mir niemals erlauben würde, eine richtige Verabredung zu haben. Sie hatten immer schon gesagt, wenn ich achtzehn wäre und das College besuchte, könnte ich mit Jungs ausgehen, aber auch dann nur in Begleitung einer Anstandsdame.

Im Laufe des Abends würde es bei den Kämpfen wirklich zur Sache gehen, und Großmama India und ich würden uns benehmen, wie nirgendwo sonst. Sie würde mit ihrem Schirm auf den Boden klopfen und schreien und mit der Faust fuchteln, bis ihr Hut auf dem Kopf verrutschte und ihre besten Kleider zerknitterten. Einmal hatte sie sogar ihre Brille fallenlassen und sie im Zorn zerbrochen, als ihre Favoriten, Mud Mountain und Blue Moon Hog, vom Schiedsrichter ausgezählt wurden.

Wenn alles vorbei wäre, würde sie wieder ihren leisesten und kultiviertesten Ton einnehmen und fast nur noch flüstern. »Großartig, Kind. Auf diese Weise wird der Körper seine Aggressionen los, ohne daß man sich schlecht benimmt. Und nun, Melba: sitz gerade, Herzchen, es ist Zeit, uns wieder als die Damen zu zeigen, die wir sind.«

»Es tut mir leid, Kind, du kannst mich heute nicht zu den Kämpfen begleiten«, sagte Großmama und riß mich aus meinen glücklichen Erinnerungen. »Vielleicht das nächste Mal, wenn sich die Aufregung um die Integration gelegt hat.«

»Aber warum denn?« Ich spürte, wie mir die Tränen kamen, aber ich hatte Großmama versprochen, nicht zu weinen.

»Es ist einfach zu gefährlich für dich, wenn du unter all diese Weißen gehst.«

»Sie werden mich nie und nimmer erkennen – schau doch!« Ich drehte mich im Kreis, um ihr zu zeigen, daß ich wirklich ein neuer Mensch war.

Großmama India trat auf mich zu und nahm mein Gesicht in ihre Hände. »Du bleibst zu Hause, Baby. Es ist nur zu deinem Besten.«

»Alles wird mir genommen!« schrie ich.

»Deine Großmutter hat recht, Liebes.« Mutter Lois legte ihren Arm um meine Taille und versuchte, mich davon zu überzeugen, daß dies nicht das Ende der Welt war. »Nimm einmal an, jemand, der uns bei der Central High sah, erkennt dich und fängt Streit an? Denk an das Risiko für deine Großmutter.«

»Ich werde nie zurück zur Central gehen!« Ich rannte in mein Zimmer, schloß die Tür hinter mir zu und vergrub das Gesicht in den Kissen, damit mich niemand weinen hören konnte. Später schrieb ich in mein Tagebuch:

Freiheit ist nicht Integration.
Freiheit ist, wenn man mit Großmama zu den Ringkämpfen gehen kann.

Am nächsten Tag sah ich in der Sonntagszeitung eine mitleiderregende Großaufnahme von Elizabeth, wie sie an diesem ersten Tag der Integration allein vor der Central ging. Es schmerzte mich innerlich, erneut die verzerrten finsteren Gesichter der Weißen zu sehen, höhnend und mit offenen Mündern, die sich um den Kopf meiner Freundin sammelten wie ein Bukett grotesker Blumen. Es handelte sich um eine Anzeige, die ein Weißer aus einer Kleinstadt in Arkansas bezahlt hatte. »Wenn Sie in Arkansas leben«, hieß es in der Anzeige, »sehen Sie sich dieses Foto gut an und schämen Sie sich. Wenn der Haß entfesselt wird und die Bigotterie eine Stimme findet, dann helfe Gott uns allen.«

Ich spürte Freude und Hoffnung bei dem Gedanken, daß ein weißer Mann bereit war, sein eigenes Geld einzusetzen, um auf die Ungerechtigkeit aufmerksam zu machen, der wir uns gegenübersahen. Vielleicht würde das Bild andere erkennen lassen, daß das, was sie taten, alle verletzte.

Diese Anzeige war der Anfang eines herrlichen Sonntags. Vor der Kirche kam Vince auf mich zu und sagte ohne Umschweife: »Ich möchte, daß du mein Mädchen wirst.«

»Dein Mädchen?« Ich wiederholte die Wörter, verzweifelt bemüht, die richtige Reaktion darauf zu finden. Das war ich nie zuvor gefragt worden.

Als die Orgelmusik einsetzte, nahmen wir unsere üblichen Plätze auf den Kirchenbänken der rechten Seite ein. Von der Kanzel sah der Pfarrer auf uns herab, ungefähr zweihundert Gläubige, die in diesem herrlichen und gewaltigen Raum unter einer zwei Stockwerke hohen Decke saßen. Der Chor begann mit »The Old Rugged Cross«, gefolgt von »Were You There« – vertraute Hymnen, die uns in eine Stimmung dankbarer Verehrung versetzen sollten.

Als die Predigt begann, empfand ich Schuldgefühle, weil ich mich nicht auf das Beten konzentrierte. Stattdessen fragte ich mich, ob Vince mir einen Freundschaftsring geben würde oder das Abzeichen auf seinem Sweater. Alle Gedanken an die Central High, an Gouverneur Faubus und die Integration wurden rigoros verdrängt.

Der Pfarrer forderte uns auf, für Gouverneur Faubus zu beten und alles zu tun, was nötig war, um jeglichen Groll zu heilen, den wir gegen die Weißen verspürten. Dank seiner Initiative verurteilten andere Pfarrer in Little Rock öffentlich den Gouverneur dafür, daß er die Truppen eingesetzt hatte. Er sagte, wir sollten für die Richter, die Beamten der Stadt und den Präsidenten beten, daß sie die richtige Entscheidung fällten – uns an die Central High zu lassen.

Plötzlich weckte etwas, was eine der Vorbeterinnen sagte, meine Aufmerksamkeit. Sie riefen meinen Namen und baten Gott, mich zu beschützen, wenn ich in die Höhle des Löwen an der Central High ging. Ich erinnerte mich an etwas, was Großmama gesagt hatte: »Die Kirche ist das Lebensblut der schwarzen Bevölkerung.«

Ich wußte sehr wohl, daß ich ohne die Kirche und ohne die Hilfe der Menschen, die um mich herum saßen, kaum eine Chance hatte, dieses Schuljahr zu bestehen. Mit Sicherheit konnte ich nicht auf die Polizei zählen. Wenn ich in Schwierigkeiten kam und wirklich Schutz brauchte, würde wahrscheinlich die Telefonkette, die Reverend Young initiiert hatte, eine Rettungsaktion auslösen und ein Netz der Sicherheit weben.

Die Kirche war auch der Ort, an dem in unserer Gemeinde die wirklichen Nachrichten ausgetauscht wurden. Wir fügten die einzelnen Informationsbruchstücke zusammen, die wir aufgrund unserer begrenzten Beziehungen zu den Weißen erhielten. Erst erzählte die eine, dann eine andere, was sie in der Küche der weißen Damen, bei ihren Jobs oder vielleicht im Bus gehört hatte. Wir wußten bereits, daß die Geschichten, unsere Leute würden Waffen und Messer kaufen, nicht stimmten. Soviel Geld hatten wir gar nicht. Stattdessen, so sagte ein Mann, durchwühlten einige von unseren Leuten Dachböden und Schränke und staubten rostige Schießeisen ab.

»Wer schlau ist, riecht den Ärger. Es gibt zu viele Fremde in der Stadt, zu viele Leute mit Mississippi-Einstellungen«, fuhr er fort. »Es ist gar nicht möglich, daß wir Schießeisen kaufen, wie der Gouverneur sagt. Er ist ganz einfach ein Lügner.«

Nach der Kirche wurde auf dem Rasen über die Fragen diskutiert, die die Weißen unseren Leuten stellten: Wer denn nun plane, seine Kinder an die Central High zu schicken, und wer diese Pläne unterstützte? Ich hörte Gerüchte, daß zwei Frauen als Zimmermädchen in einem Hotel des Ortes entlassen worden waren, weil ihre Antworten nicht akzeptabel ausfielen.

»Du tust das Richtige, Mädchen. Wir sind stolz auf dich!«

»Es tut vielleicht eine Zeitlang weh, aber wenn es aufhört, werden wir uns alle hervorragend fühlen.«

»Du machst einen Fehler, aber du machst ihn für alle von uns.«

Das und noch mehr flüsterten mir einige beim Abschied nach der Kirche zu. Ich blieb noch etwas in der Menge, wie immer, und entdeckte etwas, das nicht normal war – auch nicht in der Kirche. Mehrere Leute standen etwas abseits und starrten mich schweigend an. Als ich ihren Blick erwiderte, lächelten einige, andere runzelten die Stirn.

»Lächle, egal, was geschieht«, sagte Mutter. »Denk daran, nicht jeder fand es gut, was Jesus tat, aber das hat ihn nicht aufgehalten.«

US-GERICHT LÄSST GOUVERNEUR VORLADEN

Arkansas Gazette, Mittwoch, 11. September 1957

Eine Woche nach unserem ersten Versuch, an die Central zu gelangen, eilte ich immer noch jeden Morgen zur Zeitung, um über die Menschen zu lesen, die sich vor der Schule versammelt hatten, um dafür zu sorgen, daß wir auch ja nicht hineingelangten. Der Präsident hatte dem Gouverneur eine zehntägige Frist gewährt, um seine Antwort auf die Vorladung auszuarbeiten. Danach würde es ein Treffen an Eisenhowers Ferienort in Rhode Island geben.

Am nächsten Tag erfuhren wir, daß der Abgeordnete Brooks Hays mit Gouverneur Faubus auf eine fünftägige

Konferenz mit dem Präsidenten, Oberstaatsanwalt Herbert Brownell Jr. und Sherman Adams, dem Chef des Weißen Hauses, gehen würde. Ich konnte einfach nicht aufhören, mich zu sorgen, daß sie eine Entscheidung treffen würden, die den Rest meines Lebens beeinflussen konnte, und ich nie die Chance erhielt, meine Seite der Geschichte zu erzählen. Schlimmer noch fand ich, daß niemand eingeladen war, der sagen konnte, was für uns am besten war.

»Hast du denn wirklich geglaubt, sie würden einen von unseren Leuten einladen?« meinte Großmama India bei ihrer Arbeit im Hinterhofgarten.

»Zumindest hätten sie jemanden wie Roy Wilkins, den NAACP-Präsidenten, oder Mr. Marshall oder einen anderen Farbigen dazu bitten können.«

Sie legte Gartenschere nieder, zog ihre Arbeitshandschuhe aus und lugte über ihre Brillengläser: »Träume weiter, Kind. Aber verliere deinen Glauben nicht. Du hast bei diesem Treffen den bedeutendsten Vertreter von allen – deinen himmlischen Vater.«

Ich las jedes Wort und hörte jede Nachricht über dieses Treffen. Ich sah, daß Großmama es ebenso hielt. Wir spürten alle die Spannung und warteten darauf, ob Gouverneur Faubus den Präsidenten davon überzeugen würde, ihn die Integration stoppen zu lassen oder nicht. Die Zeitungen waren voll von Geschichten über ihre Gespräche. Faubus wollte, daß Eisenhower die Integration für mindestens ein Jahr aussetzte. Am einen Tag hegten sie große Hoffnung auf eine Einigung, am nächsten Tag sah es dagegen wieder ganz düster aus.

In der Zwischenzeit waren wir neun Schüler und Schülerinnen durch die Umstände gezwungen, uns für Geselligkeiten aufeinander zu verlassen; unser Leben wurde völlig von den Vorbereitungen darauf, was auf der Central High vor uns lag, bestimmt. Wir waren nicht länger Teil all jener Aktivitäten, in denen wir uns früher ausgezeichnet hatten, wie Sport,

Schülerschaftsrat oder Chor und Musikgruppen. Nur wenige meiner alten Schulfreundinnen riefen an, und wenn sie es taten, stellten sie viele Fragen zur Integration – Fragen, die ich nicht beantworten konnte.

Am 15. September veröffentlichte die *Arkansas Gazette* folgende Schlagzeile:

FAUBUS WILL KOMPROMISS; IKE WILL SICH NICHT FESTLEGEN
TRUPPENSTATUS IMMER NOCH OFFEN

Allen war klar, daß das Dilemma der Integration nicht schnell gelöst werden konnte, und uns alle quälte die Sorge, in unserer schulischen Leistung zurückzufallen. Die Lehrer aus unserer Gemeinde boten uns zusammen mit anderen Berufstätigen an, uns Bücher zu geben und Privatunterricht zu erteilen. Dr. Lorch und seine Frau Grace, das Paar, das Elizabeth geholfen hatte, dem Mob zu entkommen, organisierte Einzelstunden und strukturierte sie entsprechend dem normalen Unterricht. Es war ein gutes Gefühl, Schulkleider anzuziehen und zu Philander Smith, dem College unserer Gemeinde, zu gehen. Einen Teil jeden Tages machte ich Hausaufgaben und verbrache Zeit mit meinen acht Freunden und Freundinnen. Ich genoß einen Fingerhut voll Normalität.

Während dieses Unterrichts entwickelten wir neun eine wirkliche Freundschaft. Wir kamen uns näher, als das unter anderen Umständen der Fall gewesen wäre. Wir sprachen über unsere Ängste, was wir an unserer alten Schule vermißten und über unsere Hoffnung, daß sich die Frage der Integration bald lösen würde. Während ich die Freundschaften, die ich verlor, bedauerte, freute ich mich gleichzeitig über die enge Bindung zu den acht anderen.

Kurz vor der gerichtlichen Anhörung, bei der Gouverneur Faubus zur Rechenschaft gezogen werden sollte, wurden wir neun zu Mrs. Bates gerufen, um uns der Presse zu stellen. Seit unserem letzten Treffen hatte sich nichts verändert. Die

Truppen standen immer noch um die Schule herum, und jeden Morgen wurde die Menge der Anhänger der Rassentrennung größer. Gouverneur Faubus sah immer noch Gewalttaten voraus.

Mehrere sehr würdige und wichtig aussehende Männer saßen im Wohnzimmer von Mrs. Bates. Einer war der NAACP-Anwalt Wiley Branton. Ich erkannte noch einen anderen Mann, dessen Bild ich in den Zeitungen gesehen hatte: den berühmten Anwalt Thurgood Marshall, der Mann, der die Begründung geliefert hatte, auf deren Basis der Oberste Gerichtshof 1954 die Integration an den Schulen beschloß.

Im Vergleich zur Größe meines Vaters schätzte ich, daß Mr. Marshall über einen Meter achtzig groß war, mit einer beherrschenden Präsenz, heller Haut, braunem Haar und braunem Schnauzer. Er sprach wie jemand im Fernsehen: sein schneller, pointierter New Yorker Akzent überdeckte einen leichten Südstaatendialekt. »Gleichzeitig reichen wir eine Eingabe für einen Gerichtsbeschluß ein, um den Gouverneur zu zwingen, seine Truppen von der Tür zur Central High abzuziehen. Wir ziehen aber auch andere Optionen in Erwägung. In der Zwischenzeit bitten wir euch, Geduld zu haben. Die Gerechtigkeit wird siegen.« Er sprach zuversichtlich, auf eine Art und Weise, die mir das Gefühl vermittelte, es zu verdienen, an die Central High gehen zu dürfen.

Ich sah diesen Mann an, der weder die Angst noch das Zögern meiner Eltern oder anderer Erwachsener um uns herum zu kennen schien. Stattdessen hatte er eine Selbstsicherheit an sich, als ob er das gelobte Land gesehen hätte und mit Sicherheit wußte, daß wir dorthin gelangen würden. Wir hatten nur Gerüchte von Freiheit gehört, aber er hatte sie gelebt, und das zeigte sich in jedem seiner Worte, in jeder seiner Bewegungen, in der Art und Weise, wie er aufrecht auf seinem Stuhl saß.

Er drängte uns, uns auf die Aussage vor einem Bundesgericht vorzubereiten, wenn das nötig sein sollte. In diesem Augenblick begann ich mich über die Wahrheit zu sorgen, die ich nicht sagen konnte. Wenn ich vor Gericht aussagte, was mir wirklich geschehen war, würde es in den Zeitungen gedruckt, und jene Männer würden uns wieder angreifen. Aber nun wußte ich, daß meine Aussage – und das war das Schlimmste von allem – dem Gouverneur eine weitere Entschuldigung geben würde, uns der Schule fernzuhalten. Das grundlegende Argument gegen unsere Integration war ja, sie würde soviel Gewalt hervorrufen, daß Ströme von Blut in den Straßen die Folge wären. Wenn ich dem Richter erzählte, wie die Männer uns gejagt und durch unser Fenster geschossen hatten, könnte der Gouverneur meine Worte als Waffe gegen uns einsetzen.

Aber als ich Mr. Marshall zuhörte, fühlte ich mich viel besser. Seine positive Einstellung gab mir die Hoffnung, daß die Waage der Justiz auf unserer Seite stand, selbst wenn ich meine Wahrheit nicht sagen konnte. Ich hatte gelesen, daß er sich anderen Anhängern der Rassentrennung aus dem Süden entgegengestellt und sie gezwungen hatte, meine Leute für öffentliche Ämter antreten zu lassen. Er hatte auch für die Gleichberechtigung der Frauen gekämpft. Ich fühlte mich geehrt, daß er sich die Zeit und die Energie nahm, für unsere Rechte zu kämpfen. Ich hatte keinerlei Zweifel, wenn irgend jemand auf dieser Erde uns an die Central High bringen könnte, dann wäre es dieser großartige Mann, Mr. Thurgood Marshall.

Während des Treffens hatte sich das obere Stockwerk mit einer Menge von Zeitungsleuten gefüllt. Die meisten von ihnen waren Weiße, und es gab nur verschwindend wenig von unseren Leuten. Wir Schüler und Schülerinnen wurden gebeten, uns zu setzen und die Fragen so klar und kurz wie möglich zu beantworten. Zum ersten Mal wurden wir als die »Neun aus Little Rock« eingeführt.

Blitzlichter flammten auf, das helle Licht blendete mich, und die Reporter stellten in der nächsten halben Stunde viele

Fragen. Viele der Journalisten fragten die Anwälte nach ihren Plänen, wie sie die Truppen loswerden wollten. Und einige Fragen richteten sich an Elizabeth. Sie schien zu schüchtern, um zu antworten, aber mit Mrs. Bates Hilfe zwang sie sich, einige Worte zu sagen. Schließlich richteten sich die Fragen jedoch an uns alle. Mein Herz pochte vor Angst und Vorahnung, während ich das Ganze beobachtete. Ich war beinahe hypnotisiert vor Verwunderung über das, was hier geschah.

»Miss Pattillo, welche Gefühle haben Sie bei dem Gedanken, wieder zur Central High zu gehen?«

»Miss«, flüsterte ich, und meine Hände schwitzten und meine Knie zitterten. Gedanken schwirrten durch meinen Kopf wie Bienen, die in ihrem Stock gestört werden. Es war das erste Mal, daß mich ein Weißer jemals Miss genannt hatte. Es interessierte sie, was ich dachte. Ich bemühte mich angestrengt um eine angemessene Antwort.

»Wir haben ein Recht darauf, auf diese Schule zu gehen, und ich bin sicher, daß unser Gouverneur, der gewählt wurde, um alle Menschen zu regieren, sich für das entscheiden wird, was gerecht ist.« Ich spürte, wie ich sprach, noch bevor ich bereit war. Wer sagte das? Es klang nach mir, aber die Worte ... woher kamen sie? Die weißen Reporter schrieben meine Worte mit und verhielten sich, als ob das, was ich sagte, wichtig wäre. Ich fühlte Stolz in mir aufsteigen, und zum ersten Mal wußte ich, daß die Arbeit für die Integration für mich genau das Richtige war.

»Mrs. Pattillo, wie kann sich eine Mutter dafür entscheiden, ihre Tochter in eine solch gefährliche Situation zu schicken?« Mutter Lois saß, schüchtern und still, in einer dunklen Ecke des Raumes. Ich wußte, die Frage bestürzte sie, dennoch antwortete sie fest: »Es ist tatsächlich eine schwere Entscheidung, aber wir sind eine christliche Familie und glauben fest daran, daß Gott uns unter allen Umständen beschützen wird.«

Nach der Hauptsitzung zogen die Reporter uns Schüler und Schülerinnen zu Einzelinterviews, wie sie es nannten, zur Seite. Als ich all die Reden über Helden und Heldinnen hörte, machte mich das stolz auf Mama und Großmama und auf uns alle. Ich wünschte, Großmama hätte den Reportern erzählen können, wie sie Wache stand und die Heckenschützen verjagte. Dann wüßten sie, daß auch sie eine Heldin war.

Als die Konferenz zu Ende war, blieb ich noch eine Weile in einer stillen Ecke und nahm meine Umgebung und ihre Geräusche in mich auf. Ich war fasziniert von der Art, wie rasch die Reporter sich ihre Notizen machten und sie in ihre handlichen Recorder sprachen. Ihre selbstbewußte Art, sich zu bewegen, und ihre schnelle und zutreffende Ausdrucksweise gab ihnen den Anschein, als ob sie wüßten, daß sie frei waren – zumindest hatten sie das Sagen in ihrem eigenen Leben.

Ihr Verhalten mir gegenüber gab mir das Gefühl, den weißen Reportern gleich zu sein. Sie sahen mir direkt in die Augen. Nie konnte ich einen Hinweis entdecken, daß sie daran dachten, mich »Niggerin« zu nennen. Einige von ihnen sahen mich mit bewundernden Blicken an und beantworteten alle meine Fragen über ihre Arbeit, ohne mir das Gefühl zu geben, es sei dumm von mir zu fragen. Sie verhielten sich auch so, als ob sie aufrichtig mit den Farbigen in ihren Reihen befreundet wären und mit ihnen ihre Arbeit und ihr Vergnügen teilten.

Ich fühlte eine neue Quelle der Hoffnung. Vielleicht – so dachte ich für mich – vielleicht wird es so sein, wenn ich erwachsen bin. Wenn ich eine Journalistin wäre, könnte ich einige Dinge verantwortlich mitgestalten.

In dieser Nacht schrieb ich in mein Tagebuch:

Heute fühlte ich mich zum ersten Mal in meinem Leben gleichwertig zu den Weißen. Ich möchte dieses Gefühl häufiger haben. Ich werde tun, was immer ich zu tun

habe, um dieses Gefühl der Gleichberechtigung immer zu empfinden.
Ich entschuldige mich dafür, Gott, daß ich dachte, du hättest mir mein gesamtes normales Leben genommen. Vielleicht hast du es einfach gegen ein neues Leben eingetauscht.

GOUVERNEUR VOR GERICHT
HOFFNUNG AUF BEILEGUNG SCHWINDET
Arkansas Gazette, Donnerstag, 19. September 1957

Die Stadt war voller Journalisten aus aller Welt. Ihre hektischen Anrufe mit der Bitte um Interviews vor der Anhörung trugen zu der Angst bei, die ich immer spürte, wenn wir wieder einen anonymen Anruf erhielten, was ständig der Fall war. Ich war erleichtert, als man uns aufforderte, alle Anfragen an das NAACP-Büro weiterzuleiten.

Die Anhörung vor dem Bundesgericht wurde zu einer der bedeutendsten in der Geschichte – es konnte ein Präzedenzurteil gefällt werden, das Einfluß auf das ganze Land hatte. Das sagten alle Zeitungsleute und Radiosprecher immer und immer wieder. Anwälte für Staatsrecht aus den umliegenden Städten im Süden gerieten in Harnisch. Sie reisten nach Little Rock, um zu den aufgewiegelten Gefühlen in unserer Stadt ihr Scherflein beizutragen.

Die Anhänger der Rassentrennung schalteten eine Menge Anzeigen in den Zeitungen, um die Menschen zu ihren Kundgebungen zu locken. Die Nationalgarde von Arkansas blieb vor der Central High, und Rowdies zogen durch die Straßen. Insbesondere hatten sie es auf unsere Leute abgesehen, die allein in abgelegenen Bezirken oder bei Nacht unterwegs waren. Eine neue Ebene der Spannung kroch in unseren eigenen Haushalt und überwältigte mich beinahe. Ich fand es schwierig, zu lernen und mich zu konzentrieren. An einigen Tagen war es, als ob mich jemand in Großmamas

Teigmixer gesteckt hätte, aber ich kämpfte darum, meine Ruhe zu bewahren, nicht zu zittern oder zu schaudern.

Während der seltenen Augenblicke, wenn ich allein in meinem Zimmer zwischen all meinen Plüschtieren saß, träumte ich von Vince und wie es wäre, sein Mädchen zu sein und richtige Verabredungen zu haben. Schließlich faßte ich all meinen Mut und bat Mutter und Großmama um die Erlaubnis für eine Verabredung. Sie unterzogen mich einer gründlichen Prüfung mit wirklich schweren Fragen nach den Absichten von Vince und seinem Charakter. Mutter Lois sagte: »Laß ihn zu uns kommen.« Ihr Gesicht wurde traurig, als sie fortfuhr: »Bitte verstehe, das ist keine richtige Verabredung, und du darfst diesen Jungen nur in Anwesenheit eines anderen Erwachsenen sehen. Ich erlaube dir das, weil die Integration dir so viel von deinem gesellschaftlichen Leben genommen hat. »

Ich konnte auf dem Weg aus dem Zimmer kaum meine Hallelujarufe unterdrücken. Aber als ich zur Tür kam, sagte sie: »Natürlich wirst du dich mit diesem Privileg bis nach der morgigen gerichtlichen Anhörung gedulden.«

In der Nacht vor der Anhörung befolgte ich Großmamas Ratschlag und überließ Gott die Sorge über das, was im Gerichtssaal vorging.

Ich schrieb in mein Tagebuch:

Lieber Gott, ohne dich kommen wir nicht aus. Gouverneur Faubus hat viele Anwälte, und die Zeitung sagt, sie haben mehr als zweihundert Zeugen. Ich zähle auf dich, daß du ein für alle Mal klarmachst, ob du mich in dieser Schule willst. Dein Wille geschehe.

Kapitel 9

HEUTE BEDEUTENDE KOLLISION ZWISCHEN FAUBUS UND SPITZE DER US-REGIERUNG VOR BUNDESGERICHT

Arkansas Gazette, Freitag, 20. September 1957

Der erste Zusammenstoß zwischen der nationalen Bundesregierung und einem einzelnen Bundesstaat hinsichtlich einer Schulintegration erreicht heute vormittag um zehn Uhr vor dem Bundesbezirksgericht in Little Rock eine entscheidende Phase. Heute wird sich entscheiden, ob Gouverneur Faubus und die Nationalgarde von Arkansas ein gerichtliches Verbot bekommen, die Integration an der Central High School in Little Rock noch länger aufzuhalten.

Historisch gesehen geht es hauptsächlich darum, ob die Bundesregierung die verfassungsrechtliche Autorität besitzt, dem Gouverneur eines Bundeslandes Einhalt zu gebieten, wenn dieser die Macht seines Amtes dazu einsetzt, sich gegen die Beschlüsse eines Bundesgericht zu stellen.

Ich saß allein in meinem Zimmer und mußte ständig daran denken, daß Gouverneur Faubus mit Sicherheit in diesem Gerichtssaal sein würde. Ich konnte mir gar nicht vorstellen, daß er eventuell nicht dort sein würde. Ich schrieb in mein Tagebuch:

Heute ist der Tag, an dem ich hoffe, Gouverneur Faubus von Angesicht zu Angesicht zu treffen. Ich kann mich

nicht entscheiden, was ich zu ihm sagen soll. Wenn er mir doch nur eine Minute lang zuhören würde. Ich weiß, ich könnte ihn verstehen lassen, daß nichts an mir so schlecht ist, daß man mir nicht erlauben könnte, mit weißen Kindern zur Schule zu gehen.
Im Wetterbericht heißt es, daß es heute nachmittag 30° und darüber werden wird. Ich werde es noch bedauern, daß ich meine Baumwollbluse und meinen Faltenrock trage, aber sie sind neu und hübsch. Ich möchte genau richtig aussehen, damit der Gouverneur erkennt, wer ich wirklich bin.

Wir neun näherten uns auf dem Bürgersteig in schnellem Schritt dem Bundesgebäude. Zu unserer Gruppe gehörte Mrs. Bates, die Anwälte Thurgood Marshall und Wiley Branton und eine Reihe von Menschen, die ich nicht kannte. Man sagte mir, es seien Pfarrer und Anwälte der Gemeinde, die uns zu unserem Schutz begleiteten. Zwischen den verlegenen Versuchen einer Unterhaltung konnte ich Schritte auf dem Bürgersteig hören, als wir in Richtung des offiziell aussehende Gebäude gingen. Ich hatte ihm nie zuvor viel Aufmerksamkeit gewidmet.

Es war ein schwüler Tag, fast wie in einer Sauna. Als wir unserem Ziel näherkamen, gab es mehr Menschen und mehr Lärm, aber mein Kopf war angefüllt mit den wichtigen Dingen, die ich den Gouverneur wissen lassen wollte. Eine Stimme in mir sagte, es kümmert ihn nicht, was ich denke, aber eine andere sagte, ich solle mich vorbereiten – nur für den Fall.

Ich stand unter Spannung. Ein kleiner Teil von mir gewöhnte sich an die Tatsache, daß mich seit Beginn der Integration sowohl Weiße als auch meine eigenen Leute anstarrten. An diesem Morgen trugen einige der Gesichter in der Menschenmenge auf der Straße ein freundliches Lächeln, andere waren gleichgültig, während wieder andere unzweifelhaft zornig waren. Ich trug eine dunkle Sonnenbrille, die es mir erlaubte, alles anzusehen, was ich wollte, ohne daß jemand sehen konnte, wie sehr ich mich fürchtete.

Ich habe noch nie zuvor vor Gericht gestanden. Ich hatte nur Fotos von Richtern gesehen. Ich hatte Angst, Angst vor dem Bundesgericht, aber hauptsächlich Angst vor all diesen einflußreichen Regierungsmännern, den Anwälten des Gouverneurs, die Dinge so geschehen lassen konnten, wie sie das wollten.

Ich hatte in einer Zeitung gelesen, daß die Anwälte der Bundesregierung das Argument anführen würden, daß es keine Anzeichen für gewalttätige Ausschreitungen gäbe, die es notwendig erscheinen ließen, die Truppen zu rufen. Da der Gouverneur behauptete, die Tatsache, daß wir zur Central gingen, verursache den Ärger, wurden wir neun Schüler und Schülerinnen vorgeladen, um zu erzählen, was wir an diesem ersten Tag an der Central High School gesehen und erlebt hatten. Ich fürchtete mich vor dem, was geschehen würde, wenn wir in der Anhörung verlieren würden. Würde das bedeuten, man könnte uns anklagen oder verhaften? Würden die Zeitungsreporter sich über uns lustig machen? Was würden meine Freundinnen sagen?

»Wir müssen die Kinder durch die Seitentür hineinbringen«, sagte die Stimme eines Mannes. Meine Schritte wurden schneller. Man führte uns durch all die Menschen, die da herumliefen, durch eine enge, kaum beleuchtete Marmorhalle, in der unsere Stimmen und Fußschritte widerhallten. Wir wurden zum Aufzug geleitet, und liefen dabei fast so schnell, als ob man uns jagten würde. Die Tür schloß sich, und ich starrte geradeaus. Meine Knie zitterten, und jeder Zentimeter meines Körpers schwitzte. Der Aufzug war so voll, daß ich hören konnte, wie seine Eingeweide mahlten und er kämpfen mußte, um uns im Gerichtssaal im vierten Stock abzuliefern.

Ich hoffte, wenn die Türen des Aufzugs sich öffneten, würde frische Luft hereinströmen. Stattdessen öffneten sie den Blick auf eine Menschenmenge, die eng gedrängt stand und sich gegenseitig schob in dem verzweifelten Versuch, durch die enge Halle irgendwohin zu gelangen oder irgend etwas zu tun. Ich wurde geblendet von den grellen Lichtern der Fotografen, die ihre Kameras hoch über den Köpfen aus dem Meer an Menschen hielten, um Fotos zu bekommen. Wir konnten kaum aus dem Aufzug treten. Wie Sardinen schlängelten und drängten wir uns und versuchten, uns einen Weg zu bahnen. Ich dachte nicht länger an frische, kühle Luft, sondern wollte nur noch atmen und nicht zerquetscht werden. Als wir aus dem Aufzug traten, riefen uns mehrere Reporter Fragen zu. Ich hatte das Gefühl, wir würden an einer dieser Hollywooderöffnungen teilnehmen, die ich im Fernsehen gesehen hatte.

»Was haltet ihr von Gouverneur Faubus?«

»Wie werden euch die weißen Schüler eurer Meinung nach behandeln, wenn ihr wieder zur Central geht?«

»Warum wollt ihr an eine weiße Schule?«

»Kaufen eure Eltern Messer und Gewehre?«

»Nein«, rief ich, »niemand kauft Waffen.«

Mrs. Bates berührte mich an der Schulter und zischte: »Pst!« Man hatte uns gewarnt, an diesem Tag nicht mit den Reportern zu sprechen. Wir sollten nichts sagen, bis die NAACP-Anwälte unseren Fall vorgetragen hatten.

Blitzlichter und grelles Licht folgten uns, während wir unseren Weg durch den Flur bahnten. Die Fragen gingen weiter – wie Schnellschüsse, direkt vor unserem Gesicht. Schweiß rann mir am Hals herunter. Ich konnte Ströme von Schweiß auf den Nasen und auf der Stirn vieler Menschen in der der Menge um mich herum sehen.

»Lächelt, Kinder«, flüsterte Mrs. Bates. »Haltet euch gerade, Schultern zurück.«

Ich fühlte mich, als ob in dieser Halle hundert Menschen wären, obwohl eigentlich nur halb so viele hereingepaßt hätten. Die Kameramänner standen auf ihren Stühlen und sogar aufeinander, um an Bilder zu kommen. Sie müssen wirklich schwer an uns interessiert gewesen sein, denn sie litten in der brütenden Hitze zweifellos und riskierten außerdem noch körperliche Schäden.

»Melba, wir sind jetzt drin. Nimm bitte die dunkle Sonnenbrille ab.« Es war mir peinlich, auf diese Weise von Mrs. Bates herausgehoben zu werden. Die grellen Lichter taten meinen Augen weh, und ich wollte nicht in die Gesichter all dieser Menschen sehen, die mich anzustarren schienen.

»Einige von euch denken wohl, wir seien Stars, aber in Wirklichkeit sind all diese Journalisten nur da, um zu sehen, ob man uns umbringt oder nicht«, witzelte einer der Komiker aus unserer Gruppe.

Schritt für Schritt und unter enormer Anstrengung brachten wir es fertig, durch dieses Gewühl an menschlichen Körpern zu gelangen. Der Gerichtssaal war kleiner, als ich ihn mir vorgestellt hatte. Ungefähr von der Größe eines durchschnittlichen Wohnzimmers, mit Holzbänken an beiden Seiten des schmalen Durchgangs. Ich hatte jemanden sagen hören, daß nur 150 Menschen in dem Gerichtssaal Platz fanden. Der Raum war völlig überfüllt. Ich war froh, als ich merkte, daß eine ganze Reihe der Zuschauer aus unseren Leuten bestanden. Teile des Raumes waren mit Seilen abgetrennt. Wir wurden durch die Menge geschleust und zu einer der ersten Reihen, in der Nähe des Gerichtwachtmeisters, geführt.

Reporter mit Notizbüchern saßen auf den Bänken für die Geschworenen und in einem kleinen Bereich im hinteren Teil des Raumes. Als wir uns setzten, fielen mir die Flaggen der Vereinigten Staaten und von Arkansas auf, die vorn im Gerichtssaal hingen.

»Nigger stinken. Jetzt riecht es hier drin«, rief eine Stimme irgendwo hinter uns. Ich drehte mich um und sah drei weiße Damen direkt hinter mir.

»Ich wette, ihr könnt noch nicht einmal das ABC, ihr Affen«, sagte eine von ihnen. »Ihr Affen. Was starrt ihr denn so?« Ich blickte sie finster an und versuchte, nicht mit dem herauszuplatzen, was ich wirklich dachte. Da, wo ich herkam, benahmen sich Erwachsene nicht auf eine solche Weise.

Plötzlich kamen uniformierte Soldaten herein. Ich lenkte meine Aufmerksamkeit von den Frauen, die mich aus der Fassung bringen wollten, weg auf die Soldaten, die den Gang mit militärischer Präzision heruntermarschierten. Es waren die Führer der Nationalgarde von Arkansas. Von nahem schienen sie weniger furchteinflößend. Einige von ihnen waren nicht größer als ich.

Mehrere Männer und eine Frau, alle waren geschäftsmäßig gekleidet und trugen Aktentaschen bei sich, sprachen mit den Uniformierten. Ich vermutete, daß es sich bei ihnen um die Anwälte des Gouverneurs handelte. Ich fragte mich, wo der Gouverneur blieb und erwartete ihn jeden Moment. Und da sagte mir einer der Anwälte, daß ein gewählter Staatsbeamter nicht persönlich erscheinen muß, wenn er vorgeladen wird. Vielleicht hatte ich nun trotz allem nicht das Privileg, den Gouverneur zu sehen. Ich hatte gehofft, wenn ich ihn persönlich treffen würde, könnte mir das helfen, meine Abneigung gegen ihn loszuwerden.

Plötzlich lief ein besorgtes Flüstern durch unsere Gruppe. Wir wußten alle, daß Thelma Mothershed ein Herzproblem hatte, und nun verfärbten sich, vor unseren Augen, ihre Lippen und Fingerspitzen blau. Sie rang um Luft. Wir konzentrierten uns alle auf sie, und sofort war mir klar, daß das ein Fehler war. Das beunruhigte nicht nur Thelma selbst, sondern unser Verhalten konnte auch die Verwaltungsbeamten der Schule auf Thelmas schwache Gesundheit aufmerksam machen. Ich nahm an, sie hatten sich nie die Mühe gemacht, ihre Schulakten zu lesen; sonst hätten sie sie sicher davon abgehalten, an der Integration teilzunehmen.

»Pst! Thelma geht es gut. Setzt euch gerade hin. Denkt an das, was ihr sagen werdet, wenn man euch zur Zeugenaussage ruft.« Mrs. Bates löste unsere Spannung auf und setzte sich neben Thelma.

»Erheben Sie sich. Der ehrenwerte Richter Ronald Davies hat den Vorsitz.« Die tiefe Stimme erinnerte an einen Zirkusdirektor, der die nächste Nummer ansagt. Ich hielt den Atem an. Ich hatte so viel über ihn gelesen. Wie würde er wohl sein? Ein sehr kleiner Mann mit einer schwarzen Robe trat ein und ging schnell auf das massive Richterpult zu. Sein glattes schwarzes Haar war in der Mitte gescheitelt und umrahmte ein angenehmes rundes Gesicht.

Als er sich auf den imposanten Lederstuhl setzte, fielen am stärksten seine riesigen Augen auf, die durch die dicken Gläser seiner Hornbrille blickten. Von meinem Platz aus konnte ich nur den oberen Teil seiner schwarzen Robe sehen, sein rundes Gesicht und diese allwissenden, alles sehenden Augen.

Kurz nach Beginn der Anhörung stand einer der Anwälte des Gouverneurs, Tom Harper, auf und behauptete, daß Richter Davies sich selbst disqualifiziert habe, weil er aufgrund seiner Ernennung durch die Bundesregierung speziell für unseren Fall befangen sei. Richter Davies schlug mit seinem Hammer und erklärte den Antrag auf Befangenheit für rechtlich unzureichend und zeitlich unangemessen.

Als nächstes bat Wiley Branton um die Erlaubnis des Gerichts, eine ergänzende Klage einzureichen und uns so dem Antrag der Regierung gegen Faubus und zwei der Kommandeure der Nationalgarde von Arkansas anzuschließen. Richter Davies erteilte die Genehmigung.

Tom Harper, der Anwalt des Gouverneurs bat daraufhin, die Vorladungen, die dem Kommandierenden Offizier der Nationalgarde, General Clinger, und seinem Stellvertreter zugestellt worden waren, mit der Begründung zurückzuziehen, daß Männer, die ihrer militärischen Pflicht nachkommen, von Vorladungen ausgenommen seien. Wieder entschied sich der Richter gegen ihn.

In der Zwischenzeit herrschte im hinteren Teil des Raumes Unruhe, denn die Reporter liefen auf und ab, kritzelten in ihre Notizbücher und flüsterten einander zu. Sie benahmen sich, als hätten sie das göttliche Recht, alles zu tun, was nötig war, um die Informationen zu bekommen, die sie brauchten. Sie waren schon eine Show für sich, ganz abgesehen von dem Richter und den Anwälten.

Je mehr ich sie beobachtete, desto mehr wuchs in mir der Wunsch, eine von ihnen zu werden, sobald ich erwachsen war. Als Reporterin würde ich interessante Ereignisse beobachten und über sie schreiben. Ich würde mich auch mit einer allwissenden Dringlichkeit benehmen, als ob das, was ich tat, wichtiger war, als alles andere.

Die Sitze waren hart. Umso mehr freute ich mich, daß Richter Davies zügig vorging, mit seinem Hammer hämmerte und die Anträge der Anwälte des Gouverneurs mit strenger Stimme abwies. Schließlich, kurz vor Mittag, sprach Harper erneut für Gouverneur Faubus und fragte, ob vorrangige Angelegenheiten auch vorrangig behandelt würden.

»Ich habe zwar die neueste Post noch nicht erhalten«, meinte der Richter mürrisch, »aber ich denke schon.«

Mit beiläufiger Stimme bat Harper Richter Davies daraufhin, den Fall fallenzulassen, weil es um verfassungsrechtliche Angelegenheiten ging, die mindestens drei Richter erforderten. Richter Davies verfügte, daß der Fall fortgesetzt würde. Als Reaktion auf diese Anordnung sagte Harper: »Würden Sie uns entschuldigen?«

Richter Davies sprach mit Nachdruck: »Sie sind entschuldigt, meine Herren, aber in dem Verständnis, daß diese Frage hypothetisch ist. Die Anhörung wird fortgesetzt.«

Harper sprach im Namen aller Anwälte des Gouverneurs und verlas eine Erklärung: »Gouverneur Faubus und die Militärbeamten seines Bundesstaates vertreten die Ansicht, daß der Gouverneur und der Staat sich weder einem US-Gericht noch sonst jemandem beugen werden, wenn es um die Autorität des Gouverneurs geht und darum, seiner Einschätzung gemäß in Staatsangelegenheiten zu handeln. Da er diese Verantwortung nicht abgibt, werden wir mit dieser Anhörung nicht weiter fortfahren.«

Zu meinem Erstaunen führte Harper daraufhin mehrere Männer und eine Frau an, die ihre Papiere sammelten und ihm zur Tür hinaus folgten. »Ist das ein Protest?« fragte jemand. Die Reporter liefen zur Tür wie Pferde durch die offene Pforte in einem Korral. Ich dachte schon, sie würden sich in dem Gedränge etwas tun. Der Richter schlug mit dem Hammer auf.

Die Anwälte des Justizministeriums nannten sich selbst »Amicus Curiae«, und sie waren bereit, mehr als einhundert Zeugen vorzuführen, die die Anordnung der Integration unterstützten. Im Flüsterton hieß es in unserer Reihe, daß »Amicus Curiae« soviel hieß wie Freund des Gerichts. Aber wirkliche Freunde würden uns mit Sicherheit nicht so lange auf solch harten Bänken sitzen lassen, wie hundert Leute für ihre Aussage brauchten. Mir sank der Mut, während wir uns mit entschlossenem Gesichtsausdruck Blicke zuwarfen.

»Wir werden zu alt für die High School sein, wenn wir all diesen Leuten zuhören müssen«, flüsterte ich hörbar. Zu meiner Freude kündigte der Richter an, daß die einhundert Zeugen erst nach der Sitzungspause an die Reihe kämen.

Für unser Mittagessen mußten wir Spießrutenlaufen durch flammende Blitzlichter und ein Gedränge von Menschen, die uns Fragen zuriefen. Sobald wir im Freien waren, hatten wir das Problem, das unsere Leute in Little Rock immer plagte: Es gab keine Restaurants, in denen wir bedient wurden, zumindest keine guten.

Der mächtige Thurgood Marshall war gezwungen, mit uns in einer schmierigen Spelunke zu speisen, in der verkohlte Hamburger auf verwelkten Salatblättern serviert wurden, in einem schäbigen Stadtbezirk, der unter dem Namen »Neunte Straße« bekannt war. Während er aß, beantwortete er unsere

Fragen. Mehr als alles schien er erstaunt darüber, daß die Anwälte des Gouverneurs so plötzlich den Saal verlassen hatten. »Das müssen sie von Anfang an geplant haben«, meinte er.

An diesem Nachmittag stellte die Parade von Zeugen, die vom Justizministerium vorgeführt wurde, eines ganz klar: Sie sagten, die Bedrohung durch gewalttätige Ausschreitungen aufgrund der Integration sei nicht ausreichend dafür, daß der Gouverneur die Truppen zu Hilfe rief. Der Bürgermeister von Little Rock, der Vorsitzende der Schulbehörde, der Schulinspektor, der Direktor von Central High und der Polizeichef von Little Rock sagten übereinstimmend aus, daß sie keine Bedrohung durch gewalttätige Ausschreitungen in Little Rock wahrgenommen und den Gouverneur auch nicht um die Entsendung von Truppen gebeten hatten.

Der Schulinspektor Virgil Blossom erklärte in einer langen Zeugenaussage die Details des Integrationsplanes der Schulbehörde. Der Plan war während zweier Jahre und zweihundert Treffen unter seiner Aufsicht entstanden. Der US-Bezirksstaatsanwalt Orso Cobb fragte ihn, wie viele Beschwerden er erhalten habe. Blossom antwortete, die Schulbehörde habe nur wenige Beschwerden und Vorschläge zur Verbesserung des Plans erhalten. »Tatsächlich wurde der Plan sehr gut aufgenommen. Ich sage nicht, daß die Mehrheit der Bevölkerung von Little Rock die Integration will«, sagte er. »Das tut sie nicht. Aber sie ist für diesen Plan, denn er ist die beste Antwort auf ein schwieriges Problem.« Der Richter stellte dem Schulinspektor eine Frage, die mir viele Leute gestellt hatten und die ich mir selbst auch stellte.

»Wie wurden diese neun Schülerinnen und Schüler ausgewählt?«

»Die Schwarzen wurden aufgrund ihrer schulischen Leistungen, ihrer persönlichen Führung und ihrer Gesundheit ausgewählt. Wir wählten jene aus, die die geistige Fähigkeit besaßen, diese Aufgabe zu erfüllen, und sie auch einsetzten«, antwortete Blossom.

Einen Augenblick lang fürchtete ich, sie würden Thelmas geheimes Herzproblem entdecken. Aber Tatsache war, daß sie uns nie durch einen Arzt hatten untersuchen lassen und solche Pläne auch für die Zukunft nicht bestanden.

Dann war es an der Zeit, unseren Fall vorzutragen. Die nagende Stimme in meinem Kopf erkundigte sich, wie ich wohl meine Hand auf die Bibel legen wolle, ohne die ganze Wahrheit zu sagen? Eine andere Stimme argumentierte: Stimmt schon, Mutter und ich waren gejagt worden, aber man hatte uns ja gar nicht verletzt, sie hatten uns nicht wirklich berührt. Also lautete die Wahrheit: Wir sind an jenem Tag nicht verletzt worden. Immer wieder war mir erklärt worden: Wenn wir an jenem ersten Tag auf dem Schulgelände oder in der unmittelbaren Umgebung körperlich verletzt oder angegriffen worden wären, so würde das den Standpunkt des Gouverneurs unterstützen. Wir wußten, er würde schon die geringste Rechtfertigung nützen, um die Integration für alle Ewigkeit aufzuschieben.

Der erste aus unserer Gruppe, der zur Zeugenaussage aufgerufen wurde, war Ernest Green. Er wollte an die Central High, so sagte er, weil sie näher bei seinem Elternhaus lag und ihm daher Zeit und Geld sparen würde. Er wurde gefragt, ob er für die Truppen eine unmittelbare Bedrohung dargestellt habe. »Nein, Sir, das habe ich nicht«, sagte er mit einem breiten Lächeln.

Als nächste sagte Elizabeth Eckford aus. Sie beschwerte sich nicht über den lebensbedrohlichen Mob, der sie traumatisiert hatte. Sie saß aufrecht, sprach mit ruhiger Stimme und sagte, einige Weiße würden nicht weit von ihrem Elternhaus entfernt leben, doch nie gebe es Rassenkämpfe. Ich war erleichtert, als der Anwalt sagte, es bestehe kein Anlaß, daß auch der Rest von uns noch aussagen müßte. Hätte man mich aufgefordert, meine Hand auf die Bibel zu legen, ich wüßte nicht, was ich möglicherweise hätte sagen müssen, und vielleicht hätte die Wahrheit uns geschadet. Ich bildete mir ein, die göttliche Kraft würde uns erneut stärken, mit der Integration weiterzumachen.

Die Anwälte für die Vereinigten Staaten bezogen sich wiederholt auf das Urteil vom Mai 1954. Ich konnte nicht länger zuhören. Allein schon die Erwähnung dieses Urteils stimmte mich immer traurig. Es rief bei mir die Erinnerung an das Gesicht des wütenden weißen Mannes hervor, der mich an jenem Tag verfolgt hatte. Panik durchflutete mich und löschte die Vorgänge im Gerichtssaal aus.

»Melba! Melba!« Minnijean zog an meinem Ärmel. Die anderen waren aufgeregt.

Der Richter verkündete sein Urteil. Er sagte, der Gouverneur habe den gerichtlich beschlossenen Plan der Integration »hintertrieben«, indem er die Truppen der Nationalgarde einsetzte. Die Stimme des Richters war tief und sein Ton nachdrücklich, als er sagte: »Es gibt keinen wirklichen Hinweis, daß wir nicht mit der gerichtlich angeordneten Integration an der Central High School fortfahren sollten. Das Urteil ist hiermit gesprochen.« Er schlug mit dem Hammer zu, stand auf und schritt aus dem Raum.

»Dieser Richter ist ein verdammter Niggerfreund!« brüllte jemand und benutzte all die Wörter, von denen Großmama sagte, sie würden in die Hölle führen.

Mrs. Bates wies uns an, solange sitzen zu bleiben, bis alle anderen den Raum verlassen hätten. Ich saß einen Augenblick lang ganz still, während alle um mich herum sich bewegten. Also Gott, Du willst wirklich, daß ich wieder an diese Schule gehen. Eine Zeitlang schien es, als wäre ich allein in einem stillen Tunnel und alle anderen würden sich am anderen Ende befinden. Ich werde mich immer an diesen Richter und seine riesigen, durchdringenden, dunklen Augen erinnern. Es muß etwas Wunderbares in seinem Herzen sein, dachte ich. Ich würde in meinen Gebeten an ihn denken.

Ein Knäuel aus Reportern brandete auf uns zu, und mein Herz pochte. Mein Atem ging in kurzen Schüben. Ich setzte ein zuversichtliches Lächeln auf, aber meine Knie waren wie Butter. Diese Reporter waren völlig verrückt, drängelten und riefen ihre Fragen alle gleichzeitig. Ich dachte, sie könnten uns und sich selbst verletzen, während sie übereinander kletterten und versuchten, ihre Kamera in Position zu bringen. Nichts, was ich je zuvor erlebt hatte, ähnelte diesem Chaos auch nur entfernt.

»Am kommenden Montagmorgen sind Sie eine richtige Schülerin an der Central High. Wie fühlen Sie sich?« rief ein Reporter über die Menge hinweg.

»Montagmorgen«, flüsterte ich, »werde ich eine Schülerin der Central High sein – Montagmorgen!«

Um 18 Uhr 20 am Freitagabend machte Gouverneur Faubus ein großes Tamtam um den Abzug der Nationalgarde von Arkansas von der Central High. Er erschien im Fernsehen und sagte, er würde Berufung gegen das Urteil von Richter Davies einlegen. Er hielt eine lange und leidenschaftliche Rede, in der er wieder einmal voraussah, daß Blut in den Straßen von Little Rock fließen würde, wenn die Integration stattfände.

»Weißt du, er ist schlau wie ein Fuchs«, sagte Großmama. »Er plant etwas, wenn er die Truppen so plötzlich abzieht.«

»Nein, ich glaube, er richtet sich nur nach dem Urteil des Richters. Wie auch immer, er hat verloren. Laßt uns feiern.« Mutter hob ihr Limonadenglas. Großmama runzelte die Stirn. Sie mochte es nicht, wenn einer von uns mit Milch oder Cola das tat, was die Sünder mit Alkohol taten.

»Auf die Integration, möge sie friedlich, freudig und in Harmonie stattfinden«, sagte Mutter, lächelte und nahm einen Schluck von ihrer Limonade.

»Nun gut«, meinte Großmama und hob ein imaginäres Glas in die Luft. »Auf das Leben ohne all diese Häßlichkeit.

Vielleicht beruhigen sich die Dinge jetzt, und alles läuft wieder normal.«

In dieser Nacht schrieb ich in mein Tagebuch:

> *Okay, Gott, Großmama hat recht: Jetzt bin ich an der Reihe, das Banner zu tragen. Bitte hilf mir, Deinen Willen zu tun.*

Im Laufe des Wochenendes wurde Little Rock zu einer Geisterstadt. Nur jene, die dringenden Geschäften nachgehen mußten, gingen auf die Straße. Schnell und nervös schritten sie aus. Die Menschen aus meiner Gemeinde versammelten sich nicht und besuchten sich nicht gegenseitig wie sonst. Wie ich müssen sie Angst gehabt haben aufgrund der Nachrichten, die ständig von ganzen Horden von Anhängern der Rassentrennung berichteten, die auf der Suche nach einem von unseren Leuten, dem sie etwas antun konnten, durch die Stadt zogen. Es gab Gerüchte, daß verschiedene Bekannte von uns verprügelt oder gejagt worden seien.

Es war ein schreckliches Gefühl, sich inmitten all dieser Gewalt nicht an die Behörden wenden zu können. Ich konnte die Angst der Erwachsenen sehen. Ich konnte ihre geflüsterten Gespräche hören. In meinem ganzen Leben hatte ich mich noch nie von den Beamten der Stadt beschützt gefühlt. Wenn eine große Krise eintrat, wie beispielsweise ein Feuer in unserer Gemeinde, hatten sich die weißen Feuerwehrleute immer reichlich Zeit gelassen, uns zu Hilfe zu eilen. Sie kämpften nicht, um unser Leben und unseren Besitz zu retten – als ob keines von beiden für sie von Wert wäre. Daher mußten wir unser eigenes System errichten und uns untereinander Hilfe leisten.

Der Streit um die Integration vermittelte mir das Gefühl, daß wir noch viel verwundbarer waren. Die Weißen hatte die Kontrolle über die Polizei, die Feuerwehrleute und die Krankenwagen. Sie konnten entscheiden, wer Hilfe bekam und wer nicht. Selbst wenn der Ku-Klux-Klan eines unserer Häuser verwüstete, würden wir die Polizei nicht um Hilfe rufen. Keiner von uns war sicher, welche unserer Staatsbediensteten am Tag Uniformen trugen und bei Nacht weiße Kapuzen.

Die Nachrichten ließen verlauten, daß Gouverneur Faubus von all dem Tumult unberührt sei. Er lebte sein Leben und ging seinen Geschäften angesichts der Krise ganz normal nach. In einem Artikel hieß es, daß der Gouverneur während der vorausgegangen beiden hektischen Wochen tief geschlafen, regelmäßig gegessen und sich bei der Lektüre über seinen Lieblingspräsidenten Abraham Lincoln entspannt hätte. Für mich klang das nicht nach einem Mann, den Gewissensbisse plagten oder der plante, nachzugeben. Es klang auch nicht wie ein Mann, der darunter zu leiden hatte, daß sein normales Leben völlig auf den Kopf gestellt wurde, wie das bei uns der Fall war.

Am Sonntag dachte ich, die Nachricht erneuter Gewalttätigkeiten in den Straßen könnten Großmama und Mutter davon absehen lassen, zur Kirche zu gehen. Ich hätte es besser wissen sollen. Es war wolkig, ein Gewitter wurde erwartet. Wir fuhren vorsichtig unseren normalen Weg zur Kirche. Es beunruhigte uns, als wir die leeren Straßen sahen, die normalerweise voller Familien auf ihrem Weg zum Gottesdienst waren. Wir hörten die Kirchenglocken – ihr Echo klang wie ein Protest gegen die Stille, die wie eine Decke über unserer Gemeinde lag.

Jedoch war während des Gottesdienstes eine hoffnungsvolle Stimmung zu spüren. Die positive Entscheidung des Richters zugunsten der Integration war Gottes Wille, sagte Reverend Young. Und Gott würde uns die Stärke geben, weiterzumachen. Er erklärte, wir müßten beten und arbeiten, um unsere gespaltene Gemeinde wieder zu heilen.

Reverend Young sprach von den vielen gottesfürchtigen, vernünftigen Weißen, die unsere Aktivitäten unterstützten und von den weißen Pfarrern, die sich mit uns zusammengetan hatten, um der Gewalt Einhalt zu gebieten. Er drückte Dankbarkeit aus und betete für Bürgermeister Woodrow Mann, der sich weiterhin gegen Gouverneur Faubus stellte und ihm vorwarf, es sei falsch, sich der Integration und der Bundesregierung entgegenzustellen. Unser Pfarrer bat dringend um Unterstützung für uns neun, die an der Central integriert werden sollten, und erwähnte drei von uns, die in der Kirche saßen, namentlich: Gloria, Ernie und mich.

Gemurmeltes »Ja, Herr« und »Amen« ließ mich hoffen, daß einige Leute ihre Meinung geändert hatten, und daß nun ein Großteil meiner Kirchengemeinde davon überzeugt war, ich würde das Richtige tun. Aber dennoch gab es jene, die diese Ansicht nicht teilten und bereit waren, bei jeder Gelegenheit ihre Gefühle zu zeigen. Eine Frau stellte sich mir auf der Damentoilette in den Weg und sagte: »Die nette weiße Dame, für die ich arbeite, hat mich bis heute wie ein Familienmitglied behandelt. Seit neuestem behandelt sie mich, als ob ich einfach nur die farbige Hilfe wäre.«

»Schauen Sie«, sagte Mutter, »man muß einen Preis für die Freiheit bezahlen; wir bezahlen ihn jetzt oder wir liegen auf ewig ›in Ketten‹.«

»Sie haben leicht reden, Mrs. Pattillo. Sie sind eine gebildete Frau. Ich habe kein Diplom an der Wand hängen.«

Der Gottesdienst schien länger als gewöhnlich zu dauern. Hinterher wurde so viel über die Integration gesprochen, daß ich mich wie ausgewrungen fühlte. Der einzig helle Fleck an meinem Sonntag war Vinces Angebot, mich nach der Kirche nach Hause zu fahren. Mutter runzelte angesichts dieses Vorschlags die Stirn. Als ich bettelte, bestand sie darauf, uns in ihrem Wagen zu folgen. Also formten wir eine Karawane aus zwei Autos: Vince in seinem brandneuen Kistenwagen, einem rot-weißen Chevy, und Großmama, Mama und Conrad dicht hinter uns in unserem Familienauto.

»Ich glaube, ich sollte die Geschwindigkeitsbegrenzung besser nicht überschreiten«, meinte er und grinste bezaubernd. Ich verrenkte mir den Hals, um hin und wieder zurückzuschauen. »Ja, sie sind noch da«, meinte er. Es war mir peinlich, daß Mutter uns so dicht folgte. Und was noch schlimmer war: Vince dachte nur an eines – an die Integration. Er wollte wissen, was wir neun taten, wann wir uns trafen, wie wir lernten und was die NAACP zu uns bei den Treffen sagte. Ich fühlte mich wie bei einem Interview.

»Wie ist es, wenn man seinen Namen in der Zeitung sieht? Eine Berühmtheit zu sein, über die jeder spricht?« Ich warf einen Blick auf ihn in seiner Eisenhowerjacke und seinen schicken Schuhen. Er war klug und wunderbar. Warum konnten wir nicht an einem anderen Ort und zu einer anderen Zeit leben?

»Es ist ungemütlich«, murmelte ich.

»He, an all dem Wirbel, den sie wegen euch veranstalten, muß doch auch etwas Gutes sein.«

»Es ist alles noch so neu, daß ich das noch nicht herausgefunden habe. Im Augenblick würde ich alles geben für einen einzigen ganz normalen Schultag mit alten Freunden.«

»Dafür ist es zu spät, du bist jetzt Schülerin an der Central High.«

Ich hatte damit gerechnet, daß unsere Verabredung die letzte Gelegenheit wäre, sich vor Montag normal zu fühlen. Unsere Unterhaltung und sein flotter Charme sollten meine Tagträume nähren, damit ich etwas zu lächeln hatte, wenn es in der Central nicht so gut lief. Doch soviel Glück hatte ich nicht. In weniger als 24 Stunden würde ich ohne diesen schützenden Schleier meinen ersten Tag an der Central High antreten müssen.

Kapitel 10

POLIZEIKRÄFTE AUS STADT UND LAND
HEUTE VOR ORT
OFFIZIELLE ZUVERSICHTLICH.
FAUBUS HOFFT AUF RUHE UND ORDNUNG
DIE USA BLICKEN HEUTE AUF LITTLE ROCK
Arkansas Gazette, Montag, 23. September 1957

Als ich an jenem Montag die Morgenzeitung las, rechnete ich, angesichts all der Veränderungen, mit einer Schlagzeile wie INTEGRATION ERNEUT AUFGEHALTEN. Zumindest schien diesmal jeder zu erwarten, daß wir an der Central High School ankamen und zum Unterricht gingen.

Ich ging in die Küche zurück und beschloß, ich würde meine Tage an der Central High auf dem großen Wandkalender von Großmama ankreuzen. Ich sehnte mich nach all den Kreuzen für die Tage, die zu Wochen und dann zu Monaten werden würden. Ich blickte auf den Monat September und suchte die Stelle, an die ich das erste Kreuz machen würde, wenn ich den ersten Tag hinter mich gebracht hätte. Herr, bitte laß mich stark genug sein, diesen Tag zu vollenden und all die Schultage, die noch folgen, flüsterte ich.

Es war noch keine acht Uhr, als Mama und ich am Bürgersteig vor Mrs. Bates Haus parkten. Es überraschte mich, so viele Leute im Vorgarten herumstehen zu sehen. Es waren doppelt so viele Reporter wie sonst. Alle flüsterten. Wir begrüßten einander leise, als ob es einen zwingenden Grund gäbe, nicht mit normaler Stimme zu sprechen. Ich wurde durch die Menschenmenge hindurch in das Wohnzimmer geführt, in dem die Nachrichten im Radio die Aufmerksamkeit aller auf sich zogen.

Hunderte haben sich an der Central High versammelt, um die Ankunft der neun schwarzen Schülerinnen und Schüler zu erwarten, die heute mit der gerichtlich angeordneten Integration beginnen. Einige meinen, der Gouverneur hätte den Soldaten die Anweisung geben sollen, vor der Schule zu bleiben und die Ordnung aufrechtzuerhalten. Gene Smith, der stellvertretende Polizeichef, und eine Gruppe von Polizisten kamen um sieben Uhr an, um in der Gegend zu patrouillieren. Fünfzig Staatspolizisten haben sich ihnen angeschlossen.

Wir neun begrüßten einander mit nervösem Lächeln und einigen wenigen geflüsterten Worten. Die Erwachsenen nickten sich mit Blicken zu, die eine geheime Botschaft zu übermitteln schienen, und sahen regelmäßig auf ihre Uhren. Die Nervosität wurde von Sekunde zu Sekunde schlimmer. Die Menschen gingen auf und ab und taten so, als ob sie lächelten, setzten sich einen Moment hin, standen dann wieder auf und gingen erneut auf und ab. Nach einer Weile schloß ich mich ihnen an. Wir würden zu spät zur Schule kommen, das stand außer Zweifel – und das am ersten Tag. Was würden nur die anderen denken? Da klingelte das Telefon. Es war Zeit, sich auf den Weg zu machen.

Mutter Lois sah aus, als ob sie gleich in Tränen ausbrechen würde. Als wir schweigend aus dem Haus gingen, winkte ich ihr zum Abschied zu. Ich hätte sie gern noch umarmt, aber ich wollte nicht, daß mich alle für ein Baby hielten. Die anderen Eltern liefen herum und sahen aus, als ob man sie gleich aufhängen würde. Als wir zu den Autos gingen, umarmten sie uns, als ob sie sicher wären, daß wir niemals zurückkommen würden.

Wir verteilten uns auf zwei Autos. Mrs. Bates saß im ersten mit vier von uns neun sowie einem Mann, der uns als C. C. Mercer vorgestellt worden war. Ein weiterer NAACP-Vertreter, Frank Smith, fuhr den Wagen, in dem ich mit den anderen vier saß. Wir sahen, wie die Reporter zu ihren Autos rannten und die Motoren anließen. Die farbigen Reporter schienen nur zögernd aufzubrechen und standen noch einen Moment zusammen. Da wurde mir klar, wie schwierig – wenn nicht gar gefährlich – es für unsere Leute war, eine solche Story zu schreiben.

Anfangs schienen wir im Kreis zu fahren. Unser Fahrer erklärte, die Polizei hätte uns geraten, nicht den üblichen Weg zu nehmen, weil dort die Anhänger der Rassentrennung auf uns lauern könnten. Ich sah auf meine Uhr. Es war schon nach halb neun. Wir würden sehr spät ankommen, sogar noch später, als ich befürchtet hatte.

Die Central High lag an der Park Street und erstreckte sich über eine Distanz von zwei Häuserblöcken zwischen der Vierzehnten und der Sechzehnten Straße. Aber der Weg, den wir nahmen, verwirrte meinen Orientierungssinn. Ich war daher überrascht, als wir plötzlich am Seiteneingang an der Sechzehnten Straße vorfuhren, gleich hinter der Park Street. Mitten in Lärm und Verwirrung drängte uns der Fahrer, schnell auszusteigen. Die weiße Hand eines uniformierten Polizisten kam, öffnete die Tür des Wagens und zog mich zu sich. Seine drängende Stimme mahnte uns zur Eile. Der Aufruhr an der Vorderseite des Gebäudes ließ mich zur Seite sehen. Nur einen halben Häuserblock entfernt, sah ich Hunderte von Weißen, ihre Körper in Bewegung, ihre Münder weit offen. Sie brüllten ihre Wut heraus.

»Weitergehen«, sagte die Stimme neben mir. Aber ich konnte mich nicht bewegen. Ich war wie versteinert von dem, was ich sah und hörte. Polizisten standen vor der Barrikade aus hölzernen Blöcken, die die Menge zurückhalten sollten. Das Rumoren der Menge war wie das bei einem Footballspiel, wenn der Held mit dem Ball für einen Touchdown zur Endzone rennt, nur daß dieses Mal keine der Stimmen freundlich klang.

»Nigger! Laßt die Nigger draußen!« Die Schreie kamen näher. Der Lärm schwoll an, als ob ihre Wut von irgend etwas angefeuert worden wäre. Ich brauchte einen Augenblick, bevor mir klar wurde, daß es unser Anblick war, der sie noch wütender machte.

Wir hasteten vorwärts, stiegen die wenigen Betonstufen hoch, eilten durch schwere Doppeltüren, die in das Innere der Schule führten und dann weitere Treppen hinauf. Es war, als ob man in ein abgedunkeltes Kino ging, mitten in einer Menge, die sich noch schnell setzen will, bevor der Film beginnt. Ich konnte kaum sehen, wohin wir rannten. Um mich herum waren verschwommene Bilder. Wir stiegen weitere Treppen hinauf. Der Klang der Fußschritte, häßliche Wörter, beleidigende Rufe und geflüsterte Befehle formten ein lautes Echo.

»Die Nigger. Die Nigger sind drin.« Sie sprachen über mich. Das Geschrei wollte nicht enden; es wurde immer lauter, je mehr Menschen darin einfielen.

»Sie sind hier drin! O Gott, die Nigger sind hier!« schrie ein Mädchen, das vor uns über den Flur lief.

»Sie sind drin. Ich rieche etwas ...«

»Die Nigger sollten besser umdrehen und nach Hause gehen.«

Ich rannte, um mit einer Frau Schritt zu halten, die uns über ihre Schulter Befehle zurief. Niemand hatte uns gesagt, ob sie jemand war, dem man trauen konnte, jemand, dem wir folgen sollten. Ich versuchte, mich durch die wütenden Stimmen zu bewegen, blinzelte und strengte mich an, meine Augen an das äußerst schwache Licht zu gewöhnen. Die unvertraute Umgebung erinnerte mich an das Innere eines Museums – Marmorböden und Steinwände und ein langer Flur, der nicht enden wollte. Atemlos trugen mich meine Beine schnell an den zornigen weißen Gesichtern vorbei, während ich den Fäusten auswich, die sich mir entgegenstreckten.

»Zum Büro des Direktors geht es hier lang«, flüsterte eine zierliche Frau mit dunklem Haar und einer Brille. »Schnell jetzt, schnell.« Ich ging so schnell ich konnte. Dann wurde wir in ein Büro gestoßen, in dem es heller war. Direkt vor uns, hinter einem langen Tisch, stand eine Reihe weißer Menschen, hauptsächlich Frauen, und starrte uns an, als ob wir das achte Weltwunder seien.

Im Tageslicht erkannte ich Mrs. Huckaby, die stellvertretende Direktorin der Central High für Mädchen, die an mehreren unserer früheren Treffen mit der Schulbehörde teilgenommen hatte.

»Das ist Jess Matthews, der Direktor«, sagte sie. »Ihr erinnert euch sicher an ihn.«

Nein, ich erinnerte mich nicht. Er sah uns mit einem musternden Stirnrunzeln an, nickte dann und ging schnell fort.

»Hier sind eure Stundenpläne und Semesterarbeiten. Wartet auf eure Führer«, sagte Mrs. Huckaby.

In diesem Augenblick bemerkte ich, daß hinter dem Glasfenster im oberen Teil der Bürotür mehrere Schüler und Schülerinnen standen und uns anstarrten. Ein Junge öffnete die Tür und kam herein. Er brüllte: »Sie lassen diese Nigger doch nicht hierbleiben, oder?«

Plötzlich fiel Thelma Mothershed auf eine Holzbank, die neben der Tür des Büros stand. Mrs. Huckaby drängte den Jungen hinaus und wandte ihre Aufmerksamkeit Thelma zu, so wie wir alle. Thelma war bleich, ihre Lippen und Fingerspitzen blau. Atemlos wie sie war, brachte sie ein schwaches Lächeln zustande und versuchte, uns zu beruhigen.

Keiner von uns wollte sie hier bei diesen fremden Weißen lassen, aber Mrs. Huckaby schien jemand zu sein, der die Verantwortung übernehmen und sich um sie kümmern würde. Sie drängte uns hinaus mit den Worten, wir müßten jetzt gehen. Nur einen Augenblick stellte ich mir besorgt die

Frage, wie Thelmas Eltern durch die riesige Menge draußen kommen könnten, um sie heimzuholen, wenn sie wirklich krank wäre.

339 – das war die Nummer des Unterrichtsraumes auf meiner Karte. Ich war dem dritten Stock zugewiesen. Wir verglichen in aller Eile unsere Unterlagen. Jeder von uns war einem anderen Unterrichtsraum zugewiesen.

»Warum können nicht zwei von uns im selben Unterrichtsraum sein oder dieselbe Klasse besuchen?« fragte ich. Hinter dem langen Tisch sprach ein Mann mit einer unfreundlichen dröhnenden Stimme: »Ihr wolltet die Integration ... jetzt habt ihr die Integration.«

Ich drehte mich um und sah, wie der Flur meine Freunde schluckte. Keiner von uns hatte die Gelegenheit, sich richtig zu verabschieden oder Pläne zu machen, wo wir uns wieder treffen könnten. Ich war allein, wie in einem Nebel, und folgte einer muskulösen, untersetzten weißen Frau mit kurzgeschnittenen glatten schwarzen Haaren. Wir gingen eine Treppe hoch, und ich drängte mich an einigen Schülern vorbei, die mir zuerst den Weg verstellten und dann verletzende Wörter schrien. »Ängstlich« beschreibt meinen Zustand nicht; ich war entsetzt. Mein Körper war taub. Ich war mir nur meines Kopfes bewußt und meiner Gedanken und Visionen.

Ich hatte mir erträumt, wie wunderbar es sein würde, in dieses riesige wunderschöne Schloß zu gehen, das ich als Central High kannte. Aber die Wirklichkeit war so viel größer, dunkler und trügerischer, als ich mir das vorgestellt hatte. Ich könnte leicht auf der Wendeltreppe verloren gehen. Die haßerfüllten Stimmen, die mich anschrien, machten es mir noch schwerer, mich in dieser fremden Umgebung zurechtzufinden. Ich war voll Panik bei dem Gedanken, meine Führerin aus den Augen zu verlieren. Ich rannte, um mit ihr Schritt zu halten.

»Beeilung, Mädchen«, rief sie mir zu.

»Puh!« sagte ein Junge und schreckte vor mir zurück. Andere blieben stehen und stimmten in seinen Hohn mit ein. Einen Augenblick lang stand ich wie gelähmt.

»Nicht stehenbleiben!« befahl die Frau. Ihre Worte ließen mich weitergehen. Ich eilte hinter ihr her. Plötzlich spürte ich es – eine Hand schlug mir auf die Wange und dann lief warme, schleimige Spucke mein Gesicht hinunter und tropfte in den Kragen meiner Bluse.

Eine Frau stand direkt vor mir, bewegungslos. »Nigger!« brüllte sie mir immer wieder ins Gesicht. Sie schien etwas älter als meine Mutter zu sein. Ihr Gesicht war vor Wut verzerrt. »Negerhure. Warum gehst du nicht nach Hause?« zischte sie mich an. »Als nächstes wirst du noch eines unserer Kinder heiraten wollen.«

Heiraten, dachte ich, als ich um sie herumging. Ich durfte nicht einmal eine richtige Verabredung haben. Großmama würde mich nicht heiraten lassen. Außerdem – warum sollte ich mich dafür entscheiden, einen dieser gemeinen Weißen aus Little Rock zu heiraten? Meine Schläfen pochten, meine Wange schmerzte, und die Spucke klebte mir immer noch im Gesicht. Es war das erste Mal, daß mich jemand angespuckt hatte. Ich fühlte mich verletzt, es war mir peinlich ... ich fragte mich, ob ich mir von ihrer Spucke etwas holen konnte. Bevor ich die Spucke abwischen konnte, befahl mir die harte Stimme meiner Führerin, mich zu sputen.

»Los jetzt. Sofort. Hörst du mich? Bewegung! Auf!« Ich wischte die Spucke mit der Hand von meiner Nase.

Als ich den Unterrichtsraum betrat, senkte sich Stille über die Schülerinnen und Schüler. Die Führerin wies auf einen leeren Platz, und ich ging darauf zu. Die umsitzenden Schülerinnen und Schüler nahmen schnell ihre Bücher und setzten sich weg. Ich ließ mich auf den Stuhl fallen, umgeben von leeren Plätzen, und fühlte mich unerträglich unsicher. Dennoch war ich erleichtert, endlich sitzen zu können. Ich war desorientiert, als ob meine Welt verschwommen wäre, und wenn ich mich nach links lehnte, würde das Bild wie bei einem verwackelten Foto schief und unscharf. Eine Frau mittleren Alters, die ich für die Lehrerin hielt, ignorierte mich.

»Schlagt eure Bücher auf Seite zwölf auf«, sagte sie und sah mich nicht ein einziges Mal an.

»Wollen Sie diese Niggerin in unserer Klasse sitzen lassen?« rief ein Junge und stierte mich an. Ich wartete darauf, daß die Lehrerin etwas sagen oder tun würde.

»So, Kinder, wenn ihr eure Hausaufgaben gemacht habt, dann wißt ihr –«

Eine laute Stimme unterbrach sie. »Wir können diese Niggerin grün und blau prügeln«, fuhr der Zwischenrufer fort. »Schauen Sie, wir sind zwanzig und sie ist allein. Die sind doch nur Tiere.«

Wieder wartete ich darauf, daß die Lehrerin etwas sagen würde, aber sie sagte nichts. Einige der Schüler und Schülerinnen kicherten. Der Junge blieb auf seinem Platz sitzen, aber er schrie mir während des gesamten restlichen Unterrichts häßliche Dinge zu. Mein Herz weinte, aber ich unterdrückte die Tränen. Ich drückte die Schultern zurück und versuchte, mich an Großmamas Worte zu erinnern: »Gott liebt dich, Kind. Egal was geschieht. Er betrachtet dich als einen wertvollen Schatz.«

Der Spießrutenlauf zur nächsten Klasse war noch quälender. Ich mußte hinter die Schule gehen, durch den Ankleideraum für Mädchen, einen langen Betonweg entlang und auf das Spielfeld.

»Du paßt besser gut auf dich auf«, meinte die Führerin, als wir schnellen Fußes durch die feindlich gesinnten Schülerinnen eilten. Auf dem Betonweg außerhalb des Schulgebäudes konnte ich die Menge vor der Schule brüllen hören. Ihre Schreie waren noch betäubender als die höhnischen Bemerkungen rings um mich.

Auf dem Spielfeld spielten Gruppen von Mädchen Volleyball. Die Lehrerin schien ein Mensch zu sein, bei dem man sich keine Albernheiten erlauben durfte. Mit einem netten Lächeln wies sie mir einem Platz nahe dem Netz zu und warnte die anderen Mädchen, mich nicht zu ärgern.

»Laßt uns jetzt weiterspielen, Mädchen«, sagte sie in beiläufigem Tonfall. Die Mädchen hielten einen Augenblick inne, sahen einander an, sahen mich an und begannen dann, den Ball hin und her zu werfen. Einen winzigen Augenblick lang dachte ich nur daran, ob ich den Ball treffen und einen Punkt machen konnte. Es dauerte nur eine Sekunde bis ich merkte, daß der Ball ziemlich genau auf meinen Kopf zurauschte. Ich duckte mich, aber sie trafen mich dennoch hart und riefen und jubelten, als ob sie ihr Ziel getroffen hätten.

Während ich noch darum kämpfte, ihrer Grausamkeit zu entgehen, war ich zur gleichen Zeit entsetzt über den Lärm der wütenden Menge in der Ferne. Es muß eine gewaltige Menge sein, dachte ich. Wie konnte die Polizei sie nur zurückhalten?

»Geh ins Haus, Melba. Sofort!« Das Gesicht der Sportlehrerin zeigte sowohl Mitgefühl als auch Besorgnis. Schweigend wies sie auf eine Gruppe von Frauen in einiger Entfernung, die über den hinteren Zaun kletterten und mir Obszönitäten zuriefen. »Beeile dich!«

Ich rannte um mein Leben.

»Nigger ... Nigger ...«, schrie eine Frau, die mir auf den Fersen war. »Faßt die Niggerin.« Drei von ihnen hatte sich von der Gruppe entfernt und kamen mir immer näher. Ich rannte so schnell ich nur konnte, als mir jemand ein Bein stellte. Ich fiel mit dem Gesicht nach vorn und riß mir Knie und Ellbogen auf. Mehrere Mädchen kamen näher, und einen Augenblick lang hoffte ich, sie würden mir eine Hand reichen und mich fragen, ob ich Hilfe brauchte. »Die Niggerin liegt am Boden«, rief eine. »Sie blutet. Wer hätte das gedacht – Nigger haben rotes Blut. Laßt uns die Niggerin treten.« Ich sah den Fuß und griff nach ihm, bevor er mein Gesicht traf.

Ich drehte ihn am Knöchel, wie ich es bei den Ringkämpfen gesehen hatte. Das Mädchen fiel auf den Rücken.

Ich kämpfte mich auf die Beine und sah mich nach den angreifenden Müttern um. Sie waren jetzt in allernächster Nähe und schrien, sie würden es nicht zulassen, daß ich zusammen mit ihren Kindern auf dieselbe Schule ginge.

Ich rannte die Treppen hoch in der Hoffnung, den Weg zurück ins Büro zu finden. Die Mütter waren mir auf den Fersen und stießen Drohungen aus, und so schien das gewundene Labyrinth der Halle noch bedrohlicher. Ich hatte das Gefühl, mich auf ewig zu verirren. Ich bemühte mich, die Tür zu finden, die ins Büro und in Sicherheit führte, und öffnete erst eine Tür, dann eine andere. Ich rannte durch Waben von Umkleideräumen und Korridoren, die in Sackgassen endeten.

Nach mehren Minuten, in denen ich diverse falsche Türen geöffnet hatte und in Menschen gerannt war, die mich schlugen oder beschimpften, brach ich in Tränen aus und war bereit aufzugeben, gelähmt von meiner Angst. Plötzlich kam mir Großmamas Stimme in den Sinn: »Gott verliert niemals eines seiner Schäfchen.« Guter Hirte, zeige mir wohin ich gehen mußt, betete ich. Ich stand still und wiederholte diese Worte wieder und wieder, bis ich etwas Haltung gewonnen hatte. Ich wischte mir die Augen und sah dann Blut meine Beine hinunter in meine Schuhe laufen. Das war zuviel! Ich preßte meinen Daumen auf die verletzte Stelle, um die Blutung zu stoppen.

»Ich habe dich gesucht.« Die Stimme meiner untersetzten Führerin klang wütend, aber ich war so froh, sie zu sehen, daß ich mich beinahe vergessen und sie umarmt hätte. »Wohin willst du denn ganz allein? Du darfst dich nur mit mir durch die Schule bewegen.« Sie sah mein Bein an, sagte aber nichts und sah wieder weg.

»Ja, Ma'am, aber ...«

»Nichts aber. Wir gehen jetzt zur Stenographieklasse.« Sie wußte es nicht, aber sie war die Antwort auf mein Gebet. Ich war so dankbar für ihre Anwesenheit. Ich sah über die Schulter zurück und sah die Gruppe von Müttern. Sie standen still, waren offensichtlich nicht bereit, mich mit einer Vertreterin der Schule an meiner Seite zu jagen. Ich unterdrückte die Tränen und ging schneller.

»Hallo, Schätzchen. Willkommen. Wir fangen gerade an. Ich bin Mrs. Pickwick.« Die warmherzige Stimme der winzigen dunkelhaarigen Frau tat mir gut. Obwohl sie zierlich war, entdeckte ich schnell, daß meine Stenographielehrerin ganz eindeutig keine faulen Sachen tolerieren würde. Als die Schülerinnen mir Beleidigungen entgegenschleuderten und sich von mir wegsetzen wollten, hielt sie ihnen eine schroffe Standpauke: »Wenn ihr euch bewegt, bewegt ihr euch geradewegs in das Büro des Direktors«, sagte sie ohne den geringsten Hauch von Kompromiß in der Stimme.

Ich ging auf die leeren Stühle in der letzten Reihe am Fenster zu. Da rief sie mir zu: »Melba, setz dich nicht ans Fenster.« Ihre Stimme war voller Mitgefühl, als ob es sie wirklich kümmerte, was mit mir geschah. Als ich mich umdrehte, um ihren Anweisungen zu folgen, sah ich die Menge auf der Straße gegenüber der Schule. Der Anblick versteinerte mich derart, daß ich mich nicht bewegen konnte. Das Meer von Menschen erstreckte sich weiter, als ich sehen konnte. Wellen von Menschen fluteten auf und ab, drängten sich gegen die Holzblöcke und die Polizisten, die versuchten, sie zurückzuhalten. Es gab viele uniformierte Polizisten, aber die Menge überstieg sie um ein Hundertfaches. Hin und wieder brachen drei oder vier Menschen durch und rannten über die Straße auf die Schule zu. Einige Polizisten rannten hinter ihnen her.

»Melba, bitte setz dich.«

Langsam, widerstrebend, drehte ich mich um und stolperte auf meinen Platz zu. Ich setzte mich und versuchte, mich auf das Stenographiebuch vor mir zu konzentrieren. Ich konnte einige der Dinge hören, die die Menge brüllte: »Holt euch die Nigger!« und »Wir werden niemals integrieren!«

Obwohl ich die Bilder oder den Lärm der Leute draußen nicht auslöschen konnte, war Mrs. Pickwick so ernsthaft und entschlossen, so normal wie möglich zu sein, daß ich tatsächlich zuhörte, was sie über die Stenographie zu sagen hatte. Ich brachte es sogar fertig, mehrere Stenozeichen auf meine Tafel zu schreiben, während der Lärm immer lauter wurde. Ich blickte von meinen Notizen auf und sah wie meine Führerin hereinkam. Sie trug ein Stirnrunzeln, war rot im Gesicht und schwitzte. Etwas stimmte ganz und gar nicht. Es stand ihr ins Gesicht geschrieben.

»Komm mit mir, sofort. Ins Büro des Direktors«, rief sie nervös. Diesmal griff sie sich meine Bücher und drückte sie mir in die Arme. Ich lief sogar noch schneller als zuvor. Wir rannten beinahe. »Bleib ja nicht stehen«, rief sie mir über den Lärm hinweg zu.

Ich folgte ihr durch ein Büro, vorbei an sehr offiziell aussehenden weißen Männern. Der ängstliche Ausdruck in ihren Gesichtern beunruhigte mich. Ich wurde in einen angrenzenden Vorraum geführt, ein kleineres Büro, wo einige der anderen acht sich versammelt hatten. Zwei der Mädchen weinten. Ich stand neben der Tür. Sie stand offen, und obwohl ich nicht sehen konnte, wer sprach, konnte ich doch einen Teil der Unterhaltung der Männer verstehen. Ich hörte den hektischen Unterton in ihren Stimmen, hörte, wie sie sagten, daß der Mob außer Kontrolle sei und daß sie Hilfe rufen müßten. »Was sollen wir mit den Niggerkindern tun?« fragte einer.

»Die Menge gewinnt an Boden. Sie haben die Barrikaden niedergerissen. Die Kinder sind hier drin gefangen.«

»Großer Gott, du hast recht«, sagte eine andere Stimme. »Vielleicht müssen wir dem Mob eines der Kinder überlassen, damit wir sie lange genug ablenken können, um die anderen herauszubekommen.«

Kapitel 11

»Eins der Kinder hängen lassen? Wie sieht das denn aus? Nigger oder nicht – es sind Kinder, und wir haben hier eine Aufgabe zu erfüllen.«

Einen von uns hängen? Sie sprachen darüber, eine meiner Freundinnen zu hängen oder vielleicht sogar mich. Meine Knie zitterten so sehr, daß ich fürchtete, umzufallen. Ich hielt den Atem an und versuchte, keinen Lärm zu machen. Die beiden Männer, die über unser Schicksal diskutierten, standen auf der anderen Seite der Tür. Ich drehte meinen Rücken der offenstehenden Tür zu und rückte gleichzeitig etwas näher, um die Männer besser verstehen zu können. Ich versuchte, unbekümmert auszusehen, damit ich die anderen nicht ängstigte. Es weinten sowieso schon einige, und Thelmas Gesicht war ganz blau. Ich stellte mich noch näher an die Tür und hörte, wie ein Mann sagte: »Es sind Kinder. Was sollen wir tun: Sie auslosen lassen, wer einen Strick um den Hals bekommt?«

»Das könnte der einzige Ausweg sein. Da draußen müssen an die tausend Leute sein. Sie sind bewaffnet und kommen direkt auf uns zu.«

»Einige der Polizisten werfen ihre Dienstabzeichen weg«, sagte eine andere atemlose Stimme. »Wir müssen sie hier rauskriegen.«

Ich hörte, wie sich Schritte näherten, und eilte in die Mitte des Raumes in die Nähe meiner Freundinnen, die sich um die sitzende Thelma versammelt hatten.

Ein großer, eckiger, dunkelhaariger Mann kam auf uns zu. »Ich bin Gene Smith, der stellvertretende Polizeichef von

Little Rock.« Er sprach sehr ruhig. »Für euch ist es jetzt Zeit, zu gehen. Kommt mit mir, jetzt gleich.« Sofort hatte ich ein gutes Gefühl durch die Art wie er sich vorstellte und die Verantwortung übernahm. Er drängte uns, schneller zu laufen und benahm sich, als ob es ihm wichtig wäre, ob wir herauskamen oder nicht. »Es ist elf Uhr dreißig. Ich möchte, daß ihr vor zwölf Uhr hier herauskommt.«

Gene Smith. Es war seine Stimme, die ich im Nebenraum gehört hatte. Er hatte gesagt, er würde uns eher alle herausbekommen, als einen hängen zu lassen, um die anderen zu retten. Ich beschloß, diesen Mann für immer in meine Gebete einzuschließen. Ich mühte mich, mit den anderen Schritt zu halten. Wir eilten zügig auf die Seite von Central High zu, die an der Vierzehnten Straße lag. Es war beinahe einen Häuserblock entfernt, doch plötzlich bogen Smith und die anderen Männer vom Hauptflur ab und stiegen Treppen hinunter in Flure, die zunehmend dunkler wurden.

Was, wenn sie uns töten würden? Ich kannte diese Männer nicht richtig, dennoch hatte ich keine Wahl: ich mußte ihnen vertrauen. Ich konzentrierte mich darauf, den engen Betonflur entlangzueilen und die Treppen hinunter in einen dunklen Keller, wo einer der Männer, der vor uns ging, eine Taschenlampe einschaltete. Wir befanden uns in einer Art Kellergarage. In einiger Entfernung war eine riesige Tür, die sich offenbar mit Ketten nach oben ziehen ließ. Sie ähnelte einer Ladeluke. Zwei Autos standen mit laufendem Motor und eingeschalteten Lichtern da, die Motorhauben in Richtung Tür.

»Beeilt euch jetzt ... steigt ein«, sagte Smith und hielt eine der Türen offen. Ich sah die anderen an, die in das zweite Auto stiegen. Thelma, Minnijean und Ernie saßen in meinem Wagen. Ein weißer Mann saß hinter dem Steuer. Er hatte einen entsetzlich ängstlichen Gesichtsausdruck und sah sich ständig um. Seine Augen eilten von links nach rechts und wieder zurück.

»Kurbelt die Fenster hoch, verschließt eure Türen, schaut nicht aus dem Fenster. Legt eure Köpfe auf den Schoß, wenn wir losfahren.« Seine Stimme zitterte. Er beugte sich vor, um etwas auf dem Boden zu sichern, und da sah ich die Waffe, die er in einem ledernen Schulterpolster trug.

Smith beugte sich vor und sprach durch das offene Fenster mit dem Fahrer. »Beeile dich und halte nicht an, egal was passiert.« Dann sah er uns an und sagte: »Hört auf das, was der Fahrer euch sagt, und befolgt seine Anweisungen genau. Euer Leben hängt davon ab.«

Wir waren umgeben von weißen Männern in Anzügen, die mit ängstlicher Stimme sprachen. Ihr Gesichtsausdruck sagte mir, daß wir in Schwierigkeiten steckten, an die ich zuvor noch nie gedacht hatte. Der enorme Lärm kam von der Menge, die direkt vor der Tür lauerte. Ich fragte mich, ob sie nicht zu lange damit gewartet hatten, uns in diese Autos zu bringen. Nur eine Sekunde lang versuchte ich mir vorzustellen, was geschehen würde, wenn der Mob uns erwischte.

»Jetzt!« rief Smith. »Auf geht's!«

Der Fahrer legte den Gang ein und fuhr los. Ich duckte mich auf dem Rücksitz. Plötzlich hörte ich das laute Rasseln von schweren Ketten. Die Tür wurde geöffnet und ließ einige Sonnenstrahlen herein. Ich rutschte noch tiefer in den Sitz und versteckte mein Gesicht. Aber ich beschloß, die Augen offen zu lassen. Ich wollte sehen, was mit mir geschah. Zumindest würde ich dann wissen, wofür ich zu beten hätte.

Ich spürte, wie der Wagen vorpreschte. Wir fuhren aufwärts, aus dem Keller hinaus in das helle Sonnenlicht. Ich konnte die Räder auf dem Kiesweg hinter der Tür knirschen hören. Der Wagen gewann an Geschwindigkeit und fuhr zügig voran. Als das volle Tageslicht durch die Fenster fiel, umhüllte uns der betäubende Lärm des Pöbels.

»Holt euch die Nigger! Hängt die Nigger! Haltet die Autos auf«, hörte ich jemandem brüllen. Dann sah ich Welle um Welle weißer Gesichter, überall wütende, weiße Gesichter.

Ihre Münder standen weit offen und stießen Drohungen aus. Unmengen weißer Hände mit ausgestreckten Fingern schienen uns einen Augenblick lang zu umkrallen ... sie griffen gierig nach uns. Einige der Gesichter bewegten sich mit uns, kamen näher an die Wagenfenster.

»Haltet bloß eure Köpfe unten«, rief der Fahrer. Ich hörte die schweren Motorengeräusche und fühlte, wie wir schneller wurden Die Menschen rannten neben uns und beschleunigten ihre Schritte, warfen Steine und Äste gegen den Wagen.

Plötzlich fuhr der Wagen wirklich schnell, schneller als ich je zuvor gefahren war. Schließlich waren immer weniger Hände und Gesichter an den Wagenfenstern, der Lärm nahm ab. Ich atmete tief durch.

»Ihr könnt euch jetzt wieder aufsetzen. Aber paßt auf.« Ich konnte sehen, daß auch die anderen im Wagen hinter uns in Sicherheit waren. Wir schwiegen auf einem Großteil dieser Reise, reckten unsere Hälse und hielten in jeder Richtung Wacht.

»Vielen Dank für das Nachhausebringen«, sagte ich zum Fahrer, als ich vor meinem Elternhaus aus dem Wagen stieg. Er warf mir einen freundlichen, aber ungeduldigen Blick zu. Ich wollte eigentlich sagen: »Danke, daß Sie Ihr Leben riskiert haben, um meines zu retten«, aber ich wußte nicht, wie das für die anderen klingen würde. Es war ein verlegener Augenblick mit einem Fremden, einem anständigen weißen Mann.

»Geh gleich ins Haus – los schon«, sagte er und wartete einen Augenblick, dann ließ er den Motor wieder an und fuhr davon. Ich winkte meinen Freunden zum Abschied zu. Ich stand einen Augenblick am Bürgersteig und sah dem davonfahrenden Wagen nach. Ich fragte mich, ob der Fahrer Schwierigkeiten bekommen würde, wenn die Anhänger der Rassentrennung herausfänden, daß er es war, der uns vor dem Mob gerettet hatte. Er war der zweite weiße Mann, für den ich Gott um Schutz bitten würde.

Ich drehte mich um und sah, daß sich einige Nachbarn versammelt hatten. Einige saßen in unseren Gartenstühlen, einige standen herum und unterhielten sich. Ich fragte mich, was sie da taten. Dann kam Großmama India mit offenen Armen zur Vordertür herausgeeilt, um mich zu begrüßen.

»Gott sei gedankt, du bist in Sicherheit. Deine Mama ist schon auf dem Heimweg.«

Sie stieß mich mit beiden Händen voran und ließ mich nicht einmal stehenbleiben, um die besorgten Nachbarn zu begrüßen, die mich fragten, ob es mir gut ging.

»Nun hattest du deine Lektion. Du mußt jetzt nicht mehr auf diese schreckliche Schule gehen«, sagte unsere Nachbarin, Mrs. Floyd, als Großmama mich an ihr vorbeischob.

Ich setzte mich auf die Couch vor dem Fernsehgerät. Das Radio dröhnte laut aus dem Flur. Ich nippte an der Grapette-Limonade, die Großmama mir gegeben hatte und überlegte, was der Mob wohl mit uns gemacht hätte. Ich hatte Angst, sie würden uns in unserem Elternhaus suchen.

Obwohl wir kurz nach zwölf gegangen waren, hieß es, der Mob würde weiter wüten. Sogar nachdem die Verwaltungschefin der Central High herausgegangen war und über Mikrophon verkündet hatte, daß wir weggebracht worden waren, glaubte man ihr nicht. Stattdessen drängte der Mob vorwärts, überwand die Barrikaden und die Polizei und forderte, selbst nachzusehen, ob nur noch weiße Schüler und Schülerinnen dort waren.

Ein Vertreter der Polizei überzeugte sie davon, einige Abgesandte zur Überprüfung in die Schule zu schicken. Als die drei Frauen zurückkehrten und berichteten, daß wir nicht dort seien, jubelte der Mob, setzte jedoch seine Belagerung fort.

Bewaffnet mit Gewehren, Seilen und Keulen, so hieß es in dem Bericht, drängten die Menschen auf die Schule zu, durch die Türen und Flure, und riefen »Wir lassen uns nichts oktroyieren und werden niemals integrieren!«

»Melba, wo ist Melba? Geht es ihr gut?« Mutter Lois kam aufgelöst und panisch ins Wohnzimmer gerannt. »Ich bin gekommen, so schnell ich konnte. In den Nachrichten hieß es, du wärst vom Mob eingeschlossen.«

»Es geht mir gut, Mama.« Ich stand auf und umarmte sie.

»Wir haben einen Fehler gemacht. Du wirst auf keinen Fall an diese Schule zurückkehren.«

»Was hast du da am Knie?« fragte Großmama India.

»Ich bin hingefallen.« Ich beschloß, daß ich Mutters Nervosität nicht noch vergrößern wollte. Ich würde warten, bis sie sich beruhigt hatte, und ihr dann die Erlebnisse meines Tages erzählen.

»Ich habe gehört, sie haben einen Hut herumgehen lassen und 140 Dollar gesammelt, um diese Polizisten dazu zu bringen, ihre Pflicht zu vergessen«, fügte Großmama hinzu.

»Du mußt zu Tode erschreckt worden sein. Es tut mir so leid«, sagte Mutter.

Wir hörten alle zu, als im Radio der Lärm des wütenden Mobs übertragen wurde, der die Schule stürmte. Ich entdeckte, daß wir unter anderem deshalb in der Lage gewesen waren, an diesem Morgen in die Schule zu gelangen, weil der Mob damit beschäftigt war, die drei schwarzen Reporter James Hicks, Alex Wilson und Moses Newsom zu jagen und zu verprügeln. Sie wurden angeklagt, die Menge absichtlich abgelenkt zu haben, damit wir Zeit hätten, durch die Tür zu kommen. Mr. Wilson wurde mit einem Ziegelstein auf den Kopf geschlagen und sogar als er schon verwundet am Boden lag, traten sie ihn weiter und schlugen noch auf ihn ein.

Dann hatte der Mob die weißen Reporter verprügelt. Mehrere Journalisten der Zeitschrift *Life* wurden geschlagen. Andere Journalisten und Besucher von außerhalb wurden gejagt und geschlagen, bis sie die Polizeikräfte erreichten. Sogar in den Polizeiautos wurden sie noch mit Steinen bombardiert.

Ein besorgter und verwirrter Conrad kam ins Haus gerannt und begrüßte mich. Sein Freund Clark hatte ihm erzählt, ich sei tot. Um ihn zu beruhigen, beschäftigte ihn Großmama damit, ihr beim Mittagessen zu helfen. Ich blieb beim Radio und grübelte, ob ich ihnen erzählen sollte, was mir an diesem Tag wirklich geschehen war, oder nicht. Ich kam zu dem Schluß, daß es nur alles schlimmer machen würde und vielleicht würden sie dann beschließen, daß ich nie mehr an der Integration teilnehmen dürfe.

Später besorgten wir uns ein Exemplar der Abendausgabe des *Arkansas Democrat*. Die Schlagzeile lautete: ZUNEHMENDE GEWALT ZWINGT SCHWARZE SCHÜLER ZUM RÜCKZUG VON DER CENTRAL HIGH. BRUTALE SCHLÄGEREIEN DURCH DEN PÖBEL.

»Bei diesen Fotos erstarrt einem das Blut in den Adern«, sagte Großmama und zeigte auf eines, auf dem der Reporter Alex Wilson verprügelt wurde. Ein anderes Foto zeigte einen weißen Mann, der ihm huckepack auf dem Rücken saß. Die Zeitung war voller Fotos von der Menge und wie die Polizei verzweifelt versuchte, sie unter Kontrolle zu halten. Erst als ich diese Fotos sah, wurde mir die wirkliche Gefahr des Pöbels bewußt.

Ich schrieb in mein Tagebuch:

Es scheint für mich an der Central High keinen Raum zu geben. Ich will nicht, daß die Integration wie eine Achterbahn ist. Bitte Gott, schaffe Raum für mich.

Das Telefon klingelte ununterbrochen. Wütende Fremde spien Haß und Drohungen aus. Es gab auch Anrufe von Familienangehörigen und Freunden, die sich nach meiner Sicherheit erkundigten und uns warnten, daß sich der Mob weitere Leute aus unserer Nachbarschaft ausguckte und verprügelte. Ein Anruf kam von einem Journalisten, der fragte, was ich von der Situation hielt. Bevor Mutter oder Großmama merkten, was ich tat, hatte ich es ihm schon erzählt. Er machte mir ein Kompliment und sagte, ich könne sehr gut formulieren. Er wollte wissen, ob ich auch schreiben könne. Ich sagte ja, und er fragte, ob ich über meinen ersten Morgen an der Central High einen Artikel schreiben würde. Auf der Stelle notierte ich einige Einfälle und begann, ihm den Artikel so zu diktieren, wie er mir in den Sinn kam, auf dieselbe Art und Weise, wie ich jeden Abend Briefe an Gott in mein Tagebuch schrieb. Während ich mit dem Journalisten sprach, dachte ich immer an unsere Instruktionen: Das Positive betonen, nicht zuviel jammern. Er sagte, meine Geschichte würde, wie ich sie geschrieben hatte, in allen Zeitungen erscheinen, weil er zur Nachrichtenagentur Associated Press gehörte. Und tatsächlich entdeckte ich sie am nächsten Tag auf der Titelseite:

> *Hätten Sie mit mir getauscht und wären an diesem Morgen zur Central gegangen, so wie ich? Ich habe es getan, und ich bin froh darüber.*
>
> *Bevor ich die Central High betrat, hatte ich Gefühle, die mit Sicherheit kein anderes Kind von 15 Jahren je hatte: Gefühle des Mutes, der Angst und der Herausforderung verfolgten mich. An jenem Morgen wußte ich, wie ich mich entscheiden mußte: Ich würde gehen.*
>
> *»Der Herr ist meine Stärke und mein Schild; auf ihn hofft mein Herz, und mir ist geholfen.« Mit diesem Vers und einem hoffnungsvollen Gebet in meinem Herzen betrat ich die Hallen der Central High. Die geräumigen Flure vermittelten das Gefühl, sich an einer Schule zu befinden, doch war die Atmosphäre dem Studium nicht förderlich; es herrschte vielmehr eine Atmosphäre des Unbehagens.*
>
> *Das Meer der Gesichter bot mir kein herausragendes Individuum. Obwohl einige nett waren, zeigten die meisten Verachtung, insbesondere einige der Jungen, die sich in den Fluren versammelt hatten.*
>
> *Ich glaubte schon, daß der lange, harte Kampf vorüber sein, daß sich endlich der American Way of Life auszah-*

len würde. Als ich allein durch die Korridore ging, schien es, als ob ich auf einer Insel meinen Weg verloren hätte, einer Insel voller fremder Menschen, und ich hatte keine Möglichkeit, mich mit ihnen zu verständigen. Ich sehnte mich danach, Ihnen zu sagen: »Ich werde euch nicht verletzen, ehrlich, gebt mir eine Chance, na los. Wie steht's damit? Ich bin ein ganz normaler Teenager, ebenso wie ihr, mit denselben Wünschen und denselben Kümmernissen.« Aber es war zwecklos, nur in einigen wenigen Gesichtern stand zu lesen, daß ich zu ihnen durchgedrungen war.

Jedesmal, wenn ich kurz davor stand aufzugeben, erschöpft von den Verhöhnungen und den Beleidigungen, tauchte plötzlich ein nettes Gesicht auf und sagte: »Ich freue mich über deine Anwesenheit« oder »Du bist hübsch« oder »Willst du nicht bleiben und es auskämpfen?«

Vor allem dies rückte all die Sprüche wie »Geh heim, Nigger« und »Dich krieg ich, noch bevor der Tag vorüber ist« in den Hintergrund.

Es gab einige aufreibende Erlebnisse, als mir beispielsweise einige rauhe, hart aussehende Kotelettenträger, Jungen, von denen ich sicher bin, daß sie allein auf sich gestellt nicht einmal eine Maus angreifen würden, den Durchgang zur Klasse blockierten. Dann waren da die drei Frauen, die über den Zaun kletterten und versuchten, »mich zu kriegen«.

Eine Lieblingsbeschäftigung der anderen Kinder war es, sich im Kreis aufzustellen und zu schreien: »Wir lassen uns nichts oktroyieren und werden niemals integrieren!« Ich weiß von keiner körperlichen Verletzung einer der neun Schüler und Schülerinnen. Ich wurde von einem Mädchen geschlagen. Ich drehte mich um und sagte »Danke«, dann ging ich weiter in den Unterrichtsraum.

Mir wurde die Größe bzw. die Absichten der Menge draußen erst klar, als man mir sagte, ich müsse die Central High zu meiner eigenen Sicherheit verlassen. Das hat mich tiefer verletzt, als ich sagen kann. Ich bin froh, daß ich morgens zur Central gegangen bin, wirklich sehr froh, denn jetzt weiß ich, daß die Integration in Little Rock, Arkansas, ohne Einmischung von außen möglich ist.

Als ich den Artikel gelesen hatte, wurde mir klar, daß ich nicht die ganze Wahrheit gesagt hatte, sondern eine Version, die die Integration nicht gefährden würde. Wenn ich gesagt hätte, was wirklich geschehen war, hätte vielleicht einer der Offiziellen gesagt, wir dürften nicht zurück. Ich stellte die Geschichte so zusammen, daß mein Tag normal klang. Vielleicht in einigen Tagen, wenn ich geduldig blieb und betete, würde es wirklich so sein – weiße Schüler und Schülerinnen würden mich begrüßen und lächeln und mich wie einen normalen Menschen behandeln.

Den ganzen Abend setzten wir unsere Wache auf der Couch vor dem Fernsehgerät fort. Mutter schien sich etwas zu entspannen, und Großmama setzte sich mit ihrem Almanach und ihrer Handarbeit hin. Die Reporter berichteten wieder von umherziehenden Gruppen von Schlägern, die ihre schrecklichen Taten in der ganzen Stadt ausführten.

Von seinem Zufluchtsort Sea Island in Georgia drängte Gouverneur Faubus die Vertreter von Stadt und Schule, eine Phase der Abkühlung zuzulassen, bevor mit der Integration fortgefahren würde.

Präsident Eisenhower hatte uns in einer Radiobotschaft zu unserer Tapferkeit gratuliert. Er meinte, alle Eltern müßten voller Mitgefühl die Pein verstehen, der wir neun Kinder ausgesetzt gewesen waren. Dann verkündete er eine Warnung:

Ich möchte in Zusammenhang mit den schändlichen Vorfällen heute an der Central High School in Little Rock eines ganz deutlich sagen: Ich werde die volle Macht der Vereinigten Staaten einsetzen, einschließlich aller Kräfte, die notwendig sein sollten, um jede Behinderung des Gesetzes abzuwehren und die Anweisungen des Bundesgerichts durchzuführen.

Er beendete seine Ankündigung mit der Forderung, daß alle, die an der Verhinderung der Gerechtigkeit beteiligt seien, »nachgeben und ablassen mögen.«

»Immerhin haben wir einen Präsidenten, der das Gesetz respektiert«, meinte Großmama zustimmend.

»Morgen mußt du nicht zur Schule, Melba«, sagte Mutter Lois.

»Aber ich gehe doch morgen zur Schule, oder?« wollte Conrad wissen.

»Vielleicht. Wir werden sehen, wie alles läuft«, antwortete Mutter Lois.

»Ich wette, der Mob wird sich nach den Worten des Präsidenten richten«, meinte Großmama. »Morgen wird alles wieder beim Alten sein.«

Aber diesmal irrte Großmama. Nach einer unruhigen Nacht wachten wir am Dienstag auf und mußten entdecken, daß der Mob der Warnung des Präsidenten keine Beachtung schenkte. Schon um sieben Uhr dreißig hatten sich über 200 Menschen vor der Central High versammelt, um gegen unser Eintreffen zu protestieren. In den Schlagzeilen hieß es:

IKE BEREITET DEN WEG FÜR DIE TRUPPEN VOR
ER FORDERT DURCHFÜHRUNG DER GESETZE
Arkansas Gazette, Dienstag, 24. September 1957

In dem Artikel hieß es, Präsident Eisenhower habe eine epochemachende Proklamation unterschrieben, die den Weg für den möglichen Einsatz der Bundestruppen bereitete, um weitere Gewalttaten in Zusammenhang mit der Schulintegration in Little Rock zu verhindern.

Aber als nächstes las ich: FAUBUS ZWEIFELT AN TRUPPENENTSENDUNG DURCH IKE. Am 23. September hatte Gouverneur Faubus in Sea Island erklärt, daß der Präsident keine Bundestruppen einsetzen könne, um gegen die Gewalttaten bei der Integration in Little Rock anzugehen, außer er, der Gouverneur, fordere ihn dazu auf. Und, so fügte er hinzu, »ich plane keine solche Aufforderung.«

Noch während ich dies las, verkündete der Radiosprecher, daß die gewaltbereite Menge vor der Central High größer sei als noch am Tag zuvor.

Kapitel 12

»Gouverneur Faubus hat nicht um die Bundestruppen gebeten, aber jetzt hat er sie trotzdem am Hals«, sagte Großmama als wir die Ankunft der 101. Luftlandetruppen am frühen Dienstag abend beobachteten. Wir waren wie erstarrt, als wir den Fernsehreporter die Stärke dieser ganz bestimmten Militäreinheit beschreiben hörten.

> *52 Flugzeugladungen – C123- und C130-Maschinen – haben 1200 kampfbereite Fallschirmspringer nach Little Rock gebracht. Sie sollen dafür sorgen, daß die Integration an der Central High School ohne weitere Gewalttaten durchgeführt wird.*
> *Flugzeuge mit Männern der 101. Luftlandeeinheit, die in Fort Campbell in Kentucky stationiert sind, landeten heute nachmittag ab 15 Uhr 30 in halbstündigen Intervallen auf dem Luftwaffenflughafen von Little Rock. Der Truppenkonvoi wird nach Little Rock ziehen und vor der Central High School Position beziehen.*

Ich saß vollkommen still. Meine Aufmerksamkeit galt dem Bildschirm, wo sich die herrlichsten Bilder vor meinen Augen bewegten. Vor der Silhouette des schiefergrauen Himmels warfen die Lichter der Jeeps helle Balken in das Abendlicht, als die starke 101. Luftwaffeneinheit über die Broadway Bridge nach Little Rock rollte. Es war eine Karawane aus Armeefahrzeugen, die ewig weiterzurollen schien.

»Noch mehr von Gottes Arbeit«, sagte Großmama mit tränennassen Augen. »Wer hätte gedacht, daß der Präsident und die 101. Luftlandeeinheit Mr. Faubus auf die Pelle rücken würden, nur weil er unsere neun kleinen Kinder schlecht behandelt hat.«

Die Ankunft der Truppen ließ in mir die Hoffnung keimen, daß ich vor dem Mob geschützt sei. Aber ich hatte auch mehr Angst denn je, denn Präsident Eisenhower hatte uns nicht nur irgendeine alte Militäreinheit geschickt. Die Männer der 101. Luftlandeeinheit waren berühmte Helden, kampferprobte Spezialisten, sagte der Reporter. Wenn wir solche tapferen Soldaten brauchten, müssen der Präsident und die mächtigen Männer seines Kabinetts einstimmig der Ansicht gewesen sein, daß die Integration so gefährlich war wie ein Feind im Krieg.

Ich hatte das Gefühl, daß von uns neun erwartet wurde, zur Durchsetzung der Integration eine Art Krieg zu führen. Der Gedanke beunruhigte mich. Ich wußte, Mutter machte sich ebenfalls Sorgen, denn sie schlug mir vor, am nächsten Tag nach Cincinnati zu fahren, bei Onkel Clancey zu wohnen und dort zur Schule zu gehen. Ich wollte nicht weg, weil ich wußte, es würde in den Zeitungen stehen und die Anhänger der Rassentrennung würden dann denken, ich hätte es mit der Angst bekommen. Sie wären dann der Meinung, gewonnen zu haben. Warum hatte sie mir dieses Angebot nicht früher gemacht? Dann wäre es um vieles leichter gewesen.

Zum ersten Mal überhaupt brachte Großmama das Abendessen auf einem Tablett vor das Fernsehgerät, damit wir hören konnten, wie Präsident Eisenhower zur Nation sprach. »Wir wollen das Ganze in der richtigen Perspektive sehen. Er ist unser Präsident, und zufällig spricht er über uns. Die ganze Welt sieht zu, warum nicht auch wir«, meinte sie.

Präsident Eisenhower sprach aus dem Weißen Haus. Er sagte, er habe die Truppen entsendet, weil »der Mob in Little Rock regiert und die Sicherheit der Vereinigten Staaten und der freien Welt bedroht.« Das sei so, meinte er, weil die grinsenden Kommunisten im Ausland die Aufstände anläßlich der Schulintegration dazu benutzten, die Vereinigten Staaten schlecht darzustellen und ihr Prestige und ihren weltweiten Einfluß zu unterminieren. Dann sah er direkt in die Kamera und sagte: »Wir können nicht zulassen, daß der Mob eine Entscheidung der Gerichte umwirft.«

Später trat Gouverneur Faubus im Fernsehen auf, um, wie es ein Reporter nannte, eine Bittrede zu halten. »Wir sind jetzt ein besetztes Land. Im Namen Gottes, den wir alle ehren, im Namen der Freiheit, die uns so teuer ist, im Namen der Anständigkeit, die wir alle schätzen – was geschieht nur gerade in Amerika?«

»Ich kann Ihnen helfen, das herauszufinden, Mr. Faubus«, rief Mutter Lois der Mattscheibe zu. »Der Präsident hat Ihren Bluff aufgedeckt.«

Später in jener Nacht, als es in meinem Kopf vor lauter Neuigkeiten schwirrte und mich die Frage bewegte, ob ich zur Central High zurückgehen sollte oder nicht, schrieb ich in mein Tagebuch:

> *Alles in meinem Leben ist so neu. Könnte ich doch bitte wieder einige der alten Dinge tun, die ich gut kann. Ich weiß nicht, wie man mit Soldaten zur Schule geht. Bitte zeige es mir.*
> *P.S. Bitte hilf den Soldaten, den Mob von mir fernzuhalten.*

Anstatt in meinen Kleidern ins Bett zu gehen, wie ich es die Nächte zuvor getan hatte, zog ich meinen Pyjama an. Mit den Soldaten in der Stadt fühlte ich mich sicher genug, um tief zu schlafen – etwas, was ich schon lange Zeit nicht mehr getan hatte. Ich dachte mir, daß die Anhänger der Rassentrennung es nicht wagen würden, ihre üblichen Angriffe auf unser Haus mitten in der Nacht durchzuführen, wenn der Präsident sie so genau beobachtete.

Es war sehr still, als ich das Licht löschte. Da die 101. Luftlandeeinheit in der Stadt war, hörten wir nicht so viele

Sirenen wie sonst. Später wachte ich durstig auf und holte mir ein Glas Wasser. Ich entdeckte Großmama mit der Schrotflinte auf ihrem Schoß – schnarchend. Offenbar fühlte auch sie sich sicherer.

Ich weiß nicht, wie lange ich schon geschlafen hatte, als ich plötzlich aufschreckte. Ich saß aufrecht im Bett. Es klingelte an der Haustür, und ich hörte Stimmen auf der vorderen Veranda. Mama beugte sich über mich. Sie legte mir die Hand auf den Mund und bedeutete mir, aufzustehen. Es klingelte immer weiter an der Tür. Wir gingen ins Wohnzimmer. Verschlafen kam uns Conrad im Flur mit einem verwirrten Gesichtsausdruck entgegen. »Schießt wieder jemand auf uns?« fragte er.

»Wer ist da?« rief Großmama durch die Tür. Sie lugte durch das eingelassene Glasfenster. »Weiße Männer. Weiße Männer, die schwarze Hüte tragen. Was tun die auf unserer Veranda um diese Uhrzeit?« meinte Großmama und griff nach der Schrotflinte. Dann rief sie wieder durch die verschlossene Tür: »Sagen Sie, was Sie wollen, meine Herren, oder ich bin gezwungen, zu sagen, was ich will.«

»Wir kommen vom Büro des Präsidenten der Vereinigten Staaten. Bitte öffnen Sie die Tür«, riefen sie zurück. »Wir haben eine Botschaft von Ihrem Präsidenten.«

Großmama öffnete die Tür einen Spaltbreit und forderte, daß sie sich auswiesen. Sie reichten ihre Ausweise durch die halbgeöffnete Tür. Mutter Lois prüfte die Schriftstücke sehr genau und nickte dann.

»Wie können wir Ihnen helfen?« Großmama senkte die Waffe und hielt sie versteckt, während sie die Tür ein wenig weiter öffnete. Mutter Lois stand neben ihr. Ich dachte noch, wie komisch es doch sei, als ich mich umsah und bemerkte, daß wir alle in Nachthemd und Pyjama die Abgesandten des Präsidenten der Vereinigten Staaten begrüßten.

»Lassen Sie Ihre Tochter wieder zur Schule gehen. Man wird sie schützen«, sagte einer der Männer und reichte Mutter Lois einen Umschlag.

Am nächsten Morgen – am Mittwoch, den 25. September um acht Uhr – fuhren wir um die Ecke zu Mrs. Bates Haus. Da sah ich sie: Etwa fünfzig uniformierte Soldaten der 101. Luftlandeeinheit. Einige standen aufrecht mit ihren Waffen an der Seite, andere saßen in den Jeeps, die am Straßenrand parkten. Wieder andere gingen herum und hielten Walkie-Talkies an ihre Ohren. Als ich näherkam, faszinierten mich ihre glänzenden Stiefel. Großmama hatte immer gesagt, daß gut gepflegte Schuhe das Merkmal eines disziplinierten Menschen seien. Ihre Waffen glänzten ebenfalls, als ob sie sie poliert hätten, und die Bügelfalten ihrer Uniformhosen waren messerscharf.

Ich hatte all diese Reporter von der »Screaming-Eagle-Division der 101. Luftlandeeinheit« reden hören, aber das waren nur Worte. Ich sah menschliche Wesen, Männer aus Fleisch und Blut mit Augen, die mich ansahen. Sie ähnelten den Männern, die ich bei Militäraufnahmen im Fernsehen und im Kino gesehen hatte. Ihre Gesichter waren weiß und ausdruckslos.

Es standen viele Menschen beider Rassen herum und unterhielten sich im Flüsterton. Ich erkannte einige der Pfarrer von unseren Kirchen. Mehrere nickten mir zu oder lächelten mich an. Ich war ein wenig besorgt, weil viele Leute, selbst jene, die mich gut kannten, mich anstarrten, als ob ich anders sei als sie.

Thelma und Minnijean standen nebeneinander und inspizierten die Soldaten von nahem. Die anderen liefen herum. Ich fragte mich, worauf wir warteten. Man sagte mir, es finde eine Versammlung in der Central statt, und das Militär würde die Schülerschaft instruieren.

Reporter hingen auf den Bäumen, über Zäunen, standen auf Autodächern und sprangen mit ihrer üblichen Dringlichkeit herum. Blitzlichter flammten von allen Seiten auf. Über der Menge lag eine unheimliche Ruhe, ähnlich wie ich sie bei Leute außerhalb des Hauses eines Verstorbenen kurz vor seiner Beerdigung beobachtet hatte.

Von Zeit zu Zeit grüßten wir neun uns, während wir herumgingen, mit einem Nicken und einem Lächeln. Wie die anderen fühlte ich den inneren Zwang, die uniformierten Männer anzustarren. Als wir uns ihnen näherten, sah ich, daß einige nicht viel älter waren als ich. Man hatte mir gesagt, daß nur weiße Soldaten zur Central zugelassen waren, weil die Anwesenheit von Farbigen die Anhänger der Rassentrennung nur noch mehr erregt hätte. Farbige Soldaten wurden zur Rüstkammer geschickt, wo sie den Nachschub sicherten oder zur Bewachung unserer Häuser in dringenden Notfällen eingesetzt wurden.

Tränen standen in Mutters Augen, als sie sich flüsternd von mir verabschiedete. »Mach das Beste aus diesem Tag«, sagte sie.

»Wir wollen den Kopf senken und ein Gebet sprechen.« Einer unserer Pfarrer trat aus der Gruppe der anderen hervor und sprach einige tröstliche Worte. Ich bemerkte, daß Tränen über die Gesichter vieler Erwachsener rannen. Ich fragte mich, warum sie gerade in dem Augenblick weinten, in dem ich mehr Hoffnung hatte, am Leben und in Sicherheit zu bleiben, als zu Beginn der Integration.

»Beschütze diese Kinder und bringe sie sicher wieder nach Hause. Flute den Heiligen Geist in ihr Herz und in ihren Geist und in all jene, die unseren Kindern Schaden zufügen wollen.«

»Ja, Herr«, stimmten mehrere ein.

Einer der Soldaten trat vor und machte dem Fahrer eines Kombis ein Zeichen, näher an den Kiesweg zum Haus heranzufahren. Zwei Jeeps fuhren vor, einer vor dem Kombi, einer dahinter. Waffen waren auf den Kühlerhauben montiert.

Wir waren bereits eine halbe Stunde zu spät für die Schule, als wir den Befehl »Ausschwärmen« hörten und der befehlshabende Soldat uns bedeutete, in den Kombi zu steigen. Wir sammelten uns und gingen auf die Autokarawane zu. Viele der Erwachsenen weinten nun ganz offen. Als ich mich umdrehte, um Mutter Lois zuzuwinken, sah ich Tränen in ihren Augen. Ich konnte nicht zurück und sie trösten.

Plötzlich traten alle Soldaten in Aktion und bewegten sich mit präzisen Schritten. Ich hoffte, man würde mir erlauben, im Jeep zu fahren, obwohl mir klar war, daß er kein Verdeck hatte und ich darin nicht so sicher wäre. Tatsächlich wurden wir neun alle zum Kombi geführt.

Sarge, unser Fahrer, war freundlich und nett. Er sprach mit einen Südstaatenakzent, der sich von unserem unterschied, und der auch anders klang als der Dialekt der Weißen aus Arkansas. Wir rollten vom Bürgersteig weg, und die Umstehenden winkten uns nach. Mama sah noch beunruhigter aus. Ich erinnerte mich, daß ich sie zum Abschied nicht einmal geküßt hatte.

Der Fahrer erklärte, daß wir nicht in einer Karawane fuhren, sondern in einem Jeep-Konvoi. Ich konnte in der Ferne Hubschrauber hören. Sarge sagte, sie würden uns folgen und uns beobachten. Wir neun sprachen kaum miteinander, wir waren viel zu beschäftigt, Sarge über die Soldaten auszufragen. Manchmal war es im Wagen so still, daß ich meinen Magen brummeln hören konnte. Er war besonders laut, weil ich vor lauter Nervosität mein Frühstück nur Augenblicke, nachdem ich es verzehrt hatte, wieder von mir gegeben hatte.

Unser Konvoi bewegte sich durch Straßen, die an beiden Seiten von Menschen gesäumt waren, die aussahen, als ob sie auf eine Parade warteten. Einige wenige freundliche Leute aus unserer Gemeinde winkten, als wir vorbeifuhren. Einige der Weißen sahen vollkommen verschreckt aus, während andere uns ihre Fäuste entgegenstreckten. Wieder andere schrieen Beleidigungen.

Als wir uns der Schule näherten, konnte ich einen Hubschrauber direkt über uns hören. Unserem Konvoi schlossen sich weitere Jeeps an. Ich konnte sehen, daß bewaffnete Soldaten und Jeeps bereits bestimmte Kreuzungen blockiert hatten, die zur Schule führten. Näher an der Schule sahen wir weitere Soldaten. Viele feindliche Weiße, mit finsteren Blicken im Gesicht, säumten die Bürgersteige und schüttelten ihre Fäuste. Aber zum ersten Mal hatte ich keine Angst vor ihnen.

Wir fuhren vor der Schule vor. Gruppen von Wachsoldaten standen dort in regelmäßigen Abständen von einigen Zentimetern. Eine Gruppe von etwa zwanzig Soldaten rannte in halsbrecherischer Geschwindigkeit die Straßen vor der Central High School auf und ab. Ihre Waffen mit den Bajonetten wiesen direkt nach vorn. Sarge erklärte, sie machten das zur Kontrolle der Menschenmenge, um den Mob von uns fernzuhalten.

Sarge sagte, wir sollten im Kombi warten, denn die Soldaten würden uns holen kommen. Als ich mich umsah, entdeckte ich eine Gruppe Uniformierter auf uns zumarschieren. Ihre Bajonette wiesen in die Luft. Ihr Führer winkte uns heraus, während einer der Soldaten die Wagentür aufhielt. Als ich aus dem Wagen stieg, hörte ich hinter mir ein Geräusch. In der Ferne ertönte dieser eisigkalt vertraute, aber nun gedämpfte Sprechchor »Wir lassen uns nichts oktroyieren und werden niemals integrieren!« Ich drehte mich um und sah Reporter von der anderen Seite der Schule über die Straße ausschwärmen. Ich blickte auf und sah die Hubschrauber über unseren Köpfen schweben. Sie hingen mit schwirrenden Rotorblättern mitten in der Luft. Der militärische Führer zeigte uns an, stillzustehen.

Ungefähr zwanzig Soldaten kamen auf uns zu und formten ein olivgrünes Viereck mit einem offenen Ende. Ich warf einen Blick auf die Gesichter meiner Freunde. Wie ich schienen auch sie beeindruckt von dem eindrucksvollen Anblick militärischer Stärke. Es gab so viel zu sehen, und alles geschah so schnell. Wir schritten durch das offene Ende des Vierecks. Aufrecht, mit der Waffe an der Seite und entschlossenen Mienen, sahen uns die Soldaten nicht in die Augen, als sie uns in einem schützenden Kokon umstellten. Nach einem langen Augenblick bedeutete uns der Führer, vorwärts zu gehen.

Hunderte von Central High Schülern und Schülerinnen liefen herum. Ich konnte ihr Erstaunen sehen. Einige sahen aus den Fenstern über uns, einige beobachteten uns vom Hof aus, andere standen auf der Balustrade. Einige waren tränenüberströmt, andere waren wütend.

Ich fühlte mich stolz und traurig zur gleichen Zeit. Stolz, daß ich in einem Land lebte, das so weit ging, um einem kleinen Mädchen aus Little Rock, wie ich es war, Gerechtigkeit zu verschaffen. Traurig, daß sie dafür so viel in Kauf nehmen mußten. Ja, dies sind die Vereinigten Staaten, dachte ich. Es gibt gute Gründe, warum ich die Flagge grüße. Wenn diese Jungs uns nur dieses erste Mal begleiten, wird alles in Ordnung sein.

Wir marschierten los. Das unheimliche Schweigen dieses Augenblicks ist auf ewig in mein Gedächtnis eingebrannt. Ich konnte nur meinen eigenen Herzschlag hören und das Geräusch der Stiefel auf dem Stein.

Jeder schien sich in Zeitlupe zu bewegen, als ich durch die erhobenen Bajonette der Soldaten der 101. Luftlandeeinheit blickte. Ich schritt auf dem Betonweg auf die Vordertür der Schule zu – auf demselben Weg, den uns die Nationalgarde von Arkansas wenige Tage zuvor versperrt hatte. Wir näherten uns den Treppen. Unsere Füße bewegten sich im Gleichklang zum Rhythmus des marschierenden Klick-Klack-Geräusches der Screaming Eagles. Schritt für Schritt stiegen wir die Stufen hoch, auf denen noch nie zuvor Leute von uns als Schüler hinaufgestiegen waren. Wir schritten zur Vordertür der Central High School und traten über die Schwelle des Ortes, der uns von den wütenden Anhängern der Rassentrennung verboten worden war.

Kapitel 13

Die Screaming Eagles hatten uns sicher im Innern der Central High School abgeliefert. Die Soldaten, wir neun Schüler und Schülerinnen und die weißen Schulvertreter – wir alle standen absolut reglos, als ob wir unter einem Zauber stünden. Keiner schien zu wissen, was wir als nächstes tun sollten.

Ohne Vorwarnung trat ein uniformierter Soldat mit einer riesigen altmodischen Kamera aus dem Nichts. Er richtete sie auf uns und schoß ein Foto.

Der Befehlshaber der Truppen hielt eine kurze Ansprache und unsere militärischen Beschützer formierten sich und marschierten davon. Ohne diese Sicherheitsdecke fühlte ich mich nackt. Eine Alarmsirene läutete in meinem Körper.

Direktor Jess Matthews begrüßte uns mit einem gezwungenen Lächeln im Gesicht und nannte uns unsere Klassenzimmer. Da sah ich die andere Gruppe von Soldaten. Sie trugen andere Uniformen als die Kampfsoldaten draußen, aber sie hatten dieselben Waffen und dieselben gelassenen Gesichter. Als wir neun uns trennten, folgte jedem von uns ein Soldat.

In dem gewundenen Flur nahe bei der Tür, durch die wir eingetreten waren, kam ich an mehren Gruppen von Schülern und Schülerinnen vorbei, die mich anstarrten, Obszönitäten flüsterten und mit Fingern auf mich zeigten. Sie riefen auch dem Soldaten Beleidigungen zu, aber er schien dem keine Aufmerksamkeit zu schenken. Meine Klasse war mehr als einen Block von der Vordertür entfernt, nahe dem Eingang an der Vierzehnten Straße. Ich sah weitere Soldaten der 101.

Luftlandeeinheit in regelmäßigen Abständen in den Fluren stehen. Ich drehte mich um, um sicherzustellen, daß mir wirklich ein Soldat folgte. Er war auch da. Als ich mich dem Unterrichtsraum näherte, ging er schneller und rückte zu mir auf.

»Melba, mein Name ist Danny.« Er sah mir direkt in die Augen. Er war von kleiner Statur, ungefähr 175 cm groß, mit dunklem Haar und tiefliegenden braunen Augen. »Ich warte hier auf dich. Wir dürfen nicht in die Klassenzimmer. Wenn du mich brauchst, schrei.«

Mein Herz setzte einen Schlag aus, als sich die Tür zum Klassenzimmer hinter mir schloß. Ich drehte mich noch einmal um und sah, wie Danny durch das in die Tür eingelassene Fenster schaute.

Die Lehrerin wies mir einen Platz in der Nähe der Tür zu, wo der Soldat mich gut sehen konnte. Ich war eine von etwa zwanzig Schülerinnen und Schülern.

»Ihr sitzt einfach alle nur da und laßt diese Niggerin hier so hereinkommen? Ich gehe. Wer kommt mir mir?« Ein großer dunkelhaariger Junge hielt kurz inne und sah sich im Raum um. Zuerst herrschte Stille, aber keiner ging. Ich setzte mich und hoffte, mich beruhigen und auf den Unterricht konzentrieren zu können. Sonnenlicht flutete durch eine Reihe von Fenstern auf der mir gegenüberliegenden Seite in den Unterrichtsraum. Es war ein herrlicher Morgen. Ich versuchte sehr, mich zu konzentrieren, stimmte mich ganz auf das ein, was die Lehrerin sagte, als sie ihre Diskussion über den Aufbau von Sätzen fortführte.

Was für ein Glück. Mutter hatte oft ein Spiel mit Conrad und mir gespielt und uns auf diese Weise schon früh den Satzaufbau beigebracht. Es ist bequem, eine Englischlehrerin zur Mutter zu haben. Ich versuchte mit aller Kraft, den Jungen zu ignorieren, der mit einem seiner Kumpel einen ätzenden Dialog begonnen hatte. Er machte leise weiter, gerade noch vernehmbar, so daß es zwar für alle hörbar war, aber die Lehrerin es berechtigterweise ignorieren konnte.

»Ihr häßlichen Nigger denkt, nur weil die Jungs von der Armee euch herumführen, dürftet ihr hierbleiben.«

Ich schluckte. Ein Trauerkloß saß mir im Hals. Ich fragte mich, ob ich die Lehrerin bitten sollte, ihn davon abzuhalten, mich noch länger so zu behandeln oder nicht. Ich entschied mich dagegen, denn ich dachte, sie sei sich durchaus bewußt, was er da tat. Außerdem hatte man uns angewiesen, uns vor anderen Schülern und Schülerinnen nicht zu beschweren – man würde uns sonst als Jammerlappen hinstellen.

Der Junge fuhr während der ganzen Unterrichtsstunde mit seinen Verhöhnungen fort. Am Ende der Stunde sprach ich die Lehrerin an, um eine Liste der Hausaufgaben zu bekommen, und während der Unterhaltung fragte ich sie, ob sie etwas tun könne, um die anderen zu beruhigen.

»Ich hoffe, du denkst nicht, wir würden unsere Schüler tyrannisieren, nur um euch zu Gefallen zu sein«, sagte sie. Ich schluckte meinen Ärger hinunter und ging hinaus.

Danny folgte mir. Er ließ soviel Abstand, daß einige Schüler zwischen ihn und mich gerieten. Als ich durch die bevölkerten Flure ging, fühlte ich mich von ihren feindlichen Worten und Blicken wie angesengt. Gelegentlich rammten mir Schüler ihren Ellbogen in den Körper und schubsten mich. Dann kam Danny näher, um sicherzustellen, daß sie ihn sahen. Als ein Junge auf mich zutrat und versuchte, mich die Treppen hinunterzustoßen, starrte Danny ihn nur an. Der Junge wich zurück, aber er rief Danny zu: »Sind Sie stolz darauf, eine Niggerin zu beschützen?«

Als ich in die Stenographieklasse von Mrs. Pickwick trat, verbesserten sich die Dinge entschieden. Es war wie auf einer friedlichen Insel. Sie behielt stets die Kontrolle. Einige flüsterten gemeine Bemerkungen, aber es gab keine Ausbrüche. Ihre sachliche Einstellung ließ keinen Raum für ungehöriges Verhalten.

Ich war etwa dreißig Minuten dort, als ich merkte, daß ich mich fast normal fühlte. Ich genoß den Unterricht und lernte die Stenographiezeichen. Meine Magenmuskeln entspannten sich ein wenig, und ich atmete tief durch. Ich kannte Mrs. Pickwick nicht, aber ich mochte sie und fühlte mich in ihrer Gegenwart sicher. Ich wußte, ich würde ihr für die friedlichen Augenblicke, die ihr Unterricht bot, immer dankbar sein.

Auf dem Weg zur nächsten Klasse mußte ich die Toilette aufsuchen. Ich hatte es so lange wie möglich hinausgeschoben in der Hoffnung, so lange warten zu können, bis ich wieder zu Hause wäre. Davor fürchtete ich mich am meisten, weil die Toiletten der Mädchen sehr isoliert lagen.

Danny lehnte sich gegenüber der Toilettentür an die Wand, ziemlich weit entfernt. Ich eilte hinein. Die Schülerinnen schienen über meinem Anblick erstaunt.

»An der Tür ist kein Schild ›Für Farbige‹, Mädel«, sagte eine von ihnen, als ich vorbeiflitzte.

Ich konnte nicht antworten oder auch nur anhalten, um ihr zuzuhören. Ich war verzweifelt auf der Suche nach einer leeren Kabine. Sobald ich drinnen war, hinter geschlossener Tür, wurde ich zunehmend ängstlich angesichts ihres Flüstern, aber ich konnte nicht genau verstehen, was sie sagten.

Ich wollte so schnell wie möglich wieder hinaus. Ich gab mir selbst das Versprechen, weniger Wasser zu trinken, damit ich dieses Risiko nicht so oft einzugehen hätte. Das Flüstern und Kichern erschreckte mich. Gerade als ich aus der Kabine treten wollte, fing der Chor an: »Niggerin. Ist kein Soldat hier ... wir haben dich hier ganz für uns. Wart's nur ab.«

Ich rannte wie ein Geschoß hinaus und machte nur eine kurze Pause, um meine Hände mit einigen Tropfen Wasser zu reinigen. Da bemerkte ich es – auf dem Spiegel stand mit Lippenstift geschrieben: »Nigger, go home.«

Mitten in der nächsten Unterrichtsstunde begann die Schulglocke auf eine Weise zu bimmeln, die ich nie zuvor gehört hatte. »Feueralarm!« riefen die Schüler, als sie aus den Klassen rannten und dabei ausgelassen plauderten. Ich war völlig verschreckt. Wellen und Wellen weißer Gesichter wogten an mir vorbei, einige höhnisch, einige lächelnd, einige wütend. Wieder andere ergriffen die Gelegenheit und beschimpften mich mit häßlichen Ausdrücken.

Draußen war ich glücklich. Ich sah all diese wunderbaren Soldaten in einer präzisen Parade. Sie durchliefen eine Art Wachwechsel, während die Hubschrauber über uns schwirrten. Es war eine richtige Militärshow, die mir ein Gefühl der Sicherheit vermittelte. Obwohl Danny nur wenige Meter entfernt war, fühlte ich mich allmählich unwohl angesichts so vieler wütender weißer Schüler. Minnijean und Thelma standen in der Nähe, und ich unterhielt mich mit ihnen. Zu unserer Überraschung tauschten zwei oder drei weiße Schülerinnen tatsächlich Nettigkeiten mit uns aus, aber direkt hinter uns begann eine Gruppe von Weißen, verletzende Worte zu flüstern. Nach einer Weile ließ man uns in Ruhe, weil alle fasziniert die 101. Luftlandeeinheit beobachteten.

Trotz der interessanten militärischen Aktivitäten zog sich die Zeit hin. In unserer früheren Schule waren die Feueralarmübungen immer sehr kurz gewesen, drei bis fünf Minuten, aber hier standen wir 25 Minuten später immer noch draußen vor der Central High. Ich wurde unruhig, fühlte mich noch verletzlicher, weil ich hier so offen herumstand. Es hatte sich immer noch eine ziemlich große, unglückliche Menge vor der Schule versammelt. Fotografen und Nachrichtenreporter liefen herum, schossen Bilder und wetteiferten um kleinste Informationen darüber, wie wir in unseren Klassen empfangen worden waren. Schließlich läutete eine Glocke und signalisierte uns die Rückkehr zum Unterricht.

Ich zögerte, als die Masse der Schüler ihren Weg zurück zur vorderen Treppe bahnte. Erst als der Treppenaufgang frei war, gab Danny mir zu verstehen, loszulaufen. Aber ich wollte unbedingt in die Cafeteria. Ich freute mich darauf, bei meinen Freundinnen zu sein, mit Menschen zusammen zu sein, mit denen ich mich unterhalten und mit denen ich lachen konnte, aber Danny sagte, wir wären in das Büro der stellvertretenden Direktorin gerufen worden.

Er ging nur wenige Schritte hinter mir, als ich vorsichtig durch den überfüllten Flur schritt und – wo immer möglich – engen Kontakt mit Störenfrieden vermied. Wir stiegen in den ersten Stock und gelangten in das Büro, wo ich Carlotta, Thelma und Mrs. Huckaby traf, die stellvertretende Direktorin für Mädchen. Man konnte nur schwer schlau aus ihr werden. Ich fühlte für sie weder Zu- noch Abneigung. Sie schien eine Frau zu sein, die entschlossen war, ihre Pflicht zu erfüllen und die Dinge so reibungslos wie möglich laufen zu lassen. Sie bestand darauf, uns zur Toilette und in die Cafeteria zu begleiten, und wir dankten ihr.

Wir vier gingen einen Stock tiefer und kamen auf einen breiteren Flur und in einen hell erleuchteten Bereich, offenbar ein Kellerflur, der zu der größten Cafeteria führte, die ich jemals gesehen hatte.

Danny folgte mir und bezog gegenüber dem Eingang zur Cafeteria Stellung. Vor mir dehnte sich ein Meer von weißen Gesichtern aus. Die Cafeteria schien halb so groß wie ein Footballfeld und war voller langer Tische. Der Lärm von den Hunderten plaudernden, lachenden Schülern und Schülerinnen und dem Klappern der Teller war gewaltig. Die Schlange, die darauf wartete, ihr Essen in Empfang zu nehmen, schien endlos lange. Viele der Schüler und Schülerinnen in diesem Raum drehten sich um und starrten uns an. Plötzlich sah ich schwarze Gesichter – meine Leute servierten hinter der Theke das Essen. Ich fühlte nicht dieselbe schmerzliche Peinlichkeit, die ich manchmal verspürte, wenn ich meine Leute an öffentlichen Orten in dienenden Positionen sah. Stattdessen war ich begeistert, daß sie mich anlächelten.

Der Weg entlang der Theke war tückisch, aber ich überlebte ihn mit intaktem Tablett und intaktem Essen. Beim Essen schlossen sich Carlotta, Thelma und mir zwei nette weiße Mädchen an. Einen kurzen Augenblick lachten wir und sprachen über gewöhnliche Dinge, als ob es ein ganz normaler Schultag sei. Tatsächlich versuchten einige weiße Schülerinnen, Kontakt herzustellen. Sie erklärten, daß viele ihrer Freundinnen sich fernhielten, weil sie die Anhänger der Rassentrennung fürchteten, die ihnen verboten hatten, nett zu uns zu sein.

Nach dem Mittagessen ging ich zur Sportstunde. Ich hatte nun zwei weitere Gründe, die mich hoffen ließen, daß die Integration funktionieren würde. Mitten unter all diesen Störenfrieden, die mich verhöhnten, hatten mich zwei Mädchen angelächelt und mich willkommen geheißen. Danny und ich trennten uns an der Tür, die zum Umkleideraum für Mädchen führte. Wir vereinbarten, uns wieder zu treffen, sobald ich meine Sportkleidung angezogen hatte. Er würde in der Nähe des engen Flures warten, der zum Sportplatz führte. Ich hatte Angst und sah auf das Pflaster an meinem Knie vom letzten Mal, als ich diese isolierten Gänge zum Sportunterricht gegangen war. Ich war so schnell gelaufen, wie ich nur konnte.

Ich betrat den Umkleideraum und zog mich um. Ich beeilte mich, selbst als mir jemand den Weg versperrte. Die Blicke und die Beleidigungen verletzten, aber ich gewöhnte mich langsam daran und lernte, damit umzugehen. Schnell hatte ich meine Trainingssachen angezogen und ging wieder hinaus zu Danny.

Er begleitete mich zu der Betontreppe, die hinunter zum Spielfeld im Erdgeschoß führte. Mehrere hundert Meter unter uns, auf dem vormaligen riesigen Spielfeld, war nun eine gewaltige Stadt. Hunderte von olivfarbenen Zelten standen in peinlich genauen Reihen. Es gab Jeeps und größere Lastwägen mit Planen. Ein wahrer Bienenstock an Aktivität. Mehrere Soldaten waren direkt unter uns auf dem Feld postiert, wo mein Unterricht stattfinden sollte. Der Anblick der ordentlichen Reihen marschierender Soldaten, die in der Ferne auf und ab gingen, beruhigte meine Nerven.

Ich stieg die Treppe hinunter, wo die Klasse Volleyball spielte und schloß mich den anderen an, um Teams zu bilden. Bevor wir mit dem Spiel begannen, rief ein Mädchen Danny zu: »Beschützen Sie gern Negerhuren?« Sie lächelte süßlich und blinzelte ihn an. »Würden Sie nicht lieber mir folgen als ihr?«

Dannys Gesichtsmuskeln verspannten sich, aber er sagte nichts, als sie fortfuhr, uns beiden Beleidigungen zuzurufen. Die Sportlehrerin war ziemlich weit entfernt, blies in ihre Pfeife und fungierte als Schiedsrichterin beim Spiel. Gelegentlich sah sie zurück, aber ich war nicht sicher, ob sie die Verhöhnungen mitbekam. Ich spielte mit und versuchte, so kooperativ wie möglich zu sein.

Als der Unterricht zu Ende war, spielte ich mein eigenes Spiel. Ich würde den Weltrekord gewinnen als die Frau, die sich in der Geschichte der Menschheit am schnellsten umziehen konnte. Als Danny mich begrüßte, bestätigte mir sein Blick, daß ich seine Erwartungen weit übertroffen hatte. Er führte mich durch einen abgelegenen Durchgang in den großen Flur, und plötzlich standen wir einem Chor von Kotelettenträgern gegenüber. Sie kopierten die Haartracht von James Dean und Elvis und hielten sich selbst für Bad Boys, »schlechte Jungen«.

»Eins, zwei, drei, marschiere ... marschiere Kompanie ... marschiere im Rhythmus der Negertrommel«, sang der Chor der Jungen, als wir vorbeigingen. Plötzlich trat einer von ihnen an mich heran und schlug mir die Bücher aus der Hand. Sie fielen zu Boden. Wir waren von Raufbolden umgeben, einige von ihnen viel größer als Danny.

»Bewege dich nicht«, flüsterte Danny. »Steh absolut still.« Seine Worte hielten mich davon ab, um mein Leben zu laufen. In diesem Moment fiel es mir schwer, reglos zu bleiben, meine Knie zitterten, als die Gruppe uns umzingelte. Plötzlich kamen aus dem Nichts Soldaten. Sie machten ihre Gegenwart deutlich und hielten ihre Schlagstöcke in der Hand, während sie langsam auf uns zukamen. Ich fragte mich, woher sie so schnell gekommen waren. Ich sah hinter mich, und da waren noch mehr Soldaten. Sie standen aufrecht und still an der Wand, als ob sie jeden Moment zur Tat schreiten könnten.

Widerstrebend zerstreuten sich die Raufbolde und ließen eine Spur an Beleidigungen zurück. Die Soldaten zogen sich so schnell und leise zurück, wie sie gekommen waren. Eine Sekunde später waren sie schon außer Sichtweite.

Als ich die Französischklasse betrat, gab es keine unflätige Begrüßung und keine Verhöhnungen. Im Gegenteil, einige der Schüler und Schülerinnen blickten recht freundlich. Ich brauchte eine Weile, bevor mir klar wurde, daß sie nur eine andere Art hatten, mich nicht willkommen zu heißen. Ich freute mich über den Französischunterricht. Mutter Lois sprach fließend französisch. Sie erteilte mir und Conrad oft am Abendbrottisch Lektionen. Ich wollte unbedingt anfangen, denn ich konnte sehen, daß Central über Kassettenrekorder und spezielle Kopfhörer verfügte, alles Dinge, die ich in meinem früheren Französischunterricht nicht gehabt hatte.

Die Schüler sprachen die ganze Stunde auf französisch über das Sonnenbaden. Ich verstand die Sprache und wußte nicht, was ich tun sollte, als ein Schüler auf französisch sagte, er wolle nicht zu dunkel werden, »aus Angst, für einen ... naja, Sie wissen, schon, für einen ›Nigger‹ gehalten zu werden.« Ich unterdrückte meine Tränen der Enttäuschung.

Als ich mit Danny im Gefolge zum Lesesaal ging, hatten sich bei mir schwere Kopfschmerzen eingestellt. Als ich durch die Tür ging, war es, als ob ich in einen Zoo trat, bei dem die Tiere aus den Käfigen ausgebrochen waren. Der Raum war doppelt so groß wie der größte Unterrichtsraum in meiner alten Schule. Ich hatte noch nie etwas Ähnliches gesehen oder mir in meinem wildesten Träumen vorgestellt, daß eine so bedeutende Schule wie die Central High ein derart ungebührliches Verhalten dulden würde. Die Schüler stampften mit den Füßen auf, liefen herum, brüllten, ließen Papierflugzeuge durch die Luft segeln und verhielten sich, als ob sie eine wilde Party feierten. Der aufsichtsführende Lehrer saß duckmäuserisch an seinem Schreibtisch – ein bloßer Zuschauer, ohne den Wunsch oder die Kraft, die Meute zu ordentlichem Benehmen zu bringen.

Ich machte fünf Schritte in den Raum hinein. Alle verstummten, hörten mit dem auf, was sie gerade taten, und starrten mich an.

»Setze dich dort drüben hin«, sagte der beaufsichtigende Lehrer.

»Aber ich muß –« Ich wollte ihn bitten, nahe an der Tür zu sitzen, wo ich Danny sehen konnte, aber er unterbrach mich.

»Hast du mich gehört? Ich sagte, setze dich dort drüben hin oder du meldest dich beim Direktor.«

Der Lehrer las weiter seine Zeitung, während die Schüler Papierkügelchen warfen. Sie zielten nur einige wenige auf mich; meistens waren sie mit ihren eigenen kleinen Spielen beschäftigt. Einmal reichten sie Papierzettelchen weiter. Als mir einer gereicht wurde, öffnete ich ihn. »Nigger, go home«, stand darauf. Ich las es ohne Gefühle, faltete den Zettel wieder sorgfältig zusammen und steckte ihn ein.

»Da kommen die Hubschrauber, um die Nigger aufzulesen«, schrie jemand. Gott sei Dank, dachte ich. Ich hatte meine schlimmste Stunde durchlebt. Zwar hatte mir niemand etwas Größeres angetan, aber ihre Drohungen, die Kügelchen, die mich knapp verfehlten, die Papierflugzeuge und die fliegenden Bleistifte hatten mein Nervenkostüm zerrüttet. »Hubschrauber. Nach Hause«, flüsterte ich. Es kam mir wie ein ganzes Leben vor, seit ich zu Hause gewesen war – bequem und sicher. In diesem Augenblick öffnete Danny die Tür und winkte mich zu sich. »Wir gehen jetzt nach Hause!« sagte er.

Das schwirrende Geräusch der Hubschrauber über uns übertönte einige der Beleidigungen, die mir zugerufen wurden, als ich aus dem Lesesaal schritt. Danny und ich gingen zum Büro des Direktors, wo ich mich mit den anderen Schülern und Schülerinnen und den Soldaten für den Nachhauseweg sammeln sollte. Ich hatte meinen ersten Tag an der Central High hinter mich gebracht.

»Lesen, schreiben und Aufstand üben«. Der humoristische Dialog unserer Gruppe begann schon, als wir das Gebäude noch gar nicht verlassen hatten. Am meisten brauchte ich diese Art von Lachen, die meine Kopfschmerzen vertreiben würde. Da waren wir neun – wir lächelten, plauderten und verhielten uns, als ob wir normale Teenager seien, die einen normalen Schultag beendet hatten. Gleichzeitig standen uniformierte und bewaffnete Soldaten mit erhobenen Bajonetten um uns herum, um uns aus dem Gebäude zu begleiten. Innerhalb desselben schützenden Kokons, der uns auf dem Weg in die Schule umgeben hatte, verließen wir die Schule durch die Vordertür. Ich sah zurück und entdeckte, daß eine Gruppe weißer Schüler uns folgte. Ihre feindseligen Gefühle waren auf ihren Gesichtern geschrieben.

Der Rotor des Hubschrauber brummte umso lauter, je weiter wir die Treppen hinunterkamen. Unter dem starken Schutz der Screaming Eagles gingen wir zu einem Mannschaftswagen der Armee, der am Bürgersteig parkte. Wieder einmal lief eine Gruppe von Soldaten im Eiltempo auf und ab. Sogar der Sprechchor »Wir lassen uns nichts oktroyieren und werden niemals integrieren!« konnte meine Freude nicht vertreiben. Ich fuhr nach Hause. Als ich in das Auto stieg, durchströmte mich eine Welle des Friedens.

»Entspannt euch, wir fahren jetzt los«, sagte Sarge, unser Fahrer, als wir uns in unsere Sitze kuschelten. Der Konvoi war derselbe wie am Morgen. Vorn fuhr der offene Jeep voller Soldaten und einem Maschinengewehr auf der Kühlerhaube, und ein ähnliches Fahrzeug folgte uns. Als wir von der Central High losfuhren, drehte ich mich um, und ich sah die Schüler, die sich auf dem Rasen vor der Schule versammelt hatten und uns anstarrten, als ob sie eine Parade beobachteten, von der sie nicht gewußt hatten, daß sie bei ihnen vorbeikommt. Einen winzigen Augenblick lang fühlte ich sogar einen Hauch Mitgefühl mit ihnen.

»Hattet ihr alle einen schönen Tag?« Sarge wollte höflich Konversation machen. Wir gaben unterschiedliche Versionen derselben Antwort:

»Schön ist nicht unbedingt das Wort, mit dem ich meinen Tag beschreiben würde.«

»War ganz in Ordnung.«

»Kommt darauf an, was Sie mit schön meinen.«

»Meine Mama hat mir nie gesagt, daß es Tage wie diesen geben würde.«

Das war der Anfang eines Turniers jeder gegen jeden, wer seine Erfahrungen am farbigsten beschreiben konnte. Die Heimfahrt brachte die fröhliche Erleichterung, auf die ich den ganzen Tag gewartet hatte. Manchmal hielten wir mitten im Lachen über unsere Erzählungen inne, wenn wir sahen, daß jemand in Tränen ausbrach. Es gab Geschichten von fliegenden Büchern und Bleistiften und Worten, die die Seele verletzten. Aber es gab auch Beschreibungen von höflichen Schülern und Schülerinnen, die sich freiwillig neben uns setzten oder anboten, uns alte Hausaufgaben zu leihen oder uns warmherzig anlächelten, gerade wenn wir es am dringendsten brauchten.

Unsere Zuflucht war allzu schnell vorüber. Als wir uns dem Haus von Mrs. Bates näherten, sah ich die Journalisten. Meine Kopfschmerzen kehrten zurück. Die Blitzlichter flammten auf, noch bevor Sarge den Wagen parkte. Wir bedankten uns bei ihm und wandten uns auf dem Weg zur Haustür von Mrs. Bates dem Bombardement der Fragen zu.

»Wie war es in der Schule? Hattet ihr Angst? Wie hat man euch behandelt? Seid ihr geschlagen worden? Hat man euch beleidigt? Welche Klassen habt ihr besucht?« Immer wieder dieselben Fragen. Dann gab es eine, die mir im Gedächtnis haften blieb und meine Kiefermuskulatur verspannte: »Geht ihr morgen wieder hin?«

Ich war nicht bereit, an ein Morgen an der Central High zu denken. Ich setzte mich still hin, grübelte über diese eine Frage nach und sah dabei aus dem Fenster, wo einige Soldaten stillstanden. Aber sie waren nur einen kurzen Moment dort, dann kletterten sie in die Jeeps und in den Kombi und fuhren fort. Und dann wurde meine Aufmerksamkeit durch eine rüde Frage schnell wieder auf das Geschehen im Haus gelenkt.

»Ob ich gern weiß wäre?« wiederholte ich spöttisch die Frage des Journalisten, und er muß meine Verärgerung verstanden haben. »Äh, ich meine, hast du aufgrund all dieser Schwierigkeiten den Wunsch, lieber weiß zu sein als schwarz?« formulierte er seine Frage neu.

»Wären Sie gern ein Schwarzer?« Ich hörte, wie die Worte ärgerlich aus meinem Mund sprudelten. »Ich bin stolz darauf, die zu sein, die ich bin. Meine Farbe ist im Moment unbequem, aber so wird es nicht immer sein.« Ich sagte, was ich fühlte, trotz der Angst, die anderen könnten denken, daß ich einem Erwachsenen Widerworte gab.

»Kannst du ebensogut schreiben wie du sprichst?« wollte ein schlanker dunkelhaariger Mann wissen.

»Das weiß ich nicht«, antwortete ich.

»Warum versuchst du es nicht? Ich bin Stan Opotowiski von der *New York Post*, und das ist Ted Posten. Hier ist meine Karte. Ich möchte, daß du aufschreibst, was du denkst, und ich werde dafür sorgen, daß es gedruckt wird.« Ich sah sie an. Posten war ebenfalls Schwarzer.

»Ja, klar, ich könnte es versuchen.« Ich nahm seine Karte. Ich hatte immer schon geschrieben. Es war das erste, an das ich mich in meinem Leben erinnern konnte: Ich hatte meine Gedanken in Briefen an Gott auf die Seiten eines Schreibblocks mit orangefarbenem Umschlag und dem Kopf eines Indianers geschrieben. Außerdem war ich sehr geschmei-

Das bin ich heute. (*Kaz Tsuruta*)

Ich im Alter von fünfzehn Jahren. In diesem Jahr begab ich mich auf das Schlachtfeld der Central High School in Little Rock. (Archiv der Autorin)

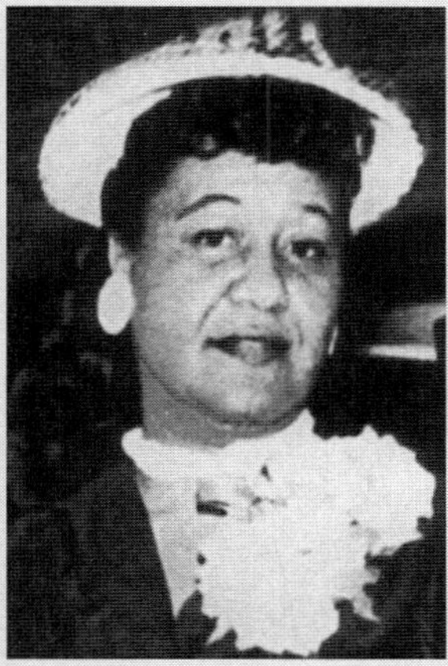

Meine Mutter, Lois Peyton Pattillo, gab mir Stärke und erinnerte mich immer an mein Ziel. (Archiv der Autorin)

Ohne meine Großmutter, India Anette Peyton, hätte ich dieses Jahr an der Central High School niemals überlebt.
(Archiv der Autorin)

Beinahe jeden Tag kam mir mein Bruder Conrad auf seinem Fahrrad entgegen und begrüßte mich mit den Worten: »Schwesterherz, vergiß' nicht, ich mag dich.« Oder: »Für eine große Schwester bist du gar nicht so übel.« Er war mir immer eine Stütze.
(Archiv der Autorin)

An dem Tag, als ich die Tapferkeit Eckfords im Angesicht des Mobs beobachtete, fühlte ich mich hilflos und verletzlich. (UPI/Bettmann Newsphotos)

Ich werde den Männern der 101. Luftlandeeinheit ewig dankbar sein. Sie taten alle ihr Bestes, um uns vor Angriffen zu schützen. (George Silk/Life Magazin)

Der NAACP-Chefberater, Richter Thurgood Marshall, besuchte mit uns das Oberste Bundesgericht. Von links nach rechts: ich, Jefferson Thomas, Gloria Ray, Mrs. C. Bates, Präsidentin der NAACP in Little Rock, Thurgood Marshall, Carlotta Walls, Minnijean Brown und Elizabeth Eckford. (UPI/Bettmann Newsphotos)

Das Haus unserer Familie war immer meine Zuflucht gewesen. Während des Integrationsjahres wurde es zu meinem Gefängnis. (Archiv der Autorin)

Thelma Mothershed sitzt auf der Armlehne meines Stuhls, während wir Hausaufgaben für die Central High School machen.
(AP/Wide World Photos)

Wir neun Schüler und Schülerinnen, die an der Integration an der Central High School beteiligt waren, wurden zu einer eng verbundenen Gemeinschaft mit nur einem Ziel – zu überleben. Vordere Reihe: Thelma Mothershed, Elizabeth Eckford und ich. Hintere Reihe: Jefferson Thomas, Ernest Green, Minnijean Brown, Carlotta Walls, Terrence Roberts und Gloria Ray.

(UPI/Bettmann Newsphotos)

Lange schon hatte ich davon geträumt, auf die Central High School zu gehen. Aber nie hatte ich mir träumen lassen, was mich dieses Privileg kosten würde. (UPI/Bettmann Newsphotos)

chelt, daß er mich darum bat. Ich sagte mir, ich schulde ihm den Gefallen. Wenn die Reporter nicht über unsere Geschichte geschrieben hätten, wären wir vielleicht gehängt worden. Die Nachricht von unserem Ableben wäre nur eine dreizeilige Notiz auf der Rückseite einer weißen Zeitung geworden, hätte es nicht die lärmige Ausdauer der Reporter aus dem Norden gegeben, die Fakten suchten und die Spur der Rassentrennungsanhänger verfolgten.

»Wir müssen jetzt zum Dunbar-Gemeindezentrum zu einer Pressekonferenz.« Ich konnte meinen Ohren nicht trauen, aber wir fuhren los – wieder einmal beantworteten wir Fragen in einem offizielleren Rahmen. Es war schon lange dunkel, bevor wir Thelmas Vater anriefen und er uns abholte. Die Pressekonferenz vermittelte den Eindruck, ewig zu dauern. Reporter aller großen Zeitschriften, die ich in der Bibliothek gelesen hatte, stellten ihre Fragen.

Auf dem Heimweg freute ich mich darauf, meine Sachen auszuziehen, als ob sie verschmutzt wären. Aber das erste, was ich sah, als wir um die Ecke zu meinem Elternhaus fuhren, waren die Reporter. Mit Kameras und Notizblöcken in der Hand saßen sie in den grünen Gartenstühlen auf der vorderen Veranda, und einige Nachbarn hatten sich vor dem Haus versammelt und unterhielten sich mit ihnen. Ich kann ihnen nicht gegenübertreten, sagte ich mir. Aber ich tat es doch – und stand es durch. Ich lächelte, sagte die richtigen Dinge und gab vor, an den Fragen interessiert zu sein.

Um 21 Uhr war ich so müde, daß ich nur noch mein Kissen und meine Träume wollte – süße, glückliche Träume ohne Weiße und ohne die Central High. Das nächste, was ich hörte, war das Lied in meinem Radio, als der Weckalarm losging und mich aus einem kalten, schweißnassen Traum riß. »Peggy ... Peggy Sue-u-u...«. Buddy Holly sang. Ich brauchte eine Minute, bevor mir klar war, wer ich war und was ich zu tun hatte. Wie ich dieses Lied haßte, haßte, haßte!

Sie spielten es jeden Morgen zu dieser Zeit, immer und immer wieder. Ich nahm mein Tagebuch und fing an zu schreiben:

Es ist Donnerstag, der 26. September 1957. Jetzt habe ich einen Leibwächter. Ich weiß sehr wohl, daß der Präsident diese Soldaten nicht geschickt hat, nur um mich zu schützen, sondern um seine Unterstützung einer Idee zu demonstrieren – der Idee, daß sich ein Gouverneur nicht gegen Bundesgesetze stellen kann. Dennoch habe ich das Gefühl, daß man sich besonders um mich sorgt, weil eine Wache da ist. Wenn er nicht da wäre, würde ich häufiger die Stimmen jener hören, die sagen, ich sei eine Niggerin ... daß ich nicht wertvoll wäre, daß ich kein Recht hätte, am Leben zu sein.
Danke, Danny.

Kapitel 14

Über uns schwirrte lärmend der Hubschrauber. Ich entspannte mich ein wenig, denn an diesem zweiten Tag war ich bereits vertraut mit der militärischen Routine unserer Fahrt zur Central High. Ich erlaubte mir, mich vom Anblick der Soldaten, die ihre Pflicht taten, hypnotisieren zu lassen. Diszipliniert, drahtig, präzise, selbstbewußt und stark – diese Wörter fielen einem dabei ein. Sarge war gesprächig und erklärte, daß die 101. Luftlandeeinheit ihren Ruf der Tapferkeit während des Zweiten Weltkriegs verdient hatte, als sie einen deutschen Angriff in der Ardennenschlacht aufhielt.

Ich fragte Sarge, ob unsere Begleiter in den Jeeps sich ebenso seltsam vorkam wie wir, ausstaffiert mit diesen großen Waffen vor ihnen, nur um uns zur Schule zu bringen.

»Nein«, sagte er. »Wir tun, was man uns sagt.«

Ich mußte an die Schlagzeilen der *Gazette* von diesem Morgen denken. Sie lauteten: »TRUPPEN VERTREIBEN MOB; IKE TRIFFT GOUVERNEURE; RÜCKZUG DER ARMEE IM GESPRÄCH.« Es taten sich bereits Gouverneure aus dem Süden zusammen, um gemeinsam für einen Abzug der Soldaten der 101. Luftlandeeinheit von der Central High einzutreten. Sie wollten sich in der kommenden Woche treffen.

»Wollen wir wetten, nächste Woche um diese Zeit treten wir diese Reise allein an«, sagte Ernie mit seinem üblichen Grinsen. Obwohl er lachte und neckte, wußte ich, daß seine Worte eine schmerzliche Wahrheit enthielten. Aber ich durfte nicht einmal daran denken, daß die Truppen abgezogen werden könnte.

»Schultage, Schultage – Tage der goldenen Regel.« Um weitere Gedanken an einen möglichen Abzug der Truppen zu vertreiben, begann ich zu singen. Die anderen stimmten mit ein, während wir an den Bürgersteig fuhren und uns den Soldaten auf dem Weg zu unseren Klassenzimmern anschlossen. Ich war ziemlich erschreckt als ich sah, daß uns nur eine Gruppe von sechs Soldaten umgab, als wir die Treppen zum Haupteingang hinaufstiegen. Der Hubschrauber hing in der Luft, und etwa 200 Soldaten exerzierten in Gruppen ganz in der Nähe.

Diesmal hatte ich Angst, als wir hineingingen, denn der Unterricht hatte noch nicht begonnen und überall standen Schüler und Schülerinnen herum. Ungefähr 300 weigerten sich, den Weg zum Haupteingang freizugeben. Als sie uns so unerschütterlich entgegentraten, wurde klar, daß sie Teil eines geplanten Protestes gegen uns waren. Schließlich nahmen die Soldaten eine drohende Haltung ein, und die Gruppe machte den Weg frei. Als wir die Stufen der mittleren Treppe hochstiegen, rief ein Junge »Buuuuuuh« und hielt den Ton länger, als ich es bei einem menschlichen Wesen für möglich gehalten hätte. Er klang so wie die Zuschauermenge, wenn eine Gastmannschaft die Spieler der Heimmannschaft schlägt. Begeisterter Applaus und Gelächter folgten. Ich war peinlich berührt und fühlte mich absolut unwillkommen.

Ich warf einen Blick zurück über meine Schulter. Ich wollte wissen, ob auf der anderen Seite der Schule noch jemand vom Mob stand und ob die ausdauernden Reporter auch anwesend waren. Und tatsächlich behaupteten beide Gruppen ihre Stellung. Wir konnten die leisen Stimmen in der Ferne singen hören: »Wir lassen uns nichts oktroyieren und werden niemals integrieren!«

»Pech – wir sind nämlich schon drin«, flüsterte Terry.

Danny wartete auf mich in der Nähe des Haupteingangs. Wir nickten einander zu und machten uns auf den langen Weg zu meinem Klassenzimmer. Die frühmorgendlichen

Quertreiber waren voller Energie. Ein Mädchen ging direkt hinter mir und geriet zwischen Danny und mich. Ich sah nicht zurück, stattdessen ging ich schneller. Sie fing an, mir in die Hacken zu treten, und als ich mich zu ihr umdrehte, spuckte sie mich an. Ich duckte mich und hastete davon. Um nicht die Nerven zu verlieren, sagte ich das Vaterunser auf. Ich flüsterte die Worte tonlos, als ich mich der Tür zu meinem Klassenzimmer neben der Treppe im zweiten Stock näherte.

»He, Melba, paß auf, was du tust. Vorsicht!« rief Danny, als eine Gruppe von Jungs in mich hineinlief. Einer von ihnen trat mir so fest gegen das Schienbein, daß ich zu Boden fiel. Ein zweiter Tritt war gegen meinen Magen gezielt. Danny stellte sich über mich und bedeutete ihnen, wegzugehen. Andere Soldaten ließen ihre Anwesenheit wissen, obwohl sie nicht näherkamen. Ich kämpfte mich wieder auf die Beine. Andere weiße Schüler umstellten und verhöhnten mich, applaudierten und riefen: »Die Niggerin ist zu Boden gegangen.«

»Steh auf«, flüsterte Danny. »Laß uns gehen.«

»Warum haben Sie denn nichts unternommen?« fragte ich ihn.

»Ich bin nur aus einem Grund hier«, meinte er ungeduldig, »um dich am Leben zu halten. Es ist mir nicht erlaubt, in verbale oder körperliche Auseinandersetzungen mit diesen Schülern zu geraten.«

Während einige der Schüler ihre Buhrufe fortsetzten, kämpfte ich auf dem Weg zum Büro des Direktors gegen meine Tränen an.

»Hat ein Erwachsener diesen Vorfall beobachtet?« wollte die Frau hinter dem Schreibtisch mit gefühlloser Stimme wissen. »Ich meine, hat ein Lehrer gesehen, wie diese Jungen das getan haben, was du ihnen vorwirfst?«

»Ja, Ma'am, die Soldaten.«

»Die zählen nicht. Außerdem können sie die Jungen, die du beschuldigst, nicht identifizieren.«

»Nein. Außer den Soldaten habe ich keine Erwachsenen gesehen«, antwortete ich und fühlte den Schmerz in meinem Schienbein und in meinem Magen.

»Nun, wenn wir etwas unternehmen sollen, benötigen wir einen erwachsenen Zeugen.«

»Ja, Ma'am.« Sagte mein Mund, denn man hatte mir beigebracht, höflich zu sein. Ein anderer Teil von mir wollte sie jedoch anschreien und sie fragen, warum sie mir nicht glaubte oder warum es ihr egal war, ob ich medizinische Hilfe brauchte oder nicht.

»Ich glaube, du gehst jetzt besser zum Unterricht. Außer du möchtest, daß wir dir einen Krankenwagen rufen«, meinte sie mit sarkastischem Tonfall.

Ich drehte mich um und ging zur Tür. Es hatte mich ebenso geschmerzt, ihr den Vorfall zu melden, wie ihn zu durchleben. Ich konnte Dannys Gesicht sehen – es war ausdruckslos. Aber seine Haltung war so aufrecht und sein Schritt so sicher, daß keiner es wagte, ihn herauszufordern. Als ich das sah, dachte ich über meine eigene Haltung nach. Ich mußte selbstbewußt und wachsam erscheinen. Ich nahm die Schultern zurück und versuchte, nicht zu zeigen, wieviel Angst ich hatte und wie eingeschüchtert ich mich in Wirklichkeit fühlte. Ich sagte mir, ich müsse wie ein Soldat in der Schlacht sein. Ich konnte mir nicht vorstellen, daß ein Soldat der 101. Luftlandeeinheit weinte oder schmollte, wenn er verletzt war.

Als ich mich meinem Klassenzimmer näherte, konnte ich hören, daß die Schüler und Schülerinnen anfeuernde Rufe wie beim Football ausstießen. Ihre lauten Stimmen, ihr Stampfen und ihre Begeisterung ängstigten mich. Es konnte so leicht ein Deckmantel sein für das, was sie mir antun wollten – was auch immer das sein mochte. Ich kannte keinen der Rufe. Es gab niemanden, der sie mir beigebracht hätte. Überall um mich herum lachten und sprachen sie von Dingen, an denen ich keinen Anteil hatte. Ich fühlte mich unsichtbar, ausgeschlossen und wieder einmal so, als gäbe es keinen Raum für mich.

Eine Zeitlang saß ich absolut reglos mitten in all diesem Tumult, doch dann kam ich mir komisch vor, und ich beschloß, mitzumachen. Ich klatschte in die Hände und bewegte mich im Rhythmus vor und zurück, obwohl ihr Spaß mein Schrecken war. Ich fühlte eine bedrückende Einsamkeit und sehnte mich nach jemandem, irgend jemandem, der ein freundliches Wort für mich hätte. Ich zwang mich zu einem Lächeln und zu einer aufrechten Haltung. Danach wurde mir klar, daß die Aussicht auf ihre Angriffe meinen Magen total verknotet hatte. Die Vorstellungen in meinem Kopf machten mir Angst – viel mehr noch als die Wirklichkeit. Ich würde meinen Geist kontrollieren müssen, so wie Gandhi laut Großmama seinen Geist kontrolliert hatte.

Ich machte mich zum nächsten Unterrichtsraum auf, wo Danny geduldig vor dem Glasfenster in der Tür stand und zusah, wie die Jungen mich mit Bleistiften bewarfen. Jedesmal, wenn der Lehrer in die andere Richtung sah, war ich das Ziel eines weiteren Flugobjekts. Ich war gefangen. Wenn ich die Hand hob und ihr Verhalten meldete, würde ich vielleicht einer noch schlimmeren Behandlung ausgesetzt. Der Lehrer würde nichts tun, um mich zu schützen, das wußte ich bereits. Also beschloß ich, es sei am besten, sie einfach zu ignorieren. Wenn ihre Aktivitäten sie nicht befriedigten, würden sie vielleicht aufhören. Nach der Hälfte des Unterrichts warfen sie nichts mehr nach mir, aber sie hörten nicht auf, Beleidigungen zu flüstern.

Während des restlichen Tages zwang ich mich, ihre kleinen, ärgerlichen Streiche zu erdulden, die mich ablenkten und nervös machten, mich aber nicht wirklich verletzten. Nach der Heimfahrt in dem Konvoi mit einigen lustigen Spielen verbalen Ping-Pongs mit meinen Freunden, begrüßte uns wieder die übliche Gruppe von Journalisten im Haus von Mrs. Bates. In dieser Nacht schrieb ich in mein Tagebuch:

Es ist nicht leicht mit den Weißen aus Little Rock. Ich weiß nicht, ob ich diese Integrationssache für immer machen kann. Ich habe das Gefühl, das ist etwas, was die Leute nur eine Zeitlang tun. Ich würde am liebsten weglaufen. Ich möchte einen glücklichen Tag verleben.

Am nächsten Morgen, nach einer durchschlafenen Nacht, fühlte ich mich frisch und erquickt, und die Fahrt mit Sarge und den anderen war genau das Richtige für meinen Tagesbeginn.

»Lächle, es ist Freitag«, sagte Danny zur Begrüßung am Haupteingang. Ich war beinahe vergnügter Stimmung, als ich die Treppen zu meinem Klassenzimmer hochstieg, obwohl ich wußte, daß ich besonders vorsichtig sein mußte, lautete doch die Schlagzeile der *Gazette* an diesem Morgen:

GOUVERNEUR RUFT ZUR ORDNUNG AUF –
ÄUSSERT JEDOCH UNWILLEN ÜBER BESATZUNG

Großmama hatte mir erzählt, der Gouverneur habe in der Nacht zuvor eine Rede gehalten, in der er langatmig seiner Verärgerung Ausdruck verliehen hatte, daß Little Rock »eine besetzte Stadt« sei. Er sprach auch davon, daß Menschen durch die Bajonette der Soldaten verletzt worden seien. Aber am schlimmsten von allem war, daß er ein Foto von zwei Mädchen der Central High zeigte, die von Soldaten mit Bajonetten gejagt wurden. Ein Sprecher der NAACP ließ verlauten, daß aufgrund der aufhetzenden Rede von Faubus Schwierigkeiten zu erwarten seien.

Diesmal begleiteten uns noch weniger Soldaten die Treppen hoch. Das hatte zur Folge, daß die beleidigenden Rufe und die haßerfüllten Schreie lauter wurden. Als ich die Schule betrat, waren die Soldaten nicht so sichtbar wie am Tag zuvor, aber ich dankte Gott, daß sie überhaupt noch da waren.

»Ich werde mich heute im Hintergrund halten. Sie wollen herausfinden, wie ihr ohne uns im Nacken zurechtkommt«, meinte Danny.

Ich nickte ihm zu, als ob ich mit seiner Erklärung einverstanden wäre. Ich wollte sagen: »Bitte, bitte, bleib an meiner Seite«, aber ich tat es nicht. Ich fühlte, wie ich mich immer mehr auf ihn verließ, und ich wußte nicht, was ich sonst hätte tun können. Niemals zuvor hatte ich eine solche Angst verspürt. Es war eine unvertraute Situation – ich verließ mich auf einen weißen Mann, um mich vor anderen weißen Menschen zu schützen, die entschlossen waren, mir weh zu tun. Und doch fügte ich mich in die Tatsache, daß ich für den Augenblick keine andere Wahl hatte. Ich mußte mich auf Danny verlassen – und auf Gott.

Als ich mich dem Klassenzimmer näherte, war ich doch recht besorgt, denn diesmal betrat ich den Raum bevor der Unterricht offiziell angefangen hatte. Alle durften lachen und mich verhöhnen oder mich gar verletzen. Aber ich konnte sonst nirgendwo hin.

Ein Mädchen mit kurzen roten Haaren und Sommersprossen und einem koboldhaften Grinsen war besonders aufmerksam. Sie bat mich, sie zu dem Fenster zu begleiten, durch das man auf den Schulhof sehen konnte. Mir kam ihre Freundlichkeit verdächtig vor, aber ich wollte glauben, daß jemand seine Meinung geändert hatte. Als ich neben ihr stand und über den schönen Tag und die Aktivitäten der Soldaten unter uns plauderte, fühlte ich mich freudig erregt. Vielleicht schlug ich doch nicht mit dem Kopf gegen eine Steinmauer.

»Stell dich hier hin. Wir werden jetzt die Flagge grüßen«, sagte sie. Ich hob meine Hand an die Brust und lächelte, als die Flagge in unserem Klassenzimmer hochgezogen wurde.

»Willst du nicht endlich ein Foto schießen, wie ich mit dieser berühmten Niggerin die amerikanische Flagge grüße«, rief sie plötzlich einem Jungen zu, der uns mit einer Kamera anvisierte. »Drück endlich auf den Knopf, du Idiot ... mach schon! Ich will ins *Life* Magazin, wie die Nigger.«

Mir sank das Herz. Was sollte ich tun? Alle sahen mich an. Die Lehrerin trat ein und schimpfte kurz. Sie ließ uns innehalten und wies die Klasse an, der Flagge Respekt zu zollen. Ich drehte mich von dem Mädchen weg, um zur anderen Seite des Raumes zu gehen. Plötzlich spürte ich einen stechenden Schlag, der meine Bluse und meine Haut zerriß. Ich sprang nach vorn, um dem Schlag auszuweichen und stand einen Moment reglos vor Schmerz. Als ich mich umdrehte, sah ich, daß das rothaarige Mädchen einen dünnen Flaggenmast aus Eisen in der Hand hielt, etwa zweimal so lang wie ein Eßstäbchen und mit einem äußerst scharfen Ende. Eine Flagge der Konföderierten war daran befestigt. Ich hatte schon andere Schüler mit dieser Flagge in der Schule gesehen, wie sie den Ruf der Rebellen ausstießen. Jetzt war es ihre Waffe geworden.

Die Lehrerin hatte es entweder nicht gesehen oder gab vor, es nicht gesehen zu haben. Sie grüßte wieder die Flagge. Die Wunde pochte, und ich konnte spüren, wie mir das Blut den Rücken hinunterlief, während ich die Hand auf mein Herz hielt und mich fragte, ob ich zur Erste-Hilfe-Station gehen, es der Lehrerin sagen oder einfach in der Klasse bleiben sollte. Ich beschloß, nicht sofort zu melden, was geschehen war. Ich würde meinen Klassenkameraden nicht die Befriedigung geben zu wissen, wieviel Schmerz sie mir zugefügt hatten. Und ich war sicher, keiner der Erwachsenen würde etwas tun, um meine Wunde zu versorgen. Also setzte ich mich. Ich dachte schon, der Unterricht würde niemals enden. Die Zeiger der Uhr schienen festgefroren. Als endlich Pause war, rannte ich in die Toilette, um meine Wunde zu versorgen, während Danny hinter mir herlief und mir Fragen zu dem Blut auf meinem Rücken stellte.

Wie in jeder High School am Freitag löste die Vorfreude auf das Wochenende ein Tohuwabohu aus, und dies war für die Schülerschaft der Central High ein ganz besonderer Freitag. Der Anlaß für all die Aufregung war ein großes Footballspiel in jener Nacht gegen Baton Rouge, dem Erzrivalen. Alle hingen in den Treppenhäusern herum, jubelten und wedelten mit Pompoms. Das machte diese Bereiche besonders gefährlich für uns neun.

Die Treppenhäuser waren riesige, offene Höhlen, die sich spiralförmig über mehrere Stockwerke nach oben schlängelten und reichlich Gelegenheit boten, fliegende Objekte zu werfen, Flüssiges fallen zu lassen oder uns in dunkle Ecken zu drängen. Als ich die Treppe hinunterging, dämmerte mir, daß ich außer Danny fast allein war. Es sollten viel mehr Schüler herumstehen, denn schließlich war Pause.

»Vorsicht, Melba, Achtung!« Dannys Stimme war so laut, daß ich zusammenzuckte. »Auf den Boden!« rief er, als etwas, was wie ein brennendes Stück Dynamit aussah, an mir vorbeiflog und auf der Stufe unter mir landete. Danny stieß mich beiseite, trat die Flamme aus und hob es hoch. In Windeseile rannte er die Treppe hinunter und reichte den Stab einem anderen Soldaten, der damit davonrannte. Ich war von dem, was ich gesehen hatte, wie versteinert und verzog mich in den Schatten auf dem Treppenabsatz – zu geschockt, um mich zu bewegen.

»Du hast keine Zeit für eine Pause. Weiter geht's, Mädchen.« Dannys Stimme klang kalt und gefühllos. Ich nahm an, das bedeutete es, Soldat zu sein – zu überleben.

Nach dem Sportunterricht traf Danny mich in der Halle mit schlechten Neuigkeiten. »Du gehst zu deinem ersten Anfeuerungstreffen«, sagte er, und die Besorgnis stand ihm ins Gesicht geschrieben.

Zu einem Anfeuerungstreffen zu gehen war, als ob man zu den Löwen in die Höhle geworfen wurde, um zu sehen, wie lange wir überleben konnten. Ein Anfeuerungstreffen bedeutete 2000 Schüler und Schülerinnen in einem riesigen Saal mit unzähligen Gelegenheiten, uns schlecht zu behandeln. Als ich die Stufen hinaufstieg, sehnte ich mich danach, zum Haupteingang zu laufen und zu fliehen.

»Sie werden mir nicht erlauben, mit dir hineinzugehen«, flüsterte Danny. »Aber ich werde irgendwo hier draußen warten.«

Ich antwortete nicht; ich war zu beschäftigt, einen sicheren Weg zum Treffen zu finden. Nichts hatte mich mehr geängstigt, als plötzlich in dieser Menge weißer Schüler und Schülerinnen eingeschlossen zu sein, die zum Auditorium marschierten. Sie waren alle furchtbar aufgeregt, und vielleicht aus diesem Grund konnte ich ohne viel Belästigung eintreten und mir einen Platz suchen. Sobald ich saß, entdeckte ich zu meiner Freude, daß Thelma nur wenige Meter entfernt eine Platz gefunden hatte. Trotzdem konnte ich mich nicht entspannen, weil ich in diesem schwach beleuchteten Saal zwischen meinen Feinden saß, und ich wußte, daß ich jede Sekunde wachsam sein mußte. Ich ignorierte die Aktivitäten auf der Bühne und hielt in meinem eigenen Interesse lieber Wache.

In den folgenden zwanzig Minuten wurde ich immer aufgeregter, weil ich mir ständig vorzustellen versuchte, was geschehen könnte. Mein Magen war verkrampft und meine Schultermuskeln wie aus Beton. Ich beschloß, mich zu beruhigen. Ich wiederholte den 23. Psalm. Plötzlich standen alle auf und sangen das Schullied »Hail to the Old Gold, Hail to the Black«. Einige Schüler kicherten und zeigten auf mich, als sie das Wort »black« (schwarz) sangen, aber das war mir egal. Es war vorbei, ich war am Leben, es ging mir gut, und ich verließ das Auditorium.

Plötzlich wurde ich hart nach hinten in eine Ecke gestoßen. Eine starke Hand schlug mir Bücher und Hefte aus der Hand und auf den Boden, während drei oder vier Jungen mit der Statur von Footballspielern mich in eine dunkle Ecke unter dem Auditoriumsbalkon zerrten. Einer von ihnen verletzte meine Wunde auf dem Rücken, als er mich gegen die Wand schleuderte. Ein Unterarm drückte gegen meinen Hals, nahm mir die Luft. Ich konnte nicht sprechen. Ich konnte kaum atmen.

»Wir machen dir das Leben zur Hölle, Niggerin. Ihr werdet hier alle schreiend rauslaufen und diese niggerfreundlichen Soldaten gleich mit.«

Ebenso plötzlich, wie sie mich gegen die Wand gedrückt hatten, ließen sie mich wieder frei. Ich stand einen Augenblick reglos, hielt meinen Hals, keuchte und versuchte, wieder richtig Luft zu holen. Ich ging in die Knie, um meine Sachen aufzuheben und achtete dabei sorgfältig auf meine Umgebung. Dann stolperte ich zurück in die Menge. Ich konnte nicht aufhören zu keuchen, und mein Hals fühlte sich an, als ob ich niemals wieder sprechen könnte. In der Ferne sah ich Danny im Flur stehen. Er sah die Tür zum Auditorium an.

»Was ist los?«

»Ein Junge hat versucht, mich zu würgen«, flüsterte ich mit rauher Stimme.

»Und du hast nichts getan?«

»Was hätte ich tun sollen?« Das Sprechen schmerzte.

»Du mußt lernen, dich selbst zu verteidigen. Ihr Kinder hättet ein Training in Selbstverteidigung erhalten sollen.«

»Jetzt ist es zu spät«, meinte ich.

»Es ist niemals zu spät. Es braucht einen Krieger, um in einer Schlacht zu kämpfen und zu überleben. Und ich will nicht Danny heißen, wenn das hier keine Schlacht ist.«

Ich dachte über Dannys Worte nach, als wir zum Büro des Direktors gingen, um uns auf den Heimweg vorzubereiten. Ich wußte ganz sicher, daß sich etwas ändern mußte, wenn wir in dieser Schule bleiben wollten. Entweder würden die Schüler ihr Verhalten uns gegenüber ändern, oder ich würde einen besseren Plan entwerfen müssen, mich zu schützen. Mein Körper ließ mich immer schneller im Stich.

An diesem Abend fiel ich erschöpft ins Bett, nachdem Großmama sich um meinen Rücken gekümmert und ein warmes Handtuch um meinen Hals gelegt hatte. Ich schrieb in mein Tagebuch:

Nach drei Tagen an der Central High weiß ich, daß Integration ein viel größeres Wort ist als ich immer dachte.

Kapitel 15

Da dies das Ende meiner ersten erschöpfenden Woche an der Central High war, wollte ich den Samstag ganz für mich allein haben. Daher stellte ich meinen Wecker auf vier Uhr früh. Ich wollte etwas von dem frischen, ruhigen Morgen ganz für mich allein. Am meisten genoß ich die völlige Stille in meinem Kopf und in meinem Herzen – eine Stille, auf die ich so lange verzichten mußte. Und vor allem wollte ich allein sein, damit ich nach dem Teil meines Lebens suchen konnte, den es vor der Integration gab, die Melba, an die ich mich unbedingt klammern wollte.

Ich hatte mir selbst auch versprochen, daß ich keine Nachrichten hören würde, nicht die Zeitung lesen und über die Integration weder reden, lesen noch schreiben würde. Ich würde Platten hören, meine *Seventeen*- und *Ebony*-Ausgaben lesen und in mein Tagebuch schreiben. Ich hatte schon gedacht, daß ich nie wieder auf meinem Bett sitzen würde, zwischen meinen riesigen weißen Seidenkissen und meinen Plüschtieren, wie ein ganz normales Mädchen. Ich versuchte mit aller Kraft, die in mir wachsende Vorstellung zu unterdrücken, daß ich nicht länger normal sei, nicht länger wie meine anderen Freunde.

Nichts in meinem Leben war wie vorher. Ich fühlte mich innerlich so leer, als ob jemand den warmen süßen Teil von mir, der mich lächeln und mich dankbar sein ließ, am Leben zu sein, ausgefegt hätte. Die Integration war ganz und gar nicht so gelaufen, wie ich das geplant hatte. Ich hatte vorher nicht geahnt, daß sie einen so großen Teil meiner Zeit beanspruchen würde – und einen so großen Teil meines Lebens.

Die Veränderungen schlichen sich an mich heran und nahmen mir jeden Tag einen Teil meines alten Lebens. Seit ich beschlossen hatte, zur Central High zu gehen, hatte meine beste Freundin Marcia aufgehört, mich täglich anzurufen, wie wir das so lange getan hatten. Jeden Tag hatte ich fest vor, sie anzurufen und zu fragen, warum das so war, aber ich dachte so viel über die Integration nach – und selbst wenn ich an den Anruf dachte, hatte ich keine Zeit dazu. Bei jenen jetzt so seltenen Gelegenheiten, wenn ich sie anrief, erzählte sie mir die meiste Zeit, wie sehr ihre Freunde und Familienangehörigen wegen mir zu leiden hatten. Ich verbrachte die restliche Zeit damit, mich zu verteidigen und zu erklären, daß es auf lange Sicht gesehen der Mühe wert sein würde. Wir sprachen nie mehr über Jungs, über Johnny Mathis oder über neue Kleider.

Marcia behandelte mich, als ob ich eine andere sei. Sie lud mich nicht mehr ein, sie rief nicht mehr an, um mir zu erzählen, was die alte Clique machte. Es war, als ob sie mich nicht länger zur Freundin haben wollte. Wann immer wir uns zufällig trafen, nannte sie mich »die Auserwählte«. Ich hielt das für extrem merkwürdig.

Die meisten meiner anderen Freundinnen verhielten sich ebenfalls ein wenig seltsam. Einige von ihnen starrten mich an, wann immer ich sie sah, schnitten mich oder sprachen mit mir, wie man mit Leuten spricht, die man nicht gut kennt. Wir schienen nichts mehr gemeinsam zu haben. Es gab so viele neue Informationen in meinem Kopf, so viele neue Sorgen, daß ich keinen Raum mehr hatte für die gewöhnlichen Dinge, die wir zuvor geteilt hatten. Ich verbrachte viel Zeit damit, über Sicherheit, über das Leben und den Tod nachzudenken und was die Weißen dazu bringen könnte, mich als gleichwertig anzuerkennen.

Ich fühlte mich innerlich anders, als ob mich etwas streckte, in mir wuchs, mich zu jemand anderem machte. So viele Tage des letzten Monats hatte ich in meinem Kopf gelebt, hatte darüber gegrübelt, was mit mir geschehen würde. Es war, als ob ich gezwungen wäre, mich nach innen zu wenden, um es an der Central High zu schaffen. Außerhalb davon konnte keiner verstehen, was ich durchmachte. Die Veränderung ängstigte mich, denn ich ging irgendwohin und wußte nicht, wohin. Ich wurde zu irgend jemandem und wußte nicht, zu wem. Ich war noch nicht bereit, erwachsen zu sein – nicht mehr Melba zu sein. Ich schrieb in mein Tagebuch:

> *Es beunruhigt mich, was mit mir geschieht. Ich habe das Gefühl, als ob mich jemand gezwungen hätte, in eine Achterbahn zu steigen, die hinauf und hinunter und nach links und nach rechts fährt und einfach nicht anhalten will. Niemand kann sie aufhalten – außer Gott.*

Später an diesem Morgen, als sich die Familie zum Frühstück setzte, konnte ich nicht glauben, daß Mama die Zeitung am Frühstückstisch las – etwas, was uns verboten war.

»Ich lese hier, der Leiter des FBI ist wütend auf Faubus, weil dieser Lügen verbreitet und behauptet, das FBI würde Schulmädchen in Untersuchungshaft halten.« Mutter zeigte mir die Überschrift der *Gazette* und den Anfang des Artikels.

J. EDGAR HOOVER WÜTEND ÜBER FBI-ANSCHULDIGUNG DURCH FAUBUS

> *28. September 1957: FBI-Direktor J. Edgar Hoover klagte Gouverneur Faubus von Arkansas an, Unwahrheiten zu verbreiten und zu behaupten, FBI-Agenten würden Teenager stundenlang von der Außenwelt isoliert für Verhöre einbehalten.*

»Er gibt den Anhänger der Rassentrennung wirklich Zunder«, sagte Großmama.

Ich schaltete meinen Verstand aus, ich konnte nicht zuhören. Ihre Unterhaltung verursachte mir Übelkeit. Als ich es nicht länger aushalten konnte, sprach ich es laut aus. »Wir wollen nur über gute Dinge sprechen«, sagte ich und trank meine Milch aus. »Nicht über die Central High.«

»Abgemacht«, sagte Großmama und stand auf, um den Tisch abzuräumen.

Um zehn Uhr stiegen wir alle in das Auto und machten uns auf den Weg zu unserem großen Abenteuer. Großmama hatte angeboten, mir ein neues Kleid im Laden zu kaufen. Ich traute meinen Ohren nicht. Dann machte Mama eine Ankündigung.

»Vince hat angerufen. Er hat mich gefragt, ob du morgen mit ihm zur Kirche gehen darfst und hinterher zu einem kleinen Imbiß. Ich sagte ja, vorausgesetzt ihr zwei kommt zum Abendessen zu uns.«

»Melba hat einen Freund ...« Conrads Gesang war mir peinlich.

»Halt den Mund«, rief ich, plötzlich sehr böse mit meinem jüngeren Bruder. Großmama sah mich mißbilligend an und meinte: »Laß deinen Ärger über die Central High nicht an deinem Bruder aus!«

Sie hatte recht. Ich entschuldigte mich und lehnte mich in meinen Sitz zurück. Meine Wut war mir durchaus bewußt, und ich fragte mich, was ich mit ihr tun sollte. Es war dieselbe Wut, die ich an der Central hatte, wenn jemand gemein zu mir war. Dann erinnerte ich mich daran, daß Mama »Ja« zu Vince gesagt hatte, und das Glück, das ich verspürte, ließ meine Wut verblassen.

Die Hauptstraße von Little Rock war eng und schäbig im Vergleich zu dem riesigen Einkaufsviertel von Cincinnati. Wir hatten nur drei Kaufhäuser – Kempner, Blass und Pfeifer. Während unseres Bummels durch Pfeifer fand Mama ein Kleid, das ihr gefiel und sie bat mich, es anzuprobieren. Ich zog das blauweiße Gabardinekleid über den Kopf. Großmama lächelte, und ich wußte, sie würde das Kleid kaufen, auch wenn auf dem Preisschild 10 Dollar 99 stand.

Der Tag wurde immer besser. Es war, als ob wir eine ganz normale Familie seien. Wir suchten ein Hemd für Conrad aus und legten am Eisstand eine kurze Pause ein. Es gab tatsächlich kurze Momente, in denen ich nicht daran dachte, Schülerin an der Central High zu sein. Ich sorgte mich auch nicht länger, was geschehen würde, wenn mich einige Schüler der Central High sahen und keine Soldaten in der Nähe waren.

Samstag abend sahen wir uns *Wagon Train* und die *Sid Caesar Show* im Fernsehen an. Ständig mußte ich an den Sonntagmorgen mit Vince denken, besonders, da wir zur Kirche seiner Mutter gehen würden. Gleichzeitig wollte ich, daß der Samstag nie aufhörte, denn das war wirklich mein Tag gewesen. Großmama beschloß, wir würden nicht ans Telefon gehen, daher legte sie den Apparat in die Zederntruhe. Nur die Schrotflinte, die in der Ecke bei ihrem Stuhl lehnte, erinnerte mich daran, daß der Abend eben nicht normal war.

Als es dann doch Sonntag wurde, war ich wirklich aufgeregt wegen meiner Verabredung. Ich konnte nicht frühstücken. Statt dessen probierte ich vor dem Spiegel neue Frisuren aus. Mein Pferdeschwanz war absolut kindisch, also versuchte ich es hochtoupiert, mit einer Locke über dem Auge wie bei Gloria Swanson und einem Haarknoten wie bei Elizabeth Taylor. Unglücklicherweise sah ich mit einem Pferdeschwanz immer noch am besten aus.

»Hmm, sieh dir das an«, sagte Mutter Lois, als sie mit der aufgeschlagenen Sonntagszeitung in mein Zimmer kam. »Hier ist ein Artikel über Terry und seine Familie. Es wird über seine Eltern geschrieben und wie sie spät nachts noch wach waren und darüber sprachen, ob er zur Central solle. Es heißt hier, sie hätten ihm die Entscheidung überlassen.«

Ich ging zu ihr und sah in das Blatt. Die Überschrift lautete:

SCHWARZE ELTERN LASSEN SICH BELEIDIGEN
GEBETE UM DIE SICHERHEIT DER KINDER

Es gab Kommentare von Thelmas und Elizabeths Eltern über unser Dilemma. Sie sprachen über die ständigen anonymen Anrufe und die täglichen Beleidigungen und Mißhandlungen an der Schule. Es gab auch Fotos von den gewalttätigen Ausschreitungen an der Central High an jedem Tag der vergangenen Woche.

Aber ich hatte nicht die Zeit, mir die Zeitung anzusehen. Hektisch legte ich letzte Hand an mein Erscheinungsbild an. Als Mutter den Raum verließ, drehte ich mich langsam vor dem Spiegel und dachte, wenn ich doch nur noch eine weitere Woche hätte, um mich auf diese Verabredung vorzubereiten.

Es machte mich nervös, daß ich nicht wußte, wie sich Mädchen bei Verabredungen verhalten sollten. Ich grübelte ständig darüber nach, was ich tun oder sagen sollte. Ich dachte an die Frauen in den Seifenopern, in den Romanen und in den *Wahren Geschichten*, die ich gelesen hatte. Ich würde versuchen, mich wie sie zu verhalten.

Als Vince eintraf, eilte ich ins Wohnzimmer. Mutter stellte sich mir in der Halle in den Weg und nahm meine Hände in die ihren. Sie hielt mich auf Armeslänge und sah mich prüfend an, als ob sie versuchte, diesen Augenblick für immer im Gedächtnis zu behalten. »Deine erste richtige Verabredung«, flüsterte sie. »Ich weiß, du bist ein gutes Mädchen, und ich liebe dich.«

Dann war ich mit Vince zusammen. Er sah zu mir herunter und reichte mir ein Dutzend Rosen, meine ersten Rosen, wie in den Zeitungen und in der Serie *Stella Dallas* im Radio. Rote Rosen.

Ich flüsterte ein »Dankeschön«. Dann sah ich die Uhr an der Wand, und mit schwerem Herzen erkannte ich, daß es in 24 Stunden Montag morgen sein würde. Ich würde wieder zur Schule gehen müssen, zurück zur Central High.

Die Verabredung lief besser, als ich es erwartet hatte. Nach einer Weile entspannte ich mich und sorgte mich nicht mehr so sehr darum, was ich sagen oder tun sollte. Der Pfarrer in der Kirche von Vinces Mutter erwähnte meinen Namen und ließ die Gemeinde ein besonderes Gebet für mich sprechen. Ich erkannte an dem Gesichtsausdruck von Vince, daß er stolz war, mit mir zusammen zu sein. Sogar das Abendessen mit meiner Familie lief gut – bis Großmama India die neuesten Nachrichten von der Central High erwähnte. Die *Liga der Mütter* hatte darum gebeten, die 101. Luftlandeeinheit von der Schule abzuziehen oder zumindest auf das absolute Minimum zu reduzieren.

Später lag ich schlaflos im Bett. Die Freude über meine Verabredung mit Vince wurde überschattet von meiner Unsicherheit über das Morgen an der Central High. Ich wälzte mich die ganze Nacht unruhig hin und her aus Sorge, die Soldaten würden am nächsten Tag nicht mehr da sein.

Als ich an diesem Montag morgen zur Schule kam, hatte ich nur einen einzigen Gedanken – Danny und die 101. Luftlandeeinheit zu sehen. Er war da, ebenso wie er die Tage zuvor da gewesen war. Ich drehte mich ständig zu ihm um, weil ich das nagende Gefühl hatte, er würde mich zu früh allein lassen. Während des Englischunterrichts machte ich mir Notizen, um ruhig zu bleiben. Später am Abend übertrug ich die Notizen in mein Tagebuch.

30. September: 9 Uhr 30.

Jeden Morgen, wenn ich ankomme, halte ich Ausschau nach den Soldaten. Ich mag mir gar nicht vorstellen, wie es ohne sie wäre. Sogar im Klassenzimmer, wo es sicher und zivilisiert sein sollte, kann ich mich nicht wohl fühlen, weil die Lehrer keine Kontrolle haben. Ich kann nicht einmal stolz auf mein Wissen sein. Im Englischunterricht rief ein Junge: »Lassen Sie diese Niggerin bloß nicht an die Tafel.«

Jener Montag war der Tag, an dem mir klar wurde, welchen Preis ich dafür bezahlen mußte, eine Schülerin der Central High zu sein. Ich versuchte, das Warum herauszufinden. Und dann wußte ich: Es kam daher, daß ich wie eine Beobachterin von außen behandelt wurde, ich saß da und sah in ein Zimmer aus Glas, in dem alle weißen Schüler waren, getrennt und fern von mir. Ich wurde niemals wirklich eingeschlossen in das, was sie taten. Mit dieser Erkenntnis schlich sich ein neuer Schmerz in mein Herz – ein Gefühl, das mir bislang fremd gewesen war. Ich fühlte mich wie ein Geist, der das Leben beobachtet und es schön findet, aber ausgeschlossen ist. Ich war nicht wirklich Teil ihrer Welt. Ich wurde behandelt, als ob es mich gar nicht gab. Würde es das ganze Jahr so sein?

Abgesehen von dieser schmerzlichen Erkenntnis, den geflüsterten Gemeinheiten und den kleinen, aber aufwühlenden Streichen, war der Tag einfach nur sehr, sehr lang.

»Geduld«, sagte Danny. »Um dieses Jahr durchzustehen, mußt du eine Soldatin werden. Laß den Feind niemals deine Gefühle wissen. Du kannst es dir nicht leisten, unaufmerksam zu werden.«

An diesem Abend schrieb ich in mein Tagebuch:

> *Heute hat mich ein Mädchen angelächelt, eine andere hat mir die Richtung gezeigt, und ein Junge flüsterte mir die Seitenzahl in unserem Unterrichtsbuch zu. Es wird funktionieren. Es wird noch viel Geduld und mehr Stärke von mir verlangen, aber es wird funktionieren. Es wird länger dauern, als ich dachte. Aber wir werden in Little Rock die Integration haben.*

Kapitel 16

GARDE ÜBERNIMMT DIE SCHULE
Arkansas Democrat, Dienstag, 1. Oktober 1957

Als ich am Dienstag morgen zur Schule kam, erwartete ich ganz sicher, von den Soldaten der 101. Luftlandeeinheit begrüßt und zum Haupteingang geleitet zu werden. Stattdessen wurden wir am Bürgersteig uns selbst überlassen. Als wir uns der Treppe näherten, wurden wir von höhnischen Rufen und der Art Verhalten begrüßt, daß die Schüler angesichts der 101. Luftlandeeinheit nicht zu zeigen wagten.

Wo waren die disziplinierten Soldaten, auf die wir uns mit der Zeit so sehr verlassen hatten? Ich sah mich um, aber es waren weit und breit keine Soldaten der 101. Luftlandeeinheit zu sehen. In diesem Augenblick blockierte ein Junge uns den Weg. Was sollten wir tun? Mein erster Gedanke war Rückzug: umzudrehen, die Treppen wieder hinunterzugehen und den Seiteneingang zu benutzen. Aber dieser Fluchtweg war uns von jenen versperrt, die uns verfolgten. Eine riesige Menge von höhnischen, bleistiftwerfenden Schülern umstellte uns bedrohlich. Wir hatten keine andere Wahl, als weiterzugehen.

»Wo sind denn eure hübschen, kleinen Soldatenjungs heute?« rief jemand.

»Seid ihr Nigger bereit zu sterben, nur um auf diese Schule zu gehen?« fragte ein anderer.

Wir erkämpften uns unseren Weg durch die feindliche Gruppe, die sich am Haupteingang versammelt hatte. Man schrie uns entgegen: »Nigger, go home. Geht dahin, wohin ihr gehört.« An jedem Treppenabsatz trafen uns weitere Verhöhnungen und Schläge. Auch in den Fluren standen keine Soldaten der 101. Luftlandeeinheit auf ihrem Posten.

Und dann sah ich sie: Angehörige der Nationalgarde von Arkansas lehnten gegen die Wand, ergötzten sich wie Zuschauer bei einem Sportereignis – das waren sicher nicht die Männer, die unsere Sicherheit gewährleisten würden.

Ich wollte umkehren und wegrennen, aber ich dachte daran, was Danny gesagt hatte: »Kämpfer überleben.« Ich versuchte, mich an seine Haltung, seine Einstellung und an den Mut der 101. Luftlandeeinheit auf dem Schlachtfeld zu erinnern. Wenn ich meine winzige Herausforderung mit dem verglich, was er durchgemacht haben mußte, fühlte ich mich zuversichtlicher. Ich sagte mir, ich könnte alles bewältigen, was die Anhänger der Rassentrennung für mich auf Lager hatten. Aber ich unterschätzte sie.

Am frühen Morgen fing ein Junge an, mich systematisch zu verhöhnen, als ob man ihm diese Aufgabe zugewiesen hätte. Zuerst grüßte er mich im Flur vor dem Stenographieraum und fing an, mich mit Flaschenöffnern zu bombardieren – die Art mit den scharfen Krallen am Ende. Er war auch ein Meister darin, mir auf die Hacken zu treten. Er tat mir so lange weh, bis ich um Hilfe schreien wollte.

Bis zum Mittagessen war ich fast hysterisch und bereit, aufzugeben. Dann dachte ich daran, daß ich dann Großmama zu Hause gegenübertreten müßte. Während des Nachmittags suchte ich mehrere Male das Büro des Direktors auf und meldete, mit Tinte bespritzt und gegen das Schienbein und in die Hacken getreten worden zu sein, bis meine Füße bluteten. Außerdem nannte ich den Namen meines ständigen Peinigers. Die Sekretärinnen wollten wissen, warum ich Kleinkram meldete. Mit gefühlloser Stimme und feindlicher Einstellung beschuldigten sie mich, aus Mücken Elefanten zu machen.

Kurz vor Ende des Schultages betrat ich eine schwach beleuchtete Toilette. Die drei Mädchen, die an der Tür standen, schienen mich zu ignorieren. Ihre passive, stille, fast freundliche Begrüßung kam mir verdächtig vor, und je mehr ich über ihr Verhalten nachdachte, desto unruhiger wurde ich. Wenn mich Schülerinnen gemein behandelten, wußte ich doch zumindest, was ich zu erwarten hatte.

Sobald ich in der Kabine war, beunruhigte mich all die Bewegung – das Scharren der Füße, die flüsternden Stimmen – immer mehr. Es klang, als ob noch mehr Leute die Toilette betraten.

»Bombenalarm!« rief jemand über mir. Ich sah auf und erspähte ein Stück brennendes Papier, das auf mich herabsegelte. Die Mädchen lehnten sich über die beiden Kabinen zu meinen Seiten. Brennendes Papier fiel herab und landete auf meinen Haaren und Schultern. Ich sprang auf, versuchte, mich zu richten und gleichzeitig den Flammen auszuweichen und sie auszutreten. Ich wischte mir die glühende Asche aus dem Gesicht während ich panisch nach dem Türgriff langte.

»Hilfe!« rief ich. »Hilfe!« Die Tür ließ sich nicht öffnen. Jemand hielt sie zu – jemand Starkes, vielleicht mehr als eine Person. Ich saß in der Falle.

»Hast du etwa gedacht, wir ließen Nigger unsere Toiletten benutzen? Wir werden dich bei lebendigem Leib verbrennen, Kleines«, rief eine Stimme durch die Tür. »Von dir wird nicht allzuviel übrig bleiben.«

Ich spürte die Art Panik aufsteigen, die mich daran hinderte, klar zu denken. Mein rechter Arm war versengt. Das brennende Papier kam immer schneller auf mich zu. Ich konnte spüren, wie sich meine Brustmuskeln verkrampften. Ich hatte das Gefühl, jeden Augenblick sterben zu müssen. Je mehr ich um Hilfe rief, desto mehr Rauch atmete ich ein und desto mehr mußte ich husten.

Ich sagte mir, ich müsse aufhören zu schreien, damit ich nicht soviel Rauch einatmete. Mein Hals schmerzte – ich erstickte. Ich erinnerte mich an Großmutters Worte: alles, was ich tun müsse, sei, den Namen Gottes zu nennen und um

Hilfe zu bitten. Wieder sah ich auf und erblickte die grinsenden, höhnischen Gesichter, die brennendes Papier auf mich hinabwarfen. Bitte, Gott, hilf mir, flehte ich im stillen. Ich mußte mich beeilen. Vielleicht könnte ich dem nächsten Papier nicht mehr ausweichen und müßte es mit meinen Händen löschen. Und dann? Würde meine Haare Feuer fangen? Ich mußte sie stoppen. Ich nahm meine Bücher und warf eines davon so fest ich nur konnte nach oben. Ich zielte blind auf meine Angreiferinnen.

Ich hörte einen dumpfen Aufschlag, dann den schmerzvollen Aufschrei einer Stimme und das Scharren mehrerer Füße. Ich warf noch ein Buch und dann noch eines, so schnell und so hart ich nur konnte. Noch eine von ihnen verfluchte mich. Ich hatte mein Ziel getroffen.

»Laßt uns hier verschwinden«, rief eine, und die Gruppe eilte zur Tür. In Windeseile sprang ich aus der Kabine und versuchte, meine Sachen zu finden. Ich beschloß, mir nicht noch einmal die Mühe zu machen, den Vorfall zu melden. Ich wollte nur noch nach Hause. Es war mir egal, daß ich nach Rauch stank und daß meine Bluse versengt war. Als mich später meine Freunde fragten, was geschehen war, erklärte ich es nicht einmal.

Viel schlimmer als die Angst und jeder körperliche Schmerz, den ich erduldete, war die Wunde tief in meinem Herzen, weil nichts in mir verstand, warum Menschen einander so etwas antun konnten. Ich war so gelähmt von meiner Erfahrung, daß ich auf der Heimfahrt schweigend im Auto saß und den Erzählungen der anderen lauschte. Auch sie schienen an diesem Tag größere Probleme mit Quälgeistern und Schlägertypen gehabt zu haben.

Die Erfahrung ohne die 101. Luftlandeeinheit war offensichtlich ein Fiasko. Am Ende des Tages hörte mehr als einer von uns, daß die 101. Division zurückgebracht werden sollte.

Trotz all unserer Beschwerden gab es einige Schüler, die versuchten, durch ein Lächeln oder das Angebot, zusammen am Cafeteriatisch zu sitzen, in Kontakt mit uns zu treten. Einige begleiteten uns sogar im Flur. Jeder von uns bemerkte jedoch, daß diese Anzeichen der Freundschaft eher ab- als zunahmen. Es gab keinen Zweifel, daß der harte Kern der Unruhestifter seine Aktivitäten um ein Vielfaches verstärkte – und ohne die Männer der 101. Luftlandeeinheit würden sie sie verhundertfachen.

Präsident Eisenhower kündigte an, er werde die Soldaten der 101. Luftlandeeinheit abziehen, wenn Gouverneur Faubus zustimme, die neun schwarzen Kinder durch die Nationalgarde von Arkansas beschützen zu lassen.

Bei diesen Worten des Radiosprechers lief es mir eiskalt den Rücken herunter, während ich am Dienstagabend meine Hausaufgaben machte. Ich hatte gehofft, die Gerüchte über eine Rückkehr der 101. Luftlandeeinheit seien wahr. Aber laut diesem Bericht würden dieselben Soldaten aus Arkansas, die von Gouverneur Faubus entsandt worden waren, uns von Central High *fern*zuhalten, nun dafür verantwortlich sein, uns *auf* die Schule gehen zu lassen und unser Leben zu beschützen.

»Das klingt für mich so, als ob der Fuchs das Hühnerhaus bewachen soll«, meinte Großmama. »Danke Gott, daß du weißt, wer dein wirklicher Beschützer ist, denn mit Sicherheit wirst du nicht auf die Hilfe dieser Jungs zählen können.« Sie lugte über den Rand ihrer Zeitung.

Ich wußte nicht, wie ich ihr sagen sollte, wie recht sie hatte. Aber ich konnte ihr auch nicht sagen, daß ich einen Tag verlebt hatte, der in mir nur noch einen Wunsch auslöste: davonzulaufen und mich irgendwo zu verstecken, wo mich niemand finden konnte.

»Hast du gesehen, daß Richter Ronald Davies nach Nord-Dakota zurückgeht?« fuhr Großmama fort. »Allerdings bleibt er weiter für deinen Fall zuständig.«

»Das macht mir Angst«, meinte ich. »Ich fühle mich sicherer, wenn Davies hier ist.«

»Seinen Platz nimmt Richter Harper aus St. Louis ein, heißt es hier.«

»Schlechte Nachricht«, erwiderte ich. Ich wußte nichts Schlechtes über Harper, aber ich hatte gelernt, Davies zu vertrauen. Er war ein ehrlicher und fairer Mann mit dem Mut seiner Überzeugungen. St. Louis grenzte an den Süden; dieser Richter Harper war vielleicht nicht so offen.

»Natürlich stehen hier auch gute Nachrichten«, sagte Großmama und raschelte mit der Zeitung. »Es scheint, als ob einige gemäßigte weiße Geschäftsleute sich zusammengefunden haben, um diese Sitzung der gesetzgebenden Versammlung zu verhindern, die Faubus einberufen will.«

»Diejenige, bei der Gesetze eingeführt werden sollen, die die Integration illegal machen?« fragte ich.

»Ja. Ich hoffe, sie können etwas tun, um ihn zu beruhigen.«

IKE WEIST BEHAUPTUNGEN VON FAUBUS ZURÜCK
EINIGUNG GESCHEITERT
Arkansas Gazette, Mittwoch, 2. Oktober 1957

Am Mittwoch morgen berichtete die *Gazette*, daß Gouverneur Faubus und der Präsident am Tag zuvor kurz vor einer Einigung gestanden hätten, die Bundestruppen aus Little Rock abzuziehen, doch der Präsident hätte in letzter Minute seinen Entschluß geändert, weil er nicht glauben konnte, daß es der Gouverneur aufrichtig meinte.

Als wir an diesem Tag zur Central gingen, freute ich mich darauf, daß die 101. Luftlandeeinheit mein Leben innerhalb der Schule zumindest wieder erträglich machen würde. Aber meine Hoffnungen auf einen friedlicheren Tag wurden sofort zerschlagen. Wir wurden mit einer Flutwelle von lautstarken Beleidigungen begrüßt. Als wir direkt vor der Schule standen, konnte ich eine Gruppe von etwa fünfzig Jungen sehen, die oben auf der Treppe auf uns warteten, wie am Tag zuvor. Diesmal stürzten sie jedoch wie die Heuschrecken auf uns herab.

»Schnappt euch die Nigger! Schnappt euch die Nigger!« Die Jungen waren frech und unverfroren und verhielten sich, als ob sie die Folgen nicht fürchteten. Panisch sahen wir uns nach jemandem mit Befugnisgewalt um, aber es war niemand in Sicht.

Minnijean, Ernie und ich beschlossen, uns zurückzuziehen. In diesem Augenblick machte sich die stellvertretende Direktorin Huckaby am Fuß der Treppe bemerkbar. Winzig, aufrecht und entschlossen stand sie ganz allein zwischen uns und unseren Angreifern und forderte sie auf, uns in Ruhe zu lassen. Einen nach dem anderen rief sie die Anführer beim Namen und forderte sie auf, in ihr Klassenzimmer zu gehen oder es wäre der Teufel los. Ich respektierte sie für das, was sie tat. Ob sie nun für die Integration war oder nicht: Sie hatte eine Menge Mumm in den Knochen.

Wir gingen um das Gebäude herum und durch den Eingang an der Park Street. Als ich die Stufen hochstieg, war Danny weit und breit nicht zu sehen und die anderen Soldaten der 101. Luftlandeeinheit, die ich kannte auch nicht. Ich sah überhaupt keine uniformierten Soldaten. Beim Haupteingang, wo Danny normalerweise stand, entdeckte ich einige der Schlägertypen, die uns nur Augenblicke zuvor den Zutritt blockiert hatten. Sie kamen schnell auf mich zu. Ich machte einen Bogen um sie und eilte zügig den Flur entlang. Ich versuchte mir verzweifelt zu erklären, warum keine Lehrer oder Schulvertreter die Flure bewachten, wie sie das üblicherweise taten.

Ich geriet in Panik. Ich konnte mich nicht entschließen, wohin ich gehen oder was ich als nächstes tun sollte. Bösartige Schüler schlugen mich auf die Arme, auf meinen Rücken und auf meine Beine. Ihre Schläge verletzten mich so sehr, daß mein Wunsch, den Schmerz zu bekämpfen und zu überleben, die Angst überstieg, die mich lähmte. Ich riß mich zusammen. Gleichgültig, was geschah, ich wußte, ich mußte ihnen energisch entgegentreten, selbst wenn man mich dafür von der Schule warf.

»Tote Nigger gehen nicht zur Schule«, sagte jemand und schlug mir kräftig in den Magen. Mein erster Instinkt war, mich zusammenzukrümmen. Der Schmerz brannte in meinem Innern. Aber ich stand reglos da und starrte meinem Angreifer fest in die Augen. Er höhnte: »Du denkst doch wohl nicht daran, zurückzuschlagen?«

»Ich reiße dir die Eingeweide heraus«, sagte ich und wich keinen Millimeter. Es gab eine lange Pause, während der wir uns beide anstarrten. Es war nur ein Bluff, aber er funktionierte. Mit verängstigtem Blick und leise gemurmelten Worten wich er zurück.

In diesem Augenblick bemerkte ich Angehörige der Nationalgarde von Arkansas, die wie Katzen im Sonnenlicht gegen die Wand lehnten. Sie standen in kleinen Gruppen mit einem selbstgefälligen Grinsen im Gesicht zusammen und hatten meine Konfrontation mit den weißen Schülern die ganze Zeit schon beobachtet. Ich konnte mich einfach nicht daran gewöhnen, daß unsere Sicherheit von nun an von gleichgültigen, tabakkauenden Jünglingen abhing, die nach Sonnenuntergang höchstwahrscheinlich weiße Roben trugen und brennende Kreuze auf den Rasen unserer Nachbarn stellten.

Ich war nur wenige Schritte gegangen, als ich zu Boden geschlagen wurde. Ich rief um Hilfe. Drei Männer der Garde bestätigten meinen Verdacht, indem sie sich reichlich Zeit ließen, bevor sie sich wie in Zeitlupe auf mich zubewegten. Ich rappelte mich wieder auf die Beine.

Wie ich mich danach sehnte, Danny in seiner gestärkten Uniform Wache stehen zu sehen und die schnellen Schritte der 101. Luftlandeeinheit zu hören. Ich spürte heiße Tränen in meinen Augen und hörte Großmutter Indias Stimme sagen: »Du bist auf dem Schlachtfeld für den Herrn.«

Ich war ebenso beängstigt durch die Unfähigkeit der Nationalgarde von Arkansas wie durch die Gemeinheit der zunehmenden Angriffe auf mich. Wenn die Soldaten bewaffnet gewesen wären, hätten sie – da war ich sicher – mir entweder in den Rücken oder sich selbst in den Fuß geschossen. Ich beobachtete, wie sie gröhlend zusammenstanden, während eine Gruppe von Schlägern Jeff und Terry angriffen und sie im Flur direkt vor dem Büro des Direktor zu Boden traten. Eine Lehrerin rettete die beiden schließlich.

Sobald ich im Klassenzimmer saß, hatte ich das Gefühl, tief durchatmen zu können. Zumindest für den Augenblick war ich weg von der Front der Schlacht im Flur. Aber gerade als ich ein Zipfelchen Frieden verspürte, zog ein Junge ein Klappmesser heraus und preßte die Klinge gegen meinen Unterarm. Innerhalb eines Herzschlags, ohne darüber nachzudenken, sprang ich auf und setzte meine Bücher als Schild ein, um ihn abzuwehren.

Er reagierte auf eine halbherzige Ermahnung durch den Lehrer, flüsterte mir jedoch zu, daß er mich später erwischen würde. Beim ersten Ton der Glocke zum Ende des Unterrichts rannte ich um mein Leben, doch dann begegnete ich einer Gruppe von Schülern, die mich niederschlug und mich mit ihren Büchern traktierte. Ich fühlte, wie mich die Wut übermannte, aber ich erinnerte mich auch an das, was Danny gesagt hatte: »Wenn du wütend bist, kannst du nicht denken. Wenn du am Leben bleiben willst, mußt du wachsam sein.«

Es war immer noch früh am Tag. Die Dinge liefen so schlecht, daß mir eines ganz klar wurde: Ich hatte keine Wahl. Ich mußte jemand mit Autorität finden, der mir zuhörte. Vor dem Büro des Direktors traf ich auf Minnijean, die ebenso mißhandelt und wütend aussah wie ich.

»Wir müssen hier raus!« sagte sie atemlos.

»Du hast recht. Sie werden uns heute töten«, erwiderte ich.

»Laß uns zu Hause anrufen.«

»Laß uns Mrs. Bates anrufen. Vielleicht kann sie mit der Armee oder den Reportern oder dem Präsidenten reden.« Ich nahm an, wenn wir die Vorsitzende der NAACP anriefen, würden wir zumindest eine Reaktion erhalten. Wenn wir diese Schwierigkeiten nur den Schulvertretern meldeten, würden wir nichts erreichen, außer einer weiteren Verleugnung der Schwierigkeiten oder vielleicht einem Eintrag wegen »Klatschmäuligkeit«.

Da keine von uns Kleingeld für ein Telefonat hatte, beschlossen wir zögernd, zu Mrs. Huckaby zu gehen, obwohl wir fürchteten, sie würde uns dazu überreden wollen, es auszusitzen. Mrs. Huckaby begrüßte uns sachlich, bis ihr dämmerte, daß wir mit dem Kleingeld, um das wir sie gebeten hatten, draußen um Hilfe rufen wollten.

»Wartet mal. Was geht hier eigentlich vor?« fragte sie und folgte uns.

»Wir rufen Mrs. Bates an. Wir brauchen Hilfe. Vielleicht kann sie mit den Journalisten reden und uns Schutz besorgen.«

Wie wir vermutet hatten, bestand Mrs. Huckaby darauf, daß wir ins Büro des Direktors gingen, um ihm die Chance zu geben, das Problem zu lösen. Sie versicherte uns, daß er fair sein würde.

Direktor Matthews sprach in seiner langsamen, schleppenden Art und lächelte nervös. Es war ganz offensichtlich, daß er uns nur davon abhalten wollte, diesen Anruf zu tätigen. Ich war nicht in der Stimmung, mir von ihm sagen zu lassen, daß ich mir nur Dinge einbildete – nicht mit meinen schmerzenden Beinen und der Stahlklinge des Klappmesser noch frisch im Gedächtnis.

»Entweder geben Sie uns Schutz, damit wir lernen können, ohne ermordet zu werden, oder wir gehen nach Hause.« Ich hörte, wie die Worte aus meinem Mund kamen, aber ich konnte kaum glauben, daß ich da sprach. Meine Knie zitterten. Es war das erste Mal in meinem Leben, daß ich mich gegen einen Erwachsenen erhoben hatte – mit Sicherheit gegen einen weißen Erwachsenen. Aber ich war völlig fertig und daher bereit, das Risiko einzugehen. Wie konnte etwas, das die Erwachsenen mit mir taten, schlimmer sein, als die Mißhandlungen, die ich bereits erduldet hatte?

»Wartet hier«, sagte der Direktor und sein Tonfall ließ keinen Zweifel daran, daß er sich über uns ärgerte. Kurz darauf trafen die hohen Tiere ein: General Clinger und Oberst McDaniel von der Nationalgarde von Arkansas und ein dritter Offizier, den ich nicht erkannte.

Clinger zeigte auf uns beide, insbesondere auf mich und sagte: »Ihr setzt euch da drüben hin, wo ich euch ins Gesicht sehen kann.« Ich mochte ihn vom ersten Augenblick an nicht, aber ich war bereit, mich ihm zu stellen.

Der Rest unserer Gruppe wurde ins Büro gerufen. Jeder berichtete ausführlich über die Schwere der Angriffe an diesem Morgen. Jeder konnte eine Geschichte erzählen darüber, wie stark der körperliche Mißbrauch zugenommen hatte. Wir berichteten Clinger, daß seine Männer uns nicht beschützten, daß sie daneben standen, sich unterhielten und flirteten, während wir geschlagen wurden. »Diese Soldaten drehen uns den Rücken zu, wenn wir angegriffen werden, und wir fordern, daß Sie da etwas unternehmen«, beharrte ich.

Clinger leugnete die Anklagen nicht. Er erklärte, daß seine Männer in dieser Gemeinde zu leben hätten.

»Wir wollen nur am Leben bleiben ... Punktum«, sagte ich.

»Sprecht nicht direkt mit den Soldaten. Geht ins Büro und meldet die Vorfälle«, sagte man uns.

Ich antwortete: »Bei allem Respekt, Sir, wie können wir jedesmal, wenn wir Hilfe brauchen, ins Büro rennen? Jemand könnte uns am anderen Ende des Flures schlagen, und wir müßten warten, bis unsere Angreifer mit uns fertig sind und uns gehen lassen, bevor wir hierher kommen können, um es zu melden.«

Ich fühlte, wie etwas in mir sich an diesem Tag veränderte. Ich fühlte einen neuen Willen zum Leben in mir aufsteigen. Ich wußte, ich würde mich nicht einfach hinlegen und sterben. Ich konnte mich um mich selbst kümmern und mußte bei den Weißen kein Blatt vor den Mund nehmen, selbst wenn meine Mutter und mein Vater manchmal davor Angst hatten. Ich entdeckte, daß ich entschieden mehr Mumm in den Knochen hatte, als zu Beginn des Schuljahres. Ich hatte keine Wahl. Ich feilschte hier um mein Leben. Ich wußte, Clinger war unser Wohlbefinden gleichgültig – vollkommen gleichgültig.

»Junges Fräulein«, sagte Clinger und sah mir direkt in die Augen. »Du drehst uns die Worte im Mund herum. Ich habe nicht gesagt –«

Ich unterbrach ihn. »Meine Freunde und ich werden die Schule verlassen, wenn wir keinen angemessenen Schutz erhalten. So einfach ist das.« Die anderen waren offensichtlich ebenso wütend wie ich, denn sie fielen mit ihren Klagen ein. Sie sagten einstimmig, daß sofort etwas geschehen müsse.

»Ihr werdet Leibwächter bekommen«, sagte Clinger mit scharfer Stimme. Er rief einen Soldaten zu sich und wies ihn an, achtzehn Männer auszusuchen, während wir dort warteten. Diese Soldaten der Nationalgarde von Arkansas waren die größten, dümmsten, unordentlichsten Bauerntrampel, die ich jemals gesehen hatte. Sie sahen aus, als ob sie in ihren zerknitterten Uniformen geschlafen hätten. Wir standen da und wollten unseren Augen nicht trauen – sprachlos bei ihrem Anblick.

»Diese Tolpatsche werden über ihre eigenen Schnürsenkel stolpern«, flüsterte ich Minnijean zu.

»Oder schlimmer noch – sie zerren uns in eine dunkle Ecke und prügeln uns windelweich«, erwiderte sie.

Nach ungefähr fünfzehn Minuten »schwärmten wir aus« – oder in ihrem Fall, trampelten wir aus. Es war ein Anblick, den man nicht vergißt. Da waren wir, gefolgt von einer

Gruppe schwächlicher Soldaten in Grün, die hinter uns herkamen wie ein lächerlicher wedelnder Schwanz.

Wir mußten laut lachen, und die weißen Schüler lachten mit uns. Für einen einzigen Moment wurde uns allen die lächerliche Situation bewußt, in der wir gefangen waren.

Vier von uns gingen zu unserem üblichen Tisch in der Cafeteria. Die Soldaten nahmen ihren Posten ein, lehnten sich gegen die nächstgelegene Wand. Als ich aufstand, um mich für ein Sandwich anzustellen, stolperten sie übereinander bei dem Versuch, zu sehen, wohin ich ging und wer von ihnen mir folgen sollte. Zwei standen mit mir an, mit über dem Bauch verschränkten Armen und hängenden Schultern. Jedesmal, wenn einer von uns aufstand, um sich etwas zu holen, stolperten zwei dieser Clowns hinterher. Es war eine Komödie.

Als wir mit unserer seltsamen Gruppe durch den Flur gingen, sah ich, nur wenige Meter entfernt, den Jungen, der am Morgen sein Messer in meiner Gegenwart gezückt hatte. Der plötzliche Schreck erinnerte mich daran, daß unsere Situation doch nicht so lustig war.

Ich vermißte Danny. Ein anderes Gefühl ergriff von mir Besitz. Es gingen Gerüchte, daß die 101. Luftlandeeinheit in Camp Robinson wartete, direkt vor den Toren von Little Rock. Aber ich wußte: Selbst wenn er wieder und wieder kommen würde, käme einmal der Tag, an dem er für immer verschwunden wäre.

Dennoch war ich voller Freude, als wir am Donnerstag wieder unsere Leibwächter von der 101. Luftlandeeinheit hatten. Vielleicht waren sie aufgrund des Artikels in der Morgenausgabe der *Gazette* zur Rückkehr gezwungen gewesen, in dem die Geschichte von Terry und Jeff zu lesen stand, die getreten wurden, während die Soldaten der Nationalgarde von Arkansas tatenlos zusahen.

Als wir an diesem Morgen zur Schule kamen, fiel mir sofort auf, daß die Anspannung anders war als sonst: als ob jeder darauf wartete, daß etwas Schreckliches geschah, nur wußten wir nichts davon. Wir hatten Gerüchte von einem geplanten Schülerprotest gehört. Ich konnte Gruppen von Schülern in den Fluren stehen sehen, anstatt in den Klassenzimmern, wo sie sich normalerweise aufhielten.

Kurz vor der ersten Unterrichtsstunde verließen immer mehr Schüler die Klassenzimmer. Gerüchte über ein großes Ereignis kursierten in der Schule. Ich konnte eine neue Ebene der Ruhelosigkeit und ein stärkeres Gefühl der Feindseligkeit sehen und spüren. Ich war gespannt, wartete jeden Augenblick auf die Katastrophe: auf Dynamit oder einen gemeinschaftlichen Großangriff oder ich weiß nicht was. »Sie hängen einen Nigger, so wie wir euch hängen werden«, murmelte jemand. Da erfuhr ich, daß die Schüler sich gegenüber der Schule auf einem verlassenen Gelände an der Sechzehnten und Parkstraße versammelt hatten, wo sie eine Strohfigur hängten und verbrannten.

Diese Demonstration gab den Ton des Tages an. Kämpferische Schülerproteste heizten die bereits feindliche Haltung in der Schule an. Danny brach die Regeln, indem er näherkam und mit mir sprach. Er warnte mich, daß wir wachsam bleiben mußten, gleichgültig, was geschah.

Gegen Ende des Tages ging ich mit Danny im Gefolge einen schlecht beleuchteten Flur entlang, als ich einen Jungen sah, der auf Kollisionskurs direkt auf mich zukam. Ich versuchte auszuweichen, aber er trat ebenfalls zur Seite. Ich hatte nicht einmal genug Zeit, um Hilfe zu rufen.

Der Junge warf ein glänzendes schwarzes Ding in mein Gesicht. Der plötzliche Schmerz in meinen Augen war so intensiv, so stark, daß ich glaubte, sterben zu müssen. Es war schlimmer als alles, was ich je zuvor gespürt hatte. Ich konnte weder sehen noch hören noch irgend etwas spüren – außer dem pochenden, brennenden Feuer in meinen Augen. Ich hörte mich aufschreien, während ich alles losließ, um mir ins Gesicht zu greifen.

Jemand packte mich an meinem Pferdeschwanz und zog mich schnell mit sich, so schnell, daß ich mich nicht dagegen wehren konnte. Der Schmerz, an meinen Haaren gezogen zu werden, war fast so intensiv wie der in meinen Augen. Hände griffen nach meinen Handgelenken, zerrten meine Hände aus meinem Gesicht und zwangen mich, mich nach vorn zu beugen. Dann wurde eiskaltes Wasser in meine Augen gespritzt. Das Wasser fühlte sich herrlich an. Mein Gott, danke! Der Schmerz ließ nach.

»Ist ja gut, Mädchen, ist ja gut. Dir geht es gleich wieder besser.« Das war Dannys Stimme, seine Hände hielten meinen Kopf und tränkten meine Augen mit Wasser.

»Ich kann nichts sehen«, flüsterte ich. »Ich kann nichts sehen.«

»Halt durch. Du wirst gleich wieder sehen können.«

Immer wieder floß das kalte Wasser über mein Gesicht. Einiges davon strömte mir in die Nase und einiges spritzte auf meine Bluse. Langsam konnte ich den Ärmel von Dannys Uniform sehen, dann das Wasser, dann den Boden unter uns. Der furchtbare Schmerz in meinen Augen wurde zu einem erträglichen Stechen. Meine Augen fühlten sich trocken an, als ob sich ein Film eng über sie gelegt hätte.

»Was war das?«

»Ich weiß es nicht«, sagte Danny, »vielleicht eine Art Säure oder Chemikalie. Die wenigen Tropfen, die auf deine Bluse fielen, ließen die Farbe sofort verblassen. He, wir gehen jetzt ins Büro, damit du den Vorfall melden kannst. Du mußt zu einem Arzt.«

»Nein, nein«, protestierte ich.

»Warum nicht?«

»Die Schule ist fast vorbei, ich will nach Hause, jetzt gleich. Bitte, bitte, zwingen Sie mich nicht ...« Ich spürte Tränen. Ich wußte, er haßte es, wenn ich weinte, aber der Gedanke, ins Büro gehen zu müssen, ließ mich verrückt werden. Ich konnte jetzt keine feindselige Sekretärin gebrauchen, die mir sagte, ich würde aus einer Mücke einen Elefanten machen.

»Beruhige dich. Du kannst tun, was du willst, aber –«

»Nein, nach Hause, gleich«, unterbrach ich Danny.

Kurze Zeit später untersuchte ein Augenarzt meine Augen und die Flecke auf meiner Bluse. Er träufelte einige beruhigende Tropfen in meine Augen und bedeckte sie mit Augenklappen. Als ich so im Dunkeln saß, hörte ich ihn sagen: »Wer immer ihre Augen mit Wasser ausspülte, hat die Qualität ihres Augenlichts gerettet, wenn nicht gar das Augenlicht selbst. Sie wird diese Klappen über Nacht tragen müssen. Sie muß eine Zeitlang Medikamente nehmen. Sie wird für alles mit Nahsicht eine Brille tragen müssen. Ich muß betonen, daß sie die Brille wirklich die ganze Zeit tragen sollte. Ich muß sie einmal pro Woche sehen, bis wir sicher sind, daß alles in Ordnung ist.«

Brille, die ganze Zeit, dachte ich. Kein Junge möchte sich mit einem Mädchen verabreden, das eine Brille trägt.

Trotz der Anweisung des Arztes, die Augenklappen 24 Stunden lang zu tragen, mußte ich sie abnehmen. Ich durfte sie die Reporter nicht sehen lassen, weil sie dann Fragen gestellt und eine große Sache daraus gemacht hätten.

Bis wir nach Hause kamen, war es 19 Uhr, und ich war nicht sehr gesprächig zu den wartenden Reportern. Sobald ich im Haus war, fiel ich ins Bett, zu erschöpft für das Abendessen. »Danke, Gott«, flüsterte ich, »danke, daß du meine Augen gerettet hast. Gott schütze Danny, immer.«

NEGERPUPPE BEI DER CENTRAL HIGH GEHÄNGT,
ERSTOCHEN UND VERBRANNT
Arkansas Gazette, Freitag, 4. Oktober 1957

Der Artikel in der Zeitung enthielt mehrere Fotos von Central High Schülern, die sich am Tag zuvor versammelt hatten, um eine Strohpuppe aufzuhängen und dann zu verbrennen. Sie lachten ausgelassen, als ob sie an einer festlichen Party teilnahmen.

»Du hast es geschafft. Es ist Freitag«, sagte Danny, als er mich wieder einmal vor der Central High begrüßte. »Sind deine Augen in Ordnung?«

Meine Augen fühlten sich immer noch sehr trocken an. Außerdem spannten sie, und es schwebten Flecke vor ihnen, aber immerhin konnte ich sehen. Sie brannten nur, wenn ich zu lange wartete, bevor ich die Augentropfen wieder nahm.

Im Laufe dieses Nachmittags traf ein Filmstar ein – jemand, von dem ich noch nie gehört hatte – und sprach vor der Schülerschaft: Julie Adams, eine ehemalige Schülerin. Sie wollte die Schüler moralisch unterstützen, denn, so sagte sie, der Ruf der Central High School sei besudelt.

Am Wochenende des 5. Oktober vertrieb ein großes Ereignis die Integration in Little Rock aus den Schlagzeilen der nationalen Presse. Die Russen starteten ihre 184 Pfund schweren Sputnik-Satelliten.

Zu Beginn der folgenden Woche behaupteten der lokale Radiosender, das Fernsehen und die Zeitungen, daß die Soldaten der 101. Luftlandeeinheit uns Mädchen in die Toilette gefolgt wären und weiße Mädchen belästigt hätten. GIs IN MÄDCHEN-TOILETTE, SAGT FAUBUS lautete die Schlagzeile in der *Gazette* am Montag, den 7. Oktober. Natürlich war das nicht wahr. Jedoch erließ das Militär straffere Regeln, wann die Soldaten uns begleiten konnten und wann nicht, und es wurde eine massive Untersuchung angeleiert.

Ich konnte als Reaktion auf den Vorwurf der Einmischung durch die Soldaten ein ständiges Abbröckeln der Qualität unserer Sicherheit sehen. Im Laufe der ersten Oktoberwochen zeigte sich eines immer deutlicher: Wann immer die Truppen der 101. Luftlandeeinheit in ihrer Aufmerksamkeit nachließen oder nicht deutlich sichtbar waren, befanden wir uns in großer Gefahr.

Kapitel 17

FAUBUS STREBT AUFSCHUB AN:
ER IST IMMER NOCH DER ANSICHT,
DIE SCHWARZEN MÜSSTEN ENTFERNT WERDEN
Arkansas Gazette, Donnerstag, 10. Oktober 1957

Der Gouverneur fuhr mit seiner öffentlichen Kampagne fort, in der er laut und langatmig in einer ununterbrochenen Reihe von Zeitungs-, Radio- und Fernsehinterviews forderte, daß die Integration aufgehalten werden müsse. Inspiriert von seiner Einstellung scharrten jene, die uns nicht an der Central High wollten, mit den Hufen und organisierten sich zunehmend besser in ihren Bemühungen, uns loszuwerden.

Jeden Tag, wenn wir an der Schule ankamen, sahen wir uns mit neuen Problemen konfrontiert. Behörden experimentierten mit verschiedenen Methoden, unsere Sicherheit zu garantieren, die gleichzeitig den Politikern gefallen und die Truppen von der Schule und aus Little Rock entfernen sollten. Zunehmende körperliche Gewalt brachte die Soldaten der 101. Luftlandeeinheit gelegentlich zurück. Wir verbrachten unsere Tage entweder mit einem persönlichen Leibwächter von der 101. Luftlandeeinheit oder mit einer variierenden Anzahl Leibwächter unterschiedlicher Herkunft oder auch vollkommen allein.

Wenn zum Beispiel einer von uns ein größeres Problem hatte, brachten sie einen 300 Pfund schweren Soldaten von der 101. Luftlandeeinheit mit dem Spitznamen Goggles (Glotzauge) an. Mit Knüppeln und anderen Gegenständen an seiner Seite war er ein Schutzschild, das selbst die hartgekochtesten Anhänger der Rassentrennung abhielt. Wir lernten, ihn zu lieben, weil ein Tag mit Goggles ein sicherer Tag war, gleichgültig, wo man sich befand. Gott schütze Goggles und halte ihn immer bei guter Gesundheit, betete ich.

Der Beginn der zweiten Oktoberwoche brachte die Erkenntnis, daß ich eine Art Routine brauchte, die es mir erlauben würde, mit den alltäglichen Belästigungen umzugehen. Jenseits des Lärms und des Rummels der Integration, jenseits dem Glitzer der Pressekonferenzen, jenseits all dessen, was in meinem Leben vorging, mußte ich herausfinden, wie ich es jeden Tag durch die sieben Stunden mit den Rassentrennungsanhängern in Central High schaffen könnte.

Am Dienstag, dem 8. Oktober schrieb ich in mein Tagebuch:

Heute schien die Fahrt zur Schule lebhafter als je zuvor. Der Fahrer des Jeeps war freundlicher. Er hält diese ganze Verwirrung für amüsant.
Mir gefiel, was ich getragen habe – meine orangefarbene Bluse und der Faltenrock. Auf dem Weg zur dritten Stunde spritzte mir jemand Tinte auf die Bluse. Ich ging zum Unterricht und fühlte mich verletzt und wütend, weil ich wußte, der Fleck würde nie rausgehen. Im Englischunterricht wurde ein Junge aufgerufen. Als er die Frage nicht beantworten konnte, hob ich meine Hand. Als ich die richtige Antwort gab, sagte er: Glauben Sie dieser Niggerin oder mir?

Zwei Tage später – am Donnerstag, den 10. Oktober – schrieb ich:

Heute morgen bekam ich zwei neue Leibwächter. Ich hatte ein ziemlich ungutes Gefühl. Ich ging von zu Hause ohne Frühstück weg und hatte einen Riesenhunger. Aber ich konnte mittags nicht in die Cafeteria gehen, weil das der Ort ist, an dem sie mich am ehesten erwischen können.

An manchen Tagen überraschte ich mich dabei, wie ich jeden wachen Augenblick an nichts anderes als an meine Sicherheit dachte – und wie ich es schaffen könnte, am Leben zu bleiben. Wann würde jemand mich erwischen und wie könnte ich sie loswerden? Am 11. Oktober war ich scheinbar an einer Grippe erkrankt. An diesem Freitag blieb ich zu Hause und ging nicht zur Central. Ich kuschelte mich in mein Bett, wo es sicher war.

Mir war durchaus bewußt, daß meine Krankheit mehr durch Trauer und Erschöpfung verursacht worden war als durch Grippeviren. Ich wußte, ich mußte mich zusammenreißen, denn am nächsten Tag sollte ich mich mit einigen der acht anderen und einigen fanatischen Anhängern der Rassentrennung unter den Führern der Schülerschaft zu einer Diskussion treffen, die zu einem größeren gegenseitigen Verständnis führen sollte. Um meine schnelle Genesung sicherzustellen, traktierte Großmama mich mit Rizinusöl. Ich protestierte, aber ich wußte, es war zwecklos.

Ich hatte versucht, ihr zu erklären, daß ich der feindseligen weißen Schüler und Schülerinnen, der verletzenden Übergriffe, der Soldaten und der Armeejeeps auf der Hin- und Rückfahrt zur Schule und der Nachrichtenreporter mit ihren endlosen Fragen überdrüssig war. »Überdrüssig« war stets die Klage älterer Menschen. Aber ich wußte mit Sicherheit, daß es mir überdrüssig war. Großmama wollte nichts davon hören.

»Der Orangensaft wird den Geschmack überdecken – hier, trink«, sagte sie und lehnte sich so nah an mich heran, daß ich ihr nicht entkommen konnte. »Ich kann mich nicht so weit vorbeugen, mein Rücken schmerzt.« Ihre Brille glitt auf ihre Nasenspitze. Ich sah in ihre riesigen entschlossenen Augen, und ich wußte, daß ich in der Falle saß. Ich schluckte es herunter. Die warme, ölige Flüssigkeit rann über meine Zunge und meinen Hals hinunter. Sie schob mir ein Pfefferminzbonbon in den Mund.

Es war nicht nur das Rizinusöl, das ich mit meiner Grippe ertragen mußte. Das war nur der Anfang einer offiziellen Zeremonie, zu der auch Großmamas Knoblauch- und Kräuterumschlag auf meiner Brust gehörte, der – so dachte ich mir – garantiert die Krankheitserreger ersticken sollte. Wenn das nicht half, dann würde die fingerdicke Schicht aus Salbe, die sie auf jeden Zentimeter meines Körpers schmierte, mit Sicherheit die Grippeviren in die Flucht schlagen. Doch so schrecklich einige ihrer Heilmethoden auch waren, schien es mir immer noch besser, bei ihr zu Hause zu sein als auf der Central High.

»Zu dumm, daß du einen Schultag verpaßt.« Mutter Lois schüttelte meine Kissen aus und zupfte das Laken am Fußende meines Bettes zurecht. Sie trug ihr dunkles Lehrerinnenkostüm aus Gabardine mit einer schwarzen Bluse und war auf dem Weg zur Schule. »Wir wollen hoffen, daß es dir morgen gut genug geht für die Teilnahme an der Diskussion.« Sie lehnte sich vor und küßte meine Stirn. Dann nahm sie ihre Aktentasche vom Stuhl, auf dem sie sie abgestellt hatte. »Das Treffen mit diesen Kindern von der Central High könnte der erste Schritt auf dem Weg zu einer Art Frieden sein.«

Ich wußte sehr wohl, daß ich mich zur Teilnahme zwingen mußte. Es wäre das erste Mal, daß die Führer der Schülerschaft, die gleichzeitig Anhänger der Rassentrennung waren, mit uns Schülern und Schülerinnen der Integration an einem einigermaßen sicheren Ort sprechen würden, wo wir alle sagen konnten, was wir dachten. Die Veranstaltung wurde von einer norwegischen Journalistin, Mrs. Jorumn Rickets, organisiert, die den Termin mit Ernie, Minnijean und mir vereinbart hatte sowie mit der Gruppe, die als eiserne Störenfriede ins Rampenlicht geraten war: Sammy Dean Parker,

Kaye Bacon und ihre Anhänger. Sammy Dean Parker war in der Zeitung abgebildet gewesen, wie sie Gouverneur Faubus dafür dankte, daß er uns von der Schule fernhielt.

Das Treffen wurde allgemein für einen möglichen Wendepunkt gehalten, eine Zeit der Zusammenkunft. Ich hatte mehrere Tage lang an nichts anderes gedacht. Ich hatte sogar davon geträumt, daß wir zu diesem Treffen gehen und sich danach die Lage an der Schule beträchtlich beruhigen würde. Wenn sie einmal wirklich ihr Herz erforschten, würden die weißen Schüler und Schülerinnen das Licht sehen, und das wäre dann der Anfang eines ruhigen Jahres.

Es war die Hoffnung, die mich am Samstag morgen aus dem Bett trieb und mich zur Gemeindehalle der St. Andrews Kathedrale gehen ließ. Bei meiner Ankunft erfuhr ich, daß unser Treffen von der National Broadcasting Company für das Radio aufgezeichnet werden würde. Ich hoffte, das würde nichts daran ändern, daß wir sagen konnten, was uns am Herzen lag.

Der Raum war völlig in Weiß gehalten, und die Mahagonistühle hatten alle eine gerade Rückenlehne. Es war ein Ort, der sehr wohl zu einem tiefen, ehrlichen Gespräch inspirieren konnte, das uns helfen würde, miteinander auszukommen. Mrs. Rickets, eine Frau von mittlerer Größe mit blonden Haaren, die im Nacken zusammengebunden waren, stellte einige Fragen.

Joseph Fox, der als Vertreter der gemäßigten Mitte galt, weil er gegen unsere Anwesenheit nicht gewalttätig vorging, sagte: »Ich gebe die ganze Schuld dafür Gouverneur Faubus. Hätte er nicht die Nationalgarde gerufen, hätten wir auch nicht annähernd so viele Schwierigkeiten.«

»Dem ist nicht so. Ich glaube, unser Gouverneur versucht, alle von uns zu beschützen«, meinte Sammy Dean Parker, eine zutiefst überzeugte Anhängerin der Rassentrennung.

»Er versucht, uns vorzubereiten. Er sagt, wir müssen integrieren, aber er muß uns vorher vorbereiten.«

Ernie sagte: »Wir wollen doch nur eine Ausbildung und Sicherheit auf dem Weg von und zur Schule.«

Als Mrs. Rickets fragte, warum einige der weißen Kinder nicht mit uns zur Schule gehen wollten, erwiderte Sammy Dean: »Naja, das ist eine Rassenfrage, einander zu heiraten.«

»Die Schule ist kein Ehevermittlungsinstitut«, meinte Ernie.

»Wir müssen ja nicht gesellschaftlich miteinander verkehren«, sagte ich.

Kaye Bacon äußerte, sie habe Gerüchte gehört, daß wir über sie »herrschen« wollten.

»Ich glaube, du weißt nicht sehr viel über unsere Leute. Ich glaube nicht, daß du je versucht hast, etwas über uns herauszufinden«, antwortete Minnijean.

Kaye gab zu, daß sie bis zu diesem Treffen nicht versucht hatte, etwas über uns zu lernen.

»Wir haben eine Heidenangst davor, daß Fünfhundert von euch an unsere Schule kommen«, meinte Sammy Dean.

Die weißen Schülerinnen drückten auch ihre Gefühle hinsichtlich der Truppen aus. Mehrmals sprachen sie davon, wie wütend sie darüber waren, daß Soldaten an ihrer Schule waren. »Was glaubt ihr denn, wie es uns gefällt, zur Schule und nach Hause eskortiert zu werden?« fragte ich. »Was glaubt ihr, wie es uns gefällt, nicht zu wissen, wer uns schlagen wird oder wann und wo man uns angreifen wird?«

Später stand in der *New York Times*, Sammy Dean Parker und Kaye Bacon hätten geäußert, als Ergebnis unseres Treffens habe sich ihre Einstellung geändert. Eine Überschrift in der *Gazette* lautete: ZWEI SCHÜLERINNEN ERZÄHLEN VON IHRER VERÄNDERTEN EINSTELLUNG ZUR RASSENTRENNUNG.

Sammy Dean Parker wurde mit den Worten zitiert: »Die Negerschüler wollen ebensowenig mit uns zur Schule gehen wie wir mit ihnen. Wenn man sich einmal wirklich mit ihnen unterhält, versteht man ihre Seite. Ich glaube, die NAACP bezahlt sie dafür, auf unsere Schule zu gehen.«

Als ich ihre Behauptungen las, wurde mir klar, daß Sammy unsere Beweggründe für unsere Anwesenheit an der Central High überhaupt nicht verstanden hatte. Ich fragte mich, wie um alles sie auf den Gedanken gekommen war, es gäbe überhaupt genug Geld auf der Welt, um so brutale Tage, wie ich sie erdulden mußte, zu bezahlen. Ich würde gar nicht wissen, wieviel Geld ich verlangen sollte für all die guten Tage, die ich nicht mehr an meiner alten High School mit Freunden, die mich mochten, verbringen konnte. Welchen Preis sollte man ansetzen für die Freude und das Lachen und den Seelenfrieden, den ich aufgegeben hatte?

Ich blieb den ganzen Sonntag im Bett und redete mir ein, krank zu sein, aber die Wahrheit war: ich litt hauptsächlich an einer niedergeschlagenen Stimmung. Dieses Treffen hatte der Integration überhaupt nicht geholfen. Diese weißen Schülerinnen verstanden gar nichts. Selbst als Vince anrief und mich zu unserer regelmäßigen sonntäglichen Verabredung einlud, gab ich meine Behauptung, krank zu sein, nicht auf. Ich kuschelte mich in die Sicherheit meines Bettes und fühlte mich dadurch, als ob ich ein sorgenfreies kleines Mädchen sei, das nicht zur Central High gegangen war und nicht entdeckt hatte, daß Wunder nicht genau dann und nicht genau so geschehen, wann und wie man sie erwartet.

Ich schrieb in mein Tagebuch:

14. Oktober, Montag

Grippe, schulfrei – Gouverneur Faubus hetzt immer noch und verursacht Unruhe. Er wird in den Tageszeitungen zitiert, und daher weiß ich, daß er uns keine Ruhe lassen wird.
Heute brachte Mutter Lois ein neues Hifi-Gerät mit nach Hause. Ich vermute, sie möchte mich damit aufheitern.

15. Oktober, Dienstag

Grippe – schulfrei. Ich weinte mich in den Schlaf – unter der Bettdecke, damit Großmutter mich nicht sehen und

nicht hören konnte. Ich weiß, ich kämpfe für eine gute Sache – und ich weiß, wer Gott vertraut, sollte nicht weinen. Ich werde weitermachen, aber kommt es wirklich darauf an?
Ich habe das Gefühl, als ob etwas in mir verschwunden wäre. Ich bin wie eine Stoffpuppe ohne Füllung. Ich wachse zu schnell auf. Ich bin noch nicht bereit, zurück zur Central zu gehen und wieder eine Kämpferin zu sein. Ich habe keine Stärke mehr. Ich möchte im Bett bleiben und Nat King Cole hören.

Am Dienstag, den 15. Oktober, betraten meine Freunde die Central High mit nur einem einzigen Soldaten der 101. Luftlandeeinheit als Begleitung. Sobald sie in der Schule waren, wurden sie nur von 21 Soldaten der Nationalgarde und neun Soldaten der 101. Luftlandeeinheit in den Fluren beschützt.

Ein Artikel in der Mittwochausgabe der *Arkansas Gazette* trug die Überschrift: ZWEI SCHWARZE KRANK. Ich hielt es für komisch, darüber zu lesen, daß Terry Roberts und ich wegen Grippe der Central High fernblieben. Als die Zeitung den Artikel druckte, nahm ich bereits wieder am Unterricht teil. Laut diesem Artikel hatte Terry gesagt, es sei in der vorausgegangenen Woche so schlecht für ihn gelaufen, daß er beinahe beschlossen hätte, die Central High zu verlassen und wieder auf die Horace Mann School zu gehen.

Als ich am Mittwoch wieder zur Schule ging, war es sogar noch schlimmer geworden. An diesem Tag lauteten die Schlagzeilen:

HEUTE TEILABZUG DER 101. LUFTLANDEEINHEIT
DIE HÄLFTE DER TRUPPE KEHRT NACH KENTUCKY ZURÜCK

Bis zu dieser Zeit wurden die Soldaten nur nach Camp Robinson abgezogen, einen Steinwurf entfernt. Die Ankündigung ihres Abzugs nach Kentucky veranlaßte die Anhänger der Rassentrennung zu Freudenfesten, und Freude zeigte sich deutlich bei den Schülern, die mit neuer Hoffnung davon prahlten, uns loszuwerden.

Als ich in den Flur trat, erschreckte mich einen Moment lang der Gedanke an die auf die Hälfte zusammengeschrumpften Truppen. Aber die Kämpferin, die in mir wuchs, nahm die Schultern zurück und wurde wachsam: sie tat all das, was notwendig zum Überleben war. Ich versuchte sehr, mich an alles zu erinnern, was Danny mir beigebracht hatte. Ich entdeckte, daß ich nicht mehr wie früher Angst hatte. Stattdessen spürte ich, wie die Muskeln meines Körpers zu Stahl wurden und mein Verstand sich konzentrierte. Ich mußte mich um mich selbst kümmern. Ich konnte mich nur auf mich selbst verlassen, wenn es um meinen Schutz ging.

Eine neue Stimme in meinem Kopf sprach mit mir in militärischer Disziplin: Du entdeckst Tintenkleckse auf dem Inhalt deines Schließfachs – schmolle nicht, tue etwas. Laß dir ein neues Schließfach geben, besorge dir neue Bücher, tue etwas – verschwende keine Zeit damit, zu grübeln oder dich tief im Innern verletzt zu fühlen. Man tritt dich gegen das Schienbein, stellt dir ein Bein auf dem Marmorboden – bewerte den Schaden und tue, was immer notwendig ist, um in Bewegung zu bleiben. Schwärme aus! Kämpfer bleiben in Bewegung. Sie halten nicht an, um ihre Wunden zu lecken oder zu weinen.

In den ersten Unterrichtsstunden dieses Tages spotteten mehrere Schüler in meiner Gegenwart über Minnijean. Sie sagten, wenn sie versuchen sollte, an den außerschulischen Aktivitäten teilzunehmen, würde sie starken Repressalien ausgesetzt werden. Es hatte sich in der Schule und bis zur Mütterliga der Central High herumgesprochen, daß Minnijean an einem Schülertalentwettbewerb teilnehmen wollte. Die Anhänger der Rassentrennung forderten, daß man uns verbieten solle, an den außerschulischen Aktivitäten der Central High teilzunehmen.

»Diese Niggerin wird nicht auf unserer Bühne singen. Mein Daddy sagt, eher würde er sie tot sehen.« Der Junge, der das gerufen hatte, rannte an mir vorbei und schlug mir die Bücher aus der Hand. Als ich mich herunterbeugte, um sie aufzusammeln, trat mich jemand von hinten. Ich fiel um und landete mit meinem vollen Gewicht auf meinem Handgelenk. Es fühlte sich gebrochen an.

»Okay, steh auf, und ich nehme deine Bücher.« Eine Stimme, die ich nicht kannte, sprach zu mir, während Schüler vorbeirannten, lachten und mit Fingern auf mich zeigten, als ich voller Schmerzen auf dem Boden lag. Ein Soldat der Nationalgarde von Arkansas stand neben mir, sammelte meine Bücher auf und sprach mit freundlicher Stimme.

»Kannst du nicht aufstehen? Versuche, so schnell du kannst auf deine Beine zu kommen.«

Ich versuchte aufzustehen, aber mein Schädel hämmerte und mein Körper schmerzte.

»Zum Teufel, Mädchen, nimm meine Hand. Du bringst uns noch beide in Gefahr, wenn du dich nicht bewegst. Wir haben hier keine Hilfe zu erwarten.« Er nahm meine Hand und zog mich auf die Beine. Es schmerzte, auf meinem Knöchel zu stehen. »Laß uns hier verschwinden, sofort!« Er schob mich schneller vorwärts, als mein Körper gehen wollte, aber ich wußte, er hatte recht: ich mußte mich bewegen.

Als wir schließlich zu einer sicheren Stelle kamen, dankte ich ihm. Ich hielt meine heißen Tränen zurück. Der Soldat, wer immer er war, blieb den Rest des Tages in meiner Nähe. Er sagte nichts mehr, aber wann immer ich nach ihm sah, war er da. Als ich nach Hause ging, stand er im Flur, lehnte sich gegen die Wand wie seine Kumpel. Aber er war freundlich zu mir gewesen, und ich würde mich daran erinnern, daß nicht alle Angehörigen der Nationalgarde von Arkansas den gleichen Charakter hatten.

An diesem Abend, während des Treffens in Mrs. Bates Haus, teilte man uns mit, daß wir innerhalb weniger Tage nicht mehr mit dem Jeep und dem Kombi zur Schule und wieder zurück gebracht werden würden. Wir müßten unsere eigenen Mitfahrgelegenheiten schaffen. Ich wälzte mich die ganze Nacht herum und fragte mich, ob wir ohne unsere Leibwächter von der 101. Luftlandeeinheit und ohne die Autoeskorte überleben könnten.

Bis Mitte Oktober gab es immer weniger und weniger Soldaten der 101. Division und Angehörige der Nationalgarde von Arkansas. Wir lernten schnell, daß uns die Anwesenheit der 101. Luftlandeeinheit in einem falschen Gefühl der Sicherheit gewiegt hatte. Die Anhänger der Rassentrennung unter der Schülerschaft warteten einfach die Zeit ab, bis sie ihren nächsten Schritt machen konnten. Als die Soldaten zahlenmäßig reduziert wurden, starteten unsere Angreifer eine richtige Kampagne gegen uns. Je weniger sichtbar die 101. Luftlandeeinheit war, desto mehr litten wir unter körperlicher und verbaler Mißhandlung.

RICHTER DAVIES WEIST ANTRAG
AUF ABZUG DER US-TRUPPEN ZURÜCK
DER STAAT WIRD WIDERSPRUCH EINLEGEN, SAGT FAUBUS
Arkansas Gazette, Freitag, 18. Oktober 1957

Diese Klage war von Margaret Jackson und der Mütterliga der Central High eingereicht worden. Die Anhänger der Rassentrennung fuhren fort, wann immer möglich Druck zu machen, um die Truppen zu reduzieren. Gouverneur Faubus seinerseits fuhr fort, mit Präsident Eisenhower um unsere Entfernung von der Schule und um einen Aufschub der Integration bis zu einem fernen Zeitpunkt in der Zukunft zu feilschen. Die Erklärungen von Faubus boten einen Schimmer der Hoffnung für die Anhänger der Rassentrennung, die bester Stimmung waren. Wir litten zunehmend an Belästigungen in den Fluren und in den Unterrichtsräumen, und dennoch nahm die Anzahl der Soldaten von Tag zu Tag ab.

Obwohl ich einige Soldaten der 101. Luftlandeeinheit auf dem Schulgelände sah, war Danny anscheinend nicht länger unter ihnen. Zuerst suchte ich in allen Ecken nach ihm, aber schließlich war ich so sehr damit beschäftigt, mich zu verteidigen, daß die Suche nach ihm nicht länger oberste Priorität hatte. In den darauffolgenden Tagen konnte ich die in mir wachsende Kämpferin weder verstehen noch kontrollieren. Ich konnte nicht einmal mit Großmama India darüber sprechen, wie ich mich fühlte. Es war ein Geheimnis. Wie Samson durch einen Haarschnitt geschwächt worden war, dachte ich, so würde auch ich meine Kraft verlieren, wenn ich von ihr sprach. Ich hörte auf, mich so oft bei meinen acht Freunden und Freundinnen über die furchtbaren Dinge, die die Anhänger der Rassentrennung mir antaten, zu beschweren. Ich hörte auf, mir ausrechnen zu wollen, was im nächsten Augenblick, in der nächsten Stunde, am nächsten Tag geschehen könnte und konzentrierte mich ausschließlich auf das Jetzt. Ich dachte viel darüber nach, wie ich so stark wie nur möglich erscheinen könnte, wenn ich die Flure entlanglief: mich nicht zu winden oder die Stirn zu runzeln, wenn mich jemand schlug oder mir gegen das Schienbein trat. Ich übte, meine Angst so schnell ich konnte abzubauen. Wenn mich jemand im Vorübergehen Nigger nannte oder mir obszöne Worte an den Kopf warf, arbeitete ich daran, nicht traurig zu sein, weil sie mich nicht mochten. Ich erkannte allmählich, daß ich genau das tat, was sie beabsichtigten, wenn ich ihre Worte in meine Seele dringen ließ.

Die Gespräche mit meinen acht Freundinnen und Freunden veränderte sich ebenfalls. Wir scherzten weniger miteinander, und es wurde beträchtlich weniger über unsere Hoffnung gesprochen, daß die anderen Schüler uns sofort akzeptieren würden. Stattdessen tauschten wir Informationen aus über das Überleben: »Geht nicht diesen Flur zur Cafeteria entlang, da warten die Angreifer auf euch.« »Bleibt bloß von der Tür im zweiten Stock weg, dort hängen immer die Jungs mit den Messern herum.« »Geht nie diese Treppe hinunter; dort warten immer die Jungs mit den Dynamitstäben.«

Es waren Informationen, wie sie Kämpfer austauschen, wenn sie eine Schlacht beurteilen wollen, die sie gewinnen müssen, oder in der sie sterben werden. Meine Energie war gänzlich einem Ziel gewidmet: meine eigene Sicherheit zu planen und mich vor Verletzungen zu schützen. Obwohl ich mit den Noten auf meiner Berichtskarte vom 17. Oktober nicht wirklich zufrieden war, beschloß ich, daß es wichtiger wäre, am Leben zu bleiben.

Die Zeitung vom 20. Oktober enthielt einen Artikel, in dem Clarence Laws, der Geschäftsführer der Südwest-Bezirksgrupe der NAACP Gerüchte widerlegte, gemäß denen wir neun dafür bezahlt würden, zur Central zu gehen, oder vom Norden importiert worden wären, um an Schulen in Little Rock integriert zu werden, oder daß unsere Eltern planten, uns von der Schule zu nehmen.

Am 23. Oktober verließen wir die Schule ohne eine Wache und gingen allein zum Kombi. Am Morgen des 24. Oktober traten wir wieder ohne Eskorte durch den Haupteingang. Die Schlagzeilen der Abendzeitungen lauteten:

SCHWARZE SCHÜLER BETRETEN SCHULE OHNE ESKORTE
NUR NOCH SECHS SOLDATEN DER 101. LUFTLANDEEINHEIT

Mein Bruder Conrad beschwerte sich, ich würde nicht mehr mit ihm spielen, nicht einmal unser Lieblingsspiel Monopoly. Mir wurde klar, daß er recht hatte. In den letzten Wochen hatte ich keine Zeit zum Spielen gehabt. Vince beschwerte sich ebenfalls, weil ich nicht mit ihm telefonieren oder ausgehen konnte. Die Zeit nach der Schule war randvoll mit Konferenzen und Journalisten und manchmal wollte ich einfach nur still in meinem Zimmer sitzen und darüber nachdenken, was aus mir werden sollte. Die Integration an der Central High zerstörte ganz langsam mein Leben.

Während eines Treffen Ende Oktober diskutierten wir nach der Schule den Umstand, daß Präsident Eisenhower dem Abzug der 101. Luftlandeeinheit keinen Einhalt gebot, obwohl unsere Eltern und Mrs. Bates ein Telegramm geschickt und ihn davon in Kenntnis gesetzt hatten, daß der Widerstand gegen uns mit jedem Tag gewalttätiger wurde. Wir diskutierten, wie wir die Einstellung der Schulvertreter ändern könnten, damit sie die Schläger kontrollierten.

Der nächste Tag war die Hölle auf Erden. Zusätzlich zu den zunehmenden Belästigungen in den Fluren war es der Beginn einer Reihe von Erlebnissen im Sportunterricht, die ich so schnell nicht vergessen würde. Es begann alles mit einem verbalen Sperrfeuer, das ich zu ignorieren versuchte.

»Du bist ja schon schwarzes Fleisch – und was ist schwarzes Fleisch? Es ist verbranntes Fleisch«, sagte die schlaksige Brünette mit einem teuflischen Schimmer in ihren Augen und stellte sich vor meine Duschkabine. Ich stand da splitterfasernackt. Andere schlossen sich ihr an, drangen in meine Intimsphäre ein, höhnten und zischten Beleidigungen. Fieberhaft überlegte ich und fragte mich, worüber sie sprachen und dann wußte ich es: kochend heißes Wasser. Ich hörte, wie ich laut aufschrie, als das dampfende Wasser schmerzhaft auf meine Schultern und meinen Rücken prasselte. Ich war wie gelähmt von der Grausamkeit ihrer Tat. Zwei andere Mädchen tauchten in diesem Augenblick auf und hielten mich direkt unter dem Wasserstrahl fest.

Plötzlich fühlte ich in mir eine Stärke wachsen, die meiner Entschlossenheit gleichkam. Ich griff die Arme meiner Angreiferinnen und zog sie so nah an mich heran, wie ich nur konnte. Ich ließ sie meine Wut mit meinen Ellbogen, meinen Füßen und mit Wörtern spüren, die mich später in Schwierigkeiten bringen würden, aber zumindest hätte ich Zeit, mich darauf vorzubereiten. Ich benutzte dieselbe ordinäre Sprache, die sie mir gegenüber verwendeten.

Als die Mädchen zurückzuckten, sprang ich heraus und entdeckte, daß sie meine Kleider und meine Bücher versteckt hatten. Da stand ich, tropfnaß, nur mit einem Handtuch bekleidet. Schließlich fand ich meine Kleider in einer Ecke. Meine Unterwäsche lag auf dem Boden einer Duschkabine, klatschnaß. Ich würde den ganzen Tag frieren. Ich konnte schon sehen, wie sich nasse Flecken auf meiner Oberbekleidung ausbreiteten. Als ich mich anzog, rieben sich die Kleider schmerzhaft auf meiner verbrühten Haut.

Später traf ich auf das »Hackentreterkomitee«: Gruppen von Schülern gingen dicht hinter mir und traten mir in die Hacken, was enorm schmerzhaft war. Ich ging schneller, aber sie holten auf und machten weiter. Nach einer Weile bluteten meine Hacken durch meine Socken. Als ich das Büro aufsuchte, um mir Pflaster zu besorgen, zog die diensttuende Sekretärin ihre Nase hoch und meinte spöttisch: »Wenn du einen gelegentlichen Tritt in die Hacken nicht aushalten kannst, warum verschwindest du dann nicht?«

Am Ende des Tages war ich von meiner Selbstverteidigung erschöpft und versuchte mir vorzustellen, was wohl als nächstes kommen würde. Und ich hatte den immer unkontrollierbarer werdenden Drang zurückzuschlagen.

Am Montag, den 28. Oktober, setzte Mrs. Huckaby uns schriftlich davon in Kenntnis, daß wir unsere Eltern zu einem Treffen im Büro des Schulinspektors in der Innenstadt um 16 Uhr 45 bitten sollten. Diese Aufforderung in letzter Minute bedeutete, daß Mutter Lois von ihrer Lehrstelle in North Little Rock herbeieilen mußte. Aber es war notwendig, denn wir alle hofften, das Treffen würde die Bereitschaft der Schulvertreter signalisieren, in Hinblick auf die unglaubliche Zunahme der Angriffe gegen uns etwas zu unternehmen. Ich konnte mir nicht vorstellen, worüber sie sonst sprechen wollten.

Kapitel 18

Als wir die Stufen mit unseren Eltern zum Treffen im Büro von Schulinspektor Blossom hochstiegen, war klar, daß wir alle nur an eines dachten: Die Schulvertreter sollten einen konkreten Plan vorlegen, um den Mißbrauch durch die Rassentrennungsanhänger unter der Schülerschaft der Central High zu unterbinden.

»Ich bin wütend genug, um einen Bären ohne meine Schrotflinte zu jagen«, sagte einer der Väter. »Diese Leute sollten besser etwas wirklich Beeindruckendes tun, um mir zu zeigen, daß sie voll hinter der Integration stehen.«

»Ich bin es leid, daß sie sich darauf verlassen, wir würden alle Opfer bringen«, sagte jemand anderes. »Wir müssen endlich wissen, was sie zu opfern gedenken.«

Dreißig Minuten später hatten weder Blossom noch einer seiner Leute diesen Punkt angesprochen, obwohl wir ihn ausdrücklich darauf hingewiesen hatten, daß wir darüber diskutieren wollten. Statt dessen bliesen alle Schulvertreter in dasselbe Horn: Wir sollten uns gegen unsere Angreifer nicht zur Wehr setzen, um den Frieden zu wahren. Sie hielten uns eine Standpauke über »die richtige Einstellung« und die Verantwortung unserer Eltern. Mit keinem Wort erwähnten sie, wie sie ihrer Verantwortung nachkommen und die Schüler und Schülerinnen davon abhalten wollten, gegen uns vorzugehen.

»Ich bitte um Entschuldigung«, sagte Mutter Lois und stand plötzlich auf. Sie hatte Schulinspektor Blossom mitten im Satz unterbrochen. Es beängstigte mich, wie sie so winzig dastand. Sie rieb sich nervös die Hände. »Was ich wissen will, ist, ob Sie einen Plan haben, um unsere Kinder zu schützen.«

»Das geht Sie nichts an«, meinte Blossom unhöflich.

»O, ich würde doch meinen, daß mich das sehr viel angeht.« Mutters Worte kamen wie aus einem Schnellfeuergewehr. Er ignorierte sie immer noch und fuhr mit seiner Rede wie zuvor fort. Stille senkte sich über den Raum. Sie unterbrach ihn noch einmal. »Als Eltern haben wir ein Recht zu wissen, wie Sie unsere Kinder zu schützen gedenken.« Er gab ihr weder eine Antwort, noch gab er zu, daß sie ein Recht hatte, diese Frage zu stellen.

Statt dessen fuhr er mit seinen bedeutungslosen Kommentaren fort und ignorierte sie, während sie mehrere Minuten lang dastand und darauf wartete, daß er ihr eine Antwort gab. Schließlich setzte sie sich wieder. Ihr Gesicht war rot vor Wut und Peinlichkeit. Ich hatte das Gefühl, indem er Mutter so wenig Respekt entgegenbrachte, behandelte er uns alle, die wir in diesem Raum saßen, respektlos. Ich war sehr böse auf die anderen, insbesondere auf die Väter, die nicht aufgestanden waren, um meine Mutter zu verteidigen. Die Demütigung und die Angst, die ich fühlte, beunruhigten mich so sehr, daß ich nicht hörte, was während des restlichen Treffens besprochen wurde. Trotzdem war klar, als wir gingen, daß nichts gelöst worden war.

Die neun schwarzen Schüler betreten die Central High durch andere Tür

Arkansas Gazette, Donnerstag, 31. Oktober 1957

Da weit und breit keine militärische Eskorte zu sehen war, beschlossen wir am Mittwoch, die Schläger zu umgehen, die uns jeden Morgen begrüßten. Wir trafen früh ein und betraten die Schule durch den Eingang an der Vierzehnten und der Parkstraße, einen Block rechts vom Haupteingang. Wir waren uns klar darüber, daß der Haupteingang mehr Risiken barg, als er wert war.

Die wiederholte Äußerung von Gouverneur Faubus, daß unser freiwilliger Rückzug und der Abzug aller Truppen die einzige Möglichkeit sei, Frieden zu schaffen, spiegelte sich in einer veränderten Einstellung der Schüler wieder. Es war, als ob sie damit rechneten, daß wir jeden Augenblick der Schule verwiesen würden. Die wenigen, die zuvor noch versucht hatten, mit uns in Kontakt zu treten, waren offensichtlich dazu gezwungen worden, sich abzuwenden. Ein Mädchen, daß mich zufällig allein in der Toilette traf, erzählte, sie und die anderen gemäßigten weißen Schülerinnen würden mit telefonischen Drohrufen belästigt und geschnitten. Es war klar, daß Schulvertreter und Lehrer immer mehr Druck von den Anhängern der Rassentrennung erhielten, uns endlich loszuwerden.

Für mich waren die beängstigendsten Ereignisse an der Schule die zunehmende Zahl von Schulveranstaltungen und Versammlungen in Zusammenhang mit der Footballsaison und dem Ferienbeginn. Bei diesen Anlässen war ich umgeben von einem Meer an feindlichen Gesichtern und Chorgesängen von verletzenden Wörtern. Es gab gar nicht genug Lehrer oder Soldaten auf der Erde, um diese außer Kontrolle geratenen Schüler im Zaum zu halten. Wir bezeichneten das Auditorium schließlich als die Folterkammer.

Ich hatte mich daran gewöhnt, mit den Ellbogen gestoßen, an den Haaren gezogen, in den Rücken geschlagen oder auf die Füße getreten zu werden, wenn ich das Auditorium betrat oder es verließ. Aber Alleskleber an den Hals und auf meinen Pferdeschwanz gespritzt zu bekommen, war mehr als unangenehm.

Zuerst war ich wie gelähmt vor Schreck, als während einer Veranstaltung ein Junge ein Messer zückte. Ich saß in einer dunklen Ecke unter dem Balkon, und er drückte mir die Klinge gegen meine rechte Gesichtshälfte und flüsterte obszöne Drohungen. Ich überraschte mich selbst, als ich ihm fest in die Hand biß und dann aufsprang, um eine Lehrerin zu suchen. Aber sie wollte meine Beschwerde nicht anhören.

»Ihr beide setzt euch sofort hin. Ihr stört die anderen«, zischte sie und begleitete mich zu meinen Platz zurück. Dann wandte sie ihre Aufmerksamkeit wieder der Bühne zu.

Kaum hatte sie sich abgewendet, als ich aus dem Augenwinkel sah, wie die Stahlklinge erneut aufblitzte und der Junge das Messer wieder an mein Gesicht hielt. Nur daß er mich diesmal weitaus kräftiger festhielt. Ich fühlte, wie die scharfe Klinge meine Wange aufritzte. Gleichgültig wie sehr ich auch kämpfte, ich konnte mich nicht losreißen. Wieder biß ich ich so fest ich nur konnte in seinen Unterarm, bis er blutete. Er zog schnell seinen Arm zurück und unterdrückte einen Aufschrei. »Eine Spritze gegen Tollwut, ich brauche sofort eine Spritze gegen Tollwut«, knurrte er mich an.

Die Lehrerin hörte ungeduldig meine zweite Meldung an und meinte dann: »Diese Kinder haben viel Unruhe tolerieren müssen.« Obwohl sie mich ignorierte, fühlte ich mich besser, weil ich zumindest kein wimmernder Feigling mehr war.

Aldermann ordnet Inhaftierung von NAACP-Vertretern an

Arkansas Gazette, Freitag, 1. November 1957

Die Erwachsenen, auf die wir zählten, standen unter noch größerem Druck. Die Zeitschrift von Mrs. Bates hatte wirtschaftlich zu kämpfen. Gleichzeitig standen sie und andere Vertreter der NAACP aus dem ganzen Land unter zunehmenden Druck von Generalbundesanwalt Bruce Bennett, der forderte, alle Unterlagen einzusehen – einschließlich der Namen, Adressen und Telefonnummern von Mitgliedern und Förderern der Organisation.

Bennett hatte einige Monate zuvor im August eine Zivilklage gegen die NAACP eingereicht mit der Begründung, die Organisation hätte seit sieben Jahren illegale Geschäfte in Arkansas getätigt. Er hatte schon früh begonnen, Mrs. Bates um Informationen über alle Mitglieder und Förderer der 27 Zweigstellen im Land anzugehen. Es ängstigte uns mitzuerleben, wie unsere Verbündete verfolgt wurden.

Ich schrieb in mein Tagebuch:

> *Was soll aus uns werden, wenn die NAACP nicht stark bleibt? Ich habe das Gefühl, die Anhänger der Rassentrennung greifen uns von allen Seiten an. Sie wissen sehr wohl, wie sehr wir uns auf Mrs. Bates und die örtlichen NAACP-Vertreter verlassen ebenso wie auf Mr. Marshall. Wer kümmert sich um uns, wenn sie sich selbst verteidigen müssen?*

Während dieser ersten Novembertage mußten wir mit einer weiteren Gefahr fertig werden, die die unsensiblen Schulvertreter der Central High verursacht hatten. Der Tiger war ihr Schulmaskottchen, und die »Tigerliste« war eine Liste aller Schüler und Schülerinnen mit Namen, Adressen und Telefonnummern. Trotz unserer Bitte, unsere Namen und Telefonnummern nicht aufzunehmen und trotz der Tatsache, daß die Schulvertreter überwältigende Beweise dafür hatten, daß unser Leben in Gefahr war, wurden diese Informationen dennoch in die Liste aufgenommen. Zugegeben, auch die Zeitungen hatten zuvor diese Informationen gedruckt, aber sie hatten dann damit aufgehört. Diese neue Veröffentlichung ließ passive Schüler in Aktion treten, die sich bis dahin nicht hatten aufraffen können, uns anzurufen. Als Folge davon erhielten wir ständig mehr Anrufe. Ob es sich nun um Drohungen oder obszöne Anrufe handelte oder ob einfach eingehängt wurde – diese Anrufe verschlangen unsere Zeit und Energie.

Ich fuhr fort, mich nach der ganztägigen Rückkehr der 101. Luftlandeeinheit zu sehnen. Man hatte uns gesagt, daß zweihundert Soldaten im nahegelegenen Camp Robinson verblieben seien. Irgendwie rechnete ich mir aus, daß sie vielleicht zurückkommen würden und wieder jeden Tag bei uns wären, da alles so schlecht lief – und daß sie uns wieder so aufmerksam bewachten wie zu Anfang. Doch dieser Fall trat nicht ein. Als ich Danny das nächste Mal sah, meinte er, daß sie seiner Ansicht nach nicht regelmäßig zurückkehren würden, denn die Befehlshaber wollten, daß wir für uns selbst eintraten. Wann immer wir Glück hatten und die Soldaten der 101. Luftlandeeinheit bei uns waren, war es einfach herrlich. Wir schätzten ihre Anwesenheit, so selten sie auch geworden war.

Manchmal wurden wir von den Trampeln der Nationalgarde von Arkansas bewacht, die uns bis dahin auf jede erdenkliche Weise gezeigt hatten, daß sie die Verantwortung ablehnten und nicht ernstnahmen. Sie waren offen feindlich gegen uns geworden, flüsterten bisweilen Drohungen und Verwünschungen und spotteten über uns, wenn sie uns allein erwischten. Die Anhänger der Rassentrennung drängten sie öffentlich, lieber ihrer Pflicht nicht nachzukommen als auf uns aufzupassen.

An einem der ersten Novembertage kam Minnijean nach der Schule zu mir nach Hause, um mir ihr *Life* Magazin zu zeigen. Darin war ein ganzseitiges Foto von meinem Rücken. Das war ich, mit meinem Pferdeschwanz, wie ich die Flagge grüßte. Es war nicht das erste Mal, daß wir uns in einer Zeitschrift oder im Fernsehen sahen, aber wir kicherten dennoch über diese faszinierende Sache – Miss Minnijean und Miss Melba konnte man nun auf den Seiten von *Life*, *Look* oder der *New York Times* bewundern.

Uns fiel allerdings auch auf, daß man einen Preis bezahlen mußte, wenn man in den Zeitschriften oder im Fernsehen erschien: am darauffolgenden Tag verdoppelten sich stets die Belästigungen an der Central.

Minnijean und ich verbrachten diesen Abend gemeinsam. Ich konnte sehen, wie sehr sie von dem, was ihr an der Central High angetan wurde, verändert wurde. Sie schien besonders verwundbar durch die Isolation, mit der wir alle zu kämpfen hatten. Sie dachte, sie würde von den weißen Schülern akzeptiert werden, wenn sie ihnen nur zeigen dürfte, wie wunderbar sie singen konnte. Sie war beinahe zwanghaft davon besessen, eine Gelegenheit zu finden, ihr musikalisches Talent auf der Bühne zu zeigen. Sie erklärte, sie würde definitiv an einem Schulfest teilnehmen, und sie hatte sich tatsächlich bereits danach erkundigt.

Wir konnten nicht ahnen, daß die Mütterliga der Central High noch während wir über ihren Auftritt bei dem Schulfest sprachen einen viel größeren Aufstand machte als je zuvor, nur um Minnijean auszuschließen. Mit jedem Tag wurde der Zorn über ihre mögliche Teilnahme größer. Aber ihre Drohungen hielten Minnijean nicht auf. Sie plante bereits einen weiteren Auftritt auf der Bühne. Dieses Mal wollte sie »Tammy« bei einem Talentwettbewerb singen. Es war, als ob der Widerstand ihr Bedürfnis anstachelte, das zu tun, was nicht erwünscht war.

Ich fragte mich, ob sie in Betracht gezogen hatte, daß das Publikum sie auf der Bühne auspfeifen könnte. Glaubte sie wirklich, sie würde die Weißen mit ihrem Auftritt in Verzückung versetzen? Mich schauderte bei dem Gedanken, was diese Schüler ihr sagen oder antun würden, wenn sie es durchzog. Aber mir war klar, daß ihre Angst angesichts des ständigen Mißbrauchs, den wir erdulden mußten, und die Trauer über unsere Isolation ihren Blick getrübt hatten. Sie freute sich an den Planungen für den Auftritt und strahlte vor Vorfreude angesichts der Möglichkeit, vor den weißen Schülern und Schülerinnen zu singen.

Als ich mit Ernie über meine Befürchtungen sprach, fegte er sie beiseite. Wie gewöhnlich ging er die Situation schwungvoll an. Selbst wenn er verprügelt oder zu Boden getreten wurde, behielt er seine positive Grundeinstellung bei. Ich mochte seine Haltung, selbst wenn ich seine Ansicht nicht teilen konnte.

Wie ich sorgte sich auch Thelma sehr um Minnijean. Wir sprachen darüber, wie wir sie davon überzeugen konnten, nicht weiter auf eine Teilnahme zu drängen. Jeder von uns hörte zunehmend negative Reaktionen auf ihren Wunsch zur Teilnahme. Uns war klar, daß sowohl Schüler als auch Außenstehende die Gelegenheit ergreifen würden, um aus ihrer Bitte eine große Sache zu machen.

Terry stand dem Ganzen philosophisch gegenüber: Laßt es sie versuchen und sie wird ihre Lektion schon lernen, ein für allemal. Ich bemerkte, daß Terry angesichts unserer mißlichen Lage immer fatalistischer wurde. Seine Hoffnung, daß wir die Einstellung der Leute ändern könnten, wurden sichtlich geringer. Er war nervös, nicht länger fröhlich, und er summte keine lustigen Melodien mehr.

Auch Gloria zeigte langsam Anzeichen von Streß. Sie sagte nichts mehr, wurde schweigsam. Ich konnte fast sehen, wie ihr Verstand arbeitete in dem Versuch, die Dinge in die richtige Perspektive zu rücken, damit sie mit ihrer peinlich genauen Lebensweise fortfahren konnte.

Elizabeth hatte sich von ihrer furchtbaren Begegnung mit dem Mob nie ganz erholt. Ständige Belästigungen forderten auch von ihr einen Tribut. Sie wurde schweigsam und zurückgezogen. Als ich Minnijeans Lage mit Elizabeth diskutierte, schien sie überaus besorgt und teilte die Ansicht, daß wir keine unnötige Aufmerksamkeit auf uns ziehen sollten.

Carlotta versuchte krampfhaft zu lächeln. Obwohl sie viel durchmachen mußte, insbesondere im Sportunterricht, versuchte sie, das Beste daraus zu machen, ebenso wie Jeff. Wie die beiden anderen Jungen mußte Jeff eine Menge brutaler körperlicher Mißhandlungen ertragen. Er war schnell zu Fuß, aber oft geriet er im Sportsaal oder in den Ecken des Flures in die Falle, wo man ihn daraufhin trat und verprügelte.

Wann immer wir unsere Erfahrungen verglichen, waren wir uns einig: die Einstellung der Schüler war polarisiert. Wir hatten das Gefühl, es wäre am besten für Minnijean, nachzugeben, aber keiner von uns konnte es ihr ausreden. Sie war fest entschlossen. Je mehr wir sie baten, desto entschlossener schien sie zu werden.

Nur während flüchtiger Augenblicke gestattete ich mir, darüber nachzudenken, wie es wäre, im Chor zu singen oder am Thanksgivingprogramm teilzunehmen. Meine Hoffnung, Teil der normalen Aktivitäten zu sein, war schon lange geschwunden. Ich weigerte mich, der Enttäuschung nachzugeben. Ich wollte es nur durch dieses eine Jahr schaffen, lebendig und unverletzt. Ich beschloß, all meine Energie diesem Ziel zu widmen.

Ich war überrascht, als man mich einlud, vor den Schülern und Schülerinnen zu sprechen, die an der Andacht teilnahmen, einer relativ sicheren Ecke der Schule. Es war der einzige Ort, an dem ich kurze Momente des Friedens an jenen Tagen fand, an denen ich früh genug kam, um teilzunehmen. Ich dachte lange über diese Einladung nach, aber schließlich machte es Großmama leicht für mich. »Das ist deine Gelegenheit, Zeugnis abzulegen.«

»Aber was, wenn sie etwas nach mir werfen?«

»Im Haus des Herrn? Sicher nicht. Diese Weißen sind keine Heiden. Wenn du zu ihnen sprichst, werden sie verstehen, daß wir alle demselben Herrn dienen.« Also bereitete ich meine Rede vor, aber ich behielt diese Einladung für mich. Ich wollte Minnijeans Gefühle nicht verletzen, angesichts der heroischen Bemühungen, die sie auf sich nahm, um die Schulvertreter dazu zu bringen, sie auf der Bühne singen zu lassen.

Armee erhält Anweisung, die Truppen der 101. Luftlandeeinheit von der Schule abzuziehen

Arkansas Gazette, Dienstag, 19. November 1957

Die Truppen der 101. Luftlandeeinheit sollten nach Kentucky zurückkehren. Mein Herz raste, als ich den Artikel überflog. Es hieß darin, daß Generalmajor Edwin Walker, Kopf des Militärs von Arkansas, einer Truppe von 225 Männern der Nationalgarde von Arkansas vorstehen sollte. Sie würden die Verantwortung dafür übernehmen, das Gerichtsurteil zur Integration umzusetzen. Mit anderen Worten: wir mußten uns nun ausschließlich auf sie verlassen, wenn es um unsere Sicherheit und unser Leben ging. Ich saß wie erstarrt auf der Couch im Wohnzimmer und las den Artikel noch einmal laut vor, während Großmama die traditionelle Thanksgivingfeier unserer Familie vorbereitete. Ich tröstete mich mit dem Umstand, daß kein festes Abzugsdatum für die 101. Luftlandeeinheit genannt wurde; vielleicht handelte es sich um den ersten Januar. Ich hoffte weiter, daß der Artikel sich als Zeitungsente entpuppte. Ganz sicher würden sie nicht wirklich abgezogen.

»Leg die Zeitung aus der Hand, Kind, es ist jetzt Zeit.« Wir hatten mit unserem Feiertagszeremoniell begonnen. Großmama versuchte verzweifelt, Conrad seine alte Eisenbahn zu entreißen, um sie den Armen zu geben.

»Erntedank, Junge, das ist die Zeit, für alles, was uns beschert wurde, dankbar zu sein. Wir müssen dieses Jahr viel geben, denn die gütigen Weißen, die in den letzten Jahren unsere Leuten beschenkt haben, bestrafen uns, weil wir die Integration funktionieren lassen.«

Weiße Wohltätigkeitsorganisationen brachen mit der Tradition, indem sie ihre Erntedankgeschenke einbehielten und damit drohten, auch an Weihnachten nichts zu geben. Um es noch schlimmer zu machen, nahmen sie unseren Leuten soviele Arbeitsplätze wie möglich weg und kündigten ihre Kredite bei den örtlichen Geschäften auf.

Wir hatten immer schon jedes Jahr am Erntedankfest unsere Spielzeugsammlung und unsere Kleiderschränke durchgesehen, und alles weggegeben, was wir nicht brauchten oder benutzten, ebenso wie zwei Dinge, die uns sehr am Herzen lagen und die wir besonders gern behalten hätten. »Conrad, hast du den Zug schon in die Schachtel gelegt?«

»Noch nicht, Großmama.«

»Wann, Conrad?« wollte Mutter wissen, während sie das Geschirr abtrocknete und es mir reichte, um es in die Schränke zu räumen. Sie und Großmama hatten den ganzen Tag versucht, Conrad dazu zu bringen, ihre Ansicht zu teilen.

»Melba gibt ihre Lieblingsbluse«, meinte Großmama. »Und sie spendet ihren geliebten Cordrock und ein Paar Schuhe.« Sie warf Conrad einen Blick zu, um zu sehen, ob ihr Ansporn seine geizige Einstellung beeinflußte.

»Melba leidet eben gern und kommt ohne alles aus; darum geht sie ja zur Central. Aber warum sollte ich das tun?«

»Woher hast du denn diese Einstellung zu deiner Schwester?«

»Clark sagt, seine Leute sagen das, weil mein Schwesterherz an dieser weißen Schule bleibt, obwohl man sie jeden Tag mißhandelt.«

»Sie bleibt dort, weil sie ein Versprechen gegeben hat, das sie zu halten gewillt ist. Sie hat Gott gesagt, sie würde es tun, und sie will weder Gott noch sich selbst enttäuschen«, erklärte Mutter Lois. Sie ging zu Conrad hinüber und sah ihm in die Augen. »Das mußt du Clark das nächste Mal erklären, wenn er sich nach den Motiven deiner Schwester erkundigt.«

»Ja, Ma'am. Aber ich werde diesen Zug nicht hergeben. Er gehört mir.«

»Laß uns mal Tacheles reden, mein Junge. Wenn du den Zug nicht hergibst, bekommst du keinen Erntedankbraten und eine Woche lang wird keiner Monopoly mit dir spielen.« Conrads Augen wurden groß und seine Stirn legte sich in Falten, als er den Zug abgab und Großmama ihn in die Geschenkeschachtel zu unseren anderen Gaben legte.

US-BEHÖRDEN GEBEN PLÄNE AUF,
AGITATOREN AN DER SCHULE ZU VERFOLGEN
KEINE VERFOLGUNG DER ANFÜHRER DES PÖBELS
Arkansas Gazette, Donnerstag, 21. November 1957

Aufgrund der Versicherung der örtlichen Behörden, daß sie die Ordnung aufrechterhalten würden, verkündigte die Bundesregierung, daß sie keinen der Anhänger der Rassentrennung, die den Mob angeführt hatten, rechtlich verfolgen würde.

Die Führer der Rassentrennungsanhänger feierten ihren Sieg, und die Schüler in der Schule ließen uns ihren Triumph spüren. Gleichzeitig ließ Gouverneur Faubus in der Zeitung und im Radio verlauten, daß »der Abzug der Bundestruppen lästig ist, weil der Nationalgarde von Arkansas jetzt die unangenehme Aufgabe zufällt, die Integration durchzusetzen.«

Er sagte, er »werde keinen Polizisten oder Angehörigen der Nationalgarde auffordern, jemanden zur Schule zu bringen oder ihn dort zu bewachen. Diese Männer die Befehle der Bundesregierung ausführen zu lassen ist unfair, weil sie sich nicht gemeldet haben, um die Integration durchzusetzen, sondern um ihr Land in einer Zeit der Not zu verteidigen.«

An diesem Tag sprachen Minnijean und ich in der Schule darüber, wieviel Angst wir hatten, denn obwohl die Belästigungen schlimmer wurden, sahen wir immer weniger uniformierte Wachen. Es kursierten Gerüchte über FBI-Männer, die angeblich überall verstreut waren. Tatsächlich sahen wir gelegentlich Männer, die unserer Vorstellung von FBI-Männern entsprachen, aber sie machten sich nie die Mühe, uns zu helfen.

Unsere Sorgen verschlimmerten sich, als am selben Tag zwei Urteile ergingen, die zum einen von der NAACP forderten, ihre Unterlagen der Öffentlichkeit zugänglich zu machen, und zum anderen sechs Männer, die wegen Anstiftung zu Krawallen während unserer ersten Tage an der Central High School verhaftet worden waren, von allen Anklagepunkten freisprachen. Am 23. November stand in einem Artikel, daß Richter Harry Robinson Geldstrafen für zwei Männer aussetzte, die der Anstiftung zu Krawallen für schuldig befunden worden waren.

Obwohl sich unsere Probleme mit den Anhängern der Rassentrennung wieder einmal vervielfacht hatten, konzentrierte sich Minnijean auf ihren Auftritt für den Gesangsverein und die Weihnachtsfeier. Sie hatte sich in eine richtiggehende Hochstimmung hineingesteigert. Immer und immer wieder versuchten Thelma und ich, ihr die Teilnahme auszureden, aber sie wollte einfach nicht hören. Kurz vor der Ausscheidung zur Teilnahme stand ich in der Tür des Auditoriums und wrang nervös die Hände, während Minnijean versuchte, sich eintragen zu lassen.

Mrs. Huckaby lächelte freundlich, als sie Minnijean erklärte, daß der Tag zur Anmeldung für diese Ausscheidung bereits lange verstrichen sei und für sie die Regeln nicht gebrochen werden könnten. Wir wußten sofort, daß man sie hereingelegt hatte. Wenn es den Schulvertretern ernst gewesen wäre, als sie Minnijean diese Gelegenheit boten, hätten sie ihr deutlich die Bedingungen zur Teilnahme dargelegt. Minnijean unterdrückte ihre Tränen, drehte sich zu uns um und ging dann davon. Thelma und ich folgten ihr und taten unser Bestes, um sie zu trösten.

Lehrer und Schüler berichten von starken Spannungen an der Central High

Arkansas Gazette, Sonntag, 24. November 1957

Sechs Journalisten wurden ausgeschickt, um mit jedem zu sprechen, der irgendwie mit der Schule zu tun hatte. Sie fanden heraus, was wir bereits wußten: Es war eine Zeit der Spannung und der Prüfung. Es hieß allgemein, daß sich Gangs gebildet hatten mit dem Ziel, uns nach Abzug der Truppen Schwierigkeiten zu bereiten.

Diejenigen, die sie interviewten, erklärten, sie bereiteten uns bereits soviel Schwierigkeiten wie möglich. Wir wurden als Schüler und Schülerinnen beschrieben, die aufmerksam lernten und die meiste Zeit in völliger Isolation von unseren

2000 weißen Mitschülern und Mitschülerinnen verbrachten, denn die Weißen, die sich mit uns anfreunden wollten, wurden entweder durch gesellschaftliche Ächtung oder durch Drohungen eingeschüchtert.

Mich schauderte, als ich diesen Artikel las, aber er verhalf mir auch zu der Erkenntnis, daß wir uns diese Dinge nicht einbildeten. Es wurde tatsächlich immer schwieriger, innerhalb der Central zu überleben. Nun wurde uns das von der vertrauenswürdigsten Quelle bestätigt – von den überzeugten Anhängern der Rassentrennung selbst. Und soweit ich sagen konnte, gab es absolut nichts, was wir dagegen hätten unternehmen können.

Am Montag, dem 25. November, bereitete ich mich darauf vor, zu den 250 Schülern und Schülerinnen zu sprechen, die sich zur Morgenandacht der Central High eingefunden hatten. Als ich zum vorderen Teil des Raumes ging und mich dann zu den Weißen umdrehte, die mich alle anstarrten, fühlten sich meine Knie schwach und mein Nacken verspannt an. Ich stand auf einem Podium in einem Raum voller Menschen, die es keineswegs schätzten, daß ich zu ihnen sprechen sollte.

Ich holte tief Luft und begann dann mit dem Vortrag, den ich vor dem Spiegel und vor Großmama und Mama geprobt hatte. Das Licht, das durch das Fenster im hinteren Teil des Raumes fiel, war mein Konzentrationspunkt. Mutter Lois hatte mir den Tip gegeben, niemals einem einzelnen Mitglied des Publikums in die Augen zu sehen, während ich sprach. Zuerst murmelte ich einige Worte, doch dann, als ich an Großmama Indias Rat dachte, beruhigte ich mich. Sie hatte gesagt: »Gott spricht. Du bist nur das Instrument, das er sich für diese Gelegenheit ausgesucht hat. Gott ist ein hervorragender Redner, daher muß du überhaupt nicht nervös sein.« Ich sprach nicht über die Integration und erzählte auch nichts über uns Schwarze oder über die Weißen. Ich sprach einfach über Gott und wie er für jeden von uns sorgt.

Zuerst konnte ich an den Gesichtern der Schüler und Schülerinnen erkennen, daß ihnen das, was ich sagte, nicht gefiel. Einige runzelten die Stirn, andere verzogen ihr Gesicht, um ihrer Verachtung Ausdruck zu verleihen. Viele blickten absolut gleichgültig, aber manche hörten aufmerksam zu und nickten zustimmend. Hinterher kamen zwei Menschen zu mir, um mir zu gratulieren. Sie wollten wissen, warum ich mit einem Nordstaatenakzent sprach und ein so korrektes Englisch pflegte.

»Nordstaatenakzent – haben sie dich wirklich danach gefragt?« Mutter Lois schmunzelte, als ich ihr meine Rede beschrieb. »Sag ihnen, deine Mutter ist Englischlehrerin, und in diesem Haus sprechen wir nur korrektes Englisch.«

Wir unterhielten uns über meinen Schultag, während wir, nach dem Abendessen und dem Bad, in unseren Morgenmänteln am Eßzimmertisch saßen und Monopoly spielten. Die Stimmung im Haus war festlich, und wir waren vom Duft des Hackfleisches und der süßen Kartoffeln, die im Ofen buken, umgeben.

»Keine fliegenden Objekte?«

»Eigentlich waren einige von ihnen sehr nett. Du hattest recht, Großmama.« Sie sah nicht auf. Sie war damit beschäftigt, ihren nächsten Zug auf dem Spielbrett zu planen. Wir hatten uns bereits in den Umstand ergeben, daß sie uns alle wieder einmal in die Tasche stecken würde.

»Genau. Wie ist es gelaufen?« murmelte sie und ließ in ihrer Konzentration auf das Spiel auch nicht eine Sekunde nach.

»Tja, einen kurzen Augenblick lang hatte ich das Gefühl, wir hätten etwas gemeinsam – unsere Liebe zum Herrn. Ich glaube, sie haben das auch gespürt, denn einige von ihnen lächelten und haben mit mir gesprochen.«

»Eines Tages werden sie den Mut haben, auch außerhalb dieses Raumes der Anbetung nett zu dir zu sein.«

»Ich glaube nicht, Großmama, denn dann müßten sie die ganze Kritik von ihren Freunden und Familienangehörigen ertragen.«

»Dieses Jahr ist anders, es wird nicht immer so sein.« Sie würfelte, kaufte die letzte verfügbare Straße, und wieder einmal waren wir alle von unserer süßen Großmama, dem Monopoly-Champion, haushoch besiegt worden.

Als Mrs. Bates anrief und sagte, daß wir neun uns zu dem »offiziellen« Erntedankessen einfinden sollten, das am Dienstagabend vor den Ferien in ihrem Haus abgehalten würde, erwähnte sie auch, daß gleichzeitig eine Pressekonferenz stattfand. Ich krümmte mich bei dem Gedanken. Wann immer in der Presse über uns berichtet wurde, standen die Mißhandlungen an der Central in direkter Proportion zu dem Umfang und der Qualität des Artikels, der gedruckt wurde, bzw. der Radiosendung, die über den Äther ging.

Als Mutter und ich vor Mrs. Bates Haus vorfuhren, konnten wir keinen Parkplatz finden. Im Wohnzimmer gab es nur noch Stehplätze. Ich hatte noch nie so viele Menschen, die meisten davon Journalisten, in diesen Raum gequetscht gesehen, dazu noch unter gleißend hellen Scheinwerfern.

In der Mitte des Raumes saßen einige der anderen neun Schüler und Schülerinnen in ihrer besten Sonntagskleidung an einem Tisch, der mit derselben Sorgfalt gedeckt worden war, die Großmama an Feiertagen walten ließ: Leinen und Spitze und Silber und ein wundervoller Truthahn. Mrs. Bates führte mich zu meinem Platz, und ich quetschte mich zwischen Jeff und Gloria auf meinen Stuhl.

Immer mehr Reporter mit noch mehr Kameras und Ausrüstung drängten sich in den Raum, während wir versuchten, so zu tun, als ob wir eine ganz normale Mahlzeit zu uns nehmen würden. Einige der anderen übten die Ansprachen, die sie vorbereitet hatten. Ich hatte nichts vorbereitet, weil mir mittlerweile die Kunst, ein Interview zu geben, zur zweiten Natur geworden war – oder zumindest dachte ich das. Sobald die Kameras liefen und die Mikrophone eingeschaltet waren, prasselten die ersten Fragen auf uns herab.

Als Mrs. Bates fragte: »Wollt ihr Kinder weißes oder dunkles Fleisch?«, rutschte mir heraus: »Das ist ein integrierter Truthahn.« Ihr ärgerlicher Gesichtsausdruck stand dem von Mutter in nichts nach und ließ mich wissen, daß ich vielleicht doch lieber eine Rede hätte vorbereiten sollen. Die Reporter kicherten und stellten dann eine Reihe von Fragen zu Truthahnen und zur Integration. Stets riefen sie mich beim Namen und baten mich um eine Antwort. Meine Handflächen schwitzten, und mein Mund wurde trocken. Ich hatte nicht ins Fettnäpfchen treten wollen. Ich wollte nicht, daß die anderen dachten, ich hätte ihnen die Schau stehlen wollen, aber plötzlich war der »integrierte Truthahn« das Thema Nummer eins.

»Du wirst diesen Zwischenruf noch einmal bedauern, Melba«, sagte Mutter auf der Heimfahrt. Sie behielt recht. Ich mußte dafür büßen.

An einem Tag kurz vor den Erntedankferien brach Danny wieder einmal die Regeln und kam zu mir, um sich zu unterhalten. Er wollte nicht sagen, ob er für immer gehen mußte oder nicht, aber er verhielt sich seltsam. Er sagte immer und immer wieder: »Paß auf dich auf, hörst du. Bücke dich nicht, um Bücher aufzusammeln, und gehe nicht in dunkle Ecken.« Er blinzelte mir zu und lächelte, dann blieb er zurück und grüßte mich militärisch. Ich stand wie festgefroren und kämpfte gegen meine Tränen an.

Immer wieder fragte ich ihn, ob er für immer gehen würde, aber er wollte es mir nicht sagen. »Paß einfach mächtig auf.« Er drehte sich um. Ich wollte nicht zugeben, daß es wirklich wahr war. Ich drehte mich ebenfalls um und rannte in die andere Richtung. Ich blickte nicht zurück – ich blickte nie zurück, damit er meine Tränen nicht sehen konnte.

Wann immer ich von diesem Augenblick an daran dachte, daß Danny und die 101. Einheit für immer gehen würden, verdrängte ich diesen Gedanken, weil ich ihn nicht ertragen konnte, selbst wenn ein Teil von mir ständig wiederholte, daß ich jetzt wirklich auf mich selbst gestellt war.

Mein richtiges Erntedankessen zu Hause war ein ganz besonderer Tag des Friedens und der Freude. Es war herrlich, mit all meinen Verwandten zusammen zu sein, und ich konnte sie sogar davon überzeugen, nicht über die Central High zu sprechen. An diesem Tag fühlte ich mich normal, und ich hoffte inständig, daß mein Leben bald wieder so sein konnte. Später an diesem Abend mußte ich mich der Wirklichkeit stellen, als ich die Schlagzeile in der *Gazette* las: DIE LETZTEN DER 225 GIS VERLASSEN DIE SCHULE; DIE NATIONALGARDE VON ARKANSAS ÜBERNIMMT DIE VERANTWORTUNG. In dem Artikel hieß es, die Truppen der 101. Luftlandeeinheit seien am Vortag abgezogen worden.

In der Erntedanknacht schrieb ich in mein Tagebuch:

Danny und die anderen sind jetzt wirklich fort. Er hat sich nicht einmal verabschiedet. Ich werde mich immer an diesen Mann erinnern. Wie könnte ich seinen Namen vergessen? Ich werde niemals wissen, ob er sich nur so nett verhalten hat, weil er ein großartiger Soldat war oder weil er ein guter Mensch war oder beides.
Darauf kommt es auch nicht an. Er war wunderbar.

Ich möchte mich auch an die Namen der anderen netten Soldaten der 101. Luftlandeeinheit erinnern – Jody, Marty, Mex und Goggles.

Ich wünschte, Danny hätte mir gesagt, daß er für immer geht. Obwohl ich nicht weiß, wie ich ihm mit Worten hätte danken können. Vielleicht hätte ich geweint, und das hätte er nicht gewollt. Ich hätte nie gedacht, daß ich wegen eines weißen Mannes weinen würde. Ich glaube nicht, daß ich ihn jemals wiedersehen werde. Danke, Danny.

Am Freitag, den 29. November, brachte die Schlagzeile in der *Gazette* weitere schlechte Nachrichten, besonders für Minnijean:

VORSTAND DER MÜTTERLIGA PROTESTIERT
GEGEN TEILNAHME DER SCHWARZEN
AM TALENTWETTBEWERB
FÜR DIE WEIHNACHTSFEIER

Die Mütterliga der Central High School hat Protest eingelegt. Ihre Organisation ist gegen die Teilnahme einer jungen Schwarzen an dem Talentwettbewerb, der von der Central High School veranstaltet wird.

In dem Artikel wurde Minnijean Brown namentlich genannt, und es hieß, daß es uns nicht erlaubt sein sollte, an außerschulischen Aktivitäten teilzunehmen. In dieser Nacht fügte Großmutter meiner Sorgenliste eine weitere hinzu. »Präsident Eisenhower hatte einen leichten Schlaganfall«, sagte sie. »Wir müssen rasch für ihn beten.«

Ich wußte, der Präsident war wichtig für mein Leben. Wenn die Lage an der Central noch schlimmer wurde, brauchte ich ihn lebendig und gesund, damit er die Truppen wieder entsenden konnte. Mutter sagte, wir sollten ihm ein Telegramm der Hoffnung und des Gebets schicken, und das taten wir.

Ich verbrachte einen Großteil des Tages damit, mich darüber zu sorgen, wieviel schlimmer die Lage am Montag werden könnte – angesichts der Erwähnung meines »integrierten Truthahns« in der Zeitung und der Ankündigung des endgültigen Abzugs der 101. Luftlandeeinheit.

Kapitel 19

Die 12. Woche ohne Zwischenfälle an der Central High School für die neun Schwarzen
Arkansas Gazette, Dienstag, 3. Dezember 1957

Wir fragten uns, wie die Herausgeber der *Gazette* nur zu dieser Schlußfolgerung gekommen waren, wo sie doch niemanden in der Schule hatten, der sehen konnte, wie wir getreten, mit Tinte bespritzt, angespuckt oder unter der Dusche verbrüht wurden. Als der Unterricht am 2. Dezember begann, verhielten sie sich wie so viele der Erwachsenen um uns herum: zufrieden, solange sie vorgeben konnten, daß alles in Ordnung war. Doch wir wußten es besser. Unsere täglichen Erfahrungen zeigten uns, daß sich die Situation verschlechterte.

An diesem Tag fuhren Minnijean, Thelma und ich in einer Fahrgemeinschaft zur Schule. Wieder einmal sprach Minnijean begeistert über ihre Hoffnung, bei einem anderen Fest der Central High auf der Bühne zu stehen. Manchmal löste ihre Begeisterung sogar den Hoffnungsschimmer in mir aus, daß wir in die Feiertagsfestlichkeiten, die überall um uns herum begannen, eingeschlossen würden.

Wir hörten nur bruchstückhaft, was vor sich ging, aber dennoch schien alles so viel größer und aufregender als alles, was wir an unserer alten Schule gesehen hatten. An der Central gab es mehr Geld für Theaterkostüme und eine üppige Bühnenausstattung und Parties in vornehmen Hotels. Sie taten all die Dinge, die ich in Zeitschriften oder im Fernsehen gesehen hatte.

Wenn bei einer seltenen Gelegenheit irgend jemand es auf sich nahm, uns zu erklären, was vor sich ging, zogen die Schüler, die daneben standen, ihn zur Seite und tadelten ihn scharf. Ich fühlte mich wie ein Kind, daß durch das Schaufenster eines Süßwarenladens lugt. Ich hungerte nach weiteren Einzelheiten der Aktivitäten, von denen ich ausgeschlossen war. Ich fügte Gesprächsfetzen zusammen wie ein Puzzle und wollte unbedingt das fertige Bild sehen. Sonst würde ich für immer einen leeren Fleck in meinem Herzen haben, wenn ich an die Weihnachtsfeier in meinem ersten Jahr an der High School dachte.

Wir neun waren an unserer früheren Schule sehr aktiv gewesen. Da waren der Chor, die ehrenamtliche Tätigkeiten, die Pfadfinder, Sport und ganz besonders Weihnachtsspiele. Mich schmerzte der Verlust dieser Aktivitäten sehr, und ich konnte sehen, daß es den anderen ebenso ging. Und jetzt waren wir nicht einmal zu den Ferienparties unserer früheren Schulfreunde eingeladen. Einige von ihnen fürchteten in unserer Gegenwart um ihre Sicherheit, andere lehnten ab, was wir taten, und weigerten sich, irgend etwas mit uns zu tun zu haben. Wieder andere meinten es nicht böse; es war ein Fall von »aus den Augen, aus dem Sinn«.

Ich tröstete mich mit dem Gedanken, wie gut es doch sei, daß ich so damit beschäftigt war, in der Central am Leben zu bleiben. Das hieß, ich hatte nicht soviel Zeit darüber nachzudenken, wie einsam ich war.

Als ich hörte, wie Minnijean über eine Teilnahme sprach, wünschte ich ihr alles Gute, aber im tiefsten Innern wußte ich, daß sie ihre Hoffnungen zu hoch angesetzt hatte. Sie wurde wegen ihrer Hartnäckigkeit angegriffen. Und dank meines Kommentars zu Erntedank erging es mir nichts anders.

»Essen alle Nigger integrierten Truthahn?« rief einer der Jungen und stellte mir auf dem Weg zur ersten Stunde ein Bein im Flur.

»Aua«, sagte er, als ich mit Schwung auf seinen Fuß trat. »O, Entschuldigung,« grinste ich. Sein Gesicht lief rot an. Das Thema ›Truthahn‹wurde im Laufe des Tages noch viele Male aufgebracht – und das nicht gerade freundlich. Das einzige, was mich durchhalten ließ, ich zählte die Tage bis zu den Weihnachtsferien.

Ich sah, wie der Kampf ums Überleben von uns allen seinen Tribut forderte. Thelma, die immer gut mit ihrem Herzfehler umgehen konnte, war nun gezwungen, viel häufiger zu ruhen und sich mit gesenktem Kopf auf den Boden zu setzen, um nach Luft zu schnappen. Ernie lächelte nicht mehr so viel. Er bekam eine Falte mitten auf seiner Stirn. Ich neckte ihn damit, der älteste unter uns zu sein und sein Alter auch deutlich zu zeigen.

Carlotta war ruhiger geworden. Die 101. Luftlandeeinheit hatte sie immer »Roadrunner« oder »Speedy« genannt, und ihre Agilität hatte sie bisweilen vor möglichen Angreifern bewahrt. Nun war sie fahrig und sprach nicht länger davon, sich an sportlichen Wettkämpfen an der Central zu beteiligen.

Minnijean war deutlich aufgeregt und nervös. Sie war äußerst niedergeschlagen darüber, daß sie an keiner Vorstellung teilnehmen durfte und fühlte sich mehr und mehr gefangen von der Anweisung, daß wir, gleichgültig was man zu uns sagte oder uns antat, nicht zurückschlagen durften.

Terry schien erschöpft und spekulierte darüber, ob wir dieses Jahr durchstehen würden oder nicht. Gloria und Elizabeth waren so still und nachdenklich wie Jeff. Jeder von uns sprach davon, wir sehr wir uns auf die bevorstehenden zwei Wochen Weihnachtsferien freuten, in denen wir zu Hause bleiben und unsere Batterien aufladen konnten. Und in unseren schwächsten Momenten, wenn wir unter körperlichen Verletzungen oder verwundeten Seelen litten, sprachen wir sogar davon, daß die Weihnachtsferien eine Gelegenheit sein könnten, unseren Traum aufzugeben und auf eine andere Schule zu gehen.

Als ich die Central einige Tage vor meinem Geburtstag am 7. Dezember betrat, erwartete ich, daß uns die marktschreierischen Schlagzeilen des *Arkansas Democrat* vom Abend zuvor entgegengeschrien würden. In dem Artikel hieß es, die Truppen, die uns bewacht hatten, hätten die Steuerzahler 3,4 Million Dollar gekostet. Es versteht sich von selbst, daß uns diese Zahl im Laufe des Tages immer wieder vorgehalten wurde.

Aber die Schlagzeilen in der *Gazette* von diesem Tag erzählten eine Geschichte, die uns wirklich Grund zur Sorge gab:

RICHTER STRENGT PROZESS GEGEN NAACP-FÜHRER AN
Der Vizepräsident der NAACP-Vereinigung von North Little Rock steht unter Anklage, da er sich weigerte, Unterlagen zur Einsicht zur Verfügung zu stellen.

ROBINSON ERTEILT MRS. BATES BUSSGELD IN HÖHE VON 100 DOLLAR
Die Landespräsidentin der NAACP wurde gestern vor dem Bezirksgericht in Little Rock zu 100 Dollar Bußgeld verurteilt, da sie die von der Stadt nach einer neuen Verordnung geforderte Einsicht in NAACP-Unterlagen verweigerte.

BENNETT LÄSST NAACP VORLADUNGEN ZUKOMMEN
Drei weitere Vertreter der NAACP erhielten die Auflage, der Stadt nach der neuen Bennett-Verordnung Informationen zukommen zu lassen.

Vertreter der Stadt fuhren fort, die Führer der NAACP ebenso zu verfolgen, wie die Schüler uns in der Schule verfolgten. Meine Tage in der Central wurden nun durch die Schwere des Schmerzes bewertet, den ich erdulden mußte. Zwei riesige Jungen mit Koteletten und Haartollen hatten in einer Ganztagsmission begonnen, mir meinen Alltag zu verleiden. Jeden Morgen standen sie vor der Tür zu meinem Klassenzimmer, um mich als erstes zu begrüßen. »Guten Morgen, Nigger – willst du nicht ein wenig in deinem Niggerslang sprechen?«

Ich setzte den kältesten Blick auf, der mir möglich war, entschlossen, nicht zu zeigen, wie sehr ich mich wirklich vor ihnen fürchtete. Sie folgten mir von Stunde zu Stunde auf dem Fuß, traten mir kräftig in die Hacken und pflasterten meinen Weg mit fliegenden Objekten, Schlägen und demütigenden Beleidigungen. Nach fünf Tagen war ich am Ende. Aber ich wußte, ich mußte es mit Würde ertragen, denn nichts könnte sie dazu bringen, mich in Ruhe zu lassen, außer vielleicht einem fairen Lehrer, der ihre Vorgehensweise beobachtete und mich in Schutz nahm. Ich hatte wenig Hoffnung, daß dieser Fall eintreten würde.

Nach zehn Tagen hatte ich durch ihre ununterbrochene Folter das deutliche Gefühl, bald den Verstand zu verlieren. Ich mußte mir selbst immer wieder in Erinnerung rufen, was Großmama gesagt hatte: Ich würde niemals den Verstand verlieren, denn Gott war mein Verstand. Dennoch stellte ich mir vor, ich hätte eines dieser Maschinengewehre, die die Gangster im Fernsehen benutzten. Ich würde ein Magazin nach dem anderen über ihren Köpfen abfeuern und sie damit zu Tode erschrecken. Ich schüttelte den Kopf, um wieder einen klaren Gedanken zu fassen. Ich würde mehr für sie und für mich beten müssen. Waffen waren sogar in meinen Gedanken verboten, das wußte ich.

Gleichzeitig fürchtete ich mich vor der Wahl meiner Englischlehrerin, die als Buchbesprechungsaufgabe *Die Abenteuer von Huckleberry Finn* gewählt hatte. Sie hatte einen der radikalsten Anhänger der Rassentrennung aufgefordert, seine Besprechung vor der Klasse vorzulesen. Mit unangenehm lauter Stimme wiederholte er die Worte »Nigger Jim« mindestens siebzehn Mal. Jedesmal machte er dann eine Pause, starrte mich mit teuflischem Grinsen an und wartete auf die Reaktion der anderen kichernden Schüler und Schülerinnen. Am Ende seines Vortrags verbeugte er sich unter Applaus.

Ich konnte an nichts anderes denken, als daran, meine Hände um seinen Hals zu legen und fest zuzudrücken. Damit sich mein Ärger nicht in mir aufstaute, schrieb ich, so schnell ich konnte den 23. Psalm auf. Gerade als ich Gott bat, mir zu vergeben, daß ich eines seiner Kinder derart verachtete, ging einer der Jungen an meinem Stuhl vorbei und trat mir gegen den Knöchel. Ich mußte mir auf die Lippen beißen, um nicht vor Schmerz laut aufzuschreien. Mein Knöchel schwoll schnell an. Ich wartete bis alle das Klassenzimmer verlassen hatte, bevor ich versuchte zu gehen. Ich humpelte so gut ich konnte und kämpfte mich die Treppe zum nächsten Unterricht hoch. Ich durfte nicht zu spät kommen, sonst würde ich einen Verweis erhalten.

Wir wußten allzu gut, daß die Schulvertreter nur auf eine Entschuldigung warteten, uns hinauszuwerfen. Das wurde uns während der Treffen mit der NAACP eingehämmert. Wiederholt sagte man uns: »Gebt niemandem auch nur den geringsten Anlaß, euch vorzuwerfen, außerhalb der Reihe zu tanzen. Kommt nicht zu spät, gebt keine Widerworte, wahrt den Anstand, achtet auf eure Noten. Beschwert euch nur, wenn eure Gesundheit oder euer Leben bedroht sind.«

Währenddessen wuchs eine tiefe Sehnsucht nach menschlichen Kontakten in mir. Ich hatte von 8 Uhr 20 jeden Morgen, wenn ich mich von meinen Freunden verabschiedete, bis die Glocke zum Mittagessen läutete niemanden, mit dem ich sprechen konnte. Ich sehnte mich nach all meinen alten Schulfreundinnen, nach ihrem Lachen und den Gesprächen, die wir über die neueste Mode, die Lieder aus der Hitparade oder die Zeitungsschlagzeilen führten. Ich stellte mir vor, wie es wäre, hallo zu den weißen Schülern zu sagen und freundliche Antworten von ihnen zu erhalten. Ich sehnte mich danach, einfach zu sagen: »Hallo, wie geht's? Ich mag deine Bluse. Was läuft so bei dir?« Ich sehnte mich nach jemandem, der mir bescheinigte, am Leben zu sein, indem er etwas Nettes zu mir sagte und mir auch eine Antwort zugestand.

Es tat mir weh, Menschen so nah zu sein, die miteinander plauderten, während sie absolut nichts zu mir sagten und mir auch niemals in die Augen sahen. Gelegentlich stand oder saß eine Schülerin nahe genug, daß ich sie hätte berühren können. Sie sprach um mich herum und über mich hinweg, als ob ich nicht existierte. Das war eine sehr schmerzliche Beleidigung, gegen die ich nicht anzugehen wußte. Sie behandelten mich, als ob ich unsichtbar wäre. Wenn ein Klassenkamerad etwas Lustiges sagte, lächelte ich manchmal oder lachte sogar laut auf und vergaß eine Sekunde lang meine Lage.

»Wir haben nicht mit dir gesprochen, Nigger«, sagten sie dann. Ihre Grausamkeit stieß mich in die rauhe Wirklichkeit zurück, und ich rief mich zur Ordnung. Ich neutralisierte meinen Gesichtsausdruck, um meine Gefühle zu verbergen, und starrte geradeaus.

»Nigger«, flüstere ich mir als Gedächtnisstütze zu. Das ist alles, was ich für sie bin. Sie halten mich nicht für einen wirklichen Menschen. Es kam sogar der Augenblick, in dem ich mich selbst kniff, um zu sehen, ob ich wirklich existierte. So oft wollte ich rufen: »Ich bin Melba, seht ihr mich nicht? Ich spiele Klavier, ich kann Blusen nähen, ich kann Gedichte schreiben ... und ich singe.« Als ich das Gefühl hatte, es nicht länger auszuhalten, sprach ich mit Großmama India.

»Du sagt also, du fühlst dich vernachlässigt, weil dich die Weißen ignorieren?«

»Ja, Ma'am, so fühle ich mich wirklich.« Ich setzte mich an den Küchentisch.

»Ich mache dir etwas Milch warm; hier drin ist es ziemlich kühl.« Großmama lächelte und streichelte meine Hand, dann nahm sie meine Tasse und ging zum Herd. Sie schwieg, als ob sie ihre Worte an mich abwägte, während sie Nüsse als Augen in die Gesichter der frisch gebackenen Pfefferkuchenmänner einsetzte, die in einem Blech auf dem Arbeitsbrett lagen. Dann drehte sie sich um, sah mir in die Augen und sagte: »Hast du dich in deiner seelischen Gesundheit auf die Leute von der Central verlassen, bevor du dorthin gegangen bist?«

»Äh ... naja ... nein, Ma'am, aber...«

»Hast du darauf gewartet, daß sie dich gut behandeln und dir sagen, du hättest recht, nur damit du weißt, daß du als Mensch in Ordnung bist?«

»Naja, äh ...« Sie hatte den Nagel auf den Kopf getroffen. Wenn sie es erklärte, klang es nicht so, wie wenn ich es fühlte.

»Weiß Gott um deinen Wert?«

»Ja, Ma'am, das tut er. Aber ich bin einsam unter diesen Menschen.«

»Du kannst in diesem Leben niemals auf einen anderen Menschen zählen, wenn es darum geht, dir deine Einsamkeit zu nehmen. Niemand kann dir spirituelle Nahrung geben ... nicht deine Mama, nicht deine Großmama, nicht dein Bruder, nicht die Soldaten der 101. Einheit, nicht dein Freund und sicher nicht dein Ehemann.«

»Manchmal ist es so schwer. Ich weiß nicht, ob ich es schaffen werde.«

»Geduld ist eine Tugend, mein Kind.«

Ich spürte, wie meine Zähne knirschten und meine Kiefer mahlten, während Ärger in mir hochkam. Großmama las meine Gedanken, wie sie das immer getan hatte. »Ärger bringt Niederlagen«, sagte sie mir. »Wenn du zurückschlägst, wirst du eine Schlacht auslösen, und du wirst als Verliererin hervorgehen.«

Großmama ging hinüber, um das zweite Blech mit Pfefferkuchenmännern aus dem Backofen zu nehmen. Ich dachte darüber nach, wie begierig ich in den letzten Tagen gewesen war – begierig darauf, daß alles bald vorüber sei, begierig auf Rache gegen die beiden Jungen, die mich ständig belästigten. Ich hatte mir sogar vorgestellt, sie mit einer Waffe zu bedrohen. Großmamas Antwort hatte meine Wut nicht besänftigt. »Zurückschlagen ist niemals die Lösung«, fuhr sie fort.

»Aber ich bin so wütend. Ich habe Angst, daß sich meine Wut aufstaut und explodiert.«

»Unwahrscheinlich.« Sie drehte sich um und widmete mir ihre ganze Aufmerksamkeit. »Ich möchte, daß du etwas über Gandhi liest«, sagte sie und kam auf mich zu. Sie berührte meine Wange mit ihrer Hand. »Lies langsam und verdaue alles gründlich. Denk darüber nach, was er alles ohne Gewalt oder Wut erreicht hat.«

»Gandhi, ja, Ma'am.« Ich kannte Gandhi, kannte seinen Mut selbst angesichts der Menschen, die ihn verprügelten und ihn beschimpften. Ich war nicht der Ansicht, so stark und rein zu sein wie er.

»Die Anhänger der Rassentrennung rechnen damit, daß du versagst. Los schon – schlag zurück und mach sie glücklich.«

»Deine Großmutter hat recht«, sagte Mutter Lois, als sie in die Küche kam und ihre Jacke über einen Stuhl warf. »Du besiegst sie mit jedem Tag, den du durchstehst. Du besiegst sie mit jeder Woche, die du aushälst. Und wenn du es durch das ganze Jahr schaffst, versetzt du ihnen damit den größten Schlag von allen.«

Kapitel 20

»Süße Sechzehn?« Wie konnte ich in nur wenigen Tagen süße Sechzehn werden und eine Schülerin an der Central High sein, dachte ich, als ich die Schule durch einen Nebeneingang betrat. Ich sah mich um, denn ich wollte sicherstellen, daß mir niemand auf den Kopf schlug oder mich zu Fall brachte. Ich hatte mir so oft erträumt, wie süß mein sechzehnter Geburtstag werden würde, und jetzt war er da, und ich befand mich hier an diesem Ort.

Während ich durch den nur schwach beleuchteten Flur schritt, dachte ich daran, wie ich immer gehofft hatte, mein sechzehnter Geburtstag würde als der vollkommenste Augenblick meines Lebens nur noch von meinem Hochzeitstag übertroffen werden. Ich hatte jede Einzelheit der Feier geplant: zuerst in der Schule mit meinen Freunden, dann eine Party zu Hause mit einem neuen Kleid, roten und weißen Luftballons im ganzen Haus und »Sixteen Candles« aus den Boxen des Hifi-Geräts. Alle meine Freunde und Freundinnen würden kommen, und ich würde meine erste richtige Verabredung und meinen ersten Kuß erleben.

Sechzehn war für mich immer das magische Alter, das den Beginn der Freiheit verkündete. Mama und Großmama würden ihren Griff eventuell etwas lockern und mich mit Freunden zu ersten Verabredungen gehen lassen. Aber angesichts der Integration war ich nun alles, nur nicht frei. Und mitten in allem anderen hatte ich beinahe meinen eigenen Geburtstag vergessen. Ich hatte nicht einmal Vorbereitungen getroffen.

Sechzehn war außerdem mein Debutjahr – ich hatte geplant, meine Kampagne für das beliebteste Mädchen der

Schule zu starten. Ich würde mich vielleicht für das Amt der Präsidentin des Schülerrates bewerben. Ich würde auf der Bühne stehen – die Songs von Dinah Washington in den Talentwettbewerben der Schule vortragen. Vielleicht wären sie von meinem Gesang derart begeistert, daß ich einen Schallplattenvertrag erhielt und Mama und Großmama helfen könnte, damit sie nicht so hart arbeiten mußten. Nichts davon würde nun geschehen – niemand ließ mich an der Central »Guten Morgen« sagen, ganz zu schweigen von einem Gesangsauftritt auf der Bühne.

»He, Nigger ... schon wieder hier?« Die Stimme eines Jungen riß mich aus meinen Gedanken. Eine starke Hand griff mich am Handgelenk und drehte meinen Arm auf den Rücken, wie ein Polizist, der einen Kriminellen verhaftet. Voller Panik sah ich mich nach einem Lehrer oder einem Wachsoldaten um. Weit und breit war niemand zu sehen.

»He, wir haben hier eine Niggerin, mit der wir spielen können«, rief er seinen Freunden zu. Bald schon würde ich mehrere von ihnen am Hals haben. Ich kämpfte gegen ihn an, aber es war zwecklos. Da erinnerte ich mich an etwas, das man mir beigebracht hatte: »Wenn ein Kerl über so wenig Männlichkeit verfügt, daß er eine Frau schlägt, dann liegt es an der Frau, ihn von den wenigen Überresten seiner Männlichkeit ganz zu befreien.« Ich knickte mein Knie ein und rammte meinen Fuß nach hinten in seinen Schritt.

»Verdammte Hure«, schrie er. »Bevor der Tag vorüber ist, bist du ein toter Nigger.«

Ich griff nach meiner Schultasche, rannte den Flur hinunter und ließ meine Bücher zurück. Ich spürte die Kraft, die einem erwächst, wenn man sich selbst verteidigt hat. Ich stieg die Treppen zu meinem Klassenzimmer hinauf und wurde dort von denselben beiden Jungen begrüßt, die mich jeden Tag verhöhnten. Ich nahm meine Schultern zurück, starrte sie an und flüsterte ihnen zu: »Ich werde morgen hier sein und übermorgen und am Tag darauf.«

New York Post, Donnerstag, 5. Dezember 1957

Die Zeitungen im ganzen Land brachten eine Reihe von Artikeln und Porträts über uns neun. Die Anhänger der Rassentrennung an der Central High verwendeten die Details gegen uns. Die Artikel enthielten detaillierte Informationen, wie unsere Elternhäuser aussahen, woher wir stammten, Einzelheiten über unsere Hobbies und unsere Hoffnungen – alles, was es über uns zu wissen gab. Ich bedauerte allmählich diese Veröffentlichungen. Die Schüler hörten auch nicht eine Minute lang auf, über meine Familie, den Lehrberuf meiner Mutter und Dinge, die ich für persönlich und heilig hielt, zu spotten.

Als wir neun zusammenkamen, um unsere Erfahrungen auszutauschen, stellten wir fest, daß wir uns alle einem zunehmenden Sperrfeuer an verletzenden Aktivitäten gegenübersahen. Immer häufiger und organisierter werden die Belästigungen. Ganzen Gruppen von Schülern schienen bestimmte Foltermethoden zugewiesen. Eine Gruppe konzentrierte sich darauf, uns in unsere Schließfächer zu schubsen, eine andere konzentrierte sich darauf, uns zu treten oder uns die Treppen hinunterzustoßen, und eine dritte griff uns ausschließlich mit Waffen an. Einer weiteren Gruppe hatte man wohl gesagt, sie solle uns heimtückisch in den Klassenzimmern belästigen. Andere arbeiteten mit Fallen, lockten die Jungs in dunkle Ecken und die Mädchen in enge Durchgänge in abgelegenen Fluren. Einige benutzten weiterhin die Duschen als Mittel der Folter.

Gleichzeitig verspürte ich wachsende Sorge angesichts der Gerüchte, daß die Anhänger der Rassentrennung Schulungen abhielten, um die Fertigkeiten der Schläger in der Schule zu verbessern. Ich sorgte mich auch zunehmend um Minnijean. Sie kämpfte eine weitere Schlacht mit den Schulvertretern, um die Erlaubnis zu erhalten, mit dem Chor bei der Weihnachtsfeier aufzutreten. Gleichgültig wie sehr Thelma und ich versuchten, sie davon zu überzeugen, ihre Idee fallen zu lassen, wollte sie die Vorstellung nicht aufgeben. Wenn sie nur auftreten dürfte, würden die weißen Schüler erkennen, wie talentiert sie war und sie umgehend akzeptieren.

Vielleicht erhielt Minnijean aufgrund ihrer Entschlossenheit mehr als ihren Anteil an den täglichen Beschimpfungen, Tritten und Schlägen, aber sie litt auch auf andere Weise. Sie hatte irgendwie einen größeren Glauben an die Schulvertreter als wir. Sie rechnete weiterhin fest damit, daß diese mit Mitgefühl auf ihre Meldungen von Verfolgungen reagieren würden. Es war, als ob sie nicht glauben konnte, was sie sah, also mußte sie sie auf die Probe stellen, um sicherzugehen, daß sie wirklich so unmenschlich waren, wie sie schienen. Der Druck, unter dem sie stand, raubte ihre gesamte Energie.

Sie hatte sich auch in das Spiel ziehen lassen, das ich »Herky, Jerky, Jetzt spreche ich mit dir, jetzt nicht mehr« nannte. Gelegentlich machten wirklich gemeine Schüler Annäherungsversuche; sie sagten einige Tage hintereinander »hallo« oder lächelten uns an und gaben vor, daß sie ihre Meinung geändert hätten und jetzt unsere engsten Freunde wären. Gerade als wir ihnen vertrauten, begierig nach Kontakt, ignorierten sie uns oder machten sich mitten unter ihren Freunden über uns lustig. Manchmal beabsichtigten sie mit ihren Annäherungsversuchen, unser Vertrauen zu erlangen, damit sie uns in Fallen führen konnten, wo wir dann körperlich verletzt wurden. Aber meistens geschah es aus der bloßen Freude, den Schmerz zu beobachten, den wir erlitten, wenn sie uns grob abwiesen.

Als ein Mädchen vorgab, sich mit Minnijean anzufreunden, nur um sie kurze Zeit später fallen zu lassen, war Minnijean wie erschlagen. Sie weinte vor den Schulvertretern. Damals erkannte ich, daß sie sich am Rande eines Nervenzusammenbruchs befand, denn es sah ihr gar nicht ähnlich, ihre Verletzlichkeit vor Weißen zu zeigen. Mit jedem Tag, der verstrich, beobachtete ich, wie sie immer zerbrechlicher wurde.

Ich sorgte mich um Minnijean, während ich in meine Geburtstagsplanungen eintauchte, aber je mehr ich versuchte, sie zu trösten, desto weniger hörte sie zu. Sie war die einzige meiner acht Freunde von der Central, die ich zu meiner Party eingeladen hatte, weil ich allen Gedanken an den Teil von mir, der integriert wurde, entfliehen wollte. Ich nahm ihr das Versprechen ab, nicht vor unseren Freunden von der Horace Mann von der Central zu sprechen.

Ich fühlte mich schuldig, weil ich die anderen nicht eingeladen hatte, aber wären alle acht gekommen, dann wäre ich mit Sicherheit von meiner alte Clique isoliert gewesen – eine der Neun aus Little Rock und nicht einfach nur Melba. Ich zählte darauf, mich mit meinen Freunden aus meiner früheren Schule auf Anhieb wieder zu verstehen. Ich wollte, daß sie mich akzeptierten, daß sie mich wieder in ihrer Mitte aufnahmen. Ich hatte alle Leute auf meiner Gästeliste persönlich angerufen oder eine Nachricht bei den Eltern hinterlassen.

Am Samstag, dem Morgen meines Geburtstags, war ich erleichtert, als Minnijean anrief und meinte, sie könne nun doch nicht kommen, weil sie an diesem Tag ein Fest im Familienkreis feierten. Vielleicht könnte ich, wenn nur ich da wäre, mit meiner alten Clique verschmelzen und einfach wieder eine von ihnen sein.

Vince kam als erster und sah etwas unwohl aus. »Guten Abend, Geburtstagsmädchen«, sagte er und reichte mir eine kleine Schachtel mit einer Schleife. Ich hatte ihn eine Zeitlang nicht gesehen und hatte fast vergessen, wie hellhäutig er war. Mit seinem hochgekämmten, glänzenden Haar und seinen Koteletten sah er fast aus wie die Kotelettenträger an der Central.

»Danke. Ich bin froh, daß du gekommen bist.« Ich hatte schwer damit zu kämpfen, in meiner Vorstellung sein Aussehen von dem der Jungen zu trennen, die mich an der Central so schlecht behandelten. Vince ist einer von unseren Leuten, egal, wie weiß er aussieht, sagte ich mir. Ich versuchte, an unsere erste Verabredung zu denken und mich darauf zu konzentrieren, wie sehr es mir gefallen hatte, in seiner Gesellschaft zu sein.

»Lange nicht gesehen«, meinte Vince, als ich ihn ins Wohnzimmer führte. »Du rufst mich nie zurück.«

Er hatte recht. Irgendwie hatte diese ganze Integrationssache meine Sehnsucht nach Tagträumen über ihn eingeschläfert. Er war in dem Durcheinander verloren gegangen – ein nachträglicher Einfall, aber das konnte ich ihm schwerlich sagen. »Ich denke an dich«, sagte ich ihm. »Besonders wenn Großmama zu den Ringkämpfen geht. Ich wollte dich anrufen.« Er nickte, sah aber nicht so aus, als ob er mir Glauben schenkte.

Wir fuhren mit unserer höflichen, aber mühsamen Unterhaltung fort. Dabei sah ich ständig auf die Uhr. Ich packte sein Geschenk aus, kreischte vor Freude beim Anblick der winzigen goldenen Ohrringe. Mama und Großmama brachten mehrmals etwas zu essen herein, trugen es dann wieder hinaus, um es aufzuwärmen, und brachten es dann wieder herein. Nach einer Stunde, als immer noch keine anderen Gäste eingetroffen waren, bestand Conrad darauf, daß wir mit Essen anfingen.

Die Erklärung kam, als meine alte Freundin Marsha anrief, um zu sagen, daß sie nicht kommen konnte, jedoch mein Geburtstagsgeschenk am nächsten Tag vorbeibringen würde. Ich hatte fest mit Marsha gerechnet. Sie war gewissermaßen die Anführerin der Clique. Wenn sie nicht käme, so dachte ich beunruhigt, würde auch sonst niemand kommen. Dann bestätigte sie meine schlimmsten Befürchtungen. Sie erklärte, daß eine andere Freundin, Ann, ihre jährliche Weihnachtsfeier gab, und die meisten Leute, die ich eingeladen hatte, würden dorthin gehen. Aber ich wußte, daß Anns Feier immer erst um acht begann. Als ich sie fragte, warum sie davor nicht kurz vorbeikommen könnte, herrschte lange Zeit Stille, dann sagte sie: »Melba, die Wahrheit ist, daß wir alle Angst davor haben, zu dir nach Hause zu kommen.«

»Angst«, murmelte ich nervös.

»Klar, einige von uns bekommen dieselben Anrufe, die du von diesen verrückten Weißen bekommst. Sie sagen, sie werden euer Haus in die Luft jagen. Eine von euch hatte ja bereits eine Bombe – wie war doch gleich ihr Name? Carlotta! Sie hatte eine Bombe unter ihrer Veranda. Und diese Mrs. Bates hatte schon mehrere. Was sollte die Weißen davon abhalten, dein Elternhaus heute in die Luft zu jagen, wenn wir alle dort sind?«

»Warum hast du das nicht schon früher gesagt, als ich dich angerufen habe?«

»Ich wollte deine Gefühle nicht verletzen. Du solltest dich an die Tatsache gewöhnen, daß du einfach nicht mehr eine von uns bist. Ihr steckt euren Hals heraus, aber wir wollen nicht mit euch zusammen sterben.«

»Marsha, ich dachte, du bist meine Freundin.« Ich hörte, wie meine Stimme lauter wurde, als die Wut in mir hochkam. »Zumindest hättest du mir sagen können, daß da eine andere Party stattfindet«, brüllte ich in den Hörer und knallte ihn auf die Gabel.

Meine Gefühle waren doppelt verletzt. Niemand hatte sich die Mühe gemacht, mich zu bitten, meine Party auf einen anderen Termin zu verlegen – und, schlimmer noch, sie feierten die größte Weihnachtsparty der Saison, ohne mich einzuladen.

Obwohl es mir so peinlich war, daß ich am liebsten gestorben wäre, lächelte ich und versuchte, vor Vince so zu tun, als ob ich nicht zutiefst enttäuscht wäre über den leeren Raum, in dem wir alle saßen – mit den Ballon an der Decke und all dem Essen, das auf dem Eßzimmertisch kalt wurde.

»Laßt uns fernsehen, es kommt sowieso niemand. Das heißt, wir haben mehr Essen für uns.« Conrads Stimme klang, als ob er durch ein dröhnendes Mikrophon sprach, als er in den Raum stürmte. Ich krümmte mich innerlich, als ich sah, wie Vince rot im Gesicht wurde.

»Ruhig, Junge, und zurück in die Küche.« Großmama versuchte ihr Bestes, nicht enttäuscht auszusehen. Aber ich konnte sehen, wie leid ich ihr tat. Ich ging ins Eßzimmer und begann, die Sachen in die Küche zurückzutragen. Ich überraschte Großmama, ohne daß sie es merkte, und sah, daß ihre Augen feucht waren.

»Mach dir keine Sorgen um die Party, Großmama. Es ist egal«, sagte ich und berührte sie an der Schulter.

»Setz dich hin und unterhalte diesen jungen Mann.«

»Er will nicht unterhalten werden. Er will zu Anns Weihnachtsparty, wo heute alle sind. Er hat mich gebeten, ihn zu begleiten.« Ich hoffte, sie würden angesichts meines Geburtstages eine Ausnahme machen und mir erlauben, Vince zu begleiten.

»Wie können wir dir erlauben, auszugehen – noch dazu in die Öffentlichkeit? Siehst du nicht diese beiden weißen Teufel, die ihr Auto gegenüber geparkt haben? Mutt und Jeff warten nur darauf, daß wir einen Fehler machen, damit sie dich hängen können. Wir hätten keine ruhige Minute, wenn du nachts ausgehen würdest.«

»Nicht einmal an meinem Geburtstag?«

»Ganz besonders nicht an deinem Geburtstag. Dieser Tag erinnert uns daran, wie wichtig du uns bist. Und jetzt lädst du Vince ein, noch etwas bei uns zu bleiben. Wir werden einen netten Abend haben und uns mit Spielen vergnügen.«

Aber Vince wollte ganz eindeutig schnell zu Anns Party. Er hatte versprochen zu kommen, und er wollte mit unseren Freunden zusammen sein – nur daß es nicht mehr unsere Freunde waren. Es waren seine. Ich begleitete ihn zur Tür. Während ich auf der Schwelle stand, starrte ich auf das Auto von Mutt und Jeff, das unter einem Straßenlicht parkte. Großmama hatte recht: Es war einfach nicht sicher. Die Integration hatte mir meinen sechzehnten Geburtstag gestohlen.

Bevor ich mich nachts in mein Kissen weinte, schrieb ich:

Bitte, Gott, bringe mir bei, wie ich aufhören kann, eine Kämpferin zu sein. Manchmal muß ich einfach ein Mädchen sein.

NEUE GERÜCHTE, VORFÄLLE UND BESCHWERDEN AN DER CENTRAL HIGH
Arkansas Gazette, Samstag, 14. Dezember 1957

ARMEE ZIEHT 432 MÄNNER VON DER CENTRAL HIGH AB
Arkansas Gazette, Samstag, 14. Dezember 1957

Vier Tage vor den Weihnachtsferien waren uns die intensiven Bemühungen, uns noch vor dem Neuen Jahr aus der Schule zu bekommen, durchaus bewußt. Flugblätter und Poster mit der Aufschrift »Wir werden niemals integrieren – nein, auch '58 nicht« wurden verteilt. Es gab viel Gerede darüber, daß wir zu Beginn des neuen Semesters nicht wiederkommen würden.

In der Zwischenzeit fuhr Minnijean fort, mit dem Kopf gegen die Steinmauer anzulaufen in dem Versuch, die Erlaubnis zur Teilnahme an den Weihnachtsfeierlichkeiten zu erhalten. Sie konnte den Grund dafür nicht benennen, aber es schien, als sei sie innerlich getrieben. Als Direktor Matthews ihre Bitte, mit dem Gesangsverein bei der Weihnachtsfeier auftreten zu dürfen, wieder einmal abschlägig beschied, sträubte sie sich.

Ihre Mutter verlangte ein Treffen mit den stellvertretenden Direktoren Powell und Huckaby zusammen mit Direktor Matthews und Mrs. Bates. Selbst nach dieser Konfrontation verweigerten sie ihr die Teilnahme, aber Minnijean wollte ein »Nein« einfach nicht als Antwort akzeptieren. Die Schüler richteten ihre gesamte Kritik gegen Minnijeans Hartnäckigkeit als einen weiteren Grund, uns zu verhöhnen und ihre Kampagnen gegen sie eskalieren zu lassen. Sie hatte sich verletzlich gezeigt, als sie ihre Wut und ihren Schmerz offenbarte und als sie die Weißen wissen ließ, wie sehr sie sich eine Teilnahme wünschte. Das war alles, was sie brauchten. Sie arbeiteten hart daran, Minnijean fertigzumachen.

Zu der Zeit litten wir alle unter extremer Müdigkeit, während wir in unseren Kalendern die Tage bis zum Beginn der herrlichen zwei Wochen Weihnachtsferien markierten. Am meisten freute ich mich darauf, mich sicher zu fühlen, etwas Spaß bei einer oder zwei Parties zu haben und viel vor dem Fernsehgerät zu sitzen – das hatte ich mir vorgenommen.

Großmama hatte bereits mit den Einkäufen begonnen, hatte Geschenke versteckt und die Weihnachtsbeleuchtung ausprobiert, damit sie die durchgebrannte Glühbirnen ersetzen konnte. Sie hatte auch Teig für Weihnachtsgebäck angerührt und ihn in die Tiefkühltruhe getan. Mutter Lois sah sich verschiedene Bäume an, damit wir denjenigen mit der perfektesten Form auswählen konnten.

Am Dienstag, dem 17. Dezember, einen Tag vor den Ferien, gingen fünf von uns in die Cafeteria. Das Mittagessen war immer eine Gefahr, und seit kurzem war das sogar noch mehr der Fall. Ich hatte die Cafeteria gemieden, und mein Sandwich allein an dem sichersten Ort, den ich finden konnte, zu mir genommen. Die Cafeteria war so riesig, und so viele unserer Angreifer versammelten sich dort an einem Ort. Es gab keine offiziell aussehenden Erwachsenen oder Angehörige der Nationalgarde von Arkansas in der Cafeteria. Wir wußten, daß wir ausnahmslos irgendeine Form der Belästigung zu erwarten hatten.

Wie immer am Dienstag bestand die warme Mahlzeit aus Chili. Minnijean liebte Chili. Während ich mich also mit den anderen hinsetzte, stellte sie sich an, um ihr Chili zu kaufen. Ernie hatte bereits vor ihr angestanden und setzte sich an unseren Tisch. Als Minnijean ihren Weg zu uns zurück bahnte, ihr Tablett voll mit einer großen Schüssel Chili, sahen wir sie zögern. Sie mußte sich ihren Weg durch einen engen Durchgang bahnen, wo in der Hauptsache Jungen an Tischen auf beiden Seiten ihres Weges saßen. Sie war plötzlich stehengeblieben. Wir erstarrten alle. Uns war klar, daß sie sich wirklich in Schwierigkeiten befinden mußte. Wir konnten die beiden Jungen neben ihr sehen, einer stand direkt vor ihr. Etwas Furchtbares würde geschehen, aber es gab nichts, was einer von uns hätte tun können, um sie zu retten. Man hatte uns angewiesen, in solchen Fällen niemals auf die gefährdete Person zuzugehen, um keinen Aufstand auszulösen.

Ich war voller Panik. Minnijean wurde von diesen Jungen belästigt. Sie kicherten und verhöhnten sie, stießen einen Stuhl direkt vor ihre Füße. Einen endlosen Augenblick stand sie dort geduldig und hielt ihr Tablett hoch über ihre Köpfe.

Ich konnte mich nur an meinem Stuhl festhalten, konnte ihr nicht helfen. Wie eine Platte mit einem Sprung kamen dieselben Worte immer und immer wieder in meinen Kopf – wenn ich eingriff, um ihr zu helfen, würde die Grenze, wer das Opfer und wer der Schuldige war, verwischen. Wenn andere weiße Schüler sich beteiligten, um der Gegenseite zu helfen, hätten wir eine Schlägerei. Sie waren uns zahlenmäßig überlegen, mindestens 200 gegen einen. Dennoch wollte ich zu ihr, den Stuhl bewegen, ihr Tablett nehmen, ihr sagen, sie solle zurückgehen und einen anderen Weg suchen, irgend etwas zu tun, egal was.

Als immer mehr Leuten klar wurde, daß etwas am Kochen war, hörte das Geplapper in der Cafeteria schlagartig auf. Ich erkannte, daß Minnijean in der Falle saß, verzweifelt war und sehr schnell die Geduld verlor. Sie stritt sich lautstark mit den Jungen, und überall um sie herum stießen sich die Schüler an.

Voller Panik sah ich mich um, ob Erwachsene in der Nähe waren, auf deren Hilfe wir bauen konnten. Wir hatten mittlerweile gelernt, daß die stellvertretende Direktorin für Mädchen, Mrs. Huckaby, sich bemühte, in solchen Situationen fair zu sein, aber sie war nicht zu sehen. Ich gestikulierte zu Minnijean, die Störenfriede zu umgehen, aber sie stand einfach nur bewegungslos da. Es war, als ob sie in Trance wäre und einen inneren Kampf vollzog.

Später erklärte sie, daß die Jungen sie verspottet hatten, ihre Füße in den Gang gestreckt, um sie zu Fall zu bringen, sie getreten und beschimpft hatten. Aber wir waren nicht nahe genug, um die Einzelheiten ihres Dilemmas zu erkennen. Alles, was wir sahen, war ihr Zögern, als ob sie versuchte, die Balance zu finden – und dann flog ihr Tablett in hohem Bogen durch die Luft und ihr Chili landete auf zwei der Jungen.

Alle waren wie gelähmt und schwiegen einen Augenblick lang. Auf den Gesichtern ihrer Angreifer machte sich Überraschung breit, während ihnen das schleimige Chili über die Köpfe rann. Plötzlich applaudierten unsere Leute, die hinter der Theke das Essen servierten. Das wurde mit einem unheilvollen Schweigen aufgenommen, und dann ertönten laute Stimmen, alle auf einmal, als die mit Chili bedeckten Jungen aufstanden. Ich fragte mich, ob wir jemals lebend herauskämen. Plötzlich tauchte ein Schulvertreter auf und führte Minnijean weg, während wir uns aus der Cafeteria verdrückten.

Sofort verbreitete sich die Geschichte in der Schule. Ich spürte eine unruhige Stimmung unter der Schülerschaft. Noch mehr Gruppen sammelten sich in den Fluren und sangen: »Wir werden niemals integrieren!« Einige applaudierten und lachten. Ich fragte mich, warum manche der Schüler so jubilierten, fast feierten. Mir fiel besonders auf, daß einige der Führer unter den Anhängern der Rassentrennung sehr selbstgefällig aussahen.

Als ich zum Nachmittagsunterricht ging, hielt ich es kaum noch aus: Ich wollte unbedingt wissen, was mit Minnijean geschehen war, das einen solch freudigen Tumult ausgelöst hatte.

»Suchst du deine kleine Niggerfreundin?« fragte einer der Schüler, als ich die Treppen zum Lesesaal hinunterging. »Sie ist suspendiert worden. Sie kann nur zurückkommen, wenn der Schulinspektor es ihr erlaubt, und du weißt ja, was das bedeutet.«

»Einen Nigger sind wir los, jetzt sind es nur noch acht.« Diesen Schrei hörten wir, als wir die Central High in die Weihnachtsferien verließen. Ich konnte diesen Ausruf selbst über die festlichen Weihnachtslieder hören: »Einen Nigger sind wir los, jetzt sind es nur noch acht.«

Kapitel 21

SCHWARZES MÄDCHEN NACH VORFALL
VON SCHULE SUSPENDIERT
Arkansas Gazette, Mittwoch, 18. Dezember 1957

Meine Hoffnungen auf eine beschauliche zweiwöchige Ruhepause von der Central High während der Weihnachtsferien zerschlugen sich angesichts des Dilemmas, in dem wir uns alle aufgrund von Minnijeans Suspendierung befanden. Als sie Chili über die Köpfe der weißen Jungen geschüttet hatte, ob es nun ein Unfall war oder nicht, hatte sie damit eine Tür geöffnet, durch die uns die Anhänger der Rassentrennung, so verkündeten sie es zumindest, alle vertreiben würden. Es war der Anfang vom Ende der Integration an den Schulen von Little Rock, sagten sie. Sofort tauchten überall in der Stadt Poster und Flugblätter mit der Aufschrift auf: »Einen Nigger sind wir los, jetzt sind es nur noch acht.«

In dem Suspendierungsschreiben an Minnijean stand, daß sie sich erst nach Ablauf von sechs Schultagen wieder um eine Aufnahme bemühen konnte. Der Unterricht würde am 3. Januar des neuen Jahres fortgesetzt. Unsere größte Sorge war, daß Schulinspektor Blossom diese Gelegenheit dazu verwenden würde, um die Anhänger der Rassentrennung endlich von der Pelle zu bekommen, indem er Minnijeans Antrag auf Wiederaufnahme ablehnte. Die Anhänger der Rassentrennung hatten schon lange mit einer Abberufung der Schulverwaltung gedroht. Wenn die Verwaltungsbeamten Minnijeans Antrag auf Wiederaufnahme ablehnte, könnten sie die Abrufung abwenden und ihre Jobs behalten.

Anstatt also friedliche, glückliche und sichere Weihnachtsferien zu verbringen, wie ich es mir monatelang erträumt hatte, war ich mit Integrationstreffen und Sorgen beschäftigt. Es war eines dieser nagenden Probleme, die einem nie ganz aus dem Kopf gehen, gleichgültig, was sonst noch so geschieht. Werden sie Minnijean wieder an die Schule lassen oder nicht – und wenn nicht, was heißt das für den Rest von uns?

Vertreter der örtlichen und der landesweiten NAACP waren besorgt, weil sie den Vorfall als erstes Zeichen eines signifikanten Fortschritts in der Kampagne der Anhänger der Rassentrennung sahen, uns von der Schule zu jagen. Dieser Vorfall gefährdete den Fortschritt, an dem sie so viele Jahre lang gearbeitet hatten. Die Auswirkungen von Minnijeans Fall könnten nicht nur in Little Rock zu spüren sein, sondern bei allen Integrationsbemühungen im Süden. Wenn die Verweisung von der Schule eine Möglichkeit wäre, die Integration aufzuhalten, würden die Anhänger der Rassentrennung sie zu ihrer Waffe machen.

Als ich eines Tages am frühen Abend das Wohnzimmer betrat, baute Großmama gerade die Krippe auf und stellte jede einzelne der grob geschnitzten Holzfiguren, die sie von ihrer Mutter geerbt hatte, liebevoll auf. Sie erlaubte keinem von uns, ihr zu helfen, aus Angst, wir würden eine der Figuren fallen lassen. Wegen des Backens, des Dekorierens und des Geschenkebastelns war das ihre liebste Jahreszeit, gleich nach der Frühlingsaussaat.

»Hast du den gemeinen Brief auf der Titelseite der *Gazette* gelesen, in dem Geschäftsleuten geraten wird, ihre Anzeige nicht länger in dieser Zeitung zu schalten?« fragte Großmama.

»Ich kann nur hoffen, daß keiner sich danach richtet.«

»Es ist ein Zeichen, daß die Anhänger der Rassentrennung ihre Kampagne auf einer ganz neuen Ebene gestartet haben«, meinte sie. »Jetzt langen sie in die Taschen der Leute.«

»Ich vermute, sie sind reichlich wütend auf die *Gazette*«, erklärte Mutter Lois, als sie in den Raum stürmte. »Sie beschuldigen die Zeitung, mit ihrer Einstellung die Gesetze der Rassentrennung zu verletzen.« Mit einem ironischen Gesichtsausdruck fuhr sie fort: »Ich weiß gar nicht, wie sie nur darauf kommen.«

»Wie auch immer, das Herunterputzen in der Zeitung sollte euch darauf vorbereiten, was sie für Minnijean planen könnten. Ihr solltet dafür gewappnet ein«, sagte Großmama.

Ich fragte mich, was für furchtbare Dinge sie für uns noch auf Lager haben könnten. »Du warst in letzter Zeit ein wenig niedergeschlagen«, fuhr sie fort. »Wann haben Sorgen jemals dazu geführt, daß etwas so geschah, wie man es wollte? Minnijean wird entweder an der Schule bleiben oder nicht. Sorgen werden das nicht ändern.«

Ich atmete tief durch und ließ mich auf die Couch fallen. Ich wartete darauf, daß Mutter Lois sich für eine Party umzog, an der wir zu Ehren der Neun aus Little Rock teilnehmen sollten.

»Wohin geht ihr?« wollte Conrad wissen.

»Mama und ich gehen zu einer Weihnachtsparty«, antwortete ich. Ich wollte es nicht zu sehr aufbauschen, weil ich dachte, er fühle sich langsam ausgeschlossen, mit all der Aufmerksamkeit, die ich in den Zeitungen und Zeitschriften erzielte – und jetzt noch eine Party zu unseren Ehren. Die *National Organization of Delta Sigma Theta*, eine Vereinigung berufstätiger Frauen, hatte beschlossen, uns im Dunbar Community Center eine Weihnachtsfeier auszurichten. Es war das erste Mal, daß unsere eigenen Leute uns öffentlich dankten, und das nahm etwas von dem Schmerz, den ich angesichts all jener verspürte, die unserer Anwesenheit an der Central kritisch gegenüberstanden.

Als ich das Community Center betrat, begrüßten uns die Vereinsfrauen in der neuesten Mode und in gehobener Stimmung, als ob wir jemand Bedeutendes wären. Sie hatten uns zu ihrem Geheimprojekt gemacht, und Mitglieder der bundesweiten Organisation hatten Geschenke und freundliche Briefe aus dem ganzen Land geschickt, die uns an diesem Abend überreicht wurden.

Ich platzte beinahe vor Stolz, als die Leute nette Dinge über meinen Mut sagten und darüber, was wir neun für künftige Generationen taten, die nun in der Lage wären, integrierte Schulen zu besuchen. Es war nicht die Art Party, bei der ein Teenager sich so richtig ausleben konnte, aber es war trotzdem herrlich, besonders, weil ich so selten die Gelegenheit hatte, am gesellschaftlichen Leben teilzunehmen.

Minnijeans Suspendierung wurde nur beiläufig erwähnt. Trotz der Sorge freuten wir neun uns über unsere Freundschaft, sobald wir einmal den Druck los waren, unter dem wir an der Central High standen. Wir verglichen natürlich unsere Geschenke. Mein Lieblingsgeschenk war ein geschnitztes Schmuckkästchen aus Mahagoniholz. Ich würde es immer aufbewahren und eines Tages meinen Enkeln geben, dachte ich, als ich es später am Abend sorgfältig auf den Nachttisch neben meinem Bett stellte. Ich schrieb in mein Tagebuch:

> *Heute fühlte ich die Zuneigung meiner eigenen Leute. Alle haben versucht, uns glücklich zu machen. Nun trage ich einen winzigen Schimmer von Hoffnung und Freude in mir. Vielleicht wird doch noch alles gut. Bitte, Gott, willst du Minnijean nicht erlauben, nur dieses eine Mal wieder an die Schule zu kommen? Ich verspreche dir, ich werde ihr helfen, stärker zu sein.*

»Ich sehe, daß Mr. Bennet schon wieder Druck auf diese gemischtrassige Menschenrechtsgruppe ausübt und sie drängt, ihre Mitgliederunterlagen offenzulegen«, sagte Großmama beim Frühstück am nächsten Morgen und faltete die Zeitung zusammen. »Weißt du, er und dieses Gesetz, das er durchgebracht hat, werden immer lästiger. Er richtet wirklich Schaden an.«

Als Großmama einige Absätze aus der Zeitung vorlas und sie mit Mutter diskutierte, fielen uns die besorgniserregenden und zunehmenden Beispiele von Anhängern der Rassentrennung auf, die unsere Leute auf neue und andere Art und Weise unter Druck setzten. Sie griffen jeden, der uns irgendwie unterstützte, systematisch von allen Seiten an.

An diesem Tag wollte ich mich dadurch jedoch nicht bedrücken lassen. Ich wollte einer meiner Lieblingsbeschäftigungen nachgehen: die letzten Weihnachtseinkäufe der Familie in der Innenstadt von Little Rock. Wir hatten lange vermieden in die Stadt zu gehen, aus Angst, angegriffen zu werden. Aber ich wollte mir von der Integration nicht meinen weihnachtlichen Einkaufsbummel stehlen lassen. Ich kämpfte mit aller Kraft. Ich könnte eine Verkleidung tragen, die Läden würde es sich nicht leisten können, Schwierigkeiten hinzunehmen, die den Verkauf stören könnten – so und anders lauteten meine Argumente.

Gott sei Dank habe ich gewonnen, flüsterte ich, als wir uns alle in den Wagen setzten. Ich sah mich um und war von Ehrfurcht ergriffen angesichts der Weihnachtsdekorationen und der Musik, die um uns herum erklang. Die Geschäfte waren voller weihnachtlicher Magie und all den herrlichen Dingen, die ich in den Zeitschriften gesehen hatte und nach denen ich mich so verzweifelt sehnte, obwohl ich sie mir nur selten leisten konnte. An diesem ganz besonderen Tag im Jahr gab Mutter Lois als Weihnachtsgabe jedem von uns 25 Dollar zum Einkaufen. Sie bat uns, in Rufweite von ihr und Großmama zu bleiben, während wir uns umsahen.

Wie immer warfen mir die weißen Verkäuferinnen abfällige Blicke zu, wenn ich die Ware berührte. Sie hatten meinen Leuten erst vor kurzem erlaubt, in einigen ihrer Läden Kleidung überhaupt anzuprobieren, und sie verhielten sich, als ob ihnen unsere Anwesenheit unangenehm wäre, obwohl wir ihnen doch unser Geld gaben. Angesichts dieses Einkaufsvergnügens konnte ich ihre Ablehnung jedoch ignorieren.

»He, eine Niggerin ohne Wachsoldaten.« Es war der Junge, der gedroht hatte, mich umzubringen, seit ich ihm in den Schritt getreten war. Mein erster Gedanke war, um Hilfe zu rufen, wegzurennen, aber ich durfte ihn nicht denken lassen, ich sei ein Feigling.

»Wir haben jetzt nur noch acht Nigger an der Schule.« Er sprach sehr laut zu dem Jungen neben ihm. »Die anderen werden wir auch noch los. Aber die hier wird sowieso nicht am Leben bleiben.«

»Yeah, Andy, wenn du die hier los wirst, kriegst du das Preisgeld, von dem alle sprechen.«

»Kein Geld der Welt wird mir so ein gutes Gefühl vermitteln, wie die Befriedigung, die ich verspüren werde, wenn ich die erst umgebracht habe«, sagte Andy und starrte mich an.

Voller Panik suchte ich nach einer Möglichkeit, uns alle sicher aus dem Laden zu bringen. Ich versuchte, mich so zu verhalten, als ob ich nicht besorgt wäre, sah mir beiläufig Teile an, die auf dem mir am nächsten gelegenen Stand ausgebreitet waren. Ich entfernte mich ein wenig von Andy und wurde schneller. In diesem Augenblick kam Conrad auf mich zu. Ich griff ihn am Kragen und versuchte, ihm zu signalisieren daß etwas nicht stimmte, aber er verstand es nicht.

»He, Melba, wenn wir unser Geld zusammenlegen, können wir dieses neue Spiel kaufen. Schau doch, es hat ...« Das Pochen meines Herzen in meinen Ohren übertönte seine Worte. Ich hoffte, seine aufgeregte Stimme würde Mutter und Großmama herbeilocken, aber nur Andy reagierte auf ihn.

»Zwei Nigger ... ich frage mich, was ich für beide bekomme.« Andy kam auf uns zu.

»Nenn meine Schwester nicht Nigger«, brüllte Conrad ihn an. Ich hoffte, ihre Stimmen würden keinen Aufruhr im Laden auslösen.

»Hier entlang«, sagte Großmutter India plötzlich und stieß uns vorwärts.

»Beeilung!« sagte Mutter.

Conrad protestierte lautstark, als wir hastig irgendwohin eilten – wohin, wußte ich nicht.

»Das ist nicht der Weg zum Hauptausgang«, protestierte ich.

»Weiter, Mädchen«, flüsterte Großmama.

Plötzlich war mir klar, wohin sie eilten – auf die Toilette. Großartig, dachte ich, da werden wir vorübergehend sicher sein, aber dann werden sie die Polizei rufen, und wir sitzen in der Falle.

Sobald wir in der Toilette waren, mußte ich tief Luft holen und ein höfliches Lächeln aufsetzen, um drei Damen aus unserer Kirchengemeinde zu grüßen, die sich vor dem Spiegel zurechtmachten.

»Meine Güte, Lois, der Junge ist alt genug, um seine Sache auf der Herrentoilette zu erledigen«, sagte Schwester Floyd mit ärgerlichem Gesichtsausdruck.

»Mein Sohn ist krank. Ich muß mich um ihn kümmern.«

Großmama schubste Conrad in eine Kabine und winkte Mutter zu. Sie unterhielten sich im Flüsterton. Ich stellte mir eine aufsehenerregende, häßliche Szene vor, wenn ein Polizist uns unter den Jubelrufen von Andy und einer Menge Spötter verhaftete.

Mutter schien nicht so ängstlich zu sein. Sie ging auf Mrs. Floyd zu und begann ein Gespräch über gesellschaftliche Aktivitäten an Weihnachten. Als die Damen sich zur Tür wandten, schärfte Großmama Conrad und mir ein, ihnen auf den Fersen zu bleiben.

Tatsächlich warteten Andy und sein Freund direkt vor der Tür und wirkten wie wütende Löwen, die nur darauf lauerten, ihre Beute zu verschlingen. Großmama starrte sie an und sagte: »Du lieber Himmel, ich fürchte, ihr beiden jungen Herren müßt etwas zur Seite treten, damit wir sieben uns vorbeizwängen können.«

Das Drohen in ihren Gesichtern schmolz zu einem Ausdruck saurer Enttäuschung, als sie die Kirchendamen anstarrten und langsam zurückwichen. Schwester Floyd wog mindestens 250 Pfund. Schwester Lanie wog wahrscheinlich noch etwas mehr, und Schwester Bell ragte mit ihren schlanken, durchtrainierten Körper 180 cm kerzengerade in die Höhe. Nachdem wir mehrere Meter zurückgelegt hatten, drehte ich mich um. Andy und sein Freund folgten uns in einiger Entfernung.

»Nun, junge Dame, von nun an gibst du mir einfach deine Liste, und ich erledige die Besorgungen. Ich weiß nicht, was wir ohne die Schwestern getan hätten«, sagte Mama, als wir in den Wagen stiegen, uns umsahen und tief Luft holten.

»Der Weihnachtsgeist hat uns dazu verführt, in unserer Aufmerksamkeit nachzulassen«, murmelte Großmama auf dem Heimweg.

In die Stadt zu gehen, all die Leute beim Einkaufen zu beobachten und die Dekorationen zu betrachten, war für mich immer einer der Höhepunkte der Weihnachtszeit gewesen. Die Anhänger der Rassentrennung hatten mir noch einen weiteren wichtigen Teil meines Lebens gestohlen – sie hatten mir den weihnachtlichen Einkaufsspaß genommen.

Am Tag vor Weihnachten hatte die *Gazette* zwei wichtige örtliche Ereignisse zu berichten: KEINE »WEISSE WEIHNACHTEN« AN DER CENTRAL HIGH? und 13 SCHWEBENDE VERFAHREN ZUR INTEGRATION. Ich las die Artikel, als Conrad und Mutter Lois sich darauf vorbereiteten, ohne mich einkaufen zu gehen. Der erste Artikel über die »weißen Weihnachten« war mir peinlich. Wie konnten sie annehmen, wir würden den Unterschied zwischen weißem Schnee und weißen Leuten nicht kennen?

In dem zweiten Artikel hieß es, daß die Bundesgerichte überschwemmt würden mit neuen Anträgen und einer Menge alter Fälle zur Frage der Rassenintegration. Sie würden alle in den nächsten Monaten vor dem Beginn des neuen Schuljahres geregelt werden müssen. Einige der Punkte, die es zu beurteilen galt, betrafen unseren Fall. Wenn der Richter sich gegen die Integration entschied, wäre unser Überleben der brutalen Angriffe an der Central vergebens gewesen, weil sie uns mit dem Urteil aus ihrer Schule werfen würden.

Als Mutter Lois und Conrad in die Stadt fuhren, sagte ich mir, daß es mir nichts mehr ausmachte, zurückgelassen zu werden. Zumindest war ich dankbar, daß ich an diesem Tag nicht zur Central mußte. Außerdem konnte mich nichts traurig stimmen, jetzt, da Weihnachten vor der Tür stand und Großmama mit dem Papier raschelte und Geschenke versteckte. Ich fühlte mich sicher, kuschelte mich warm ein und sah fern, während sie das Wohnzimmer abstaubte.

Der Weihnachtsabend war wunderbar. Wir tranken heiße Schokolade, packten Geschenke ein und legten sie unter den Baum. Jeder von uns tauschte ein persönliches Geschenk. Wenn einer von uns im Laufe des Jahres etwas haben wollte, was einem anderen gehörte, liehen wir ihm diese Sache vorübergehend für den Januar des neuen Jahres aus. Wir freuten uns immer besonders über solche Gutscheine in unseren Strümpfen. So dachte ich beispielsweise daran, Conrad das Privileg zu gewähren, meine Stereoanlage einen Monat lang zweimal täglich zu benutzen, aber ich war nicht sicher, ob ich wirklich so großzügig sein könnte, also schrieb ich auf meinen Zettel »vielleicht«.

Vince rief an und sagte, er würde an Weihnachten vorbeikommen, wenn meine Mutter dem zustimmte. Der Gedanke, an diesem besonderen Tag mit ihm zusammen zu sein und Weihnachtslieder zu hören, löste in mir wirklich romantische Tagträume aus. Aber wie immer waren meine Träume um vieles besser als die Wirklichkeit, denn mittlerweile hatten wir nur noch wenig gemeinsam. Er verbrachte immer noch einen Großteil der Zeit damit, mich über die Central auszufragen und mich damit zu necken, daß ich eine Berühmtheit sei.

Natürlich neckte er mich, wie viele junge Leute, aber auch einige Erwachsene, mit dem Chili-Vorfall von Minnijean. Ich fühlte mich nicht wohl dabei, ihn weiterhin so sehr zu mögen. Wenn er wirklich verstehen würde, was ich durchmachte, hätte ihm klar sein sollen, daß der Chili-Vorfall eine große Krise in meinem Leben war, eine, über die ich mich jeden wachen Augenblick des Tages sorgte. Ich fragte mich allmählich, ob ich nicht besser dran wäre, nur in meinen Träumen mit Vince zu leben.

In diesen Ferien telefonierten Minnijean und ich jeden Tag miteinander oder besuchten uns. Wir sprachen ausführlich darüber, was mit ihr geschehen könnte. Je mehr wir uns unterhielten, desto klarer wurde uns, daß wir kaum etwas unternehmen konnten. Das letzte Wort hatte Schulinspektor Blossom.

Später an diesem Abend kam Papa Will vorbei und brachte uns seine Geschenke. Ich hatte seit Beginn der Integration nicht viel von meinem Vater gesehen, aber dieses Mal war er bester Laune. Er vermied es, mir sein »Ich hab's dir ja gesagt« vorzuhalten, obwohl sich seine schrecklichen Vorahnungen über die Schwierigkeiten durch die Integration größtenteils erfüllt hatten. Er war freundlich und wirklich besorgt. Am besten war die Überraschung, die er auf der vorderen Veranda versteckt hatte: ein brandneues Fernsehgerät mit großem Bildschirm. Er hatte ein besonderes Geschenk für jeden von uns. Die Tatsache, daß er viel Zeit und Überlegung in die Auswahl seiner Geschenke gesteckt hatte, vermittelte mir das Gefühl, daß er mich trotz der Art und Weise, wie er sich verhielt, vielleicht wirklich liebte.

Er und Mama sahen sich einen Augenblick voller Zuneigung an, und ich hatte das Gefühl, wir wären wieder eine Familie. Manchmal betete ich, sie würden wieder zueinander finden. Zuerst hatten Conrad und ich der Realität zum Trotz noch gehofft. Als die Jahre vergingen, beobachteten wir, wie sie sich auf seltsame Weise auseinanderlebten, und das machte uns traurig. Gerüchte in der Kirche besagten, Papa hätte jetzt sogar eine Freundin. Einen winzigen Augenblick lang sahen Conrad und ich einander an und dachten beide, wie nett es wäre, wenn er bliebe. Vielleicht würden Mama und Papa mit uns zum Familienessen gehen und dort verkünden, daß sie wieder zusammenblieben. Aber dann sah Papa auf seine Uhr, räusperte sich und weg war er, als ob er eine wichtige Angelegenheit zu regeln hätte oder einen wichtigen Menschen, zu dem er zurück mußte.

Als Mutter ihn zur Tür brachte, hörte ich, wie sie ihn zu unserem Familienessen am nächsten Tag bei Tante Mae Dell einlud, aber er sagte, er würde sich dort nicht wohl fühlen.

Liebes Tagebuch,
es ist Weihnachtsabend, und Papa bleibt nicht zu Hause. Seit neun Weihnachtsfesten bete ich, daß er wieder zu uns zieht. Vielleicht wird das nie geschehen. Aber für das nächste Weihnachtsfest wünsche ich mir, daß die Lage an der Central viel besser ist, oder ich will lieber woanders sein, bitte Gott.
Fröhliche Weihnachten.

Das Weihnachtsessen mit der Familie war das größte Ereignis des Jahres, eine Zeit, in der wir den Tag damit verbrachten, die Liebe der Familie und die Klatschgeschichten der Blutsverwandten auszutauschen, wie Großmama es nannte. Wir waren 27 lachende, plaudernde Menschen. Ich hatte das ganze Jahr darauf gewartet, alle die Verwandten zu sehen, die nicht zu Erntedank kommen konnten.

Obwohl alle von ihnen über meine Abenteuer an der Central High festgeformte Meinungen hatten, hatte ich mir geschworen, nicht darüber zu sprechen. Gleichgültig, was auch erforderlich war, ich wollte so tun, als ob mein Leben wieder normal sei. Ich wollte das Weihnachtsgefühl, nicht die Integration. Spät am Abend, als wir vor dem Kamin saßen und

Weihnachtslieder sangen, wurde mir klar, daß sich mein Wunsch erfüllt hatte. So zufrieden hatte ich mich seit dem Sommer in Cincinnati nicht mehr gefühlt.

ARTIKEL ÜBER LITTLE ROCK AUF PLATZ ZWEI DER BESTENLISTE DER ASSOCIATED PRESS

Arkansas Gazette, Sonntag, 29. Dezember 1957

Die Artikel reichten von Nummer eins, dem Start der Sputnik-Rakete, bis zu Nikita Chrutschow, der sich an die Spitze des Kremls gearbeitet hatte. Dazu gehörten auch die Anhörungen der Gewerkschaft der Lastwagenfahrer, der Hurricane Audrey, Präsident Eisenhowers Schlaganfall, die asiatische Grippe und die Verabschiedung des Bürgerrechtsgesetzes.

Wie seltsam, dachte ich, an etwas beteiligt zu sein, das die ganze Nation für einen der zehn wichtigsten Artikel hält. Wenn das wichtig ist, sollte man doch annehmen, daß jemand in der Lage wäre, den Schülern der Central High Benehmen beizubringen. Kümmert es keinen oder weiß einfach niemand, was zu tun ist?

Am Neujahrsabend dachte ich nur etwa jede zweite Stunde an die Central High. Vince hatte mich zu einer Party eingeladen, aber natürlich sagten Großmama und Mama nein. Außerdem parkten unsere berühmt-berüchtigten Schatten, Mutt und Jeff, auf der anderen Straßenseite, treu wie Wachhunde. Obwohl wir darüber sprachen, sie der Polizei zu melden, wußten wir sehr gut, daß wir damit nur weitere Schwierigkeiten hervorrufen würden. Also lebten wir einfach mit ihrer Anwesenheit, mit ihrer ständigen Wacht. Mutter mochte es nicht, wenn ich nachts kam und ging, selbst wenn die Party in meiner Nachbarschaft stattfand. Nur ganz selten ging einer von uns nach Einbruch der Dunkelheit aus. Sobald es dunkel wurde, versperrten wir alle Türen und Fenster und zogen die Vorhänge vor.

Also saß ich am Silvesterabend zu Hause und vervollständigte meine Liste mit guten Vorsätzen für das Neue Jahr.

1. Ich werde mein Bestes tun, um bis zum 29. Mai am Leben zu bleiben.
2. Ich werde täglich um die Kraft beten, nicht zurückzuschlagen.
3. Ich werde stark im Glauben sein und mehr darüber lernen, wie Gandhi sich verhielt, als sein Leben wirklich schwer war.
4. Ich werde mich so verhalten, daß es Mutter und Großmama gefällt.
5. Ich werde in der Schule die positivste Einstellung haben, die mir möglich ist.
6. Ich werde Großmama India bei ihrer Arbeit zur Hand gehen.
7. Ich werde dazu beitragen, daß Minnijean an der Schule bleiben kann – und ihr eine bessere Freundin sein.

Kapitel 22

Die ersten Schultage des neuen Jahres ohne Minnijean waren beängstigend, denn dadurch wurde uns klar, daß jeder von uns der oder die nächste sein konnte. Poster und Flugblätter mit der Aufschrift: »Einen Nigger sind wir los, jetzt sind es nur noch acht« hingen überall. Die Anhänger der Rassentrennung ließen keinen Zweifel daran, daß sie Minnijeans Suspendierung als Gelegenheit betrachteten, ihre Kampagne auf Touren zu bringen.

Gouverneur Faubus trug zu unserer Unsicherheit bei: Er feuerte die Hoffnungen der Rassentrennungsanhänger an, indem er öffentlich bekanntgab, daß die Schulverwaltung eine Petition einreichen und die Gerichte bitten wollte, die Integration aufzuschieben. Er zitierte ein neues diesbezügliches Urteil aus Dallas, Texas, zum Zeichen, daß in Little Rock dasselbe geschehen könnte. Er drohte auch ständig damit, eine Sondersitzung der gesetzgebenden Körperschaft einzuberufen, um Rassentrennungsgesetze durchzubringen, wenn die Bundesbehörden uns nicht sofort aus der Schule nahmen und die Integration auf Eis legten.

Sobald wir wieder in unsere tägliche Routine verfallen waren, zeigte sich deutlich, daß die Anhänger der Rassentrennung ihre Ferien anscheinend damit verbracht hatten, sich neue Wege auszudenken, uns das Leben zur Hölle zu machen. Ich konnte die sie elektrifizierende Hoffnung des Sieges überall um mich herum spüren: Sie gingen anders, sie sprachen anders, und sie zögerten nicht, uns bösartig zu beschimpfen und uns Böses anzutun. Sie ließen uns wissen, daß wir nur noch Eintagsfliegen waren.

Mittlerweile hatte ich den Französischunterricht aufgegeben, weil ich nicht in der Lage war, mich angesichts der extrem feindlichen Mitschüler und allem anderen zu konzentrieren. Ich befürchtete außerdem, im Englischunterricht, in Stenographie und im Maschineschreiben nicht mein Bestes zu geben, Fächer, die mir unter anderen Umständen alle leicht von der Hand gegangen wären.

An unserem ersten Tag an der Schule hatten wir vor dem Mittagessen alle damit begonnen, uns eine Hölle auszumalen, die bis dahin unvorstellbar gewesen war. Es ging das Gerücht, daß der weiße Bürgerrat demjenigen eine Belohnung zahlen würde, der uns dazu bringen würde, uns so danebenzubenehmen, daß wir von der Schule flogen. Es war offensichtlich, daß einige Schüler auf diese Belohnung aus waren.

Jungen auf Motorrollern warfen eine Eisenstange gegen das Auto, in dem Gloria und Carlotta zur Schule fuhren. In der Schule warteten die Schüler, die besonders gut darin waren, mir so lange auf die Hacken zu treten, bis sie bluteten, nach jeder einzelnen Unterrichtsstunde auf mich und begleiteten mich zur nächsten. Wenn ich schneller ging, gingen sie ebenfalls schneller. Ich konnte nicht entkommen, gleichgültig, was ich tat. Ernie und Jeff wurden mit nassen Handtüchern bombardiert, und die Jungen drehten die Wasserhähne in ihren Duschen auf heiß. Gloria und Elizabeth wurden gestoßen und getreten. Carlotta wurde im Flur zu Fall gebracht, und ich wurde mit dem Gesicht voran zu Boden geschlagen. Thelma entging einem Teil der körperlichen Mißhandlungen während dieser Phase aufgrund ihrer zierlichen Statur und ihrer Zerbrechlichkeit, aber sogar sie wurde verfolgt.

Eines der beliebtesten und ärgerlichsten Hobbies war das Sprühen von Tinte oder schlecht riechenden, gelben Flüssigkeiten auf unsere Kleider, auf unsere Bücher, in unsere Schließfächer, auf unsere Stühle, oder worauf immer sie ihre

Hände legen konnten. Wir beschwerten uns ausführlich und intensiv bei der NAACP.

SCHLÄGER AN DER CENTRAL HIGH
UNTER NAACP-BESCHUSS
Arkansas Gazette, Freitag, 10. Januar 1958

Thurgood Marshall, Chefberater der NAACP, forderte die Schulbehörden von Little Rock auf, bei dem Kern von vierzig bis fünfzig weißen Schülern, die ständig für Schwierigkeiten an der Central sorgen, hart durchzugreifen. »Diese Schläger stoßen unsere Kinder herum, spucken sie an und beleidigen sie«, sagte er.

Am Montag, dem 6. Januar, trafen sich Minnijean und ihre Eltern mit Schulinspektor Blossom. Sie durfte am Montag, den 13. Januar zur Schule zurückkehren, unter der Auflage, daß sie auf ihre Angreifer keinerlei Reaktion zeigte.

Ich seufzte tief vor Erleichterung, als wir am Abend diese gute Nachricht am Telefon besprachen. »Gut«, sagte ich zu ihr.« Du kannst es schaffen.« Ich versuchte, ihr zu erklären, was Großmama India darüber gesagt hatte, daß Freiheit ein Geisteszustand ist. Ich versuchte, ihr einzuhämmern, daß wir unseren Feinden den größten Schlag versetzten, wenn wir dieses Jahr einfach durchhielten.

Kurz nach Minnijeans Rückkehr schüttete ein Junge einen Eimer Suppe auf sie. Sie blieb wie angewurzelt stehen und reagierte nicht, selbst als die fettige Flüssigkeit ihre Brust herunterlief und sich der Schreck auf ihrem Gesicht ausbreitete. Danach sammelte sich eine Gruppe von etwa fünfzig Schülern vor dem Büro des Direktors, um den Jungen mit der Suppe zu feiern. Sie sagten, er habe alles zurückgezahlt. Er wurde suspendiert, aber wir hatten Angst, daß seine Tat einen Suppenkrieg auslösen würde, der einen wirklichen Aufstand auslösen würde, wenn wir versuchten, uns zu wehren.

Am 11. Januar wurde ein weißes Mädchen suspendiert, weil sie vor einem richtigen erwachsenen Zeugen, einem Lehrer, Elizabeth Eckford die Treppe hinunterstieß. Sie wurde bestraft, aber die anderen, die uns die Treppen hinunterstießen, nicht. Die Schlagzeilen in den Zeitungen sprachen von einigen anderen Gefahren, denen wir in den folgenden Tagen ausgesetzt waren:

15. Januar: NACH BOMBENDROHUNGEN POLIZEIAUFGEBOT AN SCHULE ENTSENDET
17. Januar: WEITERE RASSENKONFLIKTE AN DER CENTRAL HIGH
21. Januar: DYNAMIT IN CENTRAL HIGH GEFUNDEN – BLOSSOM MACHT KAMPAGNE FÜR SCHULSCHLIESSUNG VERANTWORTLICH
22. Januar: ERNEUTE BOMBENDROHUNG UNTERBRICHT DEN ALLTAG AN DER CENTRAL HIGH – BLOSSOM RUFT ZUM ENDE DER DROHANRUFE AUF
23. Januar: WEITERE BOMBENDROHUNGEN AN DER CENTRAL HIGH
24. Januar: NEUERLICHE BOMBENDROHUNG AN DER CENTRAL HIGH ERWIES SICH ALS FALSCH
27. Januar: NOCH EINE BOMBE AUF LC BATES HAUS

Die Anhänger der Rassentrennung wurden noch beredter und drängten die Schülerschaft, uns bei jeder sich bietenden Gelegenheit zu belästigen. Die Mütterliga der Central High kündigte eine nächtliche Großversammlung mit Reverend Westley Pruden, dem Vorsitzenden des Bürgerrates, an, der zum Thema »Was die Rassenmischer mit uns vorhaben« sprechen wollte. Sie gaben eine spezielle Einladung für die Schüler und Schülerinnen der Central High heraus. Wir hörten, daß fast zweihundert überzeugte Anhänger der Rassentrennung unter der Schülerschaft gegen unsere Anwesenheit protestierten, indem sie am Tag der Großversammlung der Schule fernblieben.

Außer den üblichen Unwürdigkeiten und dem körperlichen Schmerz, den wir erleiden mußten, wurden wir nun von großen Gruppen von Schülern belästigt, die uns an bestimmten Tagen einfach anstarrten. Diese Tage hießen »Anstarrtage«. Große, ausgelassene Gruppen von Unruhestiftern starrten uns intensiv an und quälten uns damit unsagbar. Mehrmals kamen etwa siebzig Schüler ganz in Schwarz gekleidet zur Schule, um auf diese Weise gegen unsere Anwesenheit zu protestieren. Diese Tage hießen »die schwarzen Tage«.

Die Anhänger der Rassentrennung organisierten systematisch Anrufaktionen mitten in der Nacht. Sie riefen auch unsere Eltern an deren Arbeitsplatz an und alle Verwandten oder Freunde, deren sie habhaft werden konnten. Eines Tages stürmte die Mutter von Terrence in das Büro des Direktors. Man hatte sie angerufen und ihr gesagt, ihr Sohn sei schwer verletzt. Es stellte sich heraus, daß der Anruf ein übler Scherz war. Wir erhielten auch zu Hause wiederholt Bombendrohungen.

Jemand rief auch die Medien an und behauptete, Minnijean habe ganz unerhörte Dinge getan, wie nackt über den Flur der Schule zu laufen. Immer wieder wurde sie von den Anfragen der Journalisten heimgesucht über etwas Bizarres, das sie angeblich in der Schule getan haben sollte, ohne dafür belangt worden zu sein. Wann immer derartige Behauptungen in der Zeitung erschienen, dienten sie nur dazu, die Schüler anzufeuern, die es ohnehin schon zu ihrer Lebensaufgabe gemacht hatten, Minnijean dauerhaft von der Schule zu verjagen.

Einmal wartete Minnijean am späten Nachmittag vor der Schule auf ihre Heimfahrt, als sie so schwer getreten wurde, daß sie sich zwei Tage nicht setzen konnte. Der Vorfall war für sie mehrfach peinlich und schmerzhaft. Ihr Hintern wurde in den Zeitungen und von den Leuten diskutiert, als ob er nicht zu ihrem Körper gehörte, und das verletzte ihre Gefühle. Der Vorfall gab sie der Lächerlichkeit preis. Wann immer wir zusammen waren, fiel mir ihre zunehmende Erschöpfung auf. Ich fürchtete, sie könnte den ständigen mentalen und körperlichen Dauerbeschuß nicht viel länger ertragen. Und doch schienen die Schulvertreter nicht bereit oder nicht in der Lage, den Krieg zu beenden, der gegen sie entbrannt war.

Ich erinnere mich an einen Augenblick Ende Januar, als mir schlagartig klar wurde, daß alle Schulvertreter zunehmend nervös wurden und sich so verhielten, als ob die Dinge außer Kontrolle geraten seien. Sogar die Soldaten der Nationalgarde von Arkansas schienen sich zu sorgen, was in den Fluren der Central geschehen könnte. Wir sahen in ihren Gesichtern die Gefahr gespiegelt, die uns umgab.

Ich konnte die Angst auch in den Augen von Mrs. Huckaby sehen. Irgendwie war sie im Laufe der Zeit unsere Verbindungsfrau zu den anderen Schulvertretern geworden. Obwohl sie die stellvertretende Direktorin für Mädchen war, brachten wir alle, sowohl Jungen wie Mädchen, unsere Probleme bei ihr vor. Nicht, daß sie etwas dagegen hätte unternehmen können, aber sie hörte für gewöhnlich wenigstens zu. Wir hatten auch gelernt, ihr zu vertrauen. Zumindest war sie so fair, wie sie es unter den Umständen sein konnte. Ich dachte, daß auch sie unter großem Druck stehen mußte. Während der letzen Tage im Januar hatten wir uns an der Tür zu ihrem Büro die Klinke in die Hand gegeben. Wir trafen einander beim Hinaus- und Hineingehen, wenn wir unsere Beschwerden vorbrachten, manchmal mit Tränen in den Augen, manchmal kochend vor Wut.

Am 27. Januar schrieb ich in mein Tagebuch:

> *Die Bundesvereinigung der Veteranen hat uns den* Americanism Award *verliehen. Sie halten uns für Heldinnen und Helden. Warum sind wir für die Schüler der Central High nur Nigger, auf die sie einschlagen können? Mo-*

mentan weiß ich nicht, ob ich es schaffen werde. Es ist wirklich sehr schwer. Warum muß das Leben so schwer sein? Wann wird es wieder Spaß machen, am Leben zu sein?

Den Beweis, daß sich die Schulvertreter keineswegs sicher waren, ob sie uns wirklich schützen konnten, erhielten wir, als Mrs. Huckaby am Tag einer Versammlung vorschlug, daß Thelma, Minnijean, Elizabeth und ich lieber in ihrem Büro bleiben sollten, als uns der Feindseligkeit und den körperlichen Verfolgungen auszusetzen, die mit Sicherheit auf uns warteten.

Wir trafen uns häufiger mit Mrs. Bates und anderen Vertretern der NAACP und besprachen unsere Probleme. Trotz unserer Gespräche und all der öffentlichen Erklärungen, daß die Schulvertreter uns beschützen konnten, wurde die Lage in Wirklichkeit sekündlich schlimmer. Nach Minnijeans Suspendierung waren die Anhänger der Rassentrennung wie Haie, die einen Tropfen Blut im Wasser geschmeckt hatten. Ihre Entschlossenheit, sich durchzusetzen und Minnijean zu vertreiben, brachte uns in eine Sackgasse. Wenn keine Lösung gefunden wurde, schien es sicher, daß wir allesamt gezwungen wären, innerhalb einer Woche die Schule zu verlassen.

LAUT MRS. BATES WERDEN DIE NEUN SCHWARZEN KINDER TROTZ SCHWIERIGKEITEN NICHT AUFGEBEN

Arkansas Gazette, Mittwoch, 29. Januar 1958

Je entschlossener alle waren, daß ich an der Central bleiben sollte, desto stärker zweifelte ich mit jedem Tag mehr daran, ob ich stark genug wäre, es durchzustehen. Noch während ich beobachtete, wie die anderen schwächer wurden, konnte ich spüren, wie ich selbst ständig erschöpfter und nervöser wurde. Als ich an einem Samstag lange Zeit allein war, blätterte ich in meinem Tagebuch. Mir war gar nicht richtig bewußt gewesen, wie sehr mich die Aufregung an der Schule beeinflußt hatte. Erstaunt las ich, was ich geschrieben hatte.

»Ich wollte, ich wäre tot.« So lautete mein Eintrag mehrere aufeinanderfolgende Tage Ende Januar. »Gott, bitte laß mich bis Ende des Jahres tot sein.« Ich war bereit, mit Gott zu handeln und zu feilschen. Ich formulierte meine Bitte neu; ich wollte einen oder zwei Monate lang unsichtbar sein. Ich preßte mein Tagebuch an meine Brust und weinte lange Zeit. »Nein«, flüsterte ich laut, »ich wünschte, ich wäre tot.« Dann hätten all der Schmerz und all die Qual ein Ende. Ich fiel auf die Knie und betete. Das war der Moment, in dem mir klar wurde, daß ich mit Großmama India sprechen mußte. Ich erzählte ihr von meinem Wunsch, tot zu sein.

»Gute Idee«, sagte sie. Sie sah nicht einmal besorgt auf, als ich ihr stammelnd meine Beichte vorbrachte. Stattdessen staubte sie weiter den Eßzimmertisch ab. Meine Gefühle waren verletzt. Und dann sah sie mir in die Augen und sagte es noch einmal. »Gute Idee! Wie willst du es anstellen?«

»Ma'am?« Ich glaubte, mich verhört zu haben. »Ich sagte, ich wollte, ich wäre tot – hast du mich überhaupt verstanden?«

»Und ich sagte: gute Idee.« Ihre Stimme wurde lauter, und sie musterte mich schmunzelnd. »Je eher du anfängst, desto eher machst du den Anhängern der Rassentrennung eine Freude. Sie werden diese Nachricht überglücklich in aller Welt hinauszuposaunen.« Sie stützte sich mit einer Hand auf dem Tisch ab und dachte nach. »Ich hab's. Die Schlagzeile wird lauten: LITTLE ROCK HELDIN VON RASSENTRENNUNGSANHÄNGERN BESIEGT – SIE TÖTET SICH SELBST.«

»Wie meinst du das?« Ich schluckte. Ich war wirklich böse, daß sie darüber sprach, als ob es ihr egal wäre. Sie fuhr fort, neue Schlagzeilen über meinen Tod zu entwerfen.

»Vielleicht könnten sie auch schreiben: MELBA PATTILLO STARB GESTERN DURCH EIGENE HAND, WEIL SIE ANGST HATTE, GOTTES AUFGABE ZU ERFÜLLEN.«

»Nein, das ist nicht wahr.« Ich ließ mich auf einen Stuhl fallen.

Sie hörte nicht auf. »Dann gäbe es natürlich eine Feier für die Anhänger der Rassentrennung. Woll'n mal sehen: Ich wette, sie würden für ihre Party das Robinson Auditorium anmieten. Es wäre in etwa wie bei den Ringkämpfen, du weißt schon: Sprechchöre, Jubelrufe, Gesang und Tanz.« Sie sah sich die Kratzer auf dem Tisch an und staubte weiter ab. »Tu, was du willst, aber ich würde auch einmal darüber nachdenken, was du dem Herrn sagen willst, wenn du ihm gegenüberstehst und ihm deine Entscheidung erklären mußt.« Sie ignorierte mich und summte das Kirchenlied *I'm on the Battlefield for My Lord.* Ich stand einen Moment lang reglos und beobachtete sie.

Das war es. Mir wurde klar, daß es keine gute Idee war zu sterben. Ich war fast sicher, daß Gott den Menschen nicht erlaubte, nur kurze Zeit tot zu sein und dann zurückzukommen. Danach sorgte Großmama jeden Tag für eine Zeitspanne, in der ich in ihr Zimmer kommen, auf die Knie fallen und mit ihr zusammen beten mußte. Dann sprachen sie und ich darüber, was mir Kummer machte und was ich gerne hätte. Wir spielten *Yahtzee* oder lasen Seiten aus einem humoristischen Buch, das ich auswählte. Manchmal lasen wir zusammen die Zeitung, aber nur die guten Nachrichten wie den Start eines amerikanischen Satelliten, der die Erde alle 116 Minuten im Orbit umkreiste.

Während dieser Tage fühlte ich mich ihr sehr nahe, und ich wußte, es war dumm von mir gewesen, aufgeben zu wollen. Oft sah sie mich an und sagte: »Weißt du nicht, Kind, wie sehr ich dich liebe, und wie sehr deine Mama dich liebt? Wann immer du daran denkst, diese Erde zu verlassen, denk auch daran, wie du mein Herz brechen würdest und das deines Bruders. Du könntest auch gleich deine Mama mitnehmen, denn sie wäre völlig außer sich.«

Sie sorgte dafür, daß ich ein Projekt aussuchte, das ich wirklich mochte und ermutigte mich, dabei ständig auf dem Laufenden zu bleiben. Ich wählte den Abschuß von Explorer, dem Satelliten, mit dem sich unser Land am Wettlauf im Weltall beteiligte. Ich war schon immer an Raketen und am Weltall interessiert gewesen. Einmal war ich weggelaufen und zur Luftwaffenkommandobasis in einer nahegelegenen Stadt gefahren, um anzufragen, ob sie mir erlauben würden, Pilotin zu werden. Großmama informierte sich über dieses Thema, und wir sprachen stundenlang darüber, während sie mir gleichzeitig beibrachte, eine Steppdecke für Mutters Geburtstag zu nähen.

In der Zwischenzeit drängte Mutter Lois mich, Vince am Sonntag zum Abendessen einzuladen. Ich verstand nicht, warum sie so nett war. Ich glaube, Großmama hatte sich mit ihr über unser Gespräch unterhalten, und nun versuchte sie, mich aufzumuntern. Manchmal kam Vince vorbei, selbst wenn ich ihn gar nicht brauchen konnte. Es gab Augenblicke, in denen ich nur in meinem Zimmer bleiben und nachdenken wollte, denn ich hatte weder die Energie noch den Wunsch, etwas anderes zu tun. Alles in mir war auf das Ziel ausgerichtet, eine Vollzeitkämpferin zu sein. Wenn ich nicht auf dem Schlachtfeld war und mitten im Überlebenskampf steckte, dachte ich darüber nach, wie ich vorgehen sollte oder sorgte mich darüber, daß ich es vielleicht nicht schaffen würde.

Jeden Tag beteten Großmama und ich für Minnijean, damit sie ihre Stärke und ihren Seelenfrieden bewahrte, und für alle von uns, damit wir Gottes Liebe für uns spürten, selbst im Angesicht jener, die uns soviel Haß entgegenbrachten.

Am Donnerstag, dem 6. Februar, wurde Minnijean erneut von dem Jungen angegriffen, der die Suppe über sie geschüttet hatte. Während des darauffolgenden Tumults gab es viel Verwirrung. Die Identität des Angreifers und die Identität des Opfers waren nicht ganz klar. Ihre Angreifer beschuldigten

Minnijean, Vergeltung geübt zu haben. »Weißer Müll« soll sie angeblich zu ihnen gesagt haben. Darüber hinaus warfen sie ihr vor, eine Schultasche nach einem Mädchen geworfen zu haben.

Als sie ohne ein Schreiben der Suspendierung nach Hause geschickt wurde, atmete ich vor Erleichterung auf. Aber am Ende des Tages gab Mrs. Huckaby Carlotta einen versiegelten Umschlag, den sie Minnijean überreichen sollte.

Kapitel 23

»SIE BELÄSTIGEN EINEN DIE GANZE ZEIT«
SAGT SUSPENDIERTE SCHWARZE SCHÜLERIN
Arkansas Democrat, Donnerstag, 13. Februar 1958

In dem nachfolgenden Artikel erklärte Minnijean den Druck, unter dem sie an der Schule gestanden hatte. Sie sagte, sie habe nur eine halbe weiße Freundin an der Central gehabt, ein doppelgesichtiges Mädchen, das mal heiß, mal kalt war. Von den anderen Schülern und Schülerinnen wußte sie zu berichten: »Sie werfen Steine, sie spritzen Tinte auf unsere Kleidung, und sie nennen uns ›Nigger‹ – sie belästigen uns in jeder Minute.«

Ich weinte eine Stunde lang, als ich erfuhr, daß der Umschlag, der Minnijean übergeben worden war, ihre Suspendierung von der Schule enthielt. Ich war am Boden zerstört, als Schulinspektor Blossom sagte, er würde ihren Ausschluß von der Schule empfehlen. Aber als die NAACP und ihre Eltern ankündigten, sie würden eine Anhörung veranlassen, faßte ich wieder den Schimmer einer Hoffnung.

Zurück an der Schule hatte ich nicht viel Zeit, um traurig zu sein. Wir wurden belagert, dank derer, die Minnijeans Ausschluß für ihren Sieg und einen Beweis dafür hielten, daß sie uns sofort alle loswerden könnten. Da ich Minnijeans Freundin und wie sie groß und überhaupt nicht schüchtern war, warnte man mich, daß ich das nächste Ziel für einen Ausschluß werden könnte.

»Einen Nigger sind wir los, jetzt sind es nur noch acht.« Flugblätter und Plakate mit dieser Aufschrift überschwemmten die Schule. Wir konnten uns nicht umdrehen, ohne daß uns nicht jemand ein solches Flugblatt vor unser Gesicht hielt oder einen ekligen Sprechgesang veranstaltete wie: »Sie war schwarz, aber ihr Name war Brown, und jetzt endlich mußte sie abhau'n.« Die Angriffe feindseliger Schüler auf uns nahmen zu.

Ich las in der Zeitung von Thurgood Marshalls Äußerung, er wisse nicht, wieviel dieser grausamen Behandlung an der Central High wir noch ertragen könnten. In dieser Nacht schrieb ich in mein Tagebuch:

> *Manchmal wünschte ich, ich könnte mich in einen Psychiater verwandeln. Dann könnte ich herausfinden, warum ich ein so verhaßtes Mitglied dieser Schule bin. Behandeln sie mich wirklich nur so, weil ich schwarz bin? Nur deswegen?*

»Ooooo, nein, nein«, hörte ich mich rufen, als ich eines Morgens die Treppen zum Eingang an der Vierzehnten Straße hochstieg. Es war noch keine neun Uhr, und ich war bereits das Opfer eines Beschusses mit rohen Eiern von jemand, der auf den Treppen über mir stand. Der Geruch war mir zuwider, aber noch mehr ekelte ich mich vor dem Gefühl der klebrigen Masse, die langsam über mein Haar und über mein Gesicht lief, während mir gleichzeitig rohe Eier über den Pulli liefen, den mir Tante Mae Dell zu Weihnachten geschenkt hatte. Ich stand reglos und fragte mich, was ich jetzt tun und wohin ich gehen sollte. Ich fühlte mich furchtbar gedemütigt und betete, daß sich ein riesiges dunkles Loch im Boden auftun und mich verschlingen möge.

»Die Niggerin wollte ein Frühstück haben. Ich sehe, sie trägt Eier«, rief ein Junge. Ich sagte nichts zu der Gruppe, die am Ende der Treppe mit ihren häßlichen Beleidigungen lauerte. Ich wußte, sie hofften nur darauf, daß ich etwas sagte oder tat, was zu meinem Ausschluß von der Schule führen würde. Ich ging die Treppen wieder hinunter, zur Tür hinaus und nach Hause.

»Tja, dieses Ei ist hervorragend dafür geeignet, deinem Haar Feuchtigkeit zuzuführen«, sagte Großmama. »Einige Menschen benutzen es dafür, weißt du. Vielleicht sollten wir das jetzt regelmäßig tun.« Sie versuchte, soviel sie konnte herauszuwischen, dann mußte ich baden und meine Haare waschen. »Stillhalten«, fuhr sie fort. »Nach einem schönen, ausgiebigen Bad kannst du wieder in die Schule eilen, und dieser Vorfall war dann nichts weiter als eine erfrischende, morgendliche Pause.«

»Mir war noch nie etwas so peinlich.«

»Ach, ich wette, da gab es schon ganz andere Gelegenheiten, und es wird noch viele davon geben. Peinlichkeit ist kein lebensbedrohliches Problem. Es kann mit einem Gebet und einem Lächeln weggewaschen werden, ebenso wie dieses Ei mit etwas Wasser weggewaschen wurde.«

»Ich weiß, aber genauso fühle ich mich, wenn sie mich anspucken. Ich habe das Gefühl, sie haben mir meine Würde genommen.«

»Würde ist ein Geisteszustand, ebenso wie Freiheit. Beide sind wertvolle Geschenke von Gott, die dir niemand nehmen kann, außer du läßt es zu.« Während Großmama sprach, bedeutete sie mir, meinen Kopf zur anderen Seite zu drehen.

»Du könntest die Kontrolle über diese Spielereien erlangen, weißt du.«

»Wie meinst du das?«

»Zum Beispiel dieses Ei in deinem Har. Nimm einmal an, du hättest zu dem Jungen, der das getan hat, lächelnd ›Dankeschön‹ gesagt. Dann hättest du die Regeln des Spieles geändert. Sie wollen, daß du unglücklich bist. Das bereitet ihnen Freude.«

»Ja, aber das heißt doch, daß ich sie gewinnen lasse.«

»Eigentlich nicht. Vielleicht würde es auch ihre Absicht untergraben. Sie gewinnen, wenn du dich so verhältst, wie sie es von dir erwarten. Ändere die Regeln des Spiels, Mädchen, und es wird ihnen einen Strich durch die Rechnung machen.«

»Sie würden mich für verrückt halten.«

»Sie würden dich nicht länger für ihr Opfer halten.«

Den Rest des Morgens mußte ich auf dem Weg durch die Flure mitten unter den Störenfrieden ständig daran denken, wie es wäre, wenn ich die Kontrolle hätte. Ich glaubte , daß Großmama India stets die richtige Antwort wußte, also beschloß ich, ihren Rat anzunehmen.

Als ich versuchte, die Tür zu einem Unterrichtszimmer zu öffnen, stießen zwei Jungen die Tür wieder zu. Zuerst versuchte ich, sie mit Gewalt aufzuziehen, aber dann erinnerte ich mich daran, die Regeln des Spieles zu verändern. Ich stand aufrecht, lächelte höflich und sagte mit freundlicher Stimme: »Vielen Dank. Ich brauchte die körperliche Übung. Ihr habt für meine Armmuskulatur Wunder gewirkt.« Ich plauderte immer weiter, als ob sie meine Freunde wären. Sie sahen mich an, als ob ich völlig den Verstand verloren hätte, dann ließen sie die Tür los. Ich fühlte große Kraft wie Elektrizität mein Rückgrat hinauflaufen. Ich ließ sie dort stehen, während sie einander ansahen.

Während des Mittagessens erfuhr ich, daß Ernie und Terry einer weiteren teuflischen Tat zum Opfer gefallen waren. Während Terry am Sportunterricht teilgenommen hatte, hatte jemand seine Schulkleider genommen und sie in die Dusche geworfen. Ernie hatte so viele Schwierigkeiten mit Schülern, die seine Sportkleidung stahlen, daß er seine eigene gekauft hatte, die er in einer Aktentasche mit sich trug, bis ihm jemand die Tasche entriß und seine Kleider in ein Klo auf der Mädchentoilette stopfte.

Am 14. Februar, dem Valentinstag, schneite es. Als wir an diesem Nachmittag im Schnee standen und auf unsere Mitfahrgelegenheit warteten, wurden wir mit Schneebällen, in denen Steine steckten, beworfen. Mr. Eckford, Elizabeths Vater, sprang aus dem Auto, um uns zu retten, aber auch er wurde bombardiert. Little Rocks saubere Polizisten und die Mitglieder der Nationalgarde standen daneben und sahen mit verschränkten Armen zu, als wir immer wieder getroffen wurden. Selbst als wir um ihre Hilfe baten, taten sie nichts.

Als ich nach Hause kam, reichte Großmama mir einen seltsam geformten Umschlag. »Ich vermute, es ist ein persönlicher Gruß von diesem jungen Mann, den du einen Großteil der Zeit ignorierst. Schließlich ist heute ein besonderer Tag.«

Ich nahm den Umschlag mit auf mein Zimmer und öffnete ihn. Es war eine Karte von Vince. Als ich die herrlichen Worte las, stimmte es mich traurig, daß ich mit ihm nicht häufiger am Telefon sprechen oder ihn öfter sehen konnte, aber ich konnte ihn beim besten Willen nicht in meinen Tagesplan aufnehmen. Sogar meine Tagträume über ihn verblaßten allmählich, weil die Integration mein ganzes Denken ausfüllte.

DREI CENTRAL-SCHÜLER SUSPENDIERT: MINNIJEAN BROWN VON DER SCHULE GEWORFEN

Arkansas Gazette, Dienstag, 18. Februar 1958

Minnijean wurde nach einer vierzigminütigen Anhörung von der Schule verwiesen. Die offizielle Bekanntgabe ihres Schulausschlusses war nach allem, was dagegen unternommen worden war, ein herber Schlag für uns. Die Tatsache, daß die Schulverwaltung gleichzeitig drei weiße Schüler suspendierte – zwei dafür, daß sie »Einer weg, jetzt nur noch acht«-Aufkleber trugen und eine, weil sie Gloria die Treppe hinuntergestoßen hatte – machte es nicht weniger schlimm. Die NAACP hatte fest damit gerechnet, Minnijeans Schulausschluß abwenden zu können, aber Blossom und die Schulverwaltung waren eisern entschlossen, an ihrer Entscheidung festzuhalten.

Die Bundesvertretung der NAACP arrangierte für Minnijean ein Stipendium an einer berühmten privaten High School in New York namens New Lincoln. Sie würde bei der Familie des bekannten Psychologen Dr. Kenneth Clark wohnen. Ich hatte gelesen, daß es seiner Forschung zu verdanken war, daß Thurgood Marshall und die Klage der NAACP Erfolg hatten und die Entscheidung des Obersten Gerichts im Jahre 1954, die Integration an den Schulen einzuführen, zur Folge hatte.

Es war eine wunderbare Chance für Minnijean, aber ich konnte nur daran denken, wie weit New York von Little Rock entfernt war. Wir würden uns nicht länger treffen können oder uns wie üblich unterhalten. Gleichzeitig versuchte ich, nicht neidisch darauf zu sein, daß Minnijean der Hölle, die mein Alltag war, entkam. Dennoch träumte ich davon, wie es wäre, mit ihr in dieses Flugzeug zu steigen und an einen Ort zu fliegen, wo es keine Central High School gab, keine Anhänger der Rassentrennung und keinen Schmerz, der jedesmal mein Herz zusammenzog, wenn mich jemand Nigger nannte.

Ich stellte mir vor, wie sie normale Verabredungen mit netten Jungs hatte, einen richtigen High School Ball und Freunde, die sie anlächelten und sich jeden Tag mit ihr unterhielten. Sie würde nicht länger einsam sein. Aber vor allem müßte sie tagsüber keine Angst mehr haben, daß sie jemand schlug, gemeine Dinge zu ihr sagte oder gar versuchte, sie umzubringen.

Einige Tage, bevor Minnijean abreisen sollte, saß ich am späten Nachmittag auf ihrem Bett und sah zu, wie sie packte. Wir beide unterhielten uns und kicherten. Ich war wieder von diesen gemischten Gefühlen durchdrungen. Ich wollte unbedingt, daß sie blieb, und gleichzeitig hätte ich alles gegeben, um mit ihr zu gehen. Sie zeigte mir ihre neuen Kleider, Geschenke von Freunden, die ihr helfen sollten, sich an ihr neues Leben anzupassen. Es waren die herrlichsten Kleider, die ich jemals gesehen hatte: Angorapullis in dunklen Rost- und Grüntönen mit passenden Cordhosen, einige dieser wunderbaren flauschigen Kragen, die alle trugen, ein lilafarbener Blazer und sogar ein schöner Trenchcoat.

Ich war so traurig, daß ich kaum sprechen konnte, aber ich tat so, als ob alles in Ordnung wäre und ich mich für sie freuen würde. In Wirklichkeit wollte ich sagen, daß ich sie bereits vermißte, daß ich sie wie eine Schwester liebte ... daß ich nicht wußte, was ich ohne sie tun sollte. Aber das hätte zu sentimental geklungen, also behielt ich meine Gedanken für mich.

Plötzlich ließ sie sich zwischen all die herrlichen Kleider und ihre neuen Koffer auf das Bett fallen und fing an, unkontrolliert zu weinen. »Es tut mir so leid, daß alles so gekommen ist. Das wird es für euch nur noch schwerer machen.«

Ich versuchte, sie zu trösten. »Du kannst ja nichts dafür, Minnijean.«

»Ich werde dich vermissen.« Sie umarmte mich. »Ich werde es vermissen, mit dir nach Hause zu fahren und mit dir Platten zu hören und ...«

»Ja, aber schau, wohin du gehst. Die New Lincoln High School ist ein berühmter Ort. Du wirst bei reichen Leuten wohnen. Ich wette, du bekommst dein eigenes Telefon und vielleicht sogar einen Wagen. Du wirst wichtige Menschen treffen.«

»Vergibst du mir?«

»Da gibt es nichts zu vergeben. Mit Gottes Willen hätte es jede von uns treffen können.« Um mich von den Tränen abzulenken, die aus meinem tiefsten Innern aufstiegen, begann ich, ihre Kleider zu falten und in den Koffer zu legen. »Wenn du nicht packst, werde ich all diese tollen Sachen behalten und weggehen, und du mußt an meiner Stelle hierbleiben«, neckte ich sie.

Nach der Ankündigung, daß Minnijean definitiv von der Schule geflogen war, spielten die Anhänger der Rassentrennung verrückt. Plakate an den Wänden verkündeten: »Alle Nigger in den Norden!« In einem Artikel in der Zeitung stand, daß die Flurkontrolle durch Mitglieder der Nationalgarde gestrichen würde, obwohl sie auch weiterhin im Gebäude verbleiben und periodische Kontrollgänge durchführen würden. Diese Ankündigung ließ den Anhängern der Rassentrennung größere Freiheit, sich einen schönen Tag mit uns zu machen. In den darauffolgenden Schultagen standen in meinem Tagebuch die besonderen Gemeinheiten, die ich erleiden mußte. Ich dachte, wenn ich jede Einzelheit zu Papier brachte, könnte Gott selbst sehen, was vor sich ging.

18. Februar 1958

Ein rothaariges Mädchen mit Sommersprossen, diejenige, die mich im Lesesaal immer verhöhnt, verfolgt mich jetzt ständig zwischen den einzelnen Stunden in den Fluren. Heute hat sie mich angespuckt, dann hat sie mich geschlagen. Später, als ich um eine Ecke bog, stellte sie mir ein Bein, und ich fiel eine Treppe hinunter. Ich stand auf und sah mich einer Gruppe von Jungen gegenüber, die mich die Treppe hinaufjagten. Als ich das einem Vertreter der Schule meldete, sagte er, dieses Mädchen stamme aus einer guten Familie und würde so etwas niemals tun, und ich bräuchte einen Lehrer als Zeugen dieser Vorfälle, wenn er etwas unternehmen solle. Er fragte mich, was ich denn erwartete, wenn ich an einen Ort kam, wo ich nicht erwünscht war. Er warnte mich und sagte, ich solle immer den Ausschluß Minnijeans von der Schule vor Augen haben.

19. Februar

Wieder Andy. Er macht mir langsam wirklich angst. Als ich heute aus der Cafeteria kam, kam er ganz nah auf mich zu und trat mir auf die Zehen. Ich konnte mich einen Moment lang nicht bewegen. Er versetzte mir einen Stoß nach hinten und hielt mir dann einen Schraubenschlüssel vor das Gesicht. Er schwenkte ihn hin und her und stieß alle möglichen Drohungen aus – daß er damit meinem Gesicht eine Menge schlimmer Dinge zufügen könnte. Meine Knie zitterten, und ich wußte nicht, was ich tun sollte. Ich sagte: »Dankeschön.« Seine Augen wurden groß. Mit mehrfacher Lichtgeschwindigkeit sprang ich auf und rannte davon. »Denk heute Nacht daran, was ich dir morgen antun werde«, brüllte er mir hinterher.

20. Februar

Heute hat man mir mit einem Tennisschläger auf den Rücken geschlagen. Ich brachte ein Lächeln zustande und sagte: »Dankeschön.« Andy fragte: »Was hast du gesagt, Niggerin?« Ich wiederholte: »Vielen herzlichen Dank.« In der Toilette mußte ich Blut spucken. Ich hatte das Gefühl, jemand habe einen heißen Eisenstab durch meinen Rücken in meine Eingeweide gerammt. Ich begegnete ihm im Laufe des Nachmittages mehrere Male, aber ich ließ ihn nie meine Tränen sehen, und ich meldete den Vorfall auch niemandem.

Ich glaube, in mir lebt jetzt nur noch die Kämpferin. Melba ist auf und davon und hat sich versteckt. Sie hatte zuviel Angst, um zu bleiben.

SCHULVERWALTUNG ERKLÄRT SICH UNFÄHIG,
URTEIL DURCHZUFÜHREN
UND BITTET BUNDESGERICHT UM AUFSCHUB

Arkansas Democrat, Freitag, 2. Februar 1958

BUNDESGERICHT WIRD SICH NICHT MIT CENTRAL HIGH
SCHOOL FALL BEFASSEN

Arkansas Democrat, Freitag, 21. Februar 1958

Am Samstag, den 22. Februar, einem Tag nach der Bitte der Schulverwaltung an das Gericht, die Integration aufzuschieben, flog Minnijean nach New York. Sogar ihr Abflug wurde von einer Bombendrohung beeinträchtigt, die ihren Flug mit der American Airlines verzögerte. Es war für uns alle schwer, Minnijean am Flughafen zum Abschied zuzuwinken. Eine Menge Journalisten und Fotografen waren anwesend, die Bilder für die Zeitungen schossen. Wir hatten uns nach all diesen Monaten irgendwie an ihre Gegenwart gewöhnt, und wir verstanden uns recht gut mit denen aus dem Norden. Wir nannten sie beim Vornamen und unterhielten uns oft inoffiziell mit ihnen. Aber dieses eine Mal gingen sie uns auf die Nerven. Es war ein Augenblick, in dem wir mit unserem Schmerz allein sein wollten. Zuerst ignorierten wir sie einfach, verhielten uns, als ob sie unsichtbar seien. Auch an diesem überaus traurigen Tag durften wir sie unsere Tränen nicht fotografieren lassen – das wäre nur Futter für die Anhänger der Rassentrennung gewesen. Also versuchten wir so zu tun, als ob alles gut wäre.

In dieser Nacht schrieb ich in mein Tagebuch:

> *Meine liebste Freundin Minnijean ist heute gegangen. Ich konnte nicht aufhören zu weinen. Die Menschen am Flughafen sagten, wir würden alle sehr alt und müde aussehen, der Kampf wäre wohl härter geworden.*
> *Ich bete, daß Minnijean glücklich wird. Sie verdient es ... verdienen wir das nicht alle?*

Die Schulverwaltung von Little Rock hatte bei den Bundesgerichten die Petition eingereicht, angesichts der negativen Erfahrungen seit dem 3. September erneut die ganze Frage der Schulintegration zu überprüfen.

Anfang März war ich in einen Zustand verfallen, in den man gerät, wenn man weiß, daß man Rizinusöl nehmen muß und diesem Schicksal nicht entrinnen kann. Ich tat einfach, was getan werden mußte, ohne darüber zu sprechen oder darüber nachzudenken. Ich stand auf, putzte meine Schuhe, badete, zog mich an, schüttete meine Hafergrütze in die Toilette, damit Großmama dachte, ich hätte sie gegessen – aber mein nervöser Magen hätte die Grütze sowieso nur wieder von sich gegeben – und machte mich auf in den Krieg an der Schule. Ich hörte die Beschimpfungen und die Beleidigungen, lächelte dazu und sagte »Dankeschön«. Ich wartete auf meine Heimfahrt, kam zu Hause an, machte meine Hausaufgaben, ging ins Bett und fing am nächsten Tag alles wieder von vorn an. Ich fühlte mich wie taub, als ob nichts mehr wichtig wäre.

Ich dachte, mein Alltag sei wie der eines Soldaten, der im Krieg kämpft. Nur hatte ich das Glück, die Wochenenden in einer anderen Welt verbringen zu dürfen. Eines Tages tat ich genau das, dachte an meine andere Welt und an die Schlagzeile, die ich gelesen hatte: ES IST HERRLICH, SAGT MINNIJEAN ÜBER IHRE NEUE SCHULE IN NEW YORK. Wie würde es wohl sein, nur einen einzigen herrlichen Schultag zu verleben, unter angenehmen Menschen, die lächelten, wenn man sie ansah?

Ich stand allein vor dem Central High Eingang an der Sechzehnten Straße und zitterte vor Kälte. Ich wartete an diesem Freitagnachmittag auf meine Heimfahrt und erging mich in Phantasien über mein stilles, sicheres Wochenende. Mein Körper war da, aber mein Geist war woanders.

Danny, mein Leibwächter von der 101. Luftlandeeinheit hatte gesagt: »Wenn du deine Konzentration verlierst, begehst du einen großen Fehler.« Plötzlich wurde mir klar, daß ich genau das gemacht hatte: einen dummen Fehler. Der Eingang an der Sechzehnten Straße war einer der gefährlichsten Orte der Central High – ein Bereich, an dem ich niemals freiwillig allein gewartet hätte, wenn ich mir meiner Handlungen bewußt gewesen wäre. Es war ein isolierter Fleck ohne Lehrer, Direktoren oder Soldaten, die Wache hielten, aber ich war zu müde, um die zwei Blocks zur anderen Seite zu laufen, wo ich sicherer war und wo mein Fahrer mich aufsammeln sollte. Ich beschloß, es sei vernünftiger, hier zu warten und zu hoffen, daß der Fahrer auf diese Seite des Gebäudes fahren würde, um nach mir zu suchen, wenn ich nicht am verabredeten Platz wartete. Also sprach ich ein kurzes Gebet und ließ mich dann wieder in meine Träume fallen.

Plötzlich hörte ich eine Stimme in einiger Entfernung, die meinen Namen rief und mich aus meinen Gedanken riß. »Es ist die Niggerin Melba.« Das war Andys Stimme, die mir da zurief. Mein Herz schlug schneller. Wo blieb der Fahrer nur? Ich schaute auf, um zu sehen, wie weit Andy noch weg war. Er war über einen Block entfernt und kam von einem Spielfeld mit einer Gruppe seiner Freunde. Sie gingen schnell, rannten fast. Selbst wenn ich jetzt weglaufen würde, könnte ich sie nicht alle abhängen. Ich sah mich voller Panik nach Hilfe um.

»He, Melba, du solltest hier verschwinden.« Die zweite Stimme war viel näher. Ich war nicht allein. Da war ein schlanker, muskulöser Junge, ungefähr 180 cm groß, der eine Clubjacke und eine Mütze trug, unter der eine Menge blonder Locken hervorlugten. Er lehnte gegen die Beifahrerseite eines Chevys, der am Rinnstein parkte, nur wenige Meter zur meiner Linken. War er einer von Andys Freunden, die gekommen waren, um mich einzukreisen und festzuhalten? Sein Gesicht war mir vertraut. Er ähnelte einem dieser großen harten Jungs, die sich einen Spaß daraus machten, mich zu verspotten. Aber warum rannte er nicht auf mich zu und überschüttete mich mit häßlichen Beleidigungen wie die anderen?

Mein Mund wurde trocken. Meine Füße schienen wie festgeleimt. Meine Knie zitterten so sehr, daß ich ernsthaft daran zweifelte, fortlaufen zu können. Wohin sollte ich mich auch wenden? Andy und seine Freunde umtanzten sich in Kreisen, und überlegten, wie sie am besten ihren Spaß mit mir haben könnten. Ein Junge rannte in die Richtung zurück, aus der sie gekommen waren. Ein anderer folgte ihm. Warum gingen sie zurück, fragte ich mich? Ein Seil holen?

»Nigger, Nigger an die Wand – tot seid ihr immer noch am besten«, intonierte Andy. Er zögerte, wartete auf seine Freunde. Jetzt waren sie schon ganz nah. »Bleib stehen, lauf nicht weg, wenn du das tust, wird es nur schlimmer für dich«, rief Andy.

Was jetzt? Mein Verstand versuchte herauszufinden, was ich jetzt tun sollte.

»Melba«, der blonde Junge flüsterte meinen Namen. »Hör mir zu. Ich werde dich jetzt Nigger nennen – ganz laut. Ich werde dich beschimpfen, aber ich werde meinen Schlüssel auf die Motorhaube legen. Du verschwindest mit dem Auto, schnell. Mein Name ist Link, ich rufe dich dann später an.«

»Das kann ich nicht.«

»Verschwinde, verdammt nochmal ... Andy bringt dich um.«

»Aber ich kann nicht ... ich ... äh ...« Ich stand da und suchte nach Worten. Er plant doch was, dachte ich. Jetzt bin ich umzingelt. Warum kommt der Fahrer nicht endlich ... jetzt sofort, bitte, Gott.

»Du hast keine andere Wahl«, flüsterte er. »Los!« Ich drehte mich um und sah, daß Andy und seine Freunde nur noch wenige Meter entfernt waren. Ich war nicht einmal sicher, ob ich es noch bis zum Auto schaffen würde.

»Wenn du hier nicht sofort verschwindest, bringst du uns noch beide um«, drängte der blonde Junge.

»He Andy, heute Nacht gibt's bei uns Nigger«, hörte ich Link brüllen, als er sich vom Auto entfernte und auf die Gruppe zuging. Ich griff mir die Schlüssel, rannte schnell zur Fahrerseite und öffnete die Tür. Ich sprang hinein und verriegelte alle Türen. Als ich den Motor anließ, rüttelte Andy an der Tür, während die anderen Jungen die Scheibenwischer abrissen und versuchten, durch die Beifahrertür hineinzukommen. Link stand nur da und starrte mich ängstlich an. Er beschimpfte mich allerdings ebenso häßlich wie die anderen. Ich legte die Kupplung ein, schaltete in den ersten Gang, und der Wagen machte einen Sprung nach vorn. Andy rannte immer noch nebenher und hielt sich am Türgriff fest, aber als ich Gas gab, mußte er loslassen. Selbst wenn Link mich später beschuldigen würde, seinen Wagen gestohlen zu haben, war ich doch vorerst am Leben.

Nach einigen Häuserblocks konnte ich etwas leichter durchatmen, und ich sah mich um. Ich konnte niemanden sehen, der mir folgte. »Danke, Gott«, flüsterte ich und fuhr nach Hause. »Danke, daß du mich ein weiteres Mal gerettet hast.«

Kapitel 24

Ich drückte in Links Auto auf das Gaspedal und fuhr so schnell ich nur konnte, ohne Aufmerksamkeit zu erregen. Als ich schließlich um die Ecke bog und in unseren Hof fuhr, fühlte ich, daß ich mich nicht länger unter Kontrolle hatte. Der Wagen fuhr ruckartig in unseren Hof ein. Ich war so schnell, daß ich unseren Zaun niederfuhr, den mein Onkel Charlie um Großmama Indias Blumengarten angelegt hatte.

Ich sprang aus dem Wagen und rannte zur Hintertür. Mein Herz tickte wie eine Bombe. Ich sah mich um, während ich fest gegen die Tür schlug. Vielleicht war die Polizei schon hinter mir her und wollte mich dingfest machen. Ich dachte daran, den Wagen irgendwo anders abzustellen ... aber wo? Wo auch immer ich ihn parkte, würde man ihn finden. In unserer eng verbundenen Nachbarschaft kannte jeder jeden, und alle wußten, wer welches Auto besaß.

»Hast du den Verstand verloren, Mädchen?« fragte Großmama und wischte sich die Hände an ihrer Schürze, während sie die Fliegentür aufhielt und in den Hof sah.

»Was geht hier vor? Wem gehört dieses Auto?« Sie streckte sich und sah über mich hinweg.

»Es gehört einem Freund in der Schule. Laß mich rein.«

Ich bedeutete ihr, zur Seite zu treten, hängte dann sorgfältig die Fliegentür ein und verschloß die Tür hinter mir. Ich schob den Vorhang über dem Glasfenster in der Tür zur Seite und sah ein letztes Mal hinaus, ob mir nicht doch jemand gefolgt war. Dann erzählte ich Großmama, was geschehen war.

»Willst du damit sagen, der Wagen gehört einem weißen Jungen von der Central?« Sie war entsetzt. Ich versuchte, sie zu beruhigen und ihr alles zu erklären, aber der Ausdruck auf ihrem Gesicht wandelte sich von Erstaunen zu Furcht. Plötzlich eilte sie zum Wäscheschrank und begann eine hektische Suche. Sie zog mehrere zerrissene und ausgebleichte Laken hervor und eine Menge Sicherheitsnadeln. Dann zog sie mich eilig mit sich zur Hintertür hinaus. Wir breiteten das erste Laken aus, hielten die Ecken, wie wenn wir das große Bett in Mamas Zimmer bezogen, und legten es über die Motorhaube. »Vielleicht erlebst du den morgigen Tag noch, wenn wir diesen Wagen vor der Polizei verstecken können.« Sie bedeutete mir, ihr zu helfen, das zweite Laken über das Dach des Autos zu breiten.

»Ich nehme an, du warst in einer bösen Zwickmühle. Du hast dein Bestes getan, aber wir stecken jetzt ganz schön in der Klemme.« Wir eilten ins Haus und schlossen die Tür hinter uns.

Als Mutter Lois von der Schule nach Hause kam, war sie ebenso aufgeregt wie Großmama. Sie stellte eine Menge Fragen und ging viel auf und ab – dann beruhigte sie sich ein wenig.

»Vielleicht ist es gar nicht so schlimm«, meinte sie. »Das ist jetzt schon eine Weile her, und niemand hat sich bislang nach dem Wagen erkundigt.«

Großmama legte Mutter die Hände auf die Schulter und sagte: »Vielleicht hat der Junge die Wahrheit gesagt. Wer weiß denn schon, ob er nicht einer von Gottes weißen Menschen ist?«

»Das nehme ich an«, sagte Mutter, und die Falten auf ihrer Stirn glätteten sich. »Wir wollen einen Augenblick lang annehmen, dieser Junge habe nicht versucht, dir eine Falle zu stellen. Wie willst du ihm den Wagen zurückgeben, ohne daß die anderen es herausfinden?«

»Link hat gesagt, er ruft an«, erwiderte ich und suchte nach Möglichkeiten, den Wagen zurückzugeben, falls er nicht anrufen sollte. Ich konnte ihn auf keinen Fall am nächsten Tag zur Schule zurückfahren. Er durfte nicht in meiner Nachbarschaft gesehen werden, und ich traute mich auch nicht, mit dem Wagen herumzufahren, ganz besonders nicht in der Nacht. Tja ... wir würden eine unauffälligere Methode finden müssen. Als das Telefon klingelte, rannte ich hin und nahm den Hörer ab.

»Hallo. Hier ist Link.«

»Woher weiß ich, daß du es bist?«

»An meinem Schlüsselbund hängt ein kleiner goldener Football.«

»Okay. Danke, Link, vielen Dank!«

»Andy schwört, daß er dich das nächste Mal erwischen wird.«

»Ja, er macht mir angst.«

»Schau, wir sollten besser die Sache mit dem Auto hinter uns bringen. Andy findet es verdächtig, daß du in meinem Wagen weggefahren bist. Ich habe ihm gesagt, das wäre nicht der Fall – er sähe nur zufällig so aus wie mein Wagen. Aber ich muß dafür sorgen, daß er mich in meinem Auto sieht.«

»Wie du willst.« Ich betete flüsternd darum, daß Andy nicht die Polizei verständigt hatte.

»Warum parkst du es nicht vor der Double Deck Eisdiele? Niemand würde sich etwas dabei denken, wenn wir dort zur selben Zeit wären.«

»Darf ich dir eine Frage stellen?«

»Schieß los.«

»Warum hast du das getan?« Meine Neugier brachte mich um. Ich mußte einfach fragen.

»Weil er es wirklich ernst damit meint, dich umzubringen. Nimm seine Drohungen bloß nicht auf die leichte Schulter! Es ist ihm ernst! He, ich muß los – sei in einer halben Stunde dort.«

Wir konnten nicht riskieren, die Hilfe eines Nachbarn in Anspruch zu nehmen, also mußte ich, obwohl ich keinen Führerschein besaß, Links Auto selbst in die Innenstadt fahren. Ich fragte mich, wie Link wohl als Mensch wäre. Das Innere des Wagens hätte Conrad »jungfräulich« genannt – sauber und auf Hochglanz poliert, als ob er es zweimal in der Woche putzen würde. Die Plattenalben auf dem Rücksitz hätte ich selbst auch ausgewählt ... Johnny Mathis, Sam Cooke, Elvis und Pat Boone. Wer war Link überhaupt? Plötzlich hatte ich Angst. Vielleicht gehörte er zum Ku-Klux-Klan – vielleicht warteten sie mit ihm zusammen nur darauf, daß ich seinen Wagen zurückbrachte, um mich auf diese Weise in ihre Hände zu bekommen. Ich konzentrierte mich auf das Fahren, um diese Gedanken loszuwerden.

Ich fuhr vor der Double Deck Eisdiele vor. Mama war direkt hinter mir. Ich sah mich um, um sicherzustellen, daß keine Central-Schüler anwesend waren, die mich erkennen könnten. Ich parkte Links Wagen am Rinnstein in der Nähe des vorderen Eingangs, legte die Schlüssel unter den Teppich auf der Fahrerseite und ging zu unserem Auto zurück. Ich konnte nicht widerstehen und sah mich schnell um, ob ich Link irgendwo entdecken konnte. Falls er da war, konnte ich ihn nicht sehen. Ich kletterte auf den Beifahrersitz in unserem Auto, und wir fuhren sicher nach Hause.

Am nächsten Tag sah ich Andy. Er ging an Mrs. Huckabys Büro vorbei. Zwei Lehrer standen in der Nähe, daher warf er mir nur einen mürrischen Blick zu und drohte, er würde mich kriegen, bevor der Tag zu Ende sei, dann ging er weiter.

Jedesmal, wenn ich an Link im Flur vorüberging, blinzelte er mir zu. Es war eine nette Geste an einem Morgen voller höllischer Aktivitäten. In den darauffolgenden Tagen machte mir Link immer, wenn ich ihn sah, irgendein Zeichen. Sein Zwinkern oder sein freundlicher Gesichtsausdruck kamen manchmal genau in dem Augenblick, in dem ich wissen mußte, daß ich am Leben und wertvoll war. Ansonsten schienen meine Tage stets mit schrecklichen Tagebucheinträgen zu enden.

11. März

Heute sahen wir im Sportunterricht einen Film. Der Stenographieunterricht war hart, weil meine Lieblingslehrerin fort ist. Ein Junge betrat das Klassenzimmer und lieferte ein Päckchen ab. Dann hielt er eine Rede: »Wollt ihr etwa sagen, daß ihr die Niggerin da so friedlich sitzen laßt?«

14. März

Maschineschreiben ist schrecklich. Ein Mädchen sagt jeden Tag mit lauter Stimme zu mir: »Ich glaube nicht an die Rassenmischung, ganz besonders nicht mit Niggern.«

15. März

Vielleicht werde ich mich in den folgenden Wochen, in denen wir etwas mehr Freizeit haben, besser fühlen. Ich muß die Zeit haben, herauszufinden, warum das Leben so für mich ist.

18. März

Heute, Dienstag, war mein schlimmster Tag seit langer Zeit. Ernie und ich verlassen die Cafeteria immer zusammen. Heute war er nicht da, daher mußte ich allein gehen. Die Menge auf den Treppen beschimpfte mich »Nigger – Puertorikaner – Indianer.« Meine Knie zitterten so sehr, daß ich schon fürchtete hinzufallen. Ich hatte keine Wahl: ich mußte mitten durch sie hindurch und die Treppe hoch.

22. März

Ich ging heute wieder mit Mom zur Reinigung. Die Angestellten sind langsam richtig gemein zu uns. Wir dürfen da ab sofort nicht mehr hin. Sie starren uns an, sprechen viel zu laut mit uns und versuchen, uns dumm aussehen zu lassen. Ich muß schon genug an der Central durchmachen, warum sollte ich das auch noch in der Reinigung erdulden?

23. März

Die AME-Kirchen haben uns acht weiße Bibeln, auf die unsere Namen eingraviert sind, im Nachmittagsgottesdienst geschenkt. Das gab mir das Gefühl, daß unsere Leute mich unterstützen.

In einem Artikel in der *Gazette* hieß es, daß Roy Wilkins, der Geschäftsführer der NAACP, Oberbefehlshaber Brucker in einem Schreiben mitteilte, es habe zwischen Oktober und Februar 42 gemeldete Vorfälle von Belästigungen gegeben. Natürlich wußten wir, daß die Anzahl der gemeldeten Vorfälle verblaßte im Vergleich zu dem, was wir wirklich erlebten, wenn wir durch die Flure der Central High gingen. In den letzten Tagen war die Feindseligkeit nicht so sehr durch körperliche als vielmehr durch verbale Gewalt ausgedrückt worden. Ich fragte mich allmählich, ob ich es wirklich durch das Jahr schaffen würde oder nicht. Dringende Aufrufe an den Präsidenten brachten keine Veränderungen.

Eines abends saß ich über meinen Hausaufgaben, als Link anrief. Mutter reichte mir den Hörer mit einem fragenden Blick.

»Setze dich morgen in der ersten Stunde nicht auf deinen üblichen Platz«, warnte er mich. »Nimm einen Stuhl beim Fenster. Ich weiß, du sitzt gern hinten in der dritten Reihe, damit du niemanden im Rücken hast. Aber tu, was ich dir sage, nur dieses eine Mal.«

»Woher weißt du, wo ich normalerweise sitze?«

»Ist doch egal, tu einfach, was ich dir sage.«

»Warum?«

»Weil die Anhänger der Rassentrennung einiges mit dir vorhaben. Du bist eindeutig ihr neues Ziel, weil du groß und hübsch bist, deine Nase hochhälst und nicht schwach bist – so, wie deine Leute ihrer Meinung nach sein sollten. Außerdem warst du oft in Gesellschaft von Minnijean.«

»Was meinst du mit Nase hochhalten?«

»Du weißt schon, was ich meine.«

»Warum warnst du mich? Was kümmert es dich?«

»Ich weiß nicht. Ich muß jetzt aufhören – mein Dad kommt«, flüsterte er. »Vergiß nicht, was ich dir gesagt habe.« Er knallte den Hörer abrupt auf die Gabel. Ich dachte einen Moment lang über unsere Unterhaltung nach. Ich fragte mich, warum ein weißer Junge ein solches Risiko auf sich nahm.

Als ich am nächsten Tag das Klassenzimmer betrat, merkte ich gleich, daß etwas anders war. Die Jungen und Mädchen, die sonst immer meine Bücher angezündet, Papierkügelchen geworfen, Wasser über meinen Kopf geschüttet und mich beschimpft hatten, saßen alle auf den normalerweise leeren Stühlen um meinen üblichen Platz herum. Ich hielt kurz inne, und dann sagte mir mein Instinkt, genau das zu tun, was Link mir gesagt hatte. Ich ging quer durch den Raum zu der anderen Seite und setzte mich in die vordere Reihe.

»Bringt die Niggerin zurück in ihren Käfig ... sie soll sich auf ihren üblichen Platz setzen«, rief ein Junge.

Die Lehrerin sah mich einen Augenblick an, dann warf sie dem Jungen, der sich beschwert hatte, einen Blick zu. Ich wußte schon immer, daß ich auf sie nicht zählen konnte, wenn es um meinen Schutz ging. Sie blieb stets passiv, wenn die Schüler mich mit Gegenständen bewarfen oder mir Wasser über den Kopf schütteten.

»Melba, setze dich auf deinen üblichen Platz«, forderte sie mich auf.

»Ja, Ma'am.« Ich erhob mich folgsam und ging zu meinem Stuhl. Was hätte ich sonst tun sollen? Wenn ich mich ihrer Aufforderung widersetzt hätte, hätte ich einen Schulverweis riskiert. Ich stieg über die Füße, die meine Mitschüler ausstreckten, um mich zu Fall zu bringen. Als ich mich meinem Stuhl näherte, sah ich, daß etwas darauf war: Erdnußbutter ... eine fünf Zentimeter dicke Schicht Erdnußbutter mit glänzenden Objekten darin, die wie Glasscherben aussahen. Wie konnte Link von diesem Plan schon vorher gewußt haben? Er mußte zu ihrer Gruppe gehören.

Ich ging zu dem Stuhl zurück, den ich mir anfangs ausgesucht hatte. »Da ist etwas auf meinem Stuhl«, erklärte ich der Lehrerin.

»Nimm es herunter«, erwiderte sie.

»Ach, ich glaube, das sollte jemand anderes tun«, sagte ich unter dem Gekicher der Gruppe um den Erdnußbutterstuhl. Ich ließ mich auf meinen neuen Platz am Fenster fallen, bevor sie etwas erwidern konnte.

»Warum ist die Niggerin etwas Besonderes ... warum muß sie Anweisungen nicht Folge leisten?«

Ich hob meine Hand. Die Lehrerin nickte mir zu. »Warum sind die anderen etwas Besonderes?« wollte ich wissen. »Warum dürfen sie sich heute auf andere Plätze setzen? Spielen wir die Reise nach Jerusalem?« Ich sah ihr mit einem Ausdruck in die Augen, der eine Botschaft übermitteln sollte, und ich hoffte, daß sie diese Botschaft auch verstehen würde. Ich würde mich nicht von meinem Platz rühren.

Nach Unterrichtsende flüsterten die Unruhestifter, die um den Erdnußbutterstuhl saßen, miteinander. Ich war neugierig, wie sie die Schweinerei vor der nächsten Unterrichtsstunde entfernen wollten. Als es läutete, stand ich auf, nahm meine Bücher und ging ruhig aus dem Raum. Das muß ich Link zugutehalten, dachte ich dankbar.

Auf dem Weg zum Mittagessen ging ich zu meinem Schließfach und bemerkte, daß die Tür offenstand. Jemand hatte das Schloß aufgebrochen und meine Bücher hinausgeworfen. Ich mußte ins Büro von Mrs. Huckaby, um den Vorfall zu melden. Ich würde für den Nachmittagsunterricht neue Bücher benötigen, und ich konnte meine Freunde die ganze Mittagspause über nicht sehen.

Ich ging in die Cafeteria, nachdem ich meinen Verlust Mrs. Huckaby gemeldet und neue Bücher bekommen hatte.

Meine Freunde waren bereits gegangen. Ich fragte mich, warum sie so früh aufgebrochen waren. War es möglich, daß sie mich suchten? Ich setzte mich auf meinen Stuhl und packte das Sandwich aus, das Großmama für mich gemacht hatte. Mir fiel eine Gruppe von Jungen auf, die nahe an mich herankamen, viel näher als üblich. Es gab immer eine Menge leerer Stühle um unseren Tisch herum, weil die anderen Schüler uns während des Mittagessens mieden.

Vielleicht dachten sie, sie könnten mich so offen belästigen, weil es einer dieser Tage war, an denen die Schulvertreter experimentierten. Sie wollten sehen, ob wir ohne uniformierte Truppen überleben würden und ohne Lehrer, die dort standen, wo jeder sie sehen konnte. Es gab keine Wachen in den Fluren, wenn wir die Klassenzimmer wechselten, keine Wachen in Rufweite vor den Cafeteriatüren wie sonst so oft. Keine Schulvertreter gingen in den Fluren auf und ab oder standen an der Wand und beobachteten, was vor sich ging.

Ich wurde langsam nervös. Ich wußte, es konnte kein Zufall sein, wenn ich von der Gruppe von Kotelettenträgern umzingelt wurde, die Böses mit mir vorhatten. Versammelten sie sich, um mir den Weg zu versperren oder um mich vor den Augen der anderen zu verhöhnen? Um aus der Cafeteria zu kommen, würde ich jegliche Hindernisse, die sie errichten mochten, überwinden müssen: ich wäre in derselben Lage wie damals Minnijean.

Mein Handflächen wurden feucht, mein Herz raste. Gab es keinen Ausweg? Kurz bevor es zum Ende der Stunde läutete, kam eine zweite Gruppe von etwa fünf Jungen derselben Art in die Cafeteria und ging direkt auf den Ort zu, den ich für eine mögliche Fluchtroute gehalten hatte. Jetzt war ich vollständig umzingelt. Die feindliche Gruppe starrte mich an und zischte Beleidigungen. Jetzt ging es los.

Als ich mich umsah, entdeckte ich ihn plötzlich: Da saß Link, mitten unter meinen Angreifern. Er lachte und scherzte mit ihnen und verhielt sich, als ob er zu der Gruppe gehörte.

Ich studierte ihn, wartete darauf, daß unsere Blicke sich trafen und als es geschah, sah er schnell zu Boden. Es machte mich ängstlich und traurig zugleich, Link mitten unter diesen Rowdys zu sehen. Ich starrte ihn ungläubig und wütend an. Hatte er nur so getan, als ob er ein netter Mensch wäre, wenn er in Wirklichkeit doch nur einer von ihnen war? Ich versuchte verzweifelt, meine Haltung wiederzuerlangen. Wie gewöhnlich saß ich mit dem Rücken zur Wand in der Nähe des Haupteingangs, damit sich niemand hinter mich schleichen konnte; aber als diese Jungen von Sekunde zu Sekunde offen feindlicher vorgingen und keine Wachen anwesend waren, schien mein sicherer Platz zur Falle zu werden. Ich sah nach hinten, wo einige meiner Leute Essen hinter der Theke austeilten. Es gab keine Möglichkeit, wie sie mir hätten helfen können.

Es müssen ungefähr 1000 Schüler und Schülerinnen in dem riesigen Saal gewesen sein. Es war der Beginn der zweiten Essensphase, eine Zeit, in der die Cafeteria am vollsten war. Trotz der ohrenbetäubenden Lautstärke der Gespräche, die zu einem beunruhigendem Mischmasch an Lärm verschmolzen, konnte ich hören, wie meine Angreifer rüde Bemerkungen machten.

Immer wieder sagten sie, wie sie kommen und mich holen würden, und was sie mit mir tun würden. Ich versuchte, sie zu ignorieren und konzentrierte mich statt dessen auf meinen Fluchtplan, als plötzlich ein Milchkarton auf mich zuflog und mich an der Stirn traf. Ihm folgte etwas, was sich in meine Wange bohrte. Es dauerte einen Moment, bis mir klar wurde, daß einer der Jungen ein Blasrohr hatte. Ich zuckte, wappnete mich jedoch, damit ich keine Reaktion zeigte, obwohl es sehr schmerzhaft war.

Ich mußte die Gruppe im Auge behalten, damit ich rechtzeitig wußte, was sie vorhatten. Ich sah Link direkt an, der selbstgefällig mittendrin saß, als Teil ihrer Gruppe. Ich beschloß, daß es Teil eines größeren Plans gewesen sein mußte, als er mir seinen Wagen lieh.

Ich duckte mich schnell, um einem harten weißen Gegenstand auszuweichen, der durch die Luft geschossen kam. Ich konnte dem Geschoß knapp entgehen, und als ich danach langte, um es zu untersuchen, war es ein in Papier gewickelter Golfball. Ich erinnerte mich an meine Diskussion mit Großmama über Machtspiele und prüfte den Golfball, als ob er ein wertvoller Schatz wäre. Ich lächelte und hauchte laut genug für jene, die in meiner Nähe saßen: »Er ist wunderschön, danke. Genau das hat mir noch gefehlt.«

Die Rowdys murmelten sich etwas zu. Sie waren zu weit weg, als daß ich hätte hören können, was sie sagten, aber ich sah den verblüfften Ausdruck in ihren Gesichtern. Sie sahen mich an, als ob ich den Verstand verloren hätte. Ich warf Link einen Blick zu, um seine Reaktion zu sehen. Er war nur schwer einzuschätzen. Ich mußte aufhören, über Link nachzudenken, und endlich herausfinden, was ich jetzt tun sollte. »Tue gar nichts« wiederholte die Stimme in meinem Kopf.

Ich langte in meinen Beutel und zog das Buch über Gandhi, das Großmama mir gegeben hatte, zusammen mit einigen weißen Blatt Notizpapier heraus und tat so, als ob ich lernte. Ich beschloß meine Angreifer glauben lassen, ich hätte mich für eine lange Lernphase niedergelassen. Schließlich war meine nächste Stunde in der Lesehalle, und wenn ich die verpaßte, würde ich nichts Wichtiges versäumen.

Vor kurzem hatten die Schulvertreter eine Warnung an die Schüler und Schülerinnen herausgegeben, die Angriffe initiierten. Die Strafe bestand in dem Ausschluß von der Schule. Solange ich auf meinem Stuhl saß, vermutete ich, würde keiner näherkommen und mir Suppe über den Kopf schütten oder mich sonstwie angreifen. Es waren so viele andere Schüler und Schülerinnen nahe genug, um alles zu beobachten – folglich würden meine Angreifer es lieber so scheinen lassen, als ob ich den ersten Schritt getan und sie somit gezwungen hätte, zurückzuschlagen.

Als es läutete, wurde es noch lauter im Saal: Alle rückten mit den Stühlen, suchten ihre Bücher zusammen und rannten zum Ausgang. Ich wollte unbedingt aus der Cafeteria hinaus, aber ich wußte sehr wohl, daß ich mich nicht bewegen durfte, sonst würde die Gruppe einen Kampf anzetteln, der mit Sicherheit zu meinem Ausschluß aus der Schule führen würde. Es ging das Gerücht, daß sie psychologisch geschult wurden, wie man uns zu Reaktionen bringen könnte.

Ich war bereit, eher bis zum Ende der Zeit auf diesem Stuhl zu sitzen, als daß ich einen Kampf riskierte. Ich trug bereits Pflaster auf meinen Hacken von den Hackentretern vom Tag zuvor, und ich hatte überall wunde Stellen auf meinen Beinen von den vielen Tritten. Ich wußte, mehr würde ich nicht einstecken können. Ich wußte, ich würde nicht anders können, als es dem nächsten, der mich angriff, heimzuzahlen.

Ich tat so, als wäre ich in mein Buch vertieft. Ich las von Gandhis Haft und wie er seine Ängste beruhigte und seine Gedanken auf ein Ziel richtete, damit seine Feinde niemals wirklich die Kontrolle über ihn hatten.

Plötzlich fiel mir auf, daß einer der Rowdys näherkam.

»Nigger sind dumm, sie müssen daher besonders viel lernen, stimmt's?« verkündete er mit lauter Stimme.

»Danke für das Kompliment«, sagte ich und sah ihn mit dem freundlichsten Lächeln an, das ich fertigbrachte, damit er glaubte, ich würde mich nicht ärgern.

»Lerne nur, Niggerhure, aber irgendwann mußt du hier ja mal weg, und dann kriegen wir dich.«

»Danke«, sagte ich wieder mit vorgetäuschter Freude im Gesicht. Er schien erstaunt, als er langsam zurückwich.

Ich spürte, wie ich innerlich lächeln mußte. Es stimmte, was Großmama India gesagt hatte: Die andere Wange hinzuhalten konnte schwierig sein, aber für mich war es allmählich auch sehr vergnüglich. Irgendwie hatte ich in einem bizarren geistigen Wettstreit eine Runde gewonnen.

Mein Herz schlug nicht mehr ganz so rasend schnell, und meine Hände zitterten nicht mehr. Ich fühlte mich sicherer, sogar wohl, und etwas in mir fand seine Mitte. Ich hatte das machtvolle Gefühl, die Kontrolle zu haben. Ich ließ mich durch das Verhalten dieser Rowdys nicht länger dazu bringen, mich selbst auf eine bestimmte Art und Weise zu verhalten. Für den Moment war ich diejenige, die darüber entschied, wie ich mich verhielt. Ein kleiner Chor in meinem Kopf sang: »Halleluja, halleluja, halleluja.«

Es läutete zum zweiten Mal zum Unterrichtsbeginn. Mittlerweile sollten die Schüler eigentlich schon auf ihren Plätzen in den Klassenzimmern sitzen. Ich sah, wie Link die Rowdys zusammenwinkte. Aus dem Ausdruck auf ihren Gesichtern schloß ich, daß sie sich ernsthaft darüber unterhielten, was sie als nächstes tun sollten. Plötzlich machte sich die Gruppe, angeführt von Link, auf den Weg zur Tür.

»He, ich will nicht eine Woche lang jeden Tag nachsitzen, bloß für das Vergnügen, es einer Niggerin gegeben zu haben«, hörte ich Link sagen, als er dicht an mir vorbeiging. Ich hörte auch, wie sie miteinander stritten, wie einige von ihnen meinten, daß es das durchaus wert wäre, wenn sie mich ein für allemal erwischten. Aber dann hörte ich, wie Link sagte, es sei besser, jetzt zu gehen; er würde ihnen ganz sicher helfen, mich später zu erwischen.

Kapitel 25

»Ich hab's getan«, rief ich aufgeregt und stürmte durch die Vordertür, wo Großmama wie üblich stand, um mich nach der Schule zu begrüßen.

»Was hast du getan?« wollte sie wissen.

»Ich habe einige der Dinge ausprobiert, von denen Gandhi gesprochen hat – du weißt schon, ich blieb innerlich ruhig, gleichgültig, was um mich herum vor sich ging.«

»Telefon für dich, Melba«, brüllte Conrad aus dem Flur. Ich hoffte, es wäre jemand, mit dem ich meinen Sieg teilen konnte, vielleicht Vince, aber es war Link. Ich knallte den Hörer auf die Gabel. Gleich darauf klingelte das Telefon wieder. Ich nahm ab und sagte: »Mach dir nicht die Mühe anzurufen!« Wieder knallte ich den Hörer auf die Gabel. Dann klingelte es wieder und wieder. Großmama kam in den Flur und beäugte mich mißtrauisch. Ich nahm den Hörer ab aus Angst, ihr alles erklären zu müssen.

»Ich bitte dich nur um fünf Minuten«, sagte Link. »Ich habe deine Haut gerettet. Du schuldest mir zumindest die Möglichkeit, es zu erklären.«

»Überhaupt nicht«, sagte ich, aber er unterbrach mich, bevor ich zu Ende sprechen konnte.

»Ich wollte nicht dort sein, aber ich hörte, sie wollten dir etwas Schlimmes in der Cafeteria antun. Also dachte ich, wenn ich dort wäre, könnte ich vielleicht etwas für dich tun.«

»Woher wußtest du, daß sie etwas planen?«

»Mein Dad zwingt mich, zu diesen Treffen zu gehen – auf denen sie planen, was man tun könnte, um euch von der Schule zu kriegen.«

»Warum erzählst du mir das?«

»Weil ich dir helfen will.«

»Ich kann dir nach dem heutigen Tag nicht mehr trauen.«

»He, wenn ich die Jungs nicht dazu gebracht hätte zu gehen, hätten sie dich erwischt. Und wenn du nicht glaubst, daß ich auf deiner Seite bin, werde ich es dir beweisen. Hör zu. Geh morgen nicht ans hintere Ende des ersten Stocks. Und geh nach dem Mittagessen nicht zu deinem Schließfach.«

»Ich muß gehen, Großmama will etwas von mir.« Sie stand neben mir und sah aus, als ob sie irgend etwas beunruhigte.

Ich eilte in die Küche, doch sie blieb mir auf den Fersen. Ich würde ihnen erzählen müssen, was geschehen war, und es dauerte auch nur wenige Minuten, dann bedrängten mich Mutter und Großmama. Mutter Lois sprach als erste: »Wir wundern uns über Links Motive.«

Dann sagte Großmama: »Vielleicht versucht er, dich für den Klan vorzubereiten. Er lockt dich in eine Falle, und was machst du dann?«

Obwohl auch ich nicht ganz sicher was, ob ich Link vertrauen konnte, verteidigte ich ihn weiter, während beide ein Dutzend Gründe nannten, warum ich diesem weißen Jungen nicht vertrauen sollte. Dennoch sagte etwas in mir, daß er ein großes Risiko eingegangen war, als er mir an jenem Tag sein Auto gab.

Ich wollte Mutter und Großmama nicht trotzen, aber Link besuchte die Central. Er wußte, was ich durchmachte. Sie konnten mir in der Schule nicht helfen. Ich hatte keine andere Wahl: Ich mußte jede Hilfe annehmen, die mir ein Überleben ermöglichte. Ich mußte das Risiko eingehen und Link ein wenig vertrauen, zumindest für den Augenblick.

Tatsächlich beachtete ich am nächsten Tag Links Warnungen und ging auf einem anderen Weg zum Unterricht. Später hörte ich, es habe Schwierigkeiten auf der Strecke gegeben, die ich normalerweise nahm. Am Nachmittag ging ich nicht zu meinem Schließfach und vermied dadurch jemanden, der sehr wütend gewesen sein muß, denn er oder sie brach das Schloß auf und zerriß den gesamten Inhalt des Schließfachs in tausend Stücke. Der Tag war genauso gelaufen, wie Link es prophezeit hatte, aber trotzdem fragte ich mich, ob er einfach nur mein Vertrauen aufbauen wollte, um mir dann eine umso größere Falle zu stellen.

NAACP FORDERT HÄRTERES DURCHGREIFEN VON DEN TRUPPEN AN DER CENTRAL HIGH SCHOOL

Arkansas Gazette, Dienstag, 1. April 1957

Die NAACP wiederholte heute ihre Forderung nach einem härteren Durchgreifen der Truppen an der Central High School. Andernfalls sehen wir uns mit der Ungeheuerlichkeit konfrontiert, daß die Regierung der Vereinigten Staaten die Last der Gerichtsurteile auf die schmalen Schultern und in die jungen Herzen von acht schwarzen Teenagern lege.

Link warnte mich, daß sich die Anhänger der Rassentrennung Anfang April gezwungen sehen, ihre Bemühungen zu beschleunigen, um uns aus der Central zu bekommen, bevor wir ein ganzes Schuljahr absolviert hätten. Einige ihrer Taktiken wurden verzweifelt und ihre Verzweiflung machte es mir leichter, die offensichtlichen Fallen zu vermeiden, die sie für mich aufgestellt hatten. Dennoch war in den Seiten meines Tagebuch nichts mehr von einem richtigen Leben zu lesen. Es war, als ob meine Tage nur noch daraus bestanden, den Schmerz in meiner Seele und in meinem Körper zu ertragen.

2. April

Heute hatten wir eine Feuerübung. Ich hatte furchtbare Angst. Auf den Treppen wurde ich gestoßen und beleidigt. Ich verlor beinahe das Gleichgewicht. Wäre ich

diese mehr als dreißig Steinstufen hinuntergefallen, hätte ich mich schwer verletzt oder wäre vielleicht sogar getötet worden. Sie haben es wirklich versucht ... soviel steht fest.

4. April

Die Aufregung wegen MIKADO *machen mich sehr traurig. Ich habe gehört, sie geben viel Geld für Kostüme und Make-up aus, um eine richtige Erwachsenenproduktion daraus zu machen. Wie sehr ich mir wünsche, teilnehmen zu können! Das Klassenspiel findet ebenfalls bald statt. Diese Theaterspiele wären wunderbar für mich gewesen, da ich vielleicht in diesen Bereich gehen möchte. Ich verbringe gleichviel Zeit mit Tagträumen darüber, Journalistin oder Schauspielerin zu werden. Ich frage mich, warum ich so nah an dieser Möglichkeit bin und doch eine Million Meilen entfernt.*

8. April

Die Jungen haben heute wieder brennendes Papier im Lesesaal nach mir geworfen. Naja, es dauert nicht mehr lange.

Die heutigen Schlagzeilen in der Gazette haben mich sehr unglücklich gemacht. Ein Mann namens Thomas schlägt vor, wir sollten alle von der Central genommen werden und jeder solle seine Pläne zur Aufhebung der Rassentrennung unterstützen. Er ist ein Geschäftsmann, Präsident der First Pyramid Life Versicherungsgesellschaft. Kurz und gut, er will alle möglichen gemischtrassigen Vorstände und Komitees einrichten – und vielleicht haben wir dann irgendwo, Äonen von heute, einmal integrierte Schulen. Puh! Jeder einflußreiche Mensch, der vorschlägt, wir sollten von der Schule abgehen, macht es nur schwerer für uns.

9. April

Es ist furchterregend. Die Erwachsenen haben keine Ahnung, was zu tun ist. Ich glaube, die Vernünftigen, die

die Gewalt unter Kontrolle halten wollen, werden von jenen übertrumpft, die uns um jeden Preis loswerden wollen. Daher lenkt niemand das Schiff – keiner hat die Kontrolle – nicht wirklich. Ich halte es durchaus für möglich, daß es an dieser Schule zu einem Aufstand kommt.

10. April

Heute war es sehr, sehr schwer. Ich mußte aufstehen und aus dem Lesesaal gehen. Ein Junge stellte sich mir in den Weg und brüllte Beleidigungen, während der Lehrer und der gesamte Lesesaal einfach zusahen. Er drohte, mich an Ort und Stelle umzubringen.

11. April

Ich glaube, ich hätte es keine Sekunde länger ausgehalten. Ich hoffe, jemand sorgt übers Wochenende für ein Wunder. Hörst du mich, Gott?

In den darauffolgenden Tagen rief Link mich jeden Abend an. Großmama India reichte mir den Hörer mit grimmigen Gesicht, aber weder sie noch Mutter Lois verboten mir, mit ihm zu sprechen. Manchmal stand Großmama sogar daneben und hörte der gesamten Unterhaltung mit verschränkten Armen und einem verstimmten Gesichtsausdruck zu. Es war das erste Mal, daß ich fortfuhr, etwas zu tun, von dem ich sehr wohl wußte, daß Mutter und Großmama es nicht wollten. Aber dennoch fanden sie sich damit ab. Ich glaube, Mutter erkannte schließlich, daß Link etwas für mich tat, was sie nicht tun konnten – er versorgte mich mit wichtigen Informationen, die mir beim Überleben halfen.

Wann immer sie mir zu unseren Gesprächen Fragen stellten, sagte ich ihnen die Wahrheit. Link und ich sprachen meistens darüber, welche Toiletten ich vermeiden sollte, welche Wege ich gehen sollte, um die speziellen Pläne zu vereiteln, mit denen sie mich terrorisieren wollten, wie ich sicher in ein Klassenzimmer käme und wo ich sitzen sollte. Er erklärte mir auch einige der Traditionen und Aktivitäten an der Central High, von denen ich ohne ihn nichts erfahren hätte. Er beschrieb einige der regulären Schulaktivitäten, aber auch die Pläne, Stimmungen und das Verhalten der Anhänger der Rassentrennung. Ich erfuhr, daß es unter den Schulvertretern viele Geheimnisse gab und daß viele wichtige Dinge stattfanden, ohne daß man es uns sagte, ganz zu schweigen davon, uns zur Teilnahme einzuladen.

Link forderte mich zur Geheimhaltung auf, daher wußte außer Mutter und Großmama keiner der sieben anderen etwas von seiner Existenz. Während unserer allgemeinen Unterhaltungen über das, was man tun oder lieber nicht tun sollte, gab ich gelegentlich einige der Informationen weiter, von denen ich annahm, daß sie ihnen helfen würden, aber ansonsten hielt ich den Mund. Ich dachte mir, daß ich das Link schuldete.

Nach einer Weile war es für beide von uns lustig, daß ich ihn zum Freund hatte. Wir spielten ein Mantel-und-Degen-Spiel, ließen uns Zettel in Büchern und Heften zukommen. Aber wir sprachen in der Schule niemals miteinander, gingen auch nie nebeneinander und nickten uns nicht zu – aus Angst, daß sie ihn dabei erwischen würden. Wir sahen uns höchstens einmal in die Augen. Er verbrachte weiter Zeit mit Andy und dessen Freunden und nahm an den Strategietreffen der Anhänger der Rassentrennung teil. Er sagte, für ihn sei das Gefühl, ein Verräter zu sein, am schlimmsten. Er war hin- und hergerissen zwischen der Loyalität seiner Familie und seinen Freunden gegenüber und seinem Gefühl der Schuld und der Verantwortung für das, was mit uns acht geschah. Manchmal rechtfertigte er, was er tat, indem er sagte, wenn er mich beschützte und eine größere Katastrophe von uns acht abwendete, könne er einige seiner normalen Aktivitäten im Abschlußjahr sicherstellen und außerdem hielten die Leute die Central High dann nicht für einen so schrecklichen Ort.

In der Zwischenzeit fielen uns in der Tat bei einigen Lehrern stärkere Bemühungen auf, Schüler zu disziplinieren. Die

Schulverwaltung von Little Rock forderte, daß streitlustige Schüler unter Kontrolle zu halten seien. Zuerst bemerkten wir keinen Unterschied, aber dann fiel uns allmählich ein zunehmender Friede in den Fluren auf, und wir faßten uns ein Herz, als wir hörten, daß ein weiteres Mädchen von der Schule geflogen war, weil sie Flugblätter mit der Aufschrift »Eine weg, jetzt sind es nur noch acht« verteilt hatte.

Ostern. Was für ein herrliches Wort, dachte ich, als ich in Großmamas Zimmer ging. Wenn der Ostersonntag vor der Tür stand, so bedeutete das ein baldiges Ende des Schuljahres. Der 29. Mai. Wie würde wohl der letzte Tag an der Central High aussehen?

»Heute ist eine besonderer Abend«, verkündete Großmama von ihrem Lieblingsstuhl aus. »Heute machen wir uns über die Truhen her. Es ist Zeit, daß du deine Auswahl triffst.« Sie lächelte mit ihrem allwissenden Gesichtsausdruck, denn sie war sich durchaus bewußt, wie sehr es uns gefiel, die Schätze in ihren Truhen zu betrachten und zu berühren. Es gab Geschenke, Erb- und Erinnerungsstücke, die wir nur an Weihnachten oder Ostern sehen und berühren durften.

Da standen sie, mitten im Zimmer – die alten Truhen, die Großmama India als junges Mädchen bekommen hatte. Eine war dunkelbraun, mit großen und kleinen Kratzern auf dem glänzenden Furnierholz, das sie zweimal jährlich wachste. Die zweite war in einem dunklen Granatrot gehalten und sah viel neuer aus.

»Hast du auch darüber nachgedacht, was du dieses Ostern in der Kirche tragen wirst, Melba?« fragte Großmama India, als sie den Deckel der ersten Truhe hob.

Ich hatte lange darüber nachgedacht, daß ich mich wie eine Erwachsene anziehen wollte. Die Stärke, die in mir gewachsen war, seit ich den feindseligen Schülern an der Central gegenübertrat, hatte sich auch auf mein Leben zu Hause ausgedehnt. Nun sprudelte sie in mir auf und ließ mich aussprechen, was ich dachte: »Ich würde gern Nylonstrümpfe und Schuhe mit etwas höheren Absätzen tragen. Ich bin jetzt sechzehn, eigentlich sechzehneinhalb.« Es war ein mutiger Vorschlag, in Anbetracht von Großmamas Meinung über diese Dinge.

»Nylonstrümpfe – Absätze. Hast du wieder diese billigen Modeheftchen gelesen? Wir wollen nichts überstürzen, junge Dame. Du hast noch dein ganzes Leben vor dir, um Strümpfe zu tragen, aber du bist nur einmal jung.« Großmama schien eisern gewillt, mich wie eine Zweijährige zu behandeln, dachte ich. Es war das einzige, bei dem sie und Papa Will einer Meinung waren. Er dachte, Nylonstrümpfe und Verabredungen seien erst was für Zwanzigjährige, aber da er nicht bei uns lebte, wußte ich, daß seine Ansicht nicht notwendigerweise das war, was mein Leben bestimmte. Aber Großmama hatte recht, als sie mich vor dem Erwachsenwerden bewahrte. Dennoch blieb mein Ausdruck freundlich, als sie sich über meine wilden Sehnsüchte erregte, ebenso wie in den Fluren der Central High, wenn ich einen Ausschluß zu vermeiden suchte.

»Wir werden bei Gelegenheit in Ruhe über die Strümpfe nachdenken«, sagte Mutter Lois lächelnd, ging auf die Truhe zu und sah hinein. »Heute werden wir unseren Lieblingsstoff aus den Truhen nehmen und uns Schnittmuster für unsere Kleider und für Conrads Hemd aussuchen.«

»Lois, vielleicht würde sich dieses Jahr etwas Zweiteiliges gut für Melba eignen«, meinte Großmama. Mutter nickte zustimmend und kniete sich neben die Truhen. Die seidigen Wellen ihres Haares fielen auf ihre Hüfte.

In der Zwischenzeit hatte ich meine Gedanken geordnet. Ich wollte gefragt werden, was ich gerne tragen würde. Als das Gespräch darüber, was ich anziehen sollte, ohne mich fortgeführt wurde, fühlte ich mich ebenso wie an der Central, wenn sich die Leute über meinen Kopf hinweg unterhielten. Ich fühlte erneut Kraft in mir aufsteigen – ich mußte für mich selbst sprechen. »Ich möchte mich wie eine Erwachsene kleiden. Eine Art Kostüm, das ich zur Schule und in der Kirche tragen kann und das gut zu meinem Reifrock paßt.«

Großmama schien von meiner Dreistigkeit überrascht zu sein. Mein Osterkleid war bislang immer eine Entscheidung zwischen ihr und Mutter gewesen. Man sah ihr an, wie sie darüber nachdachte, ob sie mich auf mein Zimmer schicken oder es mir durchgehen lassen sollte. Dann sagte sie: »Tja, junge Dame, es scheint, als ob du dir bereits eine feste Meinung gebildet hättest. Aber vermutlich hast du recht. Du bist in letzter Zeit sehr erwachsen geworden. Warum sagst du uns nicht einfach, was genau du möchtest.« Ihre Augen leuchteten auf, als sie einen Stoff aus der Truhe nahm. Ihre Begeisterung kam stets durch, wenn wir über Mode sprachen. Sie liebte es, neue Kleider zu entwerfen und zu schneidern.

Mama und Großmama zeichneten ein Bild, saßen dann mitten auf dem Boden und schnitten das Schnittmuster aus Zeitungspapier zusammen und ließen dann das Kleid im Stoff zum Leben erwachen.

In den folgenden Stunden durchwühlten wir Großmamas Truhen, die voller Stoffe waren, die sie über die Jahre gesammelt hatte. In den Truhen fanden sich Überreste von Kleidern und Kostümen, die ich sie mein ganzes Leben lang hatte tragen sehen. Es gab auch brandneue Stücke und Stoffballen, die sie von ihrer Mutter vor deren Tod bekommen oder von ihren Schwestern im Tausch gegen andere Dinge erhalten hatte. Ostern war immer eine Zeit, in der wir uns den Stoff aussuchen durften, der uns am besten gefiel.

Die Osterferien waren in unserer Familie immer ein ganz großes Ereignis. Der Gottesdienstbesuch an Ostern war ein bedeutendes Zeremoniell. Alle zogen das Beste an, das sie sich leisten konnten. Es gab stets eine Ostereiersuche auf dem Gelände der Kirche und eine Parade von Leuten mit besonderen Hüten. Einige Wochen zuvor hatten wir die heiligen Feiertage offiziell mit dem Gelübde unserer Opfer während der Fastenzeit eingeläutet. Es war eine Familientradition, daß Mama und Großmama unsere Fasten-Gelübde prüften, wenn wir die Truhen durchgingen.

»Habt ihr zwei einmal darüber nachgedacht, dieses Jahr eurer Opferliste noch einige Punkte hinzuzufügen?« wollte Großmama wissen, als sie das Schnittmuster für mein Kostüm entwarf.

»Äh ... Grapette Cola. Ich werde keine trinken. Ich habe mein Gelübde noch nicht gebrochen«, erklärte ich und dachte daran, wie oft mir in den Sinn gekommen war, genau das zu tun.

»Das ist alles?« Großmamas Ton ließ mich wissen, das sie weder mit der Anzahl noch mit der Qualität meiner Opfer auf der Liste zufrieden war. Einmal hatte ich freiwillig das Radio aufgegeben und in einem anderen Schokoriegel. Ich wußte ganz sicher, ich würde niemals wieder geloben, eines von beiden aufzugeben.

»Nun, wie wäre es, wenn du das Fernsehen aufgibst und mehr Zeit damit verbringst, in der Bibel zu lesen?« meinte Großmama.

»O, Mutter, Großmama, bitte – ich habe so viel in der Central aufgegeben, könnt ihr mich dieses Jahr nicht so davonkommen lassen?« flehte ich, während ich einen dicken Ballen purpurnen Samt streichelte, den ich aus der Truhe gezogen hatte. Der Duft von Zedernholzkugeln füllte allmählich den Raum.

»Seine Sünden zu bereuen ist harte Arbeit. Hast du deine Sünden aufgelistet?« Während Großmama sprach, schaukelte sie etwas schneller vor und zurück, wandte ihre Aufmerksamkeit vom Entwurf mir zu und sah mich an.

»Ich habe all die Hunderte von Malen, die ich schlecht über jemanden an der Central gedacht habe, zu einer großen Sünde zusammengefaßt«, sagte ich. »Ich stand auch mehrmals kurz davor, Erwachsenen Widerworte zu geben, meistens Lehrern und den Direktoren der Schule. Und ich habe Gott zweimal nicht vertraut.«

»Und wie steht es damit, daß du deine ganze Fanpost nicht beantwortet hast?« fügte Mutter Lois hinzu. »Glaubst du nicht, daß es eine Sünde ist, all diese Menschen zu ignorieren, die sich die Zeit genommen haben, dir zu schreiben? Darin warst du anfangs so gut.«

Mir wurde klar, daß sie recht hatte. Anfangs hatte ich sorgfältig jedes Wochenende alle Briefe beantwortet. Sie kamen aus Frankreich, Deutschland, England, Afrika und Australien – von Menschen aus aller Welt. Die meisten gratulierten mir dazu, auf die Central High zu gehen. Großmama sortierte die wenigen gemeinen Briefe aus. Ich bekam mehrere Heiratsangebote von niedlichen Jungs, einige davon weiß, die mir ihr Foto schickten. Großmama hatte mir verboten, ihnen mehr als ein höfliches Dankeschön zu schreiben. Ich hätte am liebsten mehr über sie erfahren und sie in einem »Wenn-du-als-Erwachsene-je-einen-Ehemann-brauchst«-Ordner abgelegt. Aber Großmama sagte, das wäre eine Sünde.

In der Zwischenzeit fürchtete ich, daß meine Noten an der Schule sehr unter meinem Mangel an Konzentration leiden würden. Jeder Augenblick des Tages war voller schrecklicher Überraschungen, die schon früh am Morgen begannen. Ich hoffte inständig, nicht vor dem Ende des Schuljahres von der Schule zu fliegen. Ich faßte mir ein Herz, weil ich Anzeichen von Schüleraktivitäten sehen konnte, die es nur am Ende des Schuljahres gab.

Eines abends rief Link sehr spät noch an. Er war wütend über die Ankündigung, daß viele seiner Abschlußaktivitäten gestrichen würden. Er erzählte, wie hart er dafür gearbeitet hatte, gute Noten, Auszeichnungen im Sport und die Schülerratspräsidentschaft zu bekommen, und nun wurden seine Hoffnung auf ein herrliches Abschlußjahr zerschmettert. Die traditionellen Abschlußereignisse wurden – aufgrund der möglichen Schwierigkeiten infolge der Integration – gestrichen. Die Schulvertreter nannten die Anwesenheit der Nationalgarde von Arkansas als weiteren Grund.

Link war untröstlich. »Ich weiß wirklich nicht, was ich da tun kann«, sagte ich und fragte mich, warum er seine Enttäuschung und seine Wut an mir ausließ.

»Du kannst eine Pressekonferenz abhalten und sagen, daß wir gar nicht so schlecht sind und daß an der Schule langsam alles besser wird. Auf diese Weise würde nicht alle Welt denken, daß wir alle Schurken sind.«

»Link, du willst doch nicht, daß ich lüge, oder? Alles wird immer schlimmer ... nicht besser.«

Er hörte nicht auf zu reden und jammerte mir vor, daß die Schüler der Central High litten und den Ruf ihrer amerikaweit anerkannten Schule opfern mußten, seit wir dorthin gekommen waren. Er war wütender, als ich ihn je erlebt hatte. »Es war eine so gute Schule, sie stand ganz oben auf der bundesweiten Liste, und jetzt sind unsere Flure voller Soldaten, und die Menschen behandeln uns wie Kriminelle!«

Mir fiel nur ein, er solle auf Gott vertrauen, der alles wieder in Ordnung bringen würde. Ich konnte ihm seine Bitte nicht erfüllen, ich konnte nichts daran ändern. Da wurde er plötzlich richtig sarkastisch und meinte: »Erzähle mir doch bitte nichts von Gott. Das hat Nana Healey auch immer gesagt. Ich glaube nicht an Gott. Wenn es ihn gibt, warum läßt er dann all das zu?«

»Wer ist Nana Healey?«

»Mein Kindermädchen. Sie ist eine Farbige – wie du.« Er hatte oft von ihr gesprochen, aber jetzt erwähnte er zum ersten Mal, daß sie keine Weiße war.

»Ich gehe zur Central, damit ich nicht mein ganzes Leben damit verbringen muß, jemandes Kindermädchen zu sein«, sagte ich in einem Ton, der seinem empörten Verhalten entsprach.

Am Ende unseres Gesprächs hatte sich Links Wut von mir auf die Situation verlagert. Er war frustriert und drohte, er würde etwas wegen der Streichung unternehmen. Unsere Unterhaltung weckte meinen Verdacht erneut. War er nur vorübergehend nett zu mir gewesen, damit ich die Zeitungsleute anlog? Wer war er? Schließlich hatte ich keine Möglichkeit, ihn zu überprüfen. Ich konnte den anderen nicht von ihm erzählen oder mit den NAACP-Leuten über ihn sprechen. Ich war ihm auf Gedeih und Verderb ausgeliefert und mußte selbst entscheiden, ob er ehrlich war oder nicht. Ich würde von nun an ständig auf der Hut sein und nach Hinweisen auf seine wirklichen Motive Ausschau halten.

Aber in der Zwischenzeit warnte er mich, mich vor allen Schülern zu hüten, die versuchen würden, mir Wahlprospekte zu reichen. Die Schülerratsvertreter sollten am 24. April gewählt werden. Sie würden nett sein und uns Faltblätter anbieten, sagte er, aber wenn wir stehen blieben, um sie an uns zu nehmen, würden sie Tinte auf unsere Kleider spritzen, unsere Bücher an sich reißen oder noch Schlimmeres. »Ich war vor kurzem auf einigen dieser Strategietreffen, und ich kann dir sagen, sie lassen jetzt alle Hemmungen fallen und tun alles, was sie nur können, um euch noch vor dem Ende des Schuljahres zu verjagen, damit ihr auf keinen Fall im nächsten Jahr wiederkommt.«

»Was können sie denn noch tun? Sie machen uns ja jetzt schon völlig fertig.«

»Schon, aber es wird noch viel schlimmer. In letzter Zeit haben sie darüber gesprochen, etwas wirklich Spektakuläres zu tun, das nicht nur euch, sondern auch eure Familie trifft – etwas, was euch zum Aufgeben zwingt.«

RICHTER DAVIES NICHT LÄNGER AM INTEGRATIONSFALL BETEILIGT

EIN RICHTER AUS ARKANSAS WIRD SICH DIE PETITION DER SCHULVERWALTUNG VON LITTLE ROCK UM AUFSCHUB DER INTEGRATION AN DEN SCHULEN VON LITTLE ROCK ANHÖREN

Arkansas Gazette, Mittwoch, 16. April 1958

Mehr als jeder andere Artikel in der Zeitung ließ dieser mich fürchten, daß die Anhänger der Rassentrennung in ihrem ständigen Kampf gegen die Integration wirkliche Fortschritte machten. Als sie den Richter loswurden, der so wichtig für unseren Fall war, muß es unter ihnen wilde Feiern gegeben haben. Langsam sahen sie auf jeder Ebene, sogar auf der Bundesebene, erste Erfolge ihrer wirksamen Kampagne – alles lief so, wie sie es wollten.

Am Montag kamen, ganz wie Link gewarnt hatte, Schüler und Schülerinnen auf uns zu, als ob sie uns am Wahlkampf beteiligen wollten. Sie traten auf uns zu und boten mit der einen Hand ein Faltblatt an, während sie mit der anderen Hand alle möglichen stinkenden Flüssigkeiten über uns gossen. Manchmal traten oder schlugen sie uns sogar, und normalerweise folgte dem ein Schwall aus wüsten Beschimpfungen.

Die Wahlen in unserer alten Schule, der Horace Mann High School, waren nicht annähernd so nobel. In der Central stellten die Kandidaten Schilder auf, ihre Anhänger trugen Buttons und händigten Unterlagen aus, als ob es eine richtige Wahl wäre. Sie hielten Debatten und Wahlkampfparties und führten alle möglichen Kampagnen durch. Ich beobachtete den Vorgang fasziniert, begeistert von der Komplexität des Ganzen im Vergleich zu dem, was ich an unserer alten Schule zu sehen gewohnt war. Es machte mich besonders traurig, daß ich daran nicht teilnehmen konnte.

Das Verteilen der Wahlkampfunterlagen gab hartnäckigen Schülern auch die Gelegenheit, noch mehr Flugblätter gegen uns auszustreuen, wie das mit der Aufschrift »Eine weg, jetzt sind es nur noch acht«. Wir dachten, daß wohl irgend jemand irgendwo eine Ganztagspresse am Laufen hatte, die nichts anderes druckte als Pamphlete für die Anti-Acht-Kampagne. In der Zwischenzeit feuerten überzeugte Anhänger der Rassentrennung den Kampf gegen uns an, indem sie regelmäßig im Fernsehen auftraten, um mehr Leute außerhalb der Schule an dem Kampf gegen uns zu beteiligen. So initiierte beispielsweise eine Gruppe eine bizarre Parade von Autos, die vor der Schule auf und ab fuhren und die Hupen betätigten. Es war eine Atmosphäre wie beim Karneval des Teufels mit uns als Hauptattraktion.

Den Flur zu meinem Klassenzimmer entlangzugehen, machte mir jeden Morgen soviel Angst, daß ich meine Wiederholungen des Vaterunsers verdoppelte. Im Klassenzimmer wurde ich einer völlig neuen Serie von Demütigungen ausgesetzt. Ich kam eines Tages an und fand eine Puppe, die mir ähnlich sah, an einem Seil um den Hals vom Türbogen baumeln. Ein anderes Mal hatte jemand mit richtigem Urin meinen Sitz und meine Kleider vollgespritzt.

Ich beschloß, die Lehrerin zu fragen, ob sie die Leute nicht dazu bringen könnte, keine Steine mehr nach mir zu werfen und mir keine Stühle in den Rücken zu stoßen. Sie sagte, ich müßte mit der stellvertretenden Direktorin Huckaby sprechen, denn sie könne da wenig tun. Am nächsten Tag fragte ich Mrs. Huckaby, was denn getan werden könne, und als sie mir antwortete, das wisse sie nicht, sank mein Mut. Später bestätigte Link, daß Lehrer, die die Rowdys unter den Anhängern der Rassentrennung disziplinierten, selbst Opfer von Verfolgungen wurden.

Link sprach jetzt immer häufiger von den Abschlußfeierlichkeiten. Unter anderen Umständen wäre das eine aufregende Jahreszeit gewesen, voller herrlicher Ereignisse. Er erzählte mir von den Parties für die unteren und oberen Klassen der High School und von der riesigen Galaveranstaltung im Marion Hotel. Er sagte, die Picknicks an der Central High für die unteren und oberen Klassen wären besser als die Weihnachts- und Neujahrsfeiern zusammen. Ich fühlte mich dadurch noch isolierter, denn jetzt war ich auch von den Feierlichkeiten an meiner alten High School ausgeschlossen.

Als unsere Unterhaltungen sich entspannten, erzählte mir Link auch von seinen Eltern. Sein Vater, ein wohlhabender und sehr bekannter Geschäftsmann, war gezwungen gewesen, die Kampagne des Bürgerrates mit Spenden zu unterstützen, um mit den Honoratioren in Little Rock gut im Geschäft zu bleiben. »Er ist nicht für die Rassenmischung, aber er ist auch nicht dafür, die Kinder anderer Leute zu verprügeln«, erklärte Link.

RICHTER LEMLEY SETZT ANHÖRUNG DER PETITION
DER SCHULVERWALTUNG AN
Arkansas Gazette, Dienstag, 22. April 1958

Als ich den Artikel las, fühlte ich, wie Verzweiflung in mir hochkroch. Richter Harry Lemley aus Hope in Arkansas war ernannt worden, das Gesuch der Schulverwaltung von Little Rock um einen Aufschub der Integration an den öffentlichen Schulen anzuhören. Die erste Anhörung war für den folgenden Montag um 9 Uhr 30 angesetzt. Er versprach, daß die letzte Anhörung lange vor September stattfinden würde. Der Artikel beschrieb ihn als gebürtig aus Upperville in Virginia und als einen Mann der »den Süden liebte, als wäre er eine Religion.« Es ging deutlich aus der Beschreibung hervor, daß er die Traditionen des Südens für meine Leute höchstwahrscheinlich nicht verletzen würde.

Ich benötigte dringend die Pause, die mit den Osterferien kam. Wie gewöhnlich drehten und wendeten sich alle von uns in unserer Familienmodenschau vom Ostersonntagmorgen. »Todschick«, sagte Großmama India, als wir in den Wagen kletterten. Die Kirche war voll bis unter die Decke mit Menschen, die wir den Rest des Jahres nicht zu Gesicht bekamen.

Vince war auch dort, lächelte und winkte mich zu sich. Ich lächelte zurück, ging aber den Mittelgang hinunter, um wie gewöhnlich bei meiner Familie zu sitzen. Die Osterpredigt war viel länger und lauter als an gewöhnlichen Sonntagen. »Old Rugged Cross« wurde unter Tränen gesungen und mit Orgeltönen, die mir eine Gänsehaut verursachten und mir

Schauer über den Rücken jagten. Als wir das letzte Lied sangen und uns auf das traditionelle Osteressen vorbereiten, fühlte ich einen Augenblick lang tiefe Zufriedenheit.

Vince und ich saßen beim Kirchenessen zusammen, erinnerten uns an unsere früheren Verabredungen, und zum ersten Mal hatte ich das Gefühl, wir seien wieder gute Freunde. Dennoch konnte ich mit ihm nicht über meine Erfahrungen an der Central High sprechen. Ich hatte so viele Aufregungen durchlebt, seit wir uns zum ersten Mal getroffen hatten, daß meine Gedanken und Träume jetzt völlig anders waren, als ein Jahr zuvor. Wir hatten uns einfach auseinandergelebt, weil wir außer unserer Freundschaft in der Vergangenheit so wenig gemeinsam hatten. Trotzdem gab es – als wir an diesem sonnigen Tag Limonade nippten – keinen Zweifel in mir, daß ich einen der ganz besonderen Momente meines Lebens genoß. Dennoch mußte ich ständig daran denken, daß es noch über einen Monat bis zum Ende des Schuljahres war. Die Central High spukte mir immer im Kopf herum.

Ich schrieb in mein Tagebuch:

> *Heute bin ich glücklich, aber ich habe auch Angst. Die Ernennung von Lemley bedeutet, daß wir viel beten müssen. So etwas sollte in Amerika eigentlich nicht geschehen. Ich meine, Anhänger der Rassentrennung sollten eigentlich nicht ihren eigenen Richter haben dürfen.*
> *Wenn ich jeden Morgen die Flagge grüße, sehe ich dabei das Bild direkt vor mir im Klassenzimmer an. Ich werde dieses Bild solange ich lebe nicht vergessen. Es ist eine braune Weide mit weißen Schafen. Während die Jungen hinter mir mich beschimpfen und die Mädchen zu beiden Seiten höhnisch grinsen, sehe ich geradeaus, weil diese Schafe mich anlächeln. Ich glaube, es ist ein Lächeln von Gott. Es ist ein Versprechen: Wenn ich die Flagge wie eine gute Amerikanerin grüße, werden eines Tages alle diese Integrationsprobleme überstanden sein.*

Kapitel 26

In der Central schienen sich alle, die nicht darüber sprachen, wie sie uns von der Schule jagen konnten, über die bevorstehende Produktion von *Mikado* zu unterhalten. Ich belauschte aufmerksam jeden Informationsbrocken, den ich bekommen konnte. Ich spürte Freude aus zweiter Hand, einfach in der Nähe der Aufregung zu sein. Laut dem, was ich so hörte, war die Produktion fast professionell, mit jeder Menge Bühnenbilder und so anspruchsvoller Ausstattung, wie ich noch nie gehört hatte. Wie ich mich danach sehnte, dazuzugehören oder doch zumindest die Erlaubnis zur Teilnahme zu erhalten! Ich dachte, ich hätte mich damit abgefunden, daß man mich außen vor ließ, aber es verfolgte mich immer noch.

Als einige der *Mikado*-Schauspieler in voller Bühnenaufmachung im Flur erschienen, war ich natürlich neugierig. Ich mußte in meiner Wachsamkeit wohl nachgelassen haben, denn ich sah sie ein wenig länger an, als es mir in ihren Augen zustand.

»He, Nigger«, brüllte einer von ihnen quer durch den Flur, »Ich bin fast so schwarz angemalt wie du.« Das löste eine ganze Reihe von Verhöhnungen im Flur aus. Ich löschte die Flamme der Freude, die in mir gezüngelt hatte, setzte meine Kämpferinnenmaske auf und entfernte mich.

Die Rassentrennungskampagne gegen uns schien in dieser Woche noch schlimmer zu werden. Die Kreuzzugskämpfer, die Schilder trugen, Flugblätter verteilten, Beine stellten und uns traten, steigerten ihre Bemühungen, unsere Anzahl auf Null zu verringern. In der Zwischenzeit war Mrs. Huckaby, die Frau, die ich in dieser Situation für annähernd fair und vernünftig gehalten hatte, in ihre frühere Haltung zurückgefallen und versuchte, mich davon zu überzeugen, daß alles in Ordnung sei. Wann immer ich ihr etwas meldete, schien sie außer sich zu geraten: Ich würde mir Sachen einbilden, ich wäre zu empfindlich, ob ich keine Einzelheiten hätte?

Als sie aufhörte, sich vernünftig zu benehmen, nahm mir das den einzigen Bezugspunkt, den ich hatte. Ich versuchte verzweifelt zu verstehen, wie eine so intelligente Frau im einen Augenblick vernünftig und verständnisvoll und im nächsten so kalt, distanziert und gefühllos sein konnte. Ich nahm an, sie gab unter dem enormen Druck, unter dem sie sicher stand, einfach ihr Bestes. Ich versuchte, das ganze Bild zu sehen, mich zu erinnern, daß sie lange Zeit ein winziger Lichtpunkt in meiner ansonsten sehr dunklen Erfahrung mit der Verwaltung der Central High gewesen war. Aber wieder einmal hatte ich den Umstand zu akzeptieren, daß ich meine Zeit oder Energie nicht mit der Hoffnung verschwenden sollte, daß jemand meinen Meldungen Gehör schenken würde. Ich war auf mich allein gestellt.

Am Ende dieser Woche hatte ich als Reaktion auf negative Taten oder Worte endlos oft gelächelt. Wenn Gott Sterne in der Himmelskrone verteilte, wie Großmama immer versprach, hatte ich mir zwei oder drei verdient.

Am Samstag morgen, als meine Familie durch das Haus eilte, Frühstück machte und diversen Haushaltspflichten nachkam, hatte ich mein Gesicht im Kissen vergraben und hoffte, die Welt würde stillstehen. Aber es sollte nicht sein. Ich bekam einen frühmorgendlichen Anruf von Link.

»Ich brauche deine Hilfe«, sagte er. »Ich möchte, daß du mich begleitest.«

»Du bist verrückt. Du weißt, wir dürfen nicht zusammen gesehen werden.«

»Es ist schon in Ordnung. Ich verspreche es. Ich gehe an einen Ort, an dem es sicher ist.«

»Wo?« wollte ich wissen.

»Du wirst schon sehen. Wir treffen uns auf der anderen Seite der Brücke, in North Little Rock.«

Dieses Treffen verwirrte mich. Ich fragte mich, ob das wohl die Falle war, die Link mir im Auftrag des Ku-Klux-Klan stellen sollte, damit sie mich loswerden konnten.

»Bitte, Melba«, flehte er. Ich hörte das Drängen in seiner Stimme und beschloß, zu tun, was er wollte. Ich fühlte mich unwohl, als ich Mama und Großmama erklärte, daß es einen Notfall bei Thelma gab und ich sie besuchen wolle. Es war das erste Mal in meinem Leben, daß ich ihnen ins Gesicht log. Sie ließen mich nur widerwillig gehen, aber ich versprach, ich würde in unserer Nachbarschaft bleiben, wo es sicher war. Als ich losfuhr, betete ich um Gottes Vergebung für diese Lüge.

Ich sah Links Auto auf der Seite der Brücke, die in North Little Rock lag. Am hellichten Tag parkte ich meinen Wagen und stieg bei ihm ein. Er teilte mir mit, wir würden zu Nana Healeys Haus fahren. Ich sagte nicht viel, als wir fuhren. Es war ein komisches Gefühl, mit ihm zusammen zu sein. Obwohl wir viel am Telefon geredet hatten, war er in gewisser Weise ein Fremder – ein weißer Fremder. Als ich neben ihm saß, fragte ich mich wieder, wer er war und was er von mir wollte. Ich versuchte, nicht auf Großmutters Worte in meinem Hinterkopf zu hören: »Das einzige, was ein weißer Mann jemals von einer unserer Frauen will, sind persönliche Gefälligkeiten.«

Die Nachbarschaft wurde immer trostloser. Es war ein Teil der Stadt, wo unsere Leute in schrecklichen, heruntergekommenen, hühnerstallartigen Häusern lebten, einige davon waren in so schlechter Verfassung, daß sie ausahen, als würden sie jeden Moment zusammenfallen. Die Leute standen in Gruppen zusammen und unterhielten sich. Da gab es Gruppen von Männern in zerlumpter, schmutziger Kleidung, die Alkohol aus Flaschen tranken, während sie sprachen. Ich hatte Orte wie diesen schon zuvor bei jenen selten Gelegenheiten gesehen, wenn Großmama und ich auf dem Weg zu Freunden oder zu unseren Verwandten in North Little Rock hindurchfuhren. Wenn ich dort war, wurde ich immer sehr dankbar, daß Mutter die Stelle als Lehrerin hatte. Ohne diese Arbeit würde ich möglicherweise ebenfalls an einem Ort wie diesem wohnen.

»He, warum bist du so still?« Link berührte mich am Arm, und ich sah ihn an.

»Ich glaube, ich habe Angst.«

»Ich werde nicht zulassen, daß dir etwas geschieht. Du bist hier viel sicherer als an der Central, das weißt du doch.«

Wir fuhren in den Hof eines der verkommeneren Häuser. Ich wollte mich umdrehen und wegrennen. Stattdessen öffnete Link die Autotür und griff nach meiner Hand. Ich stieg aus und trat prompt in eine Pfütze. Er neckte mich, wie anmutig ich doch sei und daß ich zitternde, eiskalte Hände hätte. Ich sah, wie er mit dem Schlüssel den Kofferraum öffnete.

»Steh nicht einfach nur so da – nimm eine Tüte.« Er nahm eine Tüte nach der anderen voller Lebensmittel aus dem Kofferraum und stapelte sie auf der Kühlerhaube.

»Sie hat keine Verwandte, darum muß ich ihr Lebensmittel besorgen.«

»Warum du? Wo sind ihre eigenen Leute?« Ich nahm zwei Tüten mit Lebensmitteln und folgte ihm, als er den Weg voranging.

»Sie hat niemanden. Sie hat ihr ganzes Leben für meine Familie gearbeitet. Als junges Mädchen hat sie für meine Großeltern gearbeitet. Als Daddy heiratete, sandte Großmutter sie zu ihm – als eine Art Geschenk. Sie ist mein ganzes Leben bei mir gewesen.«

»Warum ist sie nicht mehr bei deiner Familie?«

»Sie ist krank geworden – sehr krank. Meine Leute haben sie danach einfach gehen lassen, nach all den Jahren, die sie so gut zu uns war. Sie hat kein Geld für einen Arzt. Sie will auch kein Geld annehmen. Ich glaube, sie hat Tuberkulose. Aber sicher bin ich mir nicht.« Er klopfte an der wettergegerbten Tür.

»Nana, ich bin's. Darf ich hereinkommen?« Seine Stimme war laut, aber sehr sanft, als er sie rief. Eine schwache Stimme antwortete aus dem Innern. Mit Tüten voller Lebensmitteln im Arm drückte er mit dem Ellbogen die Tür auf.

Dort in dem dunklen Raum saß eine alte Frau. Ihr Profil stach gegen die Jalousie vor dem einzigen Fenster im Raum hervor. Lange Zöpfe aus silbergrauem Haar umrahmten ihr Gesicht, das müde und ausgezehrt war. Die faltige Haut spannte sich eng über ihre vorstehenden Wangenknochen. Ihre Finger waren versteift, als ob sie einen Apfel hielt – aber ihre Hände waren leer.

Als ich näherkam, konnte ich sehen, daß sie ein frisch gestärktes, geblümtes Baumwollkleid trug, ebenso wie es meine Großmutter getragen haben könnte. Ihre Erscheinung war makellos, ihre Haltung aufrecht, und sie streckte ihr Kinn vor. Sie demonstrierte trotz der Umstände ihre eigene Würde und ihren eigenen Stolz.

Die winzige, kaum möblierte Hütte war makellos sauber. Es gab nur ein Zimmer, mit einem behelfsmäßigen Badezimmer darin. In einer Ecke befand sich eine angeknackste Spüle, über der ein Stück eines zerbrochenen Spiegels hing. Trotz des heruntergekommenen Zustands der wenigen Möbelstücke und trotz des zerrissenen Vorhangs vor dem Fenster, gab es überall Anzeichen von Stolz. In einem Rahmen auf ihrem Nachttisch stand ein Foto von einem kleinen Jungen mit blonden Locken. Das muß Link als Kind sein, dachte ich.

»Nana, ich möchte, daß du meine Freundin Melba kennenlernst«, sagte Link und hob seine Stimme zu einer ohrenbetäubenden Lautstärke. Dann lehnte er sich zu mir herüber und flüsterte: »Sie hört nicht mehr besonders gut, du mußt näher zu ihr treten. Ich möchte, daß du sie davon überzeugst, einen Arzt kommen zu lassen – jemanden, den du kennst und dem du vertraust.«

»Deine Freundin?« sagte Mrs. Healey.

»Ja, Ma'am, sie ist meine Freundin. Nicht wahr, Melba?« Er sprach laut und lächelte mich an, als ob er nicht sicher wäre, was ich dazu sagen würde.

Ich sagte gar nichts und drehte mich zu Mrs. Healey um. Ich wollte ihre Reaktion sehen. Ihr Ausdruck war wütend. Sie konnte sich kaum bewegen oder sprechen, aber sie sammelte all ihre Kraft und sagte nach einer langen Pause: »Junge, du wirst dich in große Schwierigkeiten bringen. Du weißt es doch besser.«

»Ja, Nana.« Er kniete neben sie und nahm ihre Hand. »Mach dir keine Sorgen. Ich komme schon klar. Sprich mit Melba. Ich mache dir eine Tasse Tee.« Er zog seine Jacke aus, rollte die Ärmel hoch und packte die Lebensmittel weg. Ich sah zu, wie er die Dosen in den abgesplitterten Holzschrank und auf die durchhängenden, aber sauber aufgereihten Regale über der Spüle räumte. Er verhielt sich, als ob er das schon oft zuvor getan hätte.

»Mrs. Healey, Sie sehen heute sehr gut aus.« Ich trat auf sie zu.

»Nun ja, ich fühle mich nicht besonders. Aber ich stehe auf und ziehe mich an. Sauberkeit kommt gleich nach Frömmigkeit.« Plötzlich wurde ihr ausgemergelter Körper von einem Hustenanfall geschüttelt. Sie langte nach dem Taschentuch in ihrem Ärmel. Sie hustete und hustete. Link drehte sich um und starrte sie mit schmerzvollem Gesichtsausdruck an. Er nahm eine Tasse aus dem Schrank, füllte sie mit Wasser, hielt sie an ihren Mund und half ihr liebevoll, daraus zu trinken.

»Nana, wir müssen dich zu einem Arzt bringen.« Er stieß mich mit dem Ellbogen an. »Du bist dran«, flüsterte er.

»Mrs. Healey, das klingt nach einem Husten, den man nicht so schnell los wird, außer man geht zu einem Arzt und bekommt die richtige Medizin.«

»Ach, mir geht's gut«, sagte sie und räusperte sich. »Ich brauche nur immer eine Weile, bevor ich mich nach diesen Anfällen wieder gefaßt habe.« Ihre Stimme klang rauh, und der Husten begann erneut. Sie hustete immer weiter, und ihr schwacher Körper schüttelte sich, während ich versuchte, sie festzuhalten.

Link besorgte ein kaltes Tuch. Er hielt es an ihre Stirn, und schließlich hörte der Husten auf. Ich beschloß, Link zu helfen und einen Arzt zu ihr zu bringen.

Nach einer Weile machte er sich wieder an seine Arbeit. Er öffnete die Tür des Kühlschranks. Das schnaufende alte Gerät, ohne Licht, sah aus, als ob die Innenfächer gleich herausfallen würden. Der Kühlschrank war leer, bis Link Regal um Regal vollpackte.

»Der Wolf hätte dich beinahe erwischt, Nana«, sagte er. »Du läßt langsam nach.« Sie kicherten, als ob sie sich auch ohne Worte verstanden.

Wir verbrachten den Rest des Morgens mit Mrs. Healey. Sie hustete ständig, während wir unsere Arbeit erledigten. Link bedrängte mich erneut, sie davon zu überzeugen, Geld für einen Arzt zu nehmen. Er sagte, ich solle ihr erzählen, es handele sich um ein Darlehen von der Kirche. Ich stimmte zu. Seit ich beobachtet hatte, wie er Mrs. Healey pflegte, zweifelte ich nicht mehr an seinen Motiven.

Als wir fortfuhren, herrschte lange Zeit Stille zwischen uns. Und dann mußte ich einfach fragen: »Warum hast du deine Leute nicht gebeten, für sie zu sorgen?«

»Wann immer ich meine Leute frage, dreht sich mein Vater um und sagt, ich sei schwach – ich sei ein Freund der du-weißt-schon-was. Er sagt, die Farbigen seien es gewohnt, ohne Hilfe auszukommen, und ich solle sie nicht verhätscheln.«

Ich fand einen Arzt in unserer Gemeinde, der weder Mutter noch Großmama India kannte, und bat ihn, Mrs. Healey aufzusuchen. Als ich später mit dem Arzt sprach, sagte er, er könne nicht viel für Nana Healey tun, außer es ihr ein wenig erträglicher zu machen. Sie bräuchte eigentlich eine intensive Pflege in einem Krankenhaus. Ich fragte ihn, ob sie sterben müsse, und er bejahte es. Zu den schwersten Dingen, die ich jemals getan hatte, gehörte es, Link alles zu erzählen. Seine Stimme war voller Tränen, als er wütend sagte: »Meine Leute sollen verdammt sein. Sie haben nicht einmal Sozialabgaben für sie gezahlt. Sie hat nichts. Ich teile mein Taschengeld mit ihr, und einige der Leute ihrer Kirche spenden ein paar Pennies. Aber sie haben auch nicht annähernd genug für einen Krankenhausaufenthalt. Ich muß jetzt gehen, ich kümmere mich darum.«

Ich beschloß, ich müsse Großmama India von Nana Healey erzählen. Es dauerte seine Zeit, aber Großmama vergaß ihre Wut über meinen Ungehorsam und versprach tatsächlich, Mrs. Healey auf ihren wöchentlichen Ausflügen nach North Little Rock einmal zu besuchen. Am Ende verband Link und Großmama so etwas wie Freundschaft, während sie besprachen, was für Nana Healeys Pflege nötig war. Das zwang sie, einander näher kennenzulernen.

HEUTE ANHÖRUNG IM CENTRAL HIGH FALL

Arkansas Gazette, Montag, 28. April 1958

Das Verfahren in dem langwierigen und bitteren Fall der Integration an der Central High School von Little Rock wird heute um 9 Uhr 30 im Bezirksgericht unter der Leitung eines Richters aus Arkansas wiederaufgenommen. Richter Harry S. Lemley aus Hope übernimmt den Fall von Richter Ronald N. Davies aus Fargo, North Dakota. Zur Anhörung steht die Petition der Schulverwaltung von Little Rock, die Integration an der Schule aufzuschieben. Die »National Association for the Advancement of Colored People« (NAACP) forderte, die Petition abzulehnen.

Die Wiederaufnahme des Falles bedeutete, daß mein Jahr des Leidens umsonst gewesen war. Wenn die Schulverwaltung sich der Integration nicht verpflichtet fühlte, wie konnte man dann erwarten, daß die Schüler an der Central High sie akzeptierten? Selbst wenn die NAACP erfolgreich eine Abweisung der Petition erwirken konnte, entstand dadurch eine Stimmung, die die Anhänger der Rassentrennung als Waffe gegen uns einsetzen würden. Entmutigt beschreibt nicht einmal annähernd, wie bedrückt ich mich fühlte.

Um mich aufzumuntern beschloß ich, mein Osterkostüm zur Schule zu tragen, das Mutter und Großmutter für mich genäht hatten. In letzter Zeit wurde weniger Tinte versprüht und exotischere Folterqualen bevorzugt. Schon als ich an jenem Morgen die Schule betrat, wußte ich, daß die Aussicht auf die Anhörung Wind für die Segel der Rassentrennungsanhänger war. »Jetzt dauert es nicht mehr lange«, zischte ein Junge mir zu, als ich eintrat. »Ruf nicht an und schick auch keine Karten, Nigger, wir werden dich nicht vermissen.«

Ich hatte den Tag überstanden und ging auf meinem Heimweg durch den Flur zum Ausgang an der Seite der Vierzehnten Straße. Ein Junge kam auf mich zu und verhielt sich normal, also achtete ich nicht weiter auf ihn. Als er näher kam, spürte ich plötzlich warme Flüssigkeit über meine Brust laufen. Tinte. Die Vorderseite meines neuen Kostüms war voller Tintenflecke. Bevor ich fliehen konnte, tänzelte er um mich herum und sprühte mich auch von der rechten Seite ein.

Ich rannte zum Ausgang und hielt die Tränen zurück, die mir in die Augen schossen. Plötzlich stand Link vor mir auf dem Flur.

»Was ist geschehen?« Er hielt inne. Ich versuchte, ihn nicht sehen zu lassen, wie verstört ich war. Ich wischte mir die Tränen aus den Augen.

»Pst, sprich nicht mit mir.« Ich ging weiter, aber er folgte mir.

»Melba ... bleib stehen. Geht es dir gut?«

»Verschwinde hier«, brüllte ich ihn an. In diesem Augenblick kam eine Gruppe von Jungen auf uns zu. Link hielt kurz inne, aber ich ging auf sie zu, als ob nichts mich aufhalten könne. Ich war entschlossen, es bis zu dem Auto zu schaffen, das am Bürgersteig auf mich wartete, um mich nach Hause zu fahren. Plötzlich kam einer der Jungen direkt auf mich zu und hielt mir seine Faust vors Gesicht.

»He!« brüllte Link. »Gefällt euch die Art und Weise, wie ich das Kleid der Niggerin neu dekoriert habe? Sieht besser aus als vorher, findet ihr nicht?« Der Junge drehte sich zu Link um und fing an zu kichern. Ich lief um ihn herum und zum Auto. Als ich mich umdrehte, stand Link bei ihnen, lachte und scherzte. Ich konnte nicht aufhören zu weinen.

In den darauffolgenden Tagen wurden wir wiederholt gewarnt, daß nichts wichtiger war, als jede Aktivität zu vermeiden, die zu unserem Ausschluß von der Schule führen könnte. Jetzt versuchten die Rowdys eine letzte verzweifelte Anstrengung, um uns vor dem 29. Mai von der Schule zu verjagen. Sie wollten jede Möglichkeit ausschließen, daß wir uns für das nächste Schuljahr wieder eintragen lassen konnten.

Mittlerweile schien Link immer nervöser und fragte mich jeden Tag danach, ob etwas geschehen war. Immer wieder sprach er davon, daß er gehört habe, die Anhänger der Rassentrennung wollten der Familie von einem von uns etwas antun. »Etwas Großes, das einen oder mehrere von euch dazu bringt, freiwillig die Schule zu verlassen«, sagte er.

Aber die Tage vergingen, und ich sorgte mich weniger wegen Links Warnung und mehr um den Jungen, der jeden Tag in den Lesesaal kam und drohte, mich aus dem Fenster zu werfen, und um die Mädchen, die mich mindestens einmal am Tag umzingelten und alles Negative sagten, was ihnen über Teile meines Körpers einfiel: fette Schenkel, häßliche Haare, furchtbare Kleider, komische Augen – alle brüllten im Chor. Vor Trauer strömten die Tränen in meinen Herzen über, aber ich sagte nie auch nur ein Wort.

Gleichzeitig sorgte ich mich um Mutter Lois, die mit jedem Tag angespannter wurde. Beim Abendessen sprach sie kaum. Sie lachte selten und erzählte keinen ihrer gewagten Witze. Am Montag abend versammelte Mutter uns im Wohnzimmer zu einer Familienkonferenz. Ich hatte sie noch nie so ernst gesehen.

»Sie werden meinen Lehrauftrag für das nächste Jahr nicht erneuern. Ich habe keine Arbeit mehr«, verkündete sie uns.

»Aber warum?« fragten wir. Wir wußten sehr wohl, daß es keinen Grund gab, sie zu entlassen. Man konnte sie nicht aufgrund schlechter Arbeit feuern. Sie besaß eine vierzehnjährige Erfahrung im Unterrichten und hatte zahlreiche Auszeichnungen erhalten. Es fanden sich keine Beschwerden in ihrer Akte.

Und dann erklärte sie uns mit Tränen in den Augen: »Sie sagen, sie geben mir meine Stelle nur wieder, wenn ich Melba sofort von der Central High School nehme. Sie wollen nicht, daß sie das Schuljahr beendet.«

Kapitel 27

»Wir haben keine andere Wahl. Wir müssen das Risiko auf uns nehmen und mit der Presse sprechen. Wer wird uns zu essen geben, wer gibt uns ein Dach über den Kopf, wenn ich meine Arbeit nicht zurückbekomme?« Das Gesicht von Mutter Lois war tränenüberströmt, aber ihr Gesichtsausdruck spiegelte die Entschlossenheit wieder, die ich aus ihrer Stimme heraushörte. Wir saßen um den großen, alten Mahagonitisch im Eßzimmer und diskutierten alle möglichen Pläne, ihren Job zu retten.

»Diese Rassentrennungsanhänger werden vor nichts zurückschrecken, um zu bekommen, was sie wollen.« Großmama schien wütend und ängstlich zugleich, als sie sprach.

Während der letzen Apriltage hatte Mutter Lois sich gedemütigt und war mehrmals zur Schulbehörde von North Little Rock gefahren. Sie hatte um ihre Stelle gefleht, aber man hatte sich strikt geweigert, ihr einen neuen Vertrag zu geben. Bei fünf Besuchen sagten ihre Vorgesetzten, sie müßten ihr den Vertrag vorenthalten, solange sie mir erlaube, mich an der Integration an der Central zu beteiligen.

Als der Mann, bei dem wir unsere zweite Hypothek aufgenommen hatten, hörte, daß Mutter ihre Arbeitsstelle verlieren würde, forderte er sein Geld ein. Sie mußte alles Geld, das sie zusammenkratzen konnte, aufbringen, um ihm eine riesige Zahlung zu leisten und ihn um etwas Geduld zu bitten. Der Lebensmittelhändler gab uns nur noch widerwillig Kredit. Das Geld ging uns aus. Mama wollte nicht wie sonst immer Anfang Mai ein Darlehen bei der Bank aufnehmen, um uns durch den Sommer zu bringen. Sonst kamen wir irgendwie zurecht, weil sie während des Schuljahres für 2.700 Dollar arbeitete und dann Geld lieh, um uns bis August durchzubringen. Jedes Jahr im September, wenn ihr Gehalt wieder ausbezahlt wurde, zahlte sie das Darlehen zurück.

Mr. Henson hatte bereits wegen unserer fälligen Zahlung auf die erste Hypothek angerufen. Die Bank rief wegen des Wagens an. Mutter wollte nicht um weitere Kredite im Lebensmittelladen bitten, daher gab es in den Schränken nur einen mageren Vorrat an Dosen. Die Fächer im Kühlschrank waren ebenfalls fast leer. Großmama India bereitete häufiger Eintöpfe mit wenig Fleisch und viel Reis und Kartoffeln zu. Sie teilte ein Hühnchen so auf, daß es für drei volle Mahlzeiten reichte, indem sie den Rücken und die Flügel in ihre Zitronen-Reis-Suppe gab. Sie backte das Weißbrot selbst, anstatt es im Laden zu kaufen.

»Sitzen und wünschen hat noch niemand groß gemacht. Der gute Herr schickt die Fische, aber wir müssen den Köder aushängen. Ich sage, wir müssen die Verwaltungsbeamten zwingen. Sie ignorieren dich.« Bei diesen Worten brannte ein Feuer in Großmamas Augen.

Der Verlust von Mamas Lehrerstelle beunruhigte alle Mitglieder unserer Familie. Daran zu denken, darüber zu sprechen, damit umzugehen – es hatte uns wie einer der Tornados über Arkansas getroffen, und nun wurden wir vom Sturm durchgeschüttelt. Jetzt wurde auch mein Leben zu Hause völlig von der Anspannung und den Sorgen überschattet, wie es schon mein Schulleben gewesen war. Es war ohne Vorwarnung gekommen. Mutter erzählte uns, wie der Verwaltungsleiter sie in sein Büro gebeten und ihr mitgeteilt hatte, er habe Verbindungen, die ihr eine Stelle in Oklahoma besorgen könnten.

»Sie wissen, daß ich Little Rock nicht verlassen kann«, hatte Mama ihm gesagt. »Melba geht auf die Central. Ich habe hier ein Haus gekauft. Unsere Wurzeln sind hier.« Sie hatte ein sehr ungutes Gefühl, während sie vor ihm stand und sich an der Lehne des Holzstuhls gegenüber des Schreibtisches ihres Chefs festhielt. Ihr Instinkt sagte ihr, sie sollte sich nicht setzen.

»Sie müssen Ihre minderjährigen Kinder und Ihre Mutter unterstützen. Sie brauchen eine Arbeit.«

»Aber ich habe doch hier meine Stelle«, erwiderte sie. Sie fühlte, wie Panik in ihr aufstieg, als sie sich fragte, warum um alles in der Welt er ihr einen Job in einem anderen Bundesstaat anbot. Wie konnte er das tun? Sie kam zu dem Schluß, daß es eine Art Verschwörung gegeben haben mußte – das Old-Boys-Network des Südens kam zum Tragen, wenn es galt, einen Dorn zu entfernen.

»Ihr Vertrag mit uns wird nicht verlängert werden. Die Stelle in Oklahoma ist Ihre einzige Chance«, sagte er.

»Aber warum? Ich habe hier gute Arbeit geleistet. Es gab weder von den Eltern noch von der Verwaltung jemals eine Beschwerde.«

»Das gehört zu den Dingen, die eben einfach so geschehen, Mrs. Pattillo. Es hat nichts mit der Qualität Ihrer Arbeit zu tun. Es ist einfach so, daß wir angewiesen wurden, eine andere Art Lehrer einzustellen.« Er machte eine Pause. »Natürlich gäbe es da eine Möglichkeit, wie Sie Ihre Stelle behalten könnten.«

»Ja, Sir?«

»Wenn Melba von der Schule abgehen würde, könnten wir darüber sprechen, Ihren Vertrag dieses Jahr mit einer stattlichen Gehaltserhöhung zu erneuern.«

Mutter war sicher, daß er von seinen Vorgesetzten, den ausschließlich weißen Schulverwaltungsbeamten aus North Little Rock, die gegen die Integration in dieser Stadt ankämpften, unter Druck gesetzt worden war. Dennoch hatte sie einen so harten Schlag nicht erwartet. Als sie aus seinem Büro ging, erinnerte sie sich an das, was Link gesagt hatte: »Etwas Schlimmes wird geschehen, etwas, was eine ganze Familie betreffen wird.«

Wir saßen da und dachten über unser Schicksal nach. Mir wurde klar, daß die Rassentrennungsanhänger uns das Einzige genommen hatten, ohne das wir es auf keinen Fall schaffen würden – Mamas Job. Wenn es etwas gab, was mich dazu bringen konnte, die Schule zu verlassen, dann wäre es die Aussicht, daß Mama ihre Stelle wiederbekommen würde.

Großmama sprach leise und ruhig, aber voller Gefühl, als sie sagte: »Tja, Lois, du hast auf jede höfliche und angemessene Art und Weise versucht, deine Stelle zurückzubekommen. Ich glaube, jetzt sind drastischere Methoden vonnöten.«

»Ich weiß nicht ...« Mutter dachte schweigend über diesen Vorschlag nach. Ich hatte mitansehen müssen, wie ihr Gesichtsausdruck mit jedem Tag, der verstrich, verhärmter wurde.

»Wir könnten einige dieser Reporter anrufen. Das vorrangigste Ziel wäre, einen Artikel in einer der örtlichen Zeitungen der Weißen unterzubringen«, meinte Großmama.

Mutter Lois atmete tief durch, bevor sie antwortete. »Der Schuß könnte nach hinten losgehen. Es wird noch mehr Aufmerksamkeit auf Melba in der Central ziehen. Die Kinder werden ihren Namen in der Zeitung lesen, und sie werden sie herauspicken. Und es könnte meine Vorgesetzten an der Schule noch wütender machen. Die Leute von der Schulverwaltung könnten dafür sorgen, daß ich in ganz Arkansas nie wieder unterrichten kann.«

»Wir müssen trotzdem leben. Wir müssen essen. Es wird uns niemand zu essen geben, nicht die NAACP, nicht die Weißen, niemand.«

»Ich vermute, wir haben keine Wahl. Ich habe darüber nachgedacht und gebetet«, sagte Mama schließlich. »Morgen früh werde ich ein oder zwei Absätze verfassen und einige dieser Nachrichtenleute anrufen.«

Am nächsten Tag – am Freitag, den 2. Mai – betrat ich die Central High durch den Eingang an der Sechzehnten Straße.

Während ich durch den schmalen Gang zu meinem Klassenzimmer ging, flüchtete ich mich in meine Tagträume über den High School Ball für die unteren Klassen. Angesichts all der Aufregung über Mamas Arbeitslosigkeit und der Unruhe an der Schule war ich voller Selbstmitleid. Ich wollte unbedingt einige Restbestände dessen, wie mein Leben hätte sein können, wenn ich nicht an die Central gegangen wäre. Vielleicht im nächsten Jahr, so tröstete ich mich, vielleicht hätte ich dann nicht mehr so viel Angst, zum Unterricht zu gehen. Vielleicht wäre ich sogar in der Lage, an dem Ball für die oberen Klassen teilzunehmen.

In den folgenden Tagen gab es jede Menge Aufregung, denn die Jahrbücher wurden verteilt. Einige unserer regelmäßigen Angreifer beschwerten sich laut und ausdauernd darüber, daß ihre Jahrbücher durch unsere Fotos besudelt würden. Aber als sie immer mehr damit beschäftigt waren, Autogramme auszutauschen, gaben einige von ihnen die ewigen Beleidigungen und die Jagd auf uns auf.

Die Flure knisterten vor Energie und Geplauder. Die Schüler und Schülerinnen lachten und zeigten sich gegenseitig ihre Fotos, schrieben Widmungen in die Bücher und dachten sich lustige Aphorismen und Reime aus, die sie 30 Jahre später bei der Klassenfeier rezitieren würden. Ich stand vollkommen reglos in einer dunklen Ecke, abseits der Freude, an der ich nicht teilhaben konnte.

Wir fuhren fort, Bruchstücke der Pläne für die Schüler und Schülerinnen der Central aufzuschnappen, mit denen sie in den letzten Wochen des Schuljahres Spaß haben wollten, Pläne, über die wir nur spekulieren konnten. Sicher hat keiner von uns acht auch nur eine einzige Einladung zu einem gesellschaftlichen Ereignis erhalten, und selbst wenn wir eine erhalten hätten, wäre eine Teilnahme für uns zu riskant gewesen. Und was noch schlimmer war, ich hatte auch keine Einladungen für die Abschlußfeiern an meiner alten Schule bekommen. Zuerst hatte ich es zutiefst gehaßt, ausgeschlossen worden zu sein, besonders da wir acht gewaltige Opfer brachten, die in der Zukunft für alle von Nutzen sein würden. Aber nachdem ich darüber nachgedacht hatte, wurde mir klar, daß wir nicht als Akt der Feindseligkeit ausgeschlossen wurden, sondern weil man uns vergessen hatte. Wir waren nicht länger Teil ihres Lebens.

In den nächsten Tagen verfolgte ich die Zeitungen aufmerksam. Ich wollte sehen, ob jemand den Artikel über Mamas Arbeitslosigkeit druckte. Ich hatte gesehen, wie sie sich damit quälte, sämtliche Journalisten anzurufen. Drei von ihnen hörten geduldig zu. Sie las ihnen die beiden Absätze vor und erklärte ihnen die Situation. Später riefen sie zurück und stellten einige Fragen, und ein Mann interviewte sie sogar.

Am Mittwoch morgen, dem 7. Mai, wurde ich wach, als die Vordertür zugeschlagen wurde und Mutter Lois uns ins Wohnzimmer rief. »Hier ist es. Die Zeitung hat es getan – sie haben den Artikel über meine Entlassung gedruckt!«

»Was um alles in der Welt soll dieser Lärm?« fragte Großmama und kam mit ihrer morgendlichen Tasse Tee ins Wohnzimmer.

»Dieser Mr. Reed, der Reporter, ist ein anständiger Kerl. Möge Gott ihn segnen«, sagte Mutter Lois. Sie hob die Zeitung hoch, damit wir sie sehen konnten. Sie war so aufgeregt, daß sie kaum an sich halten konnte. Sie reichte Großmama die Zeitung, die daraufhin sofort laut zu lesen begann.

KRISE AN DER CENTRAL HIGH HAT MICH MEINEN JOB GEKOSTET, SAGT SCHWARZE LEHRERIN AUS NORTH LITTLE ROCK, lautete die Überschrift. In dem Artikel wurde unser Problem präzise geschildert, so wie Mutter es dem Journalisten erzählt hatte: Aufgrund ihrer Beteiligung an der Integrationsfrage hatte sich die Schulverwaltung von North Little Rock geweigert, ihren Vertrag für den Englischunterricht an der siebten Klasse zu erneuern.

»Preiset den Herrn, jetzt haben wir wieder etwas Macht«, rief Großmama. Es war das erste Mal seit Tagen, daß ich

Hoffnung in unseren Augen sah – Hoffnung, daß wir gegen all die mächtigen Weißen ankämpfen könnten, die Mama ihren Job genommen hatten.

»Ich glaube, das ist ein Wendepunkt. Lois hat getan, was sie tun mußte. Wir wollen abwarten, was der Herr daraus macht.« Großmama las den Artikel ein zweites Mal laut vor.

Das Telefon klingelte. Eine Anruf nach dem anderen ging ein. Wir eilten an das Telefon und freuten uns über die Leute, die sagten, sie seien auf unserer Seite. Nur wenige äußerten sich negativ, daß Mutter es beispielsweise verdient habe, ihren Job zu verlieren, weil sie zu hochmütig wäre. Einige von denen, die uns alles Gute wünschten, waren Leute, die aus anderen Städten anriefen. Die Pressedienste hatten den Artikel im ganzen Land gedruckt. Menschen aus ganz Amerika versprachen, sie würden das Büro des Verwaltungsleiters anrufen und ihm mitteilen, wie abscheulich es sei, Mamas Arbeitsstelle wegzunehmen.

Es war der beste Morgen seit vielen Tagen. Wir lachten tatsächlich am Frühstückstisch. Dieses gute Gefühl hielt an, als ich die Central betrat und die Treppe zu meinem Klassenzimmer im zweiten Stock hochstieg.

»Du packst besser deine Lumpen und verschwindest hier, Nigger. Deine Mama hat ihre Arbeit verloren. Was wollt ihr denn jetzt machen?« Der Spott dauerte fast den ganzen Morgen an. Sie hatten auch alle die Zeitung gelesen. Ich fragte mich jedesmal, ob es wohl ihre Eltern waren, die dafür gesorgt hatten, daß Mama ihre Arbeit verlor.

»Danke für deine Besorgnis«, erwiderte ich stets. Ich bemühte mich sehr, die Technik zu praktizieren, Gleiches nicht mit Gleichem zu vergelten, wenn sie mich quälten. Ich hatte diese Technik gut gemeistert, fast war sie auf Automatik geschaltet. Dennoch war ich besorgt durch die alarmierende Zunahme an Verbalangriffen sowie Tritten und Stößen in den Fluren Anfang Mai. Die Stöße wurden brutaler, und häufig schlug man mich mit Fäusten.

Gazette und Herausgeber gewinnen zwei Pulitzerpreise für Berichterstattung zur Rassenkrise

Arkansas Gazette, Dienstag, 6. Mai 1958

Die Arkansas Gazette und ihr leitender Herausgeber, Harry Ashmore, haben heute zwei Pulitzerpreise gewonnen. Das war das erste Mal in der 41jährigen Geschichte dieses Journalistenpreises, daß eine Zeitung im selben Jahr die Pulitzer Goldmedaille und den Preis für das beste Editorial gewonnen hat.

Nach der Lektüre dieses Artikels fragte ich mich, wann wir wohl bedeutende Preise bekommen würden für das, was wir taten. Schließlich beobachtete dieser Kerl unsere Schwierigkeiten nur von weitem und schrieb über sie. Nicht ein einziges Mal hatte er mit uns einen Tag in der Hölle verbracht. Großmama meinte, meine Einstellung sei säuerlich und ich solle den 23. Psalm aufsagen, mindestens 25mal, um meine Gedanken zu reinigen. Sie hatte recht, ich war in keiner guten Stimmung. In jenen letzten Tagen war die Schule noch mühsamer; die Zeit schlich auf eine Art und Weise, die mich fast alle fünf Minuten auf die Uhr sehen ließ.

Wie Link gesagt hatte, heizten die Anhänger der Rassentrennung ihre Kampagne an, um den Abschluß von Ernie, der die oberste Klasse besuchte, zu verhindern. Sie verkündeten bereits, sie seien sicher, wir würden im nächsten Schuljahr nicht wiederkommen, weil wir das Semester niemals durchstehen würden. Ich bemerkte, daß auch Mrs. Huckaby größere Schwierigkeiten kommen sah, denn sie befahl uns einzeln zu sich, um unsere Probleme zu diskutieren.

Von Tag zu Tag hatte ich immer weniger Angehörige der Nationalgarde von Arkansas in der Schule gesehen. Es hieß, daß sie zumeist nicht auf dem Schulgelände seien, sondern »auf Abruf bereitstehen, je nachdem, wie die Situation es erfordert«. Es gab Ende April Tage, an denen wir überhaupt keine Wachen in den Fluren sahen. Aber in letzter Zeit, als die Spannung zunahm, entdeckten wir sie wieder im Gebäude. Nachdem der Mai mehr und mehr körperliche Qualen mit sich brachte, erhielt ich zum ersten Mal nach vier Monaten wieder einen persönlichen Leibwächter, der mir von Unterricht zu Unterricht folgte.

Ich fühlte mich jedoch nie richtig beschützt von dem jungenhaften Erwachsenen mit dem überheblichen Blick und dem Hohnlächeln eines schmollenden Elvis. Die Loyalität der Soldaten galt nicht uns. Sie ließen das in Wort und Tat deutlich werden.

VERWALTUNG STREBT DREIJÄHRIGEN AUFSCHUB DER INTEGRATION AN

Arkansas Gazette, Donnerstag, 8. Mai 1958

Die Schulverwaltung von Little Rock unterbreitete ihren Plan einer schrittweisen Integration ab Januar 1961.

An diesem Freitag erklärte Faubus in einer Rede vor den Wirtschaftjunioren der Handelskammer, daß die Rassenintegration in diesem Land nicht Gesetz sei – nur der Kongreß könne Gesetze erlassen.

Durch der Publikation dieser beiden Knüller mußten wir noch mehr unter Angriffen leiden. Immer wenn ich dachte, ich hätte die schlimmste Beleidigung oder die schmerzhafteste Attacke überstanden, kam jemand des Weges und bewies mir das Gegenteil. Sie nahmen an einer Meisterschaft in Gemeinheit teil.

NAACP-Vertreter hatten an das Verteidigungsministerium geschrieben und sich über die »Nichtstuer-Truppe« beschwert und um die Rückkehr der 101. Luftlandeeinheit gebeten. Aber Präsident Eisenhower ignorierte die Klage und verkündete, daß die Nationalgarde von Arkansas bis zum Ende des Schuljahres am 29. Mai im Einsatz bleiben würde.

Während dieser Tage voller grausamer Qualen mußte ich auch mit dem Umstand zurechtkommen, daß wir trotz des Zeitungsartikels von der Schulverwaltung von North Little Rock hinsichtlich Mamas Arbeitsstelle kein Wort gehört hatten. Ich brachte Brote mit zur Schule, die mit Apfelbutter bestrichen waren. Eine von Großmutters Freundinnen hatte uns einen Korb voller Äpfel geschenkt, daher gab es Apfelstrudel, Apfelkuchen, Apfelbutter, gebackene Äpfel und Apfelgelee.

Wir bekamen immer noch Anrufe von Leuten, die uns alles Gute wünschten. Es kursierte das Gerücht, daß es eine Flutwelle an Protesten aus ganz Amerika in Form von Briefen und Anrufen an das Büro der Schulverwaltung von North Little Rock gegeben hatte. Als wir das hörten, freuten wir uns, aber Tatsache war, daß sich nichts geändert hatte, und wir verzweifelt Mamas übliches Darlehen brauchten. Mamas Vorgesetzte hatten nicht klein beigegeben. Wenn überhaupt, waren sie ihr gegenüber noch feindlicher geworden und ließen sie wissen, daß sie alles ruiniert hätte, als sie sich an die Zeitungsleute wendete. Als über eine Woche verstrich und es immer noch kein Angebot einer Vertragsverlängerung gab, brach Mama in Panik aus.

»Wir haben noch nicht all unsere Segnungen erschöpft. Wir haben noch nicht auf richtige Weise an die Tür des Herrn geklopft ...« meinte Großmama. Daher beschlossen sie und Mama als nächsten Schritt, zu den vorsitzenden Bischöfen unserer Gemeindekirchen zu gehen. Einer der einflußreichsten unserer Leute war Bischof O. J. Sherman. Er riet Mutter, zu dem weißen Verwaltungschef zu gehen und nur einen einzigen Satz zu sagen: »Bischof Sherman hat mich gebeten, Ihnen zu sagen, daß er gern einen Job für mich hätte.«

Mutter tat, wie ihr geheißen wurde. Der Verwaltungsleiter starrte schweigend auf die Papiere auf seinem Schreibtisch und ignorierte sie eine ungemütlich lange Zeit, während er Fussel von seiner Hose zupfte. »Hat er das getan?« Er sah auf und Mutter in die Augen. Die Andeutung eines Lächeln überzog sein Gesicht. »Mrs. Pattillo, Ihnen gefällt die Idee nicht, in Oklahoma zu arbeiten, oder?«

»Nein, Sir«, sagte sie mit fester Stimme.

»Ich habe die Artikel über Sie in der Zeitung gelesen, und wir haben viele Anrufe bekommen. Jetzt sind Sie sogar zu den Bischöfen in Ihrer Gemeinde gegangen und haben sie aufgehetzt.«

»Ja, Sir.« Mamas Stimme ließ ihn wissen, daß sie es ernst meinte.

»Planen Sie vielleicht sonst noch etwas?«

»Ja, Sir. Ich werde tun, was immer nötig ist, um meine Arbeitsstelle zu behalten, denn ich muß für meine Familie sorgen. Ich bin eine alleinstehende Frau. Außerdem habe ich nichts falsch gemacht. Ich war all diese Jahre eine gute Lehrerin. Ich verdiene es nicht, so behandelt zu werden.«

Der Verwaltungsleiter entließ sie höflich, ohne ein weiteres Wort. Als Mama am nächsten Tag zur Schule kam, betrat ihr Chef das Klassenzimmer und gratulierte ihr zu ihren hervorragenden Fähigkeiten als Lehrerin. »Wir freuen uns, Sie hier nächstes Jahr wieder bei uns zu haben«, sagte er.

»Ich darf doch davon ausgehen, daß Ihr Lob auch noch in schriftlicher Form kommt«, erwiderte Mama. Am folgenden Nachmittag kam sie mit einem neuen Vertrag nach Hause. Sie setzte sich an den Küchentisch und reichte ihn Großmama, die die Teller für das Abendessen auf den Tisch abstellte. Tränen strömten über Mamas Wangen. Sie preßte ihre Hände zusammen, damit sie nicht länger zitterten.

»Wir wollen uns an der Hand halten und beten«, sagte Großmama India. »Gelobt seist Du, Herr. Ich wußte, Du würdest uns nicht im Stich lassen.«

PRÄSIDENT ORDNET TRUPPENABZUG VON DER
CENTRAL HIGH SCHOOL AN

Arkansas Gazette, Freitag, 9. Mai 1958

Der Gouverneur ließ gestern verlautbaren, daß die Truppen der Nationalgarde möglicherweise wieder zum Einsatz kommen würden, um die Schwarzen entsprechend eines Bundeserlasses vom Betreten der Central High School in Little Rock abzuhalten.

Als ich die Central am Freitag betrat, fragte ich mich, was aus uns im kommenden September werden würde. Link stand am oberen Ende der Treppe und tat so, als ob er mich ignorierte. Seine Anwesenheit war das Signal, daß ich mit etwas Ungewöhnlichem rechnen mußte. Es bedeutete, er hatte gerade erfahren, daß etwas Schreckliches geschehen sollte – etwas, was er in der Nacht zuvor, als wir miteinander telefonierten, noch nicht gewußt hatte.

Er blinzelte, und ich signalisierte ihm, daß alles in Ordnung war und ich verstanden hatte. An diesem Tag explodierten ständig Objekte in unserer Nähe, die wie Feuerwerkskörper aussahen und sich auch so anhörten, aber in Wirklichkeit viel gefährlicher waren. Sie gingen zu meinen Füßen hoch, flogen an meinem Kopf vorbei, wurden in mein Schließfach geworfen und eine sogar in meine Schultasche. Bis zum Mittag war ich ein Nervenbündel. Ich zitterte und spielte mit dem Gedanken, aufzugeben und nach Hause zu gehen.

Ich betete um Frieden und um die Kraft, den Tag bis zum Ende durchstehen zu können. Da erinnerte ich mich daran, daß es eine Menge gab, für das ich dankbar sein mußte. Mama hatte wieder ihre Arbeitsstelle. Ich konnte innerlich hören, wie Großmama India wieder und wieder sagte: »Wenn du dich auf deine eigene Stärke verlassen mußt, wirst du es nicht schaffen. Wenn du dich aber auf Gottes Stärke verläßt, ist dir nichts unmöglich.«

Also machte ich weiter und summte »On the Battlefield for My Lord«. Am Ende des Tages erzählte uns Mama, daß sie eine Anzahlung auf ihr Darlehen bekommen hatte. Wir begannen unsere Feiern mit einem gigantischen Einkaufsbummel im Lebensmittelladen. Nachdem wir unsere Regale wieder mit Grundnahrungsmitteln gefüllt hatten, suchte sich jeder von uns sein Lieblingsessen aus, und dann gingen wir in die Kirche und sangen Choräle.

Ich strich die Tage im Mai auf meinem Kalender durch. Ich fühlte mich dabei, als wäre ich in einen Wirbelsturm geraten. Ernie übte für die Abschlußfeier. Gleichzeitig wurden wir ständig von Drohungen überschwemmt, man wolle dafür sorgen, daß er nicht an der Abschlußfeier teilnehmen könne. Sie setzten eine neue Taktik ein und griffen uns nun häufiger mit mehreren Leuten an. Die Rassentrennungsanhänger beobachteten und folgten uns, ständig auf der Suche nach Möglichkeiten uns zu isolieren.

Beängstigend waren die neuesten Vorwürfe gegen Ernie: Er sei ein Playboy und würde mit einem bestimmten weißen Mädchen flirten. Das versteinerte uns, denn wir wußten alle, daß diese Lüge gewaltige Sprengkraft besaß und ihn töten konnte – und uns alle mit ihm. Das Gerücht kursierte in der Schule und wurde dazu benutzt, die Proteste der Mütterliga und des Bürgerrates anzuheizen.

Es war offensichtlich, daß sie den verzweifelten Plan verfolgten, ihm eine Falle zu stellen und ihn nur wenige Tage vor seinem Abschluß loszuwerden. Wenn sie Ernie so gut gekannt hätten wie ich, dann hätten sie sich eine andere Taktik ausgedacht. Er behielt einen kühlen Kopf und die Kontrolle über sich, und so war es nicht sehr wahrscheinlich, daß er in ihre Falle trat. Jede Sekunde achtete er darauf, daß es nie auch nur die geringste Möglichkeit gab, solche Beschuldigungen zu festigen.

Selbst als das betreffende Mädchen sich ihm aufzwang, sich in der Cafeteria in seine Nähe setzte, mit den Augenlidern flatterte und ihr Buch fallen ließ in der Hoffnung, daß er es aufheben würde, ignorierte Ernie sie und kümmerte sich um seine Angelegenheiten. Ich bewunderte seine Haltung angesichts dieses enormen Drucks. Und er tat es beiläufig, entspannt und mit einem Lächeln – obwohl ich wußte, daß er wegen all der Aufregung über sein Central High Diplom nervös sein mußte.

Das Bombardement mit Lebensmitteln in der Cafeteria wurde so schlimm, daß wir unser Mittagessen nur noch selten dort verzehren konnten. Eines Tages schüttete man Wasser über meinen Kopf, warf mir Nägel in den Rücken und beleidigte mich lautstark, so daß ich die Schule verlassen mußte. Ich sah, daß auch Gloria, Jeff und Thelma an diesem Tag früher gingen.

»Ihr glaubt, ihr würdet alle noch euren Abschluß erleben, aber ihr werdet ein Begräbnis bekommen – eigentlich sind es eher acht Begräbnisse.« Die Stimme klang vertraut. Natürlich war es mein hartnäckigster Angreifer, der ständig gegenwärtige Andy, der seine Drohungen, mich zu erwischen, fortsetzte. Er war dazu übergegangen, mich von der Sporthalle durch den dunklen Flur, der die Halle mit dem Hauptgebäude verband, zu jagen und dabei ein Klappmesser in der Luft zu schwenken. Mein Beschützer von der Nationalgarde von Arkansas sah schweigend zu, wenn Andy mich jagte und mit seinem Messer so nahe kam, daß der Umschlag des Buches, das ich zu meinem Schutz hochhielt, aufgeschlitzt wurde.

»He, Junge, du könntest ernsthaft in Schwierigkeiten kommen, wenn du damit nicht aufhörst. Du hattest deinen Spaß, jetzt troll dich«, sagte der Leibwächter mit einem verzerrten Lächeln im Gesicht. Seine kalten Augen sahen mich an, als ob er Andy viel lieber seinen Willen gelassen hätte. Ich stand zitternd da und wünschte mir Danny herbei. Mein Herz raste, aber ich tröstete mich in dem Wissen, daß ich sehr bald schon nichts mehr mit Andy zu tun haben würde. Nur noch wenige Tage, dann wäre das Schuljahr zu Ende. Ich beschloß, mich vor dem Sportunterricht zu drücken, und schwor, diesen Weg niemals mehr zu nehmen.

Ganz plötzlich erwachten die geplanten Ereignisse für dieses Jahr zum Leben. Am All Seniors Days gingen die Abschlußschüler der Central High in den Park. Ernie war so klug, daran nicht teilzunehmen. Er stand unter unglaublichem Druck – je mehr Abschlußfeiern stattfanden. In der Zwischenzeit wurden Flugblätter verteilt mit der Aufschrift: »Nigger zum Abschuß freigegeben!«

NAACP VERLIERT ZWEI ANTRÄGE AUF ABWEISUNG VON ANGESTREBTEN PROZESSEN

Arkansas Gazette, Freitag, 16. Mai 1958

Es war, als ob Teile unseres Fundaments zusammenbrachen. Gleichzeitig schien die Zeitung von Mrs. Daisy Bates in den Bankrott zu schlittern, weil man sie boykottierte und keine Anzeigen mehr bei ihr schaltete. Die NAACP wurde von allen Seiten angegriffen.

Seit dem Anfang der Bemühungen der NAACP, die Integration an der Central High einzuführen, hatte Oberstaatsanwalt Bennett von Arkansas deren Vertreter angegriffen. Zuerst forderte er, die Namen und Anschriften aller Mitglieder und Förderer offenzulegen. Als die NAACP sich weigerte, ließ Bennett die Vorstände verhaften. Er hatte auch einen Prozeß angestrebt und klagte sowohl die NAACP als auch den *Legal Defense and Education Fund* aus New York an, illegal Geschäfte in Arkansas zu tätigen. Obwohl es zuerst so schien, als ob die NAACP den Kampf gewinnen würde, war es ein herber Rückschlag, daß die Prozesse nicht aufgehalten werden konnten.

Die gute Nachricht war, daß der Thomas-Plan unseres sofortigen Abzugs und einer schrittweisen Integration – in der fernen Zukunft – von allen Seiten zurückgewiesen wurde. Thomas hatte sich mit jenen Leuten aus unserer Gemeinde getroffen, die sich dazu bereiterklärt hatten. Sie hatten seinen Plan rigoros abgelehnt und ihn als Rückschritt bezeichnet.

Die Mütterliga und der Bürgerrat gaben ihm eine Abfuhr, weil sie die Idee der Integration nicht einmal in einer weit entfernten Zukunft unterstützen wollten.

Trotzdem gab es überall, in der Schule und in den Zeitungen, Anzeichen dafür, daß die Anhänger der Rassentrennung Fortschritte machten. Nachdem Terry von einer Gruppe brutaler Kerle, die ihn umzingelt hatte, einen Schlag auf den Kopf erhalten hatte, schlug Mrs. Huckaby vor, daß wir nur noch zur Schule kommen sollten, wenn Prüfungen anstanden oder zu Unterrichtsstunden, die zum Abschluß des Schuljahres entscheidend waren. Wir sollten die Schule betreten, direkt die betreffenden Klassenzimmer aufsuchen und sofort danach wieder gehen. Sie wies uns an, sie wissen zu lassen, wann wir das Gebäude betraten und wo wir uns aufhielten.

Man sagte uns, die Schulverwaltung würde als Reaktion auf die Androhung schwerer Gewalttaten Privatwachen einstellen, um die Sicherheit in den Fluren zu erhöhen. Es hieß auch, daß das FBI bei der Abschlußfeier anwesend sein würde, weil für die Feierlichkeiten Bombendrohungen und Ku-Klux-Klan-Aktivitäten angekündigt worden waren. Die Polizei von Little Rock und bewaffnete Angehörige der Nationalgarde von Arkansas würden ebenfalls Gewehr bei Fuß stehen, um den Frieden zu wahren.

»Bleib zu Hause. Versprich mir, daß du nicht zur Abschlußfeier gehst«, flehte Link am Telefon.

»Ich werde mich von ihnen nicht vertreiben lassen«, protestierte ich.

»Hör zu. Ich war dabei, wie sie über die knallharten Methoden gesprochen haben, mit denen sie den Abschluß dieses Jungen verhindern wollen. Sie sagen, wenn sie den ersten von euch seinen Abschluß machen lassen, wird es nie ein Ende der Integration geben. Melba, hör gut zu: Sie prahlen damit, hochkalibrige Gewehre zu benutzen. Sie schließen Wetten ab, in welche Richtung ihr fallen werdet, wenn sie euch abknallen.«

Kapitel 28

DIE SCHWARZEN AN DER CENTRAL HIGH HABEN BESTANDEN:
EINER MIT AUSZEICHNUNG
DIREKTOR MATTHEWS WILL DIE NOTEN NICHT BEKANNTGEBEN,
BESTÄTIGT JEDOCH GREENS ERFOLGREICHEN ABSCHLUSS
Arkansas Gazette, Mittwoch, 23. Mai 1958

»Kein Nigger macht hier seinen Abschluß!« Das war der Schlachtruf in den Fluren der Central High, der unvorstellbaren Schrecken in uns auslöste. Auf uns acht wurde Druck ausgeübt mit dem Ziel, uns mit allen nur möglichen Mitteln davonzujagen. Für den Fall, daß dieser Plan fehlschlug, arbeiteten unsere Gegner daran, uns von einem zu überzeugen: Selbst wenn Ernie die Noten für einen Abschluß hätte, würde er nicht mit den anderen Abschlußschülern bei dem Festakt sein Diplom von der Central High überreicht bekommen.

»Wir werden keinen Nigger unseren Talar und unsere Kappe tragen lassen«, rief ein Junge mir zu, als ich den Flur entlang zum Englischunterricht ging. Ich zwängte mich an ihm vorbei, lächelte ihn an und meinte freundlich »Dankeschön«.

Zuerst flehten einige Anrufer spät nachts in normalem Tonfall, Ernie solle sich doch sein Diplom mit der Post zuschicken lassen. »Wir wollen nicht, daß er mit uns auf dem Foto ist. Mein Daddy sagt, ihr kommt nächstes Jahr alle nicht an unsere Schule zurück – komme, was wolle. Das ist also das einzige Mal, daß wir diesen Tintenfleck auf all den Fotos haben, die die Zeitungsleute machen werden.«

Ein weiterer Mann mit grimmiger Stimme wurde mit jedem seiner bösartigen Anrufe wütender. »Wir werden zur selben Zeit, da euer Nigger das Diplom entgegennimmt, einen anderen Nigger hängen.« Ständig gingen solche Anrufe ein, und unser Telefon klingelte fast so oft wie zu Beginn des Schuljahres. Gleichzeitig erhielt ich Drohbriefe, die in meine Bücher und mein Schließfach geschmuggelt wurden.

Ich konnte immer mehr Anzeichen erkennen, daß der Direktor, die stellvertretenden Direktoren und die Lehrer jede Hoffnung verloren hatten, den kampflustigen Schülern Einhalt zu gebieten. Selbst unter den Blicken der Schulvertreter warfen Gruppen von Schülern Steine auf uns, wenn wir das Gebäude betraten oder verließen. Die Flure waren wie ein riesiger Zirkus, und die Rowdys ignorierten völlig die Befehle, ihr unverschämtes Verhalten zu unterlassen.

Weil die Situation immer explosiver wurde, rief uns Mrs. Huckaby in ihr Büro, um noch einmal unsere anstehenden Prüfungstermine zu kontrollieren. In der Schule folgten uns wieder einmal Leibwächter.

Ich hatte viel mehr Angst, als in den vorangegangenen Monaten, weil es in dieser Schule keine Inseln der Normalität mehr gab. Direkt vor dem Büro des Direktors bewarfen mich Mitschüler mit faulen Eiern und traten mir in die Hacken. Früher hatte man sich in diesem Bereich relativ sicher bewegen können.

In diesen letzten Tagen schien sich die Zeit mühsam dahinzuschleppen, als ob eine göttliche Kraft die Zeiger der Uhr aufhielt. Ich hatte keine Wahl, ich mußte einer der gefährlichsten Pflichten meines Tages nachkommen: die Tür zu meinem Schließfach öffnen. Das bedeutete, mehrere Minuten stillzustehen, mit den Augen und der Aufmerksamkeit im Innern des Schließfachs, während mein Rücken den Vorübergehenden schutzlos ausgeliefert war.

Ich hatte mir angewöhnt, mit der Hand in mein Schließfach zu langen, um versteckte Objekte zu finden, bevor ich mein Gesicht hineinhielt. Am Dienstag nachmittag suchte ich in meinem Schließfach nach meinem Brillenetui. Ich tastete mit der Hand tief hinein, um zu prüfen, ob das Etui vielleicht auf den Boden des Schließfaches gefallen war. Plötzlich hörte ich ein Geräusch wie von einer Waffe und nahm den Geruch von Rauch direkt hinter wahr. Ich drehte mich schnell um und sah ein brennendes Geschoß auf mein Gesicht zufliegen. Ich hob die Hand, um es abzuwehren und spürte plötzlich Schmerz an meinen Fingern. Ich hatte meine Augen vor mehreren funkenschlagenden heißen Feuerwerkskörpern geschützt, die mit einem Draht zusammengehalten wurden. Meine Hand tat weh, aber ich konnte nur dankbar sein, daß meine Augen nicht verbrannt worden waren.

Als ich im Büro Pflaster für meine Wunden bekam, tröstete ich mich mit dem Gedanken an den Kalender an der Küchenwand. Ich hatte fast alle Tage des Monats Mai durchgestrichen. Ernie würde am folgenden Sonntagabend dem Festakt zur Diplomüberreichung beiwohnen und der Abschluß ist am folgenden Dienstag, in nur einer Woche. Ich würde also nur noch einige wenige Tage unwillkommene Schülerin an der Central High sein.

»Wo starrst du denn hin, Nigger?« Ich starrte tatsächlich fasziniert und wie erstarrt auf das, was der Junge bei sich trug. Es war ein Anblick, auf den ich gewartet, für den ich gebetet hatte.

»Auf die Abschlußrobe, die Ernie tragen wird«, sagte ich laut und deutlich. Ich konnte nicht anders als auf seine schnippische Bemerkung zu antworten, während ich den Jungen mit seinem Igelhaarschnitt und seinem schwarzen Hemd anstarrte. In seiner rechten Hand hielt er die Robe auf einem Bügel und in seiner linken Hand die Kappe. Er versuchte, sich mir in den Weg zu stellen, aber er hatte keine Hand frei. Ich machte einfach einen großen Bogen um ihn. Nichts, nicht einmal sein böser Mund, aus dem er mir häßliche Worte entgegenschleuderte, konnte mich in diesem Augenblick unglücklich machen. Der Anblick dieser Robe bedeutete, daß Sommer und Freiheit auf uns warteten.

Zu Hause folgten die gemeinen Anrufe dicht aufeinander. »Wir haben jetzt einen Weg gefunden, euch Schokofarbene zu erwischen, und zwar mit hundertprozentiger Sicherheit. Wir bieten 10.000 Dollar für euren Kopf auf einem Tablett.« Ich schluckte, als ich den Hörer auf die Gabel legte. Ich mußte daran denken, wie furchtbar viel Geld das war. Arme Leute würde das vielleicht reizen. Sie hatten 10.000 Dollar auf meinen Kopf ausgesetzt. Hieß das, sie mußten ihn abschneiden, um an das Geld zu kommen? Ich erzählte Großmama India von meinen Ängsten.

»Du hast doch sicher etwas Besseres zu tun, als über die Dummheit der Weißen zu spekulieren?« meinte sie.

»Ich mache mir ständig Sorgen um Ernie. Einer der Schüler könnte ein Hochstapler sein – jeder könnte sich so eine Robe überwerfen.«

»Hochstapler?« Großmama sah von ihrer Näharbeit mit fragendem Blick auf.

»Na, jemand vom Ku-Klux-Klan, der das Preisgeld kassieren möchte, könnte so tun, als sei er ein Abschlußschüler.«

»Ich glaube nicht, daß Ernie während des Festaktes wirklich in Gefahr ist, weil er mitten unter 601 weißen Abschlußschülern sein wird. Außerdem wacht Gott über Ernie, ebenso wie er über dich wacht.«

»Aber ...« Ich versuchte, mit meiner Selbstmitleidsnummer fortzufahren. Sie bedeutete mir, meinen Mund zu halten und meine Hände auszustrecken, damit sie den Faden des Garns darum herumwickeln konnte, um ihn so zu glätten. Nach einem langen Augenblick sagte sie: »Du sorgst dich heute abend sehr viel. Harte Arbeit ist immer das beste Heilmittel gegen Sorgen. Also beschäftige dich, spüle ab und bereite dich auf deine Abschlußprüfungen vor.«

Ich hatte mir stets gedacht, mein letzter Tag des Semester an der Central High School wäre geprägt von einer großen Zeremonie mit einem riesigen Chor, der das Halleluja singen würde, oder vielleicht einem wunderbaren Preis von meiner Gemeinde – vielleicht einer Parade. Ich stellte mir das Brummen der Hubschrauber, die mit Bannern mit Gratulationssprüchen über unsere Köpfe flogen, vor, oder so etwas. Aber es war ein Tag wie alle anderen. Vier von uns, Thelma, Elizabeth, Jeff und ich, fuhren zusammen am frühen Nachmittag nach Hause. Wir würden mindestens drei Monate lang nicht mehr an die Central High gehen. Lange Phasen der Stille unterbrachen unser Gespräch darüber, wie wir unserer Meinung nach bei den Prüfungen abgeschnitten hatten.

»Es ist vorbei«, sagte Conrad zur Begrüßung, als ich die Stufen zu unserer Haustür hinaufstieg. »Jetzt mußt du nicht mehr integrieren.«

»Ja, lobet den Herrn«, sagte Großmama India und öffnete die Arme, um mich zu begrüßen. »Siehst du, du hast es geschafft.« Sie drückte mich an sich und küßte mich auf die Wange.

»Tja, junge Dame, willkommen im Sommer.« Mutter Lois reichte mir eine riesige Schachtel, die ich eiligst öffnete. »Du bist jemand ganz Besonderes, denn du hast all dies durchgestanden. Ich dachte, du verdienst ein ganz besonderes Sommerkleid.«

Am frühen Mittwoch morgen entzündete ich ein Feuer in der Metalltonne im Hinterhof und verbrannte meine Schulhefte. Großmama hatte gesagt, es wäre heilsam, all die Namen derer, die ich an der Central High nicht mochte, aufzuschreiben und zu verbrennen: Lehrer und Lehrerinnen, Schüler und Schülerinnen – jeden, von dem ich dachte, er hätte mir ein Unrecht angetan. Es war gegen das Gesetz, zu dieser Jahreszeit etwas zu verbrennen, aber sie sagte, ein Ritual sei wichtig, um dieses Jahr ganz offiziell Gott zu übergeben. Großmama India stand schweigend an meiner Seite, während ich die Flammen nährte, die betreffenden Namen aussprach und diesen Menschen vergab.

Nach einer langen Zeit ging sie, um ihr Blumenbeet zu wässern. Die Bartnelken blühten purpur und rot. Wir standen wohl eine halbe Stunde zusammen, nur mit dem Geräusch des knackenden Feuers und des Gartenschlauches. Schließlich sagte sie: »Später einmal wirst du dankbar sein für die Kraft, die all das in dir aufgebaut hat und für die Segnungen, die dadurch kommen werden.«

Dankbar, dachte ich. Niemals. Wie könnte ich für die Central High dankbar sein? Ich wußte, sie hatte immer recht. Dennoch fragte ich mich, wie lange ich wohl warten mußte, bis ich ein Gefühl der Dankbarkeit verspüren würde.

SICHERHEITSMASSNAHMEN ERHÖHT, UM DIE WÜRDE DES ABSCHLUSSFESTAKTES AN DER CENTRAL HIGH SCHOOL ZU WAHREN

Jeder Abschlußschüler erhält acht Zutrittskarten

Einlaß für Pressevertreter nur mit Ausweis

Arkansas Gazette, Dienstag, 27. Mai 1958

Obwohl ich es durch das Schuljahr geschafft hatte, mußte Ernie noch einen letzten tapferen Akt überstehen. Ich zählte darauf, bei ihm zu sein, ihm von unserem isolierten, wenn auch wohlbewachten Teil des Publikums zu applaudieren.

»Keiner von euch wird die Erlaubnis erhalten, beizuwohnen – weder dem Abschlußfestakt noch dem Abschlußgottesdienst«, verkündete Mutter Lois beim Abendessen. »Die Behörden glauben, es wäre nicht nur eine Gefahr für euer Leben, sondern würde es ihnen auch schwerer machen, Ernie und seine Familie zu beschützen, wenn das nötig sein sollte. Sie haben auch farbigen Journalisten und Fotografen die Teilnahme untersagt.«

»Aber Mom!«

»Nichts aber. Das ist nicht die Zeit, um einer Laune nachzugeben und alles zunichte zu machen, was du erreicht hast.

Es wird genug los sein angesichts der Soldaten, des FBI, der Polizei und was weiß ich wem noch alles.«

»In der Zeitung steht, jeder Polizist, der nicht in Urlaub ist, hat von 18 Uhr an Dienst«, warf Großmama ein. » Sie würden sich nicht all der Mühe und der Kosten unterziehen, wenn sie nicht erwarteten, daß etwas geschieht.«

»Außerdem«, fuhr Mutter Lois fort, »sollten ihre Bemühungen allein dem Schutz von Ernie gelten.«

Sie hat recht, dachte ich. Es war selbstsüchtig von mir, teilnehmen zu wollen, nehme ich an. Aber obwohl ich wußte, das es ein guter Rat war, minderte das nicht meine Enttäuschung darüber, daß ich nicht dabei sein durfte, wenn Ernie triumphierend auf die Bühne ging, um sein Diplom entgegenzunehmen. In dieser Nacht schrieb ich in mein Tagebuch:

Lieber Gott,
bitte stell Dich mit Ernie zusammen in die Schlange bei der Abschlußfeier an der Central. Laß ihn sicher sein.

Die 101. Luftlandeeinheit hatte ihr Hauptquartier im Quigley Stadion aufgeschlagen. Dort erhielt Ernie am Dienstagabend, dem 27. Mai, vor 4500 Zuschauern sein Diplom. Ich hielt den Atem an, als ich im Radio die Übertragung des Abschlußfestaktes verfolgte. Um 20 Uhr 48 wurde Ernie der erste unserer Leute, der in dem 49jährigen Bestehen der Central High School dort seinen Abschluß machte. Ein Schauer lief mir über den Rücken, als ich in dem großen grünen Wohnzimmersessel saß, mit Mama und Großmama in der Nähe. »Es ist wirklich geschehen«, flüsterte ich. »Wir haben es geschafft.«

Das Publikum hatte allen applaudiert, die zuvor auf die Bühne gegangen waren, aber als Ernie kam, schwiegen sie.

»Was soll's«, meinte Mutter Lois. »Viele Menschen auf der ganzen Welt applaudieren Ernie und euch allen, die ihr es dieses Jahr geschafft habt.«

»Wen kümmert es, ob sie applaudieren – Hauptsache, sie erschießen ihn nicht. Es gab keine Gewalt. Alle leben, und allen geht es gut.« Großmama stand auf und klatschte.

Ernie wurde von der Polizei aus dem Stadion zu einem wartenden Taxi eskortiert mit dem er, seine Familie und ihr Gast abfuhren. In der Zeitung stand, Ernies Diplom habe die Steuerzahler eine halbe Million Dollar gekostet. Natürlich wußten wir, daß es uns alle viel, viel mehr als das gekostet hatte. Es hatte unsere Unschuld und ein wertvolles Jahr unserer Jugend gekostet.

Am nächsten Morgen rief Link an. Er klang, als ob er gleich zusammenbrechen würde. Link trauerte, denn Mrs. Healey war am Tag seines Abschlusses gestorben. Er bestand darauf, daß ich ihn treffen sollte. Als ich sagte, daß ich nicht weg könne, rief er tausendmal an diesem Tag an und bestand darauf, er müsse mich unbedingt sehen, sonst würde etwas Schreckliches geschehen.

Am späten Nachmittag hatte ich keine andere Wahl, ich mußte ihn treffen. Er drohte, zu mir nach Hause zu kommen, wenn ich mich nicht mit ihm traf. Ich überlegte mir, daß ich ihn beruhigen sollte, sonst würde er explodieren. Er schien untröstlich und wie von Sinnen. Also sagte ich, wir könnten beim Baptistencollege um den Block gehen. Es war ein sicherer Ort für mich, in meiner eigenen Nachbarschaft. Außerdem würde ich Mutter nicht anlügen, wenn ich sie bat, ob ich mit einem Freund zur Bibliothek des Baptistencollege dürfe.

Als ich ankam, war Link rot im Gesicht und seine Augen waren voller Tränen. Er wollte unbedingt, daß ich mit ihm in eine Stadt im Norden nahe der Harvard-Universität, auf die er gehen würde, ziehen sollte.

»Dort wird für dich alles viel besser sein. Ich sorge für dich, bis du einen Job hast.« Link war so verwirrt, daß er mir leid tat. Er bestand darauf, daß ich Little Rock sofort verlassen sollte.

»Das sagst du nur, weil du traurig über Nana Healey bist«, sagte ich ihm. »Morgen oder nächste Woche wirst du wieder anders denken.«

»Ich habe viel darüber nachgedacht. Ich will mich nicht länger um dich sorgen müssen. Was wirst du tun, wenn ich weg bin?«

»Ich kann hier nicht weg. Ich muß bleiben und wieder an die Central gehen«, erwiderte ich. »Davon hängt viel ab.«

»Wenn du so weitermachst, Mädchen, wirst du noch umgebracht. Ich sage dir, es steht ein Preis auf deinen Kopf aus. Sie haben überall Poster aufgehängt, auf denen sie dieses Geld feilbieten. Sie lassen dich niemals nächstes Jahr zurück.«

Er machte immer weiter, sprach laut und ängstigte mich. Um ihn zu beruhigen, erzählte ich ihm, ich würde darüber nachdenken, in den Norden zu gehen. Aber als ich ihm zum Abschied zuwinkte, wußte ich, daß ich ihn niemals wiedersehen würde, obwohl ich mich immer an ihn erinnern würde.

Am 29. Mai flogen wir acht nach Chicago, um den Robert-S.-Abbot-Preis entgegenzunehmen, den die Zeitung *Defender* aus Chicago verlieh. Ich war furchtbar aufgeregt, denn wir würden dort Minnijean treffen. Es war der Beginn einer aufregenden Rundreise und einer Reihe von anderen Preisen, die wir für »unsere Tapferkeit und unseren bedeutenden Beitrag zur Demokratie« erhielten.

In Little Rock waren wir »Nigger«, aber im Norden waren wir Helden und Heldinnen. Wir standen vor einem bewundernden Publikum auf der Bühne, wurden in Limousinen gefahren und in luxuriösen Hotels wie Könige behandelt.

In New York hatten wir mehrere Suiten im Statler Hilton, nahmen Limousinen zu Sardi's und speisten mit dem Generalsekretär der Vereinten Nationen, Dag Hammarskjöld. Wir plauderten hinter der Bühne mit Lena Horne und Ricardo Montalban nach ihrem Broadwaystück *Jamaica*. In Washington bekamen wir eine private Führung durch das Weiße Haus und posierten mit Thurgood Marshall auf den Stufen des Obersten Gerichtshofes.

In Cleveland erhielten wir die höchste Ehre der NAACP, die Spingarn-Medaille. Wir erhielten so viele andere Preise in so vielen Städten, daß ich nach einer Weile den Überblick verlor. Als ich das erste Mal um mein Autogramm gebeten wurde, war ich erstaunt; später ging ich auf mein Zimmer und übte eine besondere Unterschrift.

Während Minnijean und ich Ende Juni durch unser Hotelzimmer wirbelten und uns schön machten für einen Mann, den wir für einen Gott hielten – Johnny Mathis –, ging es mit der Integration in Little Rock zu Ende. Am 22. Juni gewährte Bundesrichter Lemley die Bitte der Schulverwaltung um einen Aufschub der Integrationsanordnung für die Central High School und ordnete einen Aufschub von dreieinhalb Jahren an. Die NAACP legte Berufung durch alle Instanzen ein und versuchte, uns sieben zurück an die Central High zu bringen.

Im September 1958 hatten wir unseren Kampf vor Gericht gewonnen. Mit Urteilen zu unseren Gunsten in der Tasche bereiteten wir uns darauf vor, wieder zur Central High zu gehen. Aber Gouverneur Faubus hatte das letzte Wort. Er ließ einfach alle High Schools in Little Rock schließen. Wir begannen daher das Schuljahr damit, zu warten, daß das Gesetz des Landes Mr. Faubus aus seinem dickschädeligen Schützengraben blies.

Damals wußte ich noch nicht, daß ich das gesamte Schuljahr 1958-59 in einsamer Isolation und Verzweiflung verbringen würde – vergeblich wartend. Wir waren nach Hause, nach Little Rock, gekommen, wurden von den Anhängern der Rassentrennung wieder »Nigger« und von unseren eigenen Leuten die »einmischenden Kinder« genannt. Unsere Freunde und Nachbarn waren nicht nur gegen die Schließung der Schulen, sondern besonders gegen die negativen wirtschaftlichen Auswirkungen, die unsere Anwesenheit an der Central High auf die Gemeinde hatte.

Zu dieser Zeit preßten die Rassentrennungsanhänger das Leben aus der NAACP und Mrs. Bates Zeitung, der *State Press*. Unsere Leute verloren weiter ihre Jobs, ihre Geschäfte und ihre Häuser, als der Druck verstärkt wurde. Man wollte sie auf diese Weise dazu bringen, uns zu überreden, freiwillig von der Central High zu gehen.

Während dieser einsamen Tage, die eigentlich mein Abschlußjahr hätten sein sollen, wartete ich darauf, daß die Gesetzgeber, Faubus und die NAACP die Verwirrung auflösten, die um die Integration an der Central High herrschte. Als der September zum Spätherbst wurde, fiel meine Welt mit dem Beginn von Großmutter Indias Leukämie und ihrem Tod am 24. Oktober auseinander. Schließlich war ich allein zu Hause und wartete darauf, mein Leben neu zu beginnen – ich wartete darauf, meine Jugendjahre zu leben.

Im September 1959 hatten wir so lange, wie wir nur konnten, darauf gewartet, daß Faubus die Schulen wieder öffnete. Die Unruhen in Little Rock und der Preis auf unsere Köpfe hatte unsere sieben Familien gezwungen, für immer aus der Stadt zu ziehen. Vertreter der NAACP versandten Anfragen an ihre Bezirksverbände im ganzen Land und suchten Familien, die uns freiwillig einen sicheren Hafen boten und uns beim Abschluß unserer Ausbildung unterstützten.

Ich war sehr glücklich, nach Santa Rosa in Kalifornien zu kommen – in das Heim von Dr. George McCabe, einem Professor an der San Francisco State University, seiner Frau Carol und ihren vier Kindern. Sie waren eine Familie politisch engagierter Quäker, die sich der Rassengleichheit verpflichtet hatten. Als ich ankam, beängstigte es mich zu sehen, daß sie weiß waren. Aber sie wurden die liebevolle tragende Brücke, über die ich ins Erwachsenenleben schritt.

Mehr als ihre Führung war es ihre bedingungslose Liebe, die mir die wahre Bedeutung der Gleichheit beibrachte. Bis zum heutigen Tag nenne ich sie Mom und Pop und besuche sie, um mich in ihrer Liebe zu sonnen und das Privileg zu genießen, wie eine Tochter behandelt zu werden.

Die Liebe von George und Carol McCabe half mir, meine Wunden zu heilen und inspirierte mich, ein neues Leben für mich zu finden. Es waren auch ihre Stimmen, die dieselben Worte wiederholten wie die von meiner Mutter, und die mich das College anfangen und beenden ließen. Tatsächlich brachte mich George im Januar 1960 zum College, um mich für meine ersten Stunden anzumelden.

Erst im September 1960 zwang die NAACP mit ihrem hartnäckigen Rechtsstreit die Central High, sich der Integration wieder zu öffnen – aber nur zwei schwarze Schüler war der Zugang gestattet. Carlotta Walls und Jefferson Thomas wurden schließlich wie schon Ernest Green Abschlußschüler der Central.

Rückblickend nehme ich an, wäre Faubus still geblieben, hätte er an diesem ersten Tag nicht die Nationalgarde gerufen, dann hätte die Integration an der Central High nicht so schwierig verlaufen müssen. Indem er die Nationalgarde von Arkansas rief, um uns von der Schule fernzuhalten, hatte er den Ton vorgegeben. Sein kühner trotziger Akt hatte den Rassentrennungsanhängern, die bis dahin nur ein kleiner Faden im Gewebe unserer Stadt waren, grünes Licht gegeben, eine wichtige Rolle zu spielen. Sie ergriffen die Gelegenheit und machten das Beste daraus, aufgrund oder trotz der Tatsache, daß die Welt auf uns schaute.

Wenn ich heute Videoaufnahmen von damals sehe und an diesen ersten Tag an der Central High am 4. September 1957 zurückdenke, frage ich mich, was meine Eltern und die Erwachsenen der NAACP dazu bewogen hat, uns zu erlauben, angesichts solcher Gewalt in die Schule zu gehen. Wenn ich meine Mutter danach frage, sagt sie, keiner von ihnen hätte ernsthaft geglaubt, daß Gouverneur Faubus die unverschämte Bosheit besitzen würde, die Truppen einzusetzen, um uns fernzuhalten. Mutter erklärte, sie hatten angenommen, er hätte das Militär nur gerufen, um den Mob in Schach zu halten.

Da die Bürger von Little Rock sich in den vorhergehenden Jahren ziemlich vernünftig benommen hatten, nahm Mutter an, der Mob würde von der Polizei aufgelöst und damit wäre dann alles in Ordnung. Sie erinnert sich gut, wie selbst, als die Stimme des Verstands sie drängte, mich zu Hause zu behalten, es diesen Drang nach vorn zu geben schien – wie aus einer göttlichen Quelle.

Viele Historiker sagen, es sei ein brillianter Zug der Regierung gewesen, im Anschluß an das Urteil von Richter Ronald Davies zur Integration am Freitag, den 20. September 1957, so plötzlich die Nationalgarde von Arkansas von der Central High School abzurufen. Dadurch konnte Faubus eine explosive Situation schaffen, während er den Anschein von Unschuld behielt. Er konnte die Wut der Rassentrennungsanhänger entzünden und schüren, ohne dabei mit dem Streichholz in der Hand erwischt zu werden.

Als an jenem unseligen Tag, dem 23. September 1957, Mob-Montag, die Vertreter der NAACP und die Pfarrer uns laut Gerichtsbeschluß zum zweiten Mal zur Central schickten, fragte ich mich, wie ihr Verstand eine solche Tat rechtfertigte. Als Erwachsene glaube ich, wenn ich am Steuer gesessen hätte, wäre ich lieber weitergefahren, als meine Kinder diesem wütenden Pöbel entgegenzuschicken. Und doch – wären wir Schüler an jenem Tag nicht zur Schule gefahren, hätte die Integration an der Central High und an einer ganzen Reihe anderer Schulen des Südens vielleicht niemals stattgefunden.

Wenn ich mir die Nachrichten von damals ansehe, als wir bewacht von den Soldaten der 101. Luftlandeeinheit die Schule betraten, bewegt mich die Bedeutung dieser Erfahrung. Ich glaube, in diesem Augenblick machte die ganze Nation einen großen Schritt nach vorn. Sobald Präsident Eisenhower sich auf diese Weise verpflichtet hatte, das Gesetz einzuhalten, gab es keinen Weg zurück. Und obwohl er später schwankte und nicht mit ganzem Herzen hinter seiner kraftvollen Entscheidung stand, hatte er eine Grenze überschritten, die kein anderer Präsident je zu überschreiten gewagt hatte. Von da an würde die Drohung militärischer Intervention immer existieren, wenn ein Gouverneur des Südens daran dachte, dem Bundesgesetz zu trotzen.

Ich wundere mich über die Tatsache, daß wir neun Teenager mitten in dieser historischen Konfrontation nicht verstümmelt oder getötet wurden. Glauben Sie mir, das verdankten wir nur der Gnade Gottes und der Tapferkeit einiger weniger guten Männer – einige davon Weiße. Ich werde das niemals vergessen, obwohl ich zu jener Zeit von vielen Weißen oft verletzt wurde. Ohne die Hilfe anderer gesetzestreuer Weißer, die ihr Leben riskierten, wäre ich heute nicht mehr da, um meine Geschichte zu erzählen.

Doch selbst wenn ich mich angesichts des schrecklichen Risikos, das wir alle auf uns genommen hatten, heute krümme, erinnere ich mich doch daran, daß ich damals dachte, es wäre die richtige Entscheidung – weil ich das Gefühl hatte, die Hand des Schicksals würde uns nach vorn leiten. Naiv und vertrauensvoll, Erwachsene ebenso wie Kinder, hofften wir jeden Augenblick, jede Stunde, jeden Tag, daß sich die Dinge bessern würden, daß die Menschen zur Vernunft kommen und sich benehmen würden. Dieses Land wird von mündigen Bürgern regiert, die dem Gesetz gehorchen, das hatte man uns zumindest im Geschichtsunterricht beigebracht.

Also schlugen wir einen Weg ein, von dem es kein Zurück gab, denn wenn wir an die Alternative dachten, blieb nur die Möglichkeit, hinter den Zäunen der Rassentrennung zu leben und dieses Erbe an unsere Kinder weiterzureichen.

Wenn ich heute sehe, wie weit wir in der Schulintegration gekommen sind, bin ich manchmal hocherfreut. Manchmal bin ich auch sehr wütend. Warum haben wir keinen praktischen Plan ausgearbeitet für ein Problem, das diese Nation schon so lange plagt? Wir haben einen Mann zum Mond geschickt, weil wir die Ressourcen, die wir hatten, ausnutzten. Heute, 36 Jahre nach der Krise an der Central High, ist die Schulintegration immer noch nicht Wirklichkeit in diesem Land, und wir mißbrauchen unsere Kinder als Kämpfer in der Schlacht zur Erringung der Rassengleichheit.

Es dauerte Jahre, die Erfahrungen meiner Central High Zeit zu verarbeiten, bevor Teile meines Lebenspuzzles zusammenkamen und ich mir einen Reim darauf machen konnte, was mit mir geschehen war.

Als ich 1962 zwei Jahre lang auf die überwiegend von Weißen besuchte San Francisco State University gegangen war, lebte ich in einer Enklave von Studentinnen, unter denen ich die einzige Farbige war. Ich tat es wieder: Ich integrierte in einem zuvor ausschließlich Weißen vorbehaltenen Wohnheim, obwohl mir andere Möglichkeiten zur Verfügung gestanden hätten. Ich war dort als Gast aufgenommen worden, und jemand erwähnte, die einzigen Schwarzen, die dort erlaubt seien, seien die Köchinnen. Selbstverständlich bewarb ich mich daraufhin und warf meine Kämpferinnenrüstung über, weil es mich an die verbotenen Zäune der Rassentrennung in Little Rock erinnerte.

Eines Abends trat ein braunhaariger Soldat in einem olivfarbenen Tarnanzug über die Schwelle meines Zimmers. Sein Name war John, und er war mit Mary, meiner Zimmergenossin, verabredet, ohne sie zu kennen. Natürlich erinnerte er mich einen Augenblick lang an Danny von der 101. Luftlandeeinheit – dieselbe Statur, dieselbe Uniform. Als er versuchte, sich an diesem Abend mit mir zu unterhalten, ignorierte ich ihn. Aber am nächsten Morgen, Samstag, klingelte er an unserer Tür. Als ich ihm sagte, daß Mary bereits gegangen sei, meinte John, das mache nichts, eigentlich sei er ja auch gekommen, um mich zu sehen.

Er brachte mir mitten im Winter Erdbeeren und jedes Wochenende Blumen. Sechs Monate später habe ich diesen klugen, netten, grünäugigen Kampfkunstexperten geheiratet. Er sagte, er würde mich immer beschützen. Später verstand ich, daß er zwei Männer symbolisierte: Danny, meinen Bewacher von der 101. Luftlandeeinheit, und Link, meinen Beschützer – die Macht derer, die ihre Hand an der Central High über mich hielten und mir die Sicherheit boten, die mir meine schwarzen Onkel und mein Vater im Süden nicht hatten bieten können.

»Wenn du sie nicht schlagen kannst, schließ dich ihnen an«, sagte meine Mutter, als ich ihr aus einer Telefonzelle in Reno nervös von meiner Hochzeit berichtete. »Ich hoffe, du hast das gut durchdacht, junge Dame. Es ist nicht nur der Rassenunterschied, es ist die unterschiedliche Lebensauffassung, die da mitspielt.«

Sieben Jahre später trennten John und ich uns, weil er ein Farmerjunge war, der eine Frau wollte, die sich um das Haus kümmerte und die Babies bekam. Ich wollte Journalistin sein. Aber bis dahin hatte er den herrlichsten Augenblick meines Lebens geteilt, die Geburt unserer Tochter Kellie. Als ich das zimtfarbene Bündel mit den rotbraunen Haaren und den Rehaugen in meinen Armen hielt, schwor ich, sie würde nie die Rassenvorurteile erdulden müssen, die ich hatte ertragen müssen. Ich irrte mich. Aber das wäre eine Geschichte für ein weiteres Buch.

Bis zu meiner Eheschließung hörte ich hin und wieder von meinem alten Freund Link, der an fernen Orten lebte und einen Preis und einen Titel nach dem anderen von den angesehensten Bildungsinstitutionen des Landes erhielt. Er war fuchsteufelswild wegen meiner Heirat und meinte, ich hätte ihm immer gesagt, wir dürften uns nicht verabreden, weil er weiß war, und jetzt schau, was du getan hast, usw., usw. Ich habe nie wieder von ihm gehört. Dennoch halte ich ihn für einen Helden – ein weiteres dieser besonderen Geschenke von Gott, die geschickt wurden, um mich auf meinem Lebensweg sicher durch eine rauhe See zu leiten.

Tatsächlich bin ich meinem Traum gefolgt, inspiriert von jenen Journalisten, die mir während der Integration begegnet sind. Ich besuchte die journalistische Fakultät der Columbia University und wurde Zeitungsreporterin. Ich erinnerte mich immer daran, daß nur die Wahrheit jener Reporter, die nach Little Rock gekommen waren, mich am Leben gehalten hatte. Als ich später als Reporterin für das NBC-Fernsehen Berichte über Aufstände und Protestaktionen brachte, prüfte ich besonders sorgfältig die dunklen Ecken, in denen ansonsten unsichtbare Leute sich gezwungenermaßen verstecken mußten, wenn ihre Wahrheit ignoriert wurde.

Ich halte meine Erfahrungen in Little Rock letztendlich für eine positive Kraft, die die Richtung meines Lebens bestimmte. Wie Großmama India versprochen hatte, lehrte es mich, Mut und Geduld zu haben.

Einige Außenstehende meinten, es sei dieser negative Einfluß gewesen, der mich gezwungen habe, mein Leben zwischen zwei Welten zu führen – der weißen und der schwarzen Welt – angesichts meiner frühen Erfahrungen mit den McCabes und meiner Heirat. Aber ich sehe es eindeutig als einen Vorteil, denn dadurch weiß ich eines ganz sicher: Wir sind alle eins.

Wenn meine Erfahrungen an der Central High School mich eines gelehrt haben, dann das: Wir sind nicht verschieden. Die Anstrengung, uns durch Rasse, Glaube, Hautfarbe, Religion oder Status Unterschiede aufzuzwingen, kommt die Täter ebenso teuer zu stehen wie die Opfer.

Wenn die Milch in Oregon durch die Explosion eines russischen Kernreaktors verstrahlt wird, sind wir gezwungen, unsere gegenseitige Abhängigkeit anzuerkennen. Wenn die vergessenen Menschen sich genötigt sehen, in Los Angeles Massenkrawalle zu veranstalten, teilen wir über den Fernsehbildschirm ihren Schmerz und ihre Wut, die unser aller emotionale und wirtschaftliche Gesundheit beeinflussen.

Uns bleibt nun die Aufgabe, mit unserer gegenseitigen Abhängigkeit zurechtzukommen – uns selbst in jedem anderen Menschen zu erkennen und unsere Unterschiede zu respektieren und zu ehren.

Namasté
(die Göttin in mir sieht und ehrt den Gott in dir)